석가와 예수는 백인인가?

석가와 예수는 백인인가?

미국에서 날아온 놀라운 감성의 종교철학 에세이

이원익 지음

운주사 · 미주현대불교

들어가며

고국을 떠나온 지가 어느덧 마흔 해가 가까워 옵니다.

그 사이 저를 길러 준 고국도, 낳아 준 고향도 사람들도 많이 변하여 눈이 부시면서 한편으론 아쉬움도 있습니다만 제 생각이나 느낌은 몇 십 년 전 떠나올 때 그대로인 것 같습니다.

이렇듯 저절로 나이 먹은 것 밖에는 별달리 내세울 것이 없는 제가 주위의 부추김을 이기지 못하고 조촐한 문집 하나를 내놓게 되었습니다.

그동안 짧지 않은 세월을 미주 땅에서 살면서 부처님께 받은 큰 은덕을 조금이라도 갚고자 여러 가지 글을 써서 동포들의 문서 포교를 도와 왔습니다. 부처님의 가르침을 이해하는 데 도움이 되도록 나름으로 쉽게 풀어 드리거나 아니면 재미있고 아롱진 소재와 줄거리로 사람들을 일단 마음의 본향으로 거부감 없이 이끌어 오려는 뜻이었습니다. 그리고 상대를 어느 정도만 알아도 서로 무턱대고 미워할 수는 없다고, 종교간의 오해 풀기와 이해 증진도 절실한 바였습니다.

이번에 이 글들 가운데서 얼마간을 추려 보았습니다. 열 해쯤 전에도 짧은 불교 칼럼 글을 모아 수필집을 낸 바 있습니다만 이번에는 몇 가지 장르에 걸쳐 좀 주제넘은 것들까지 실었습니다. 이들을 즐기시거나 혹은 탓하시더라도 모두 저를 사랑하심으로 알겠습니다.

크고 기름진 미주 땅이지만 한국불교에 있어서만은 여태 거칠고 메마른 들판입니다. 이런 어려움 속에서도 전법과 수행에 매진하시는 여

러 스님들께 감사드리며, 대륙 곳곳에서 포교에 힘쓰시는 법사님들과
포교사님들, 뜻있는 불자님들, 여러 단체의 활동가 분들께도 인사를
올립니다. 그리고 수십 년 끊지 않고 미주 유일의 한국어 불교 월간지
를 발행하고 있는 「미주현대불교」에 찬사와 격려를 보냅니다. 그동안
저를 여러 모로 도와주신 보살님들과 거사님들, 그리고 이 책을 펴내
는 데 애써 주신 출판사 분들께도 고마움을 전합니다.

불기 2565년(서기 2021년) 12월
미국 LA에서 이원익 두 손 모음

추천서

이원익 월명 법사는 우리 법왕사에서 많은 법회를 해 주었다. 부처님의 가르침을 알아듣기 쉬우면서도 가슴에 와 닿도록 많은 사람들에게 잘 전해 주었다. 또한 다년간 문서 포교에도 원력을 쏟아 신문, 잡지 등 지상을 통하여 많은 글을 써 왔다.

'구슬이 서 말이라도 꿰어야 보배'라는 말이 있듯이 이제 이 법사가 그동안의 글을 추려서 불교 문집이라는 구슬을 꿰려나 보다. 매우 기쁜 마음으로 출간을 축하드린다.

동국대학교 불교대 교수였던 원의범 박사는 '저술은 강산이고 강의는 유수'라고 하였다. 강산이 있어야 유수가 있고 유수가 있어야 만물이 생명력을 갖지 않겠는가! 이 법사의 이 책은 한 강산이니 이윽고 중생의 마음에 지혜의 생명력을 불어넣어 줄 것이다.

인생[衆生]은 미완성이다. 미완성이기 때문에 완성의 세계에 이르고자 하는 중생의 마음은 끊일 날이 없다. '안수정등'의 비유 설법과 같이 안개가 자욱한 황야를 가는 나그네의 발걸음이 멈추는 곳, 그 완성의 단계가 성불이요, 극락세계요, 해탈의 경지다.

중국 춘추시대 제나라 관중이 저술한 『관자管子』에 이르기를,

일년을 계획하려거든 곡식을 심고(一年之計 莫如樹穀)

십년을 계획하려거든 나무를 심고(十年之計 莫如樹木).

백년을 계획하려거든 사람을 기르라(百年之計 莫如樹人)고 했다.

사람, 곧 자기 자신을 기르는 것은 스스로 지혜를 밝힘이다. 가장 수

승한 지혜가 깨달음의 지혜, 즉 반야라고 하고 보리라고 한다. 불교는 지식의 문으로 들어와 지혜의 문으로 나오는 것이다.

그리고 부처님의 가르침은 한 생에 국한된 세계관이 아니고 다생의 시간관이며 사람에 한정된 세계관이 아닌 삼천대천세계 삼라만상을 아우르는 공간관에서 나왔다. 그러므로 우리는 다생의 인생 문제를 계획하고 닦아 나가야 하는 것이다. 그래서 부처님께서 가르치시기를 '다생을 계획하거든 마음을 닦으라(多生之計 莫如修心)'고 하셨다.

망망대해에 일엽편주가 머나먼 등대의 불빛을 보고 대해를 항해하듯이 부처님의 가르침은 고해의 사바세계를 헤매는 중생들에 법등의 등대가 된다. 이 법사가 펴낸 이 문집이 그 등불 밝힘에 일조를 하리라 생각된다.

우리 중생은 삶에 있어서 늘 지혜가 고프다. 그리고 인생에 있어서 명답은 있으나 정답은 없다. 정답은 하나이나 명답은 여러 개일 수 있다. 이것이 지혜의 빛이며 부처님의 가르침인 '무유정법'이다. 『석가와 예수는 백인인가?』가 많이 읽히어 지혜를 향해 닦는 중생의 마음에 양식이 되었으면 한다.

대한불교조계종 남가주사원연합회장 현일 합장

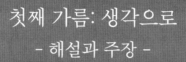

첫째 가름: 생각으로
- 해설과 주장 -

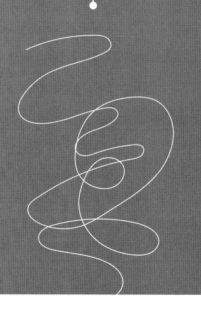

1 새해 신수를 보아 하니

묵은해가 지나가고 새해를 맞는다. 비록 고국을 떠나와 살게 된 이국 땅에서 맞는 양력설이지만 설날을 맞아 지난해를 큰 재앙 없이 마무리함에 감사를 드리고 새해에도 무사히 한 해를 보낼 수 있도록 빌며 마음을 가다듬는다. 그런데 이렇게 한다고 내가 정말 새해에는 아무 탈 없고 복 받으며 한 해를 보낼 수가 있을까? 그런 것은 누가 좌지우지하는 것일까?

주위에 흔한 기독교 신자들이라면 그런 것은 여기 말로 당연히 하느님의 잡이라고, 하느님이라면 예수님이겠지, 그분이 그리 하신다고 할 것이다. 모든 것은 예수님의 다른 이름인 여호와 하느님, 곧 신의 뜻이란다. 잘 되고 안 되고는 전적으로 그분의 생각과 의지에 달린 것이니 우리 피조물들의 바램하고는 별 상관이 없다는 말씀이다.

나는 처음에 이런 이야기를 듣고는 어지간히 놀랐는데, 말하자면 하느님 말씀을 잘 듣고 시키는 대로 꼬박꼬박 따르고 안 따르고 하는 것과 그분이 내게 주는 점수, 성적표는 전혀 상관이 없다는 말씀 때문이다. 상식과는 어긋나는 말씀이고, 제멋대로 학적부를 매기시는 참 이상한 선생님이시다. 착하면 상을 주고 못됐으면 벌을 주는 게 인륜도

덕에 합당한데 하느님의 논리는 전혀 그렇지가 않다는 말씀이다. 무슨 처분을 내리든 그분의 뜻이니 우리 아랫것들은 무조건 그에 순종해야 하며 알려고 해서도 안 된다. 그저 어른께서 깊은 뜻이 있어 그러시려니 여기고 덮어놓고 복종해야 한단다.

이를테면 착한 이에게 불행이 닥치는 것도, 나쁜 놈들이 호의호식하는 것도, 지진이 나고 산불이 나는 것도, 비행기가 떨어지고 배가 가라앉는 것도 다 그분의 어떤 계획, 프로젝트라고 한다. '그에게서 하느님의 하시고자 하는 일을 나타냄'이라고 한다. 말은 그렇게 하면서도 산불 안 나게, 비행기나 배가 사고 안 나게 인간이 스스로 열심히 노력도 해야 한다니 나 같은 보통 인간의 머리로는 그 말씀들이 아귀가 잘 안 맞아 참 답답한 노릇이다. 산불이 나는 것이 하느님의 하시고자 한 일일 경우 만약 그것을 막는다면 우리가 하느님의 일을 방해하는 것일 텐데, 그 막는 것도 하느님이 하고 싶어 시키셨다 하고, 그러다 다시 불이 더 번져도 하느님이 그렇게 하고 싶으셨던 거고…, 까짓것 될 대로 돼라, 그게 다 하느님의 뜻이라고 해 버려야 하나? 아무튼 골치 아프고 헷갈려서 그러시는지 묻지 말고 무조건 일단 믿고 보라고 강권하시는 우리 집사님 말씀이 왜 그러시는지 일면 이해가 간다.

우스개로 하는 이야기가 아니라 정말 위에서 말한 그런 게 진리이고 사실이라면 나 같으면 시간 쪼개 가며 교회에 가거나 성경을 읽기를 주저할 것이다. 그리 하나 안 하나 결국은 하느님 뜻에 달려 있는데 뭣 하러 그 고생을 사서 하나? 그런데 이런 반론에 대비하여 또 얼핏 그럴싸한 이론이, 신학 이론이 개발되어 있음은 물론이다. 내 생각엔 내가 이런 불경한 생각을 하고 안 하고도 결국 하느님의 뜻에 달렸을 것 같은데 무슨 자유의지를 주었다느니 하는 복잡한 이야기가 이어지더라.

아무튼 기독교인들이라면 새해를 맞아 하느님을 찬양하면서 더욱더 그 말씀에, 가르침에 복종하기를 맹세하며 확신에 젖은 새해를 맞이하리라. 그리고 살다가 혹 불행을 당하더라고 절대 반발이나 불평을 하지 말고 순응하라는 내외의 압력을 느낄 것이다. 인간을 사랑하신다는 하느님이 이래도 되시나 하는 의문이 들지만 이웃 종교 이야기는 아무래도 이 정도로 하는 것이 새해 벽두에 지켜야 할 예의일 것 같다.

그렇다면 불교에서는 이런 문제와 관련하여 무슨 말씀을 하시나?

우리가 흔히 듣는 이야기로는 전생에 지은 업 때문에 우리가 이리 고생을 하거나 때로 큰 복을 받는다고 한다. 전생에 내가 어떤 업을 지었는지, 악업인지 선업인지, 얼마만큼 지었는지는 유감스럽게도 금방 알 수가 없다. 태어날 때 다 잊어먹게 돼 있다고 한다. 잊어먹든 일부나마 기억하든 전생의 업 때문이란 게 사실이라면 이 또한 문제가 있어 보인다. 이미 지어 놓은 업이 이생의 내 운명을 결정한다니, 내 한 평생의 행복과 불행도 이미 백 프로 정해져 있다는 말이 아닌가? 그것도 모르고 혹시나 싶어서 내 딴엔 애를 써 보지만 다 헛일일 수밖에 없다. 이미 다 정해져 있다니 말이다. 김이 빠진다.

부처님의 가르침이 이렇게 사람을 김빠지게 할 리는 없으니 이 전생의 업이라는 것이 정말 부처님의 가르치심이 맞는 것인지 알아보는 것이 순서이겠다. 결론부터 말하자면 좀 잘못 알고 있는 것 같다. 해탈에 이르지 못한 중생들에게 있어서 이 전생의 업이라는 것은 이생을 살아가는 데 있어서의 한 조건일 뿐이다. 내가 가난한 시골의 농가에 태어났다면 그건 환경이요 조건일 뿐이다. 가볍지 않은 조건이기는 하지만 그렇게 조건을 안고 이승에 태어났다고 해서 꼭 이승에서도, 그리고 내생에서도 반드시 대대로 가난한 농투성이 노릇만 해야 된다는 법이 어디 있겠나! 부잣집에 태어났어도 마찬가지다. 부자 삼대 가기 어렵다는 말도 있지 않나! 확실히 가난한 집 아이는 살아가기에 여러 모로 불리하고 가난을 대물림하기가 쉽다. 반대로 부잣집 아이는 여러 면에서 유리하며 대를 이어 자산가가 되기 편하다. 크게 노름하거나 방탕한 짓만 하지 않는다면 말이다.

그러나 그 모든 조건보다도 우위에 있는 조건이 있으니 그건 그 당사자의 평소 마음가짐이라 본다. 그 마음을 다스려라. 전생의 업이 큰 힘을 발휘하지만 혹시 악업이라면 그것을 힘써 극복하고, 혹시 선업이라면 그에 따른 복락을 낭비치 말고, 어떠한 조건하에서도 비굴하거나 교만하지 말고 마음을 맑히고 추슬러 선업을 지을지어다. 이승에서 힘껏 선업을 지으며 행복을 추구하고 혹시 그것이 여의치 않더라도 그 선한 공덕은 결코 사라지지 않고 내생을 위한 좋은 조건이 됨을 믿어라. 너 자신 운명의 주체는 하느님도 아니고 부처님도 아니며 당연히 너 자신이니라. 네가 처해진 조건, 운명에 너무 반발하지 마라. 그러나 거기에 짓눌리지도 마라. 일단 받아들이되 거기에 머무르지 말고 더 나은 것으로 바꿀 수 있도록 끊임없이 노력하라는 것이 바로 부처님의 가르침이 아니던가!

그러면 어떻게 노력해야 할 것인가? 그야 부처님께서 친절히 밝혀 놓으신 팔정도를 비롯하여 산뜻하고도 친절하신 경험담, 그 가르침이 있지 않나!

그런데 팔정도도 좋고 육바라밀도 좋지만 때가 때인 만큼 새해 신수나 한 번 보고, 토정비결이라도 참조한 후에 숨 한 번 돌리고 하는 것

첫째 가름: 생각으로

이 괜찮지 않을까? 설마 하니 곧이곧대로 믿기야 하련마는 용하다는 점쟁이한테 한 번 가보는 것은 또 어떨까? 한국에서 새로 왔다는 무슨 보살 점바치가 그리 용하다던데….

물론 이런 것들이 사회 문화의 한 요소로서 어느 나라 어느 시대에나 형태와 이름을 달리하여 있어 온 것은 사실이고 너무 백안시하여 진멸의 대상으로까지 삼을 것은 없다 하겠다. 속된 말로 그 사람들도 다 먹고 살려고 하는 짓이고 하루아침에 생겨난 것도 아니며 그 또한 먼 원시시대부터 내려온 어떤 인연의 결과물이라 기가 서려 있고 불가사의한 점도 전혀 없지는 않아 보인다. 더군다나 이런 데 종사하는 많은 이들 중엔 절집과 한때 인연이 닿았던 이들도 있고 무슨 보살, 무슨 동자, 무슨 법사 하며 지금도 불가의 이름과 옷을 빌려 입고 있어 민중을 현혹케도 하고 위무하기도 한다. 무릇 세상 모든 일이 그렇듯이 이들도 폐해와 공덕 중에 하나만 전적으로 짓는 것은 아니라는 말씀이다.

하지만 그럼에도 우리가 분명히 알아야 할 점은 부처님의 가르침에는 결코 이런 것이 들어 있지 않다는 사실이다. 점 치고 복 비는 일은 분명 불가의 일이 아니다. 그런데 더러 그런 일도 하고 있음도 사실이다. 실은 우리끼리 얘긴데, 절간이든 교회당이든, 모양과 말씀만 그럴듯하게 바꾸어서 날마다 점치고 예언하고 복채 내고 기복하느라 온통 야단법석이라고 세간에 비판이 자자하다.

예수 믿으면 복 받는다고만 해도 넘어가겠는데 안 믿으면 벌 받는다고 으르기까지 하면서 우리 동포들 가운데 많은 하느님의 자녀들은 오늘도 새해 새벽기도에 나서 엎드려 울부짖고 있을 것이다. 그리고 반드시 하느님이 주신 복을 받아 '시작은 비록 미약하였으나 나중은 심히 창대하리라'고 앞날을 확신하며 남들이 보기에는 일종의 자기 최면 같기도 한 기원에 몰두하고 있을 것이다. 이렇듯 특히 한국 사람들이 하는 종교 행위에는 기복적인 요소가 강하니 누가 비꼬듯 그런 사람들만이 모여 앉아 빌고 있는 집이라면 좀 크고 잘 지은 점집이나 무당집이라고 못할 것도 없어 보인다.

이런 점에서는 불교도 대차가 없어 보인다. 부처님께서 직접 하신 말씀 같진 않은데 여러 경전, 가령 지장경에 보면 '누구든지 내 이름을 부르거나 공양공경하면 넓고 풍요로운 곳에 나게 되며, 평안하고 안락하며, 죽은 조상들과 친척들이 좋은 곳에 나고 수명이 길어진다. 온갖 재앙이 사라지고 원하는 바를 얻게 되며, 천신이 보호하며, 훌륭한 스승을 만나 필경 진리를 깨달아 중생계를 벗어난다'고 되어 있다. 부처님을 믿으면 복 받는다고 당당하게 여러 경전 구절에서 기복을 부추긴다.

그러니 이쯤 되면 기복에 대해 달리 생각해야 한다. 기복은 종교의 필수 요소라고. 기복을 무시하거나 잘 다루지 않으면 세속에서 종교로서 유지를 할 수가 없다고. 현실이 그렇지가 않은가! 그런데 우리는 왜 말끝마다 기복, 기복 하며 자기와는 무관한 양 손가락질만 하는 것일까?

내 결론은 이렇다. 종교는 기본적으로 기복을 위한 것이다. 중생의 이 원초적인 욕망을 종교는 거두어 달래고 이끌어야 한다. 하지만 거기서 머무르면 타락한다. 나 하나, 내 식구, 내 동아리만을 위한 좁은 기복에서 벗어나 자기를 버리는 큰 욕심, 중생을 향한 발원으로 나아가야 한다. 부처님의 이름으로 설해진 모든 기복적인 요소는 중생구제를 위한 발원과 궁극적인 깨달음으로 가는 전 단계 방편들일 뿐이다.

그리고 그 궁극적인 깨달음이란 결국 복을 구하는 마음, 복을 찾아 헤매는 그 목마름과 같은 욕망에서 벗어나는 일이다. 말하자면 복을 버려 해탈을 얻음이 부처님 가르침의 요체다.

그리고 이 새해 벽두, 그래도 버릇대로 신수 한 번 꼭 보고자 할 양이면, 심심풀이 파적으로 재미 삼아 뒤적이되 거기에 결코 끄달리지 말지어다. 그럴 자신 없으시면 아예 쳐다도 보지 마시고.

2 또 하나의 반야심경

내가 불교 경전을 문자 그대로 접해 본 것은 고등학생 때인데, 반야심경을 처음 눈과 소리로만 겉핥기로 읽어 본 적이 있다. 그런데 길지 않은 한문 문장들에 웬 '없을 무' 자가 그리 많은지, 뭐도 없고 뭐도 없고 뭐도 그런 것 없고…. 나중에 대학생이 되어 좀 제대로 된 해석을 읽어 보니 이건 그때까지 내가 부처님의 기본 가르침이라고 막연히 알고 있던 불교의 교리를 온통 부정하는 것이 아닌가! 여러 군데 '무' 자가 나오는데, 예를 들어 부처님께서 말씀하셨다는 거룩한 네 가지 진리라는 것도 부정한다. 우리 삶의 본바탕이 괴로움이라는 것, 그 괴로움의 뿌리가 무엇이냐는 것, 그리고 그 괴로움은 없앨 수 있다는 것, 마지막으로 그 괴로움을 없애는 여덟 가지 길이 있다는 것인데 실제로는 이것들도 죄다 무, 미안하지만 그런 건 없다는 말씀이다. 아무튼 그때 나는 일단 그렇게 알아들었었다.

이게 뭐야? 부처님께서는 한 입으로 두 말씀을 하셨나? 상당히 황당하기도 했지만 내 얕은 지식과 경륜으로는 잘 알 수 없는 일이었고 아무튼 대단한 진리를 품고 있는 경전이라니 그러려니 했었다. 내가 아직 공부가 덜 되었는지 사실 이 나이가 되도록 아주 뚜렷하게 이러한 말씀의 본뜻이 손에 잡히는 것은 아니지만 이제는 어느 정도 그 '없다'들이 나타내고자 하는 바의 테두리가 드러나 보인다. 내가 잘못 이해하여 내 머릿속에서 그 '없다'들을 엉뚱한 '있다'들로 내 멋대로 둔갑시킬 위험이 없지는 않겠으나 그런 종교적이고 철학적인 결론은 미뤄 두더라도 어쨌거나 나는 경전의 이러한 말씀들에 세속적이며 인간적으로도 상당히 고마워한다. 문화현상의 하나로서의 불교는 현실에 있어서 개선돼야 할 문제도 많고 마음에 덜 차는 점도 있지만 이런 경전 하나 있는 덕분에 적어도 사람을 사람답게는 남겨 두는구나 하는 감사한 마음에서다. 다시 말하면 불교도는 적어도 극단적인 근본주의, 교조주의에 빠져서 중세의 십자군이나 요즘 IS인지 이슬람 국가인지 뭔지 하는 치들이 벌이는 미친 짐승이나 흡혈귀 같은 어처구니없는 짓거리는 하기가 어렵겠구나 하는 것이다.

말이 나왔으니 말인데 인류 역사상 종교가 사람들에게 끼친 공덕이 클까, 폐해가 클까? 우리가 부처님께서 주신 오계 가운데 하나를 지켜 곧이곧대로 거짓말을 하지 않는다면, 종교는 인류에게 그 공덕의 몇 배나 되는 해를 끼쳤다고 대답해야 할 것 같다. 종교 때문에 살아난 사람, 종교가 살린 사람이 많은가 아니면 종교 때문에 죽이거나 죽은 사람이 많은가? 특히 저 사막에서 생겨나 퍼진 종교들의 광신도들 때문에 말이다. 만약 종교라는 것이 사람이 잘 살아 보려고 생긴 것이라고 한다면 인류 역사 전체에 걸쳐 종교를 결산해 본다면 이건 완전히 밑진 장사일 것 같다. 너무 많이 죽었다. 그저 남은 건 기울어져 가는 거대한 돌기둥이나 축대, 돌무더기나 주춧돌, 무덤들뿐이라고 한다면, 그래서 불쌍한 후손들이 그나마 관광객 받아서 생활에 보탬은 좀 되는 것뿐이라고 한다면 너무 심한 이야기인가?

지금도 저 중동을 비롯하여 곳곳에서 난전을 벌이고 서로 소리쳐 호객하는 한 편에선 조폭들 나와바리 다툼하듯 칼부림하며 허구한 날 눈을 부라리고들 있는 패들이 모두 종교 때문이거나 아니면 종교를 핑계 삼고 있는 무리들이다. 그런데 난처하게도 언제부턴가는 우리 동포들이 앞장서서 이런 아슬아슬한 아귀다툼의 언저리에 끼어들곤 한다. 그것도 세계 방방곡곡, 꼭 말썽 날 만한 동네 골목만 주로 찾아다니며 일종의 떴다방을 열고 있다는 느낌이다. 그런데 내가 보기에 더 심각한 문제는 이들이 대부분 말 그대로 종교적인 사명감에서 그러고들 있다는 것이다. 정말 떴다방처럼 돈이나 기회만 챙기려는 속물들이라면 차라리 심각함이 덜할 지도 모른다.

남들이 몸 바쳐 지극정성으로 하는 일을 이렇게 함부로 말해도 되느냐고 나무랄 수는 있겠지만 이건 정말 우리 모두의 장래와 평화를 위한 나의 지극정성에서 나온 말이다. 우리 불자들이 지금 이웃 걱정해 줄 형편은 아니지만 적어도 나로서는 한 번은 짚고 넘어가야 할 문제이기도 해서 생각을 해 본다. 내 한평생 너무나 많은 사람들로부터 대놓고 설득과 강요를 받아왔다. 교회 나오라고, 하느님을 받아들이라고. 내 대답은 거의 늘 같았다. 가고 싶을 때 가겠다고, 받아들여질 때 받아들이겠다고. 이렇듯 내 사랑하는 피붙이요 벗들이 저리도 한평생 집요하게 나를 못 데려가 애고 답답해하는 지극정성에 좋다 싫다 대꾸도 없이 너무 무반응이라면 그건 맞대놓고 욕설을 마구 퍼붓는 이상으로 상대를 무시하고 경멸하는 것일 게다. 그리고 내가 너무 이것저것 많이 생각하여 이런 글 한 편을 도로 접는다면 그건 너무 소심한 것일 게다.

언젠가 말귀를 조금 알아들을 귀를 갖춘 친한 벗이 평소와는 달리

자기 교회와 종교의 요즘 와서 갑자기 주춤해진 기세에 대해 상당히 충격을 받아 의아해하며 근본적인 염려를 하기에 이런 이야기를 넌지시 해 준 적이 있다. 내가 지금 천기누설을 하나 하지. 뭐든지 그걸 목덜미에 서늘하게 느끼게 될 때는 이미 근본 원인은 한참 전에 무르익어 있어서 실은 꺼져가는 부동산 붐처럼 내가 지금 거의 막차를 타고 있을 때라고 해야겠지? 자네 교회와 믿음이 그 동안 세상의 추세를 무시하고 거기에 발맞추지 못해 그 불같은 신앙이나 새벽기도의 지극정성으로도 효험이 없고 수습이 잘 안 되어 미래가 염려된다면 궁극적으로 살아남을 길은 오직 하나 있다네. 작은 수레가 아닌 큰 수레 기독교, 대승기독교의 반야심경이 나오면 된다네. 불교에서는 이미 이천년 전에 나왔다네. 교조의 말씀에 곧이곧대로, 일점일획도 틀림이 없다며 절대시하여 착 달라붙는 얽매임, 끄달림을 부정한 거지. 그러다 극동의 선불교에 와서는 문자를 세우지 말라, 책 덮으라, 그리고 심지어 부처를 죽이고 조사를 죽이라는 데까지 매섭게 나아가기도 했지. 아무튼 이렇게 근본주의, 교조주의를 접는 바람에 부처님의 가르침은 폭풍이 아니라 부는 듯 아니 부는 듯 봄바람처럼 아지랑이처럼 사방으로 더 널리 퍼져나가 꽃피었지만 다른 한편으로 불교는 대체로 육식동물이 아니라 순한 초식동물이 되었다네. 포식자를 저만치 적당히 끼고 살며 이럭저럭 최소한의 방어만 하는 초원의 들소 떼처럼 말이야.

　설마 그럴 리는 없겠지만 자네가 정말 보살 예수처럼 마음이 열려 나에게 기독교의 반야심경에 대한 구체적인 지침을 묻는다면 그 옛날의 용수보살이나 무착, 세친처럼 내가 능력이 출중하고 위대해서가 아니라 그저 상식선에서 평심으로 말해 줄 수 있는 거라네. 하느님이 말씀하셨다는 근본 교리 구절에, 그 말씀에 문자 그대로는 너무 얽매이지 말아 보라고, 일단 부정 한 번 해 보라고, 부정이 결국은 긍정이라고 (이런 논법을 알아나 들을랑가). 죽이는 길이 살리는 길이라고! 요즘 세상에 이런 불경스런 말 했다고 장작더미에 나를 올려놓을 일은 없을 테니 감히 조언하건대, 그쪽 사람들이 누구나 알고 있는 상식, 그걸 일단 십자가 앞에서 한 번 아니라고 해 보라는 것, 돌려서 말해 보라는 것이다. 이런 내 말이 사탄이나 마귀의 속삭임은 아니야. 그 따위 최면 풀어 버리고, 염려 좀 붙들어 매고 일단 하느님, 그런 것 없다, 동정녀 탄생, 그런 것 없다, 기적, 그런 것 무, 종말 부활 심판 그런 것 무, 그런 것 다 하느님의 진리를 전하기 위한 방편이다, 말일 뿐이라 생각하고 한번 그리 해 보라는 것이다. 강요는 아냐. 나처럼, 하게 될 때, 그리 되어질 때 해 보라는 것이지 싫으면 없던 일로 하고 잊어버리라고. 난 암시랑토 않아.

이봐, 우린 다 해 보고도 멀쩡한데 자네라고 왜 못하겠나? 지금도 우리 불자들은 눈앞에 멀쩡히 부처님 모셔 놓고, 향 피워 놓고 촛불 켜 놓고, 나이든 보살이든 젊은 거사든 모여 앉았다면 줄지어 일제히 고개 숙이며 목탁 소리에 맞춰 읊조린다네. 당신이 말씀하신 사성제, 그런 것 없나이다, 팔정도, 그런 것 없나이다…, 무, 무, 무…. 그러면서 그분이 하신 본래 말씀은 다 알아듣든가 듣는 척을 하는 거지. 반야심경은 무슨 법회나 의식에나 다 쓰는 약방의 감초 같은 경전 아닌가 말이다. 그래서 그런지 불교가 기적처럼 금방 부흥은 잘 안 되는지 모르겠지만 적어도 이웃 종교들이나 종파들하고 교리나 하느님을 앞세워 꼴사나운 쌈박질은 하지 않는다네. 종교를 하면서도 인류평화에 이바지하는 것이지. 역설 같은가? 절대적인 진리라는 그 종교라는 것을 하면서도 말이다! 만약 자네가 정말 자네 쪽의 반야심경을 읊는 날이면, 내

확신하건대 인류평화가 머잖아 문 앞에 다다랐다고 환호하며 함께 축복의 샴페인을 펑, 터뜨려도 좋으리.

3 석가와 예수는 백인인가?

향냄새 그윽한 법당을 지나 목탁소리 구성진 암자를 지나 이번에는 좀 옆길로 새어 보자.

어떤 옆길인가?

존칭도 생략하고, 인간 석가, 인간 예수를 생각할 때, 그들은 도대체 어떻게 생긴 사람들이었을까 하고 파적을 한번 해 보자는 것이다.

석가와 예수가 어떤 인종에 속하든, 어떤 얼굴을 하고 살다간 사람이었든, 불교와 기독교에서 내세우는 자비와 사랑이 달라지는 것은 아닐 것이다. 다들 그렇게 알고 있다. 정말 그런가?

우리는 석가가 인도의 왕자가 아니라 잉카 제국의 왕자 출신이었더라도, 예수가 이스라엘의 목수의 아들이 아니라 아프리카 남쪽 끝, 사막을 헤집으며 칡뿌리 캐러 다니는 부시맨의 아들이었더라도 똑같은 경배를 올리고 그 말씀에 목숨이라도 걸 수 있었을 것인가?

그런데서 그런 분이 태어날 수는 원래부터 없는 일이라고 하면 할 말이 없으나, 누가 알리오? 인류 역사의 구석구석에서 나름대로 깨치고 부름 받은 자 그 얼마나 많았으리! 다만 시쳇말로 뜨지 못했을 뿐. 정말 우연히도, 조그만 세팅의 차이로, 태백산 등성이에 떨어지는 빗방울이 간발의 차이로 동해물과 서해물로 운명이 갈리듯이, 우리가 지금 보는 불교, 기독교의 가르침 외에도 세계 역사상 곳곳에서 많은 어진 이들의 깨침과 불림이 있었으나 어떠한 간발의 요인들이 이어져, 어떤 것들은 동으로 서로 흘러 인류문명의 큰 물줄기를 이루고 어떤 것들은 갇힌 물이 되거나 마른 호수가 되고, 흐르다 잦아지거나 땅속으로 스며드는 잃어버린 물줄기가 되었는지 모른다. 동으로 서로 흐르기 시작했던 두 물줄기는 마침내 큰 물을 이루어, 크게 왜곡되고 오해되면서 전혀 뜻하지도 않았던 불교와 기독교라는 종교의 바다를 이루었다고 볼 수는 없는가?

우리 자신들 대부분도 각자 언제 어디서 태어나고 어떤 인연을 맺었느냐에 따라 어떤 강물에 실려 그런 바다로 떠내려가고 있는 것이리라.

어쨌거나 우리는 많은 사람들이 뒤섞여 떠내려가는 강물에서 잠시 헤엄쳐 빠져나와 나만의 오솔길을 걸어가며 조그마한 도망침과 숨 가눔과 뒤돌아봄을 즐긴다 해도 그리 나쁜 일은 아닐 것이다.

그럼 이제 금강반야바라밀경에서, '위없는 두루 바른 깨침'에서 벗어나서, 산상수훈에서, '마음이 가난한 자는 복이 있음'을 벗어나서, 석가와 예수는 어떻게 생긴 사람들이었을까 잠시 틈놀이를 해 보자. 혹시 모른다. 어쩌면 이런 놀이가 그들의 깨침과 말씀을 바로 알아듣는 데 적잖이 보탬이 될지도.

1. 사람의 종자

나는 여기서 유전학이나 진화론에 대해서 구구절절이 논하지는 않으련다. 다만, 사람도 하나의 생명체이며, 기본적으로 동물이며, 유전의 지배를 받는 생물학적인 존재로서 진화해 왔으며 이러한 과학법칙이나 사실들에 석가가 말한, 무엇으로 말미암아 일어남(인연소기)의 법칙이 하나도 걸림이 되지 않을 뿐만 아니라 오히려 영감을 주고 있음을 일깨우련다.

사람도 종자다. 그리고 그 종자는 살아남기 위해 환경에 적응하여 변형되고 수십 수백 만 년 지나온 그 결과가 지금 지구상에서 시도 때도 없이 횡행하는 수많은 대형 직립동물, 즉 백인(코카소이드), 황인(몽골로이드), 흑인(네그로이드), 기타 인종들이다.

그렇다. 이들은 환경의 산물이며, 역사의 산물이며, 통계학의 대상일 뿐 그 자체 가치에 인종간 우열이 없다. 내 몸은 나라는 생물체의 진화의 역사책이다.

내가, 우리가 고만고만한 몸집을 가지고, 찢어진 눈을 가지고 노르스름하게 태어난 것은 일이십 년에 연유한 것이 아니라 그렇지 않으면 살아남지 못했던 수많은 원인이 쌓였던 결과이다.

혹독한 시베리아의 벌판에서 큰 몸집은 부담이다. 무거우면 얼음도 잘 꺼지고. 짧은 팔다리로 열손실을 막으며 눈부신 눈벌판을 가늘게 째려보며 순록 떼를 찾은 지 그 몇 해리? 눈이 녹으면 대지는 몰아치는 황토바람에 덮여 노르스름하지 않으면 굶주린 이리 떼에게 쉬 눈에 띄였을 것이다. 마찬가지다, 백인도, 흑인도, 그 어느 원주민도 그저 그뿐이다. 희니 높고 검으니 낮고 외꺼풀이니 부끄럽고 쌍꺼풀이니 자랑스

첫째 가름: 생각으로

러운 게 아니다. 누구나 다 자기 자신의 역사책이며 그 역사책의 사관
은 '살아남기'일 뿐이다.

2. 석가는 어떻게 생겼었나?

한국 절에 가면 부처님 상이 있다. 자세히 뜯어보면 보통사람 같지가
않고 일종의 기형이다. 귀는 늘어져 한 자나 되고 눈썹도 눈도 입술도
가늘어 아이인지 어른인지, 남자인지 여자인지 애매하다. 윗입술 양쪽
끝 위와 턱 한가운데에 몇 가닥 꼬불꼬불 그려진 나룻을 보면 남자인
것도 같다. 그런데 윗몸이나 아랫몸이나 두루뭉술, 도대체 사내다운
힘살이 없다. 팔은 길고 손은 처녀애 손이고 다리는 짧고 발은 평발이
다. 머리는 어떤가? 온통 소라고둥 같은 수많은 돌기로 덮여 있는데 자
세히 보면 어떤 흑인들이나 남양군도 원주민들의 머리칼과도 같다. 그
리고 정수리에는 큰 종기가 난 듯 작은 주발을 엎어 놓은 듯, 거기에도
꼭 같이 말린 머리칼이 나 있다. 기괴한 일이다.
　이것이 지금부터 이천오백 년도 전에 살았던 석가의 모습이란 말인
가? 얼굴은 아무래도 동양인인 것 같은데?
　부처님 뒤 벽면이나 양옆에 그려진 탱화를 들여다보면, 여러 인종이
뒤섞인 것을 짐작할 수 있다. 검은 사람, 흰 사람, 가는 눈, 딱부리 눈,
털보에, 대머리에, 염소수염에, 뚱보에, 갈비씨에, 심지어 눈이 네 개인
사람, 팔이 여러 개인 사람까지, 혹은 창칼을 들고, 혹은 악기를 들고
모여 서서 부처님을 호위하고 있다. 절 입구 양옆에 버티고 서서 악귀
를 쫓는 사천왕상들을 보면 그중에는 인도 계통의 얼굴을 한 상도 있
고 북방 동양인 얼굴을 한 상도 나란히 있다.

그러니 이러한 상이나 조각이나 그림들에서 그 옛날 고타마 싯다르타의 몸과 얼굴을 살려내기란 어렵다.

그는 도대체 어느 인종, 어느 민족의 사람이었을까?

이는 종교적으로 풀 것이 아니라 과학, 그중에서도 인류학으로 풀어야 할 문제이다.

석가는 다행히도 당신이 신이 아니라 그저 하나의 사람임을 생전에 밝히셨다. 그러니 부담 없이 파헤쳐 보자.

석가는 알다시피 이름이 고타마 싯다르타다. 고타마가 성이고 싯다르타가 이름이다. '석가'는 '샤카'족이란 종족의 이름이다.

아버지는 정반왕인데 '깨끗한 밥의 임금'이란 슛도다나 왕을 번역한 말이고 나라이름은 카필라였다. 어머니는 마야 부인이라 하고 아들은 하나 있는데 장애, 거리낌이란 뜻의 라훌라라고 불렀다. 자기 딸을 '쓸데없는 것'이라는 뜻인 불필이라 불렀던 성철 스님이 생각난다. 아내는 야쇼다라라고 하고 어머니는 일찍 죽어 이모인 마하파제파티가 길렀다.

이상이 가족관계인데 아버지를 정반왕이라고 한 것을 보면 쌀농사와 관계있는 것 같고 고타마라는 성의 '고'가 영어의 '카우'라는 말과 말뿌리가 같다고 하여 소 치는 일과 연관시키는 이야기도 있다.

부처라는 말은 '깨친 이'라는 뜻의 붓다에서 나왔고 한자로는 불타佛陀, 줄여서 불佛이라고도 한다.

싯다르타는 '다 이루어질지어다'라는 말이며 한자로는 실달다悉達多라고 쓴다. 여래如來는 그렇게 오신 분이란 뜻이고 세존世尊은 세상에 존귀한 분이란 뜻으로 석가에게 붙인 별칭들이다.

첫째 가름: 생각으로

하여튼 이런 사실들만 가지고는 석가가 어떤 인종에 속했는지 확실히 알 수는 없고 인류학적인 여러 방증을 가지고 추리해 볼 수밖에 없다.

카필라라는 곳은 지금의 네팔에 있었던 것으로 보이는데 지금 네팔의 주민들은 평지에는 인도 계통의 코카소이드가 많고 산으로 들어가면 티베트 계통의 몽골로이드가 주를 이룬다.

추정의 중요한 요소의 하나인 말을 가지고 알아보자.

3. 석가가 쓴 말

석가는 어떤 말을 쓰는 사람이었을까? 카필라 왕국의 언어는 무엇이었을까?

이것 역시 기록이 제대로 없다. 인도 사람들은 이런 것들이나 역사에는 관심이 별로 없었고 부처님의 말씀이란 것도 사후에서야 여러 지방 출신들이 모여서 외웠던 것을 읊어 내어 기록에 들어가기 시작한 것인데 이로써 석가가 설법에는 주로 카필라 인근의 마가다 말을 썼던 것을 알 수 있다.

마가다 말은 인도 유럽어 중에서 인도어 계통에 속하고 현대 힌두어와 친연관계가 있는데 카필라의 말도 이와 가까운 관계가 있지 않았겠나 짐작할 뿐이다. 왜냐면 경전에 나타나는 샤카족의 이름이나 지명 따위가 같은 계통으로 보이기 때문이다.

마가다 말은 따라서 중국어나 티베트어, 한국어와는 관계가 없고 이란어, 라틴어나 그리스어 또는 멀리 영어, 러시아어와 오히려 관련이 있는 언어라고 하겠다.

석가 당시에도 브라만교의 성스러운 언어로 산스크리트(범어)가 있었는데 산스크리트가 라틴어라면 마가다어는 이태리어쯤으로 이해하면 될 것이다.

석가가 유세시 어느 제자가 건의하기를, 부처님은 거룩한 산스크리트로 포교하여야 한다고 했는데 이에 대해 석가는, 부처의 가르침이란 민중을 위한 것이므로 민중이 실제 쓰는 말로 해야 한다며 물리쳤다. 이는 권위적이고 고루한 언어관을 물리친 것이다.

그러나 석가의 사후 근본불교의 경전 결집이 이루어진 다음, 얼마 후에 생겨난 많은 대승 경전들은 산스크리트로 적혔다. 그리고 이 경전들이 중앙아시아, 티베트, 중국 등지로 전해지면서 티베트어, 중국어 등으로 번역되고 한글창제 이후 지지부진하지만 이에서 한국어로 중역되기도 했다.

따라서 우리가 보는 한문 경전들에도 산스크리트의 음을 그 당시 비슷한 중국 한자음으로 음사해 놓은 것이 많이 있는데 한자의 음이란 것이 그 당시나 지금이나 외국어의 음을 베끼기에는 모자라는 점이 많아 어린아이 옹알거리는 소리처럼 흉내만 내는 정도이니 그 여러 대의 한자음을 거쳐서 받아온 한국의 경우 원음과는 사이가 많이 벌어진 것들이 많다.

스리랑카로 전해진 근본불교의 원전들은 산스크리트가 아니라 이것이 좀 속화된 팔리어로 결집된 것이었는데 이후 미얀마, 태국, 크메르 등지로 전해진 남방불교의 소승 경전은 대개 여기에서 나왔다.

언어와 민족이 반드시 일치하는 것은 아니지만 언어상으로만 볼 때 석가는 인도 유럽어를 쓰는 소위 코카소이드 계통이거나 주로 코카소이드 혈통을 물려받고 일부 현지 원주민, 예를 들어 피부가 검은 원주민인 드라비다족이나 고대 인도 대륙에 산재했던 흑인 비슷한 베다족 계통, 혹은 그리 멀지 않은 히말라야나 티베트, 미얀마로부터 흘러 들어온 황인종의 피가 일부 섞인 혼혈일 수가 있겠다.

어쨌든 석가는 현재의 많은 인도사람들처럼 크게 분류해서 코카소이드 계통으로 보는 것이 별 무리가 없을 듯하다.

현재까지 알려진 여러 인류학적인 방증으로도 언어상과 마찬가지로 아마도 석가는 그 당시 대부분의 지배계통이나 상층부에 있었던 사람들처럼 현재의 이란이나 아프가니스탄 사람들이나 서양인처럼 생긴 코카소이드이거나 그런 피가 가장 많이 섞인 혼혈인이었을 가능성이 크지 않겠나 싶다. 아니면 인종은 동양인에 가깝되 언어는 아리안 계통을 채택했을 수도 있겠다.

일부 학자들 중에는 여러 가지 정황을 보아서 석가족은 원래 그 지방에까지 퍼져 살았던 티베트 계통의 황인종인데 서방에서 온 아리안족의 군사력에 압도되어 정복되었으나 부처님에게서 보듯 정신력과 종교의 힘으로 마침내 그들을 정복하고 나아가 세계 인류사의 큰 스승이 되었다는 견해도 있다. 결정적인 증거는 찾기 어렵겠으나 참조할 만하다. 실제로 후대에 만들어진 어떤 경전에서 묘사하기로는 샤카족은 황동빛 살갖에 검은 머리칼과 눈동자를 가졌다고 한다. 히말라야 산기슭에는 지금도 스스로 샤카족이라고 일컫는 사람들이 얼마간 남아 있는데 이들은 비교적 단신에다 갈색 살갖, 그리고 코카소이드라기보다는 몽골로이드에 가까운 얼굴을 하고 있다.

4. 불상과 석가

위에서 보다시피 불상은 석가의 인종을 규명하는 데에 도움이 되지 못한다.

원래 불교의 가르침이 힌두교와는 달리 어떤 상을 보고 경배할 것이 아니라 오직 석가가 말한 진리인 법(다르마)을 등불 삼고 자기 자신을 등불 삼아 코뿔소의 뿔처럼 혼자서 가라고 한 것인데 이것이 한문으로는 법등명 자등명法燈明 自燈明이다.

그리고 인도는 중국에 비하면 기록 유산이 빈약한 데다가 그나마 전해 오는 것에 있어서도 얼굴 모습 등 형이하학적인 사항은 특히 기록이 드물고 철학, 종교 등 사변적인 형이상학에 경도되어 상대적으로 기록이 풍부하다.

어쨌든 인종과 계급을 초월하여 불교는 보편화되어 갔는데 좀 시일이 지나자 탑이 생기기 시작하더니 이것만으로는 일반 민중의 성에 차지 않았던지 마침내 부처님의 모습을 만들기 시작하였다. 처음에는 인도의 마두라 지방에서 힌두교 신상의 영향을 받은 인도적인 불상이 나타났는데 이 마두라 불상은 후세에 큰 영향을 주지 못하고 인도 불교의 쇠락과 함께 사라져 갔다.

불교는 동서남북으로 퍼져 지금의 아프가니스탄 등지로도 전해졌는데 그 지역이 불교화 되면서 그쪽 간다라 지방에 알렉산더 대왕의 원정을 계기로 따라와 살며 뿌리를 내렸던 그리스 사람들이 불교도가 되었다. 이들은 법등명 자등명만 하기에는 수준이 낮고 허전했던지 자기들이 고국에서 제우스 신 등 여러 그리스 신상을 경배했던 것처럼 부처님 상을 만들기 시작했다. 당연히 자기들하고 비슷하게 생긴 사실적

첫째 가름: 생각으로

이고 아름다운 그리스 식의 간다라 불상이었다. 이것이 북으로 동으로 전해져 마침내 중국의 윈깡 석불이 되고 경주 석굴암 여래상이 되고 일본의 가마꾸라 청동 불상이 되었다.

동으로 동으로, 차츰 황인종의 영역으로 전해지면서 불상은 자연히 코도 깎이고 눈도 꺼지지 않고 가늘어지면서 얼굴은 둥글어져서 현지인의 모습을 닮아갔지만 머리카락만은 더욱 정형화되어 소라고둥 투성이가 되었다.

인도에서부터 시작된 형이상학적이고 신비적인 부처님의 상징 형상이 더해져서 부처님 몸의 특징을 말하는 이른바 32종호가 불상에 반영되었다. 이마에 보석처럼 박힌 것이라든지 손가락 사이의 물갈퀴라든지 발바닥의 이상한 무늬 같은 것들이 그것이다.

절의 탱화라든지 벽화들은 석가 이후의 역사적 문화적 전개를 반영하는 자료가 된다.

5. 예수는 어떻게 생겼었나?

일부 한국 기독교인들 사이에는 한민족이 이스라엘의 잃어버린 12족속 가운데 하나라느니 하는 이야기가 떠돈다. 예수가 한민족이라는 말은 아니고 우리가 유태인이란 소리인 것 같은데 종교에 빠지면 그리 볼 수도 있겠으나 인류학적으로 보면 참으로 어이가 없는 이야기다.

본래의 유태인은 코카소이드에 속하는 지중해 연안 인종의 하나로서로 피 터지게 싸우고 있는 팔레스타인인, 아랍인들과 아주 가까운 핏줄이다.

그러나 현재 지구상에 남아 있는 유태인이란 수천 년 떠돌아다닌 결과로 더 이상 체질적인 개념이라 하기 어렵고 문화적인 개념에 가깝다. 즉 유태인이란 민족은 거의 사라지고 대부분 심하게 혼혈된 잡다한 인종들이 세계 곳곳과 이스라엘에서 유태적인 문화 전통을 고수하며 살고 있으며 이스라엘을 다시 세운 후에는 오랫동안 안 쓰게 된 히브리어를 일상생활어로 되살려 놓는 힘든 일을 해냈다.

한국 사람들은 북방 몽골로이드에 속하므로 유태인들과는 예나 지금이나 핏줄이 멀어도 한참 멀다. 구태여 개연성을 억지로 찾자면 오래 전에 사라진 슈메르인들에게서라면 혹 모를까.

중동 최고의 문명인 슈메르 문명을 일으킨 슈메르인들은 정체가 모호한데 현재의 햄·셈 어계와는 다른 교착어 계통의 말을 썼고 일부 동양적인 문화요소가 엿보이기도 한다. 한국의 고전인 한단고기 등에 나오는 소머리(우수)와 연관지어 태곳적에 서로 관련이 있었다는 가정도 있지만 물론 결정적 증거는 없고 서로의 거리도 만만치 않다. 불경에 나오는 수미산과 연관 짓기도 한다.

그렇다면 예수는 어떤 인종이었을까?

교회나 성당에 그려진 대로 대개 갈색이거나 노란 머리를 길게 늘어뜨리고 수염을 길렀으며 키가 크고 얼굴은 좁스름하며 몸에 살이 별로 없는 유럽형 미남의 그런 모습이었을까?

아마 그렇지 않을 것이다. 예수는 그 당시 유태에서 유태인인 아버지 조셉과 유태인인 어머니 마리아 사이에서 태어났을 것이므로(아버지가 다르다는 얘기도 있지만) 순수한 유태인이라고 보아도 무방할 것이다. 그렇다면 그 당시 보통의 유태인 모습을 했을 확률이 가장 크다. 키는 그렇게 크지 않고 검은 곱슬머리에다 짙은 눈썹, 윤곽이 뚜렷한 검은 눈, 매부리코, 그다지 희지 않고 약간은 거무튀튀한 피부를 가졌을 것이며 오히려 요즘 유태인들보다는 요즘 그 지방 사람들, 팔레스타인 난민들이나 바그다드의 피난행렬에 섞여 있는 남자들과 더 닮았을 확률이 크다. 그런 사람들은 금발이나 푸른 눈을 거의 갖고 있지 않다.

예수는 하느님의 아들이니까 아버지, 어머니의 생김새하고는 관계가 없다고 한다면 얘기가 안 되지만 그럴수록 유럽인의 모습이 돼서는 안 되는 것이, 그렇다면 하느님의 피조물인 전인류의 평균치가 돼야 당위성이나 논리에 더 맞을 것 같기 때문이다. 하지만 그런 모습은 상상하기도 어렵고 설사 그런 이상하게 생긴 아이가 마굿간에서 그때 태어났더라도 아마 동네 사람들에게 따돌림을 당했거나 어쩌면 요사스럽다고 하여 버려졌을지도 모를 일이다.

불교와 마찬가지로 기독교도 각지로 퍼져나가면서 예수상이나 마리아상, 천사의 그림 같은 것이 그 지방 사람들과 비슷한 모습으로 만들어지고 그려지게 되었는데 우리가 보는 마리아 상이 모나리자와 얼굴이 비슷해 보이는 것도, 대개의 예수의 그림이 유럽 백인인 것도 기독교가 그쪽에서 더욱 성행하여 결국 우리에게까지 전해졌기 때문이다.

요즘 와서 기독교 토착화를 내걸고 한복에 상투 튼 예수상, 치마저고리를 입은 마리아 상까지 등장하고 아프리카에서는 흑인 아기 예수가 그려지는 등 일부 색다른 시도가 있지만 오랫동안 박혀 버린 이미지에 익숙한 대중의 우스꽝스러워함을 극복할 수 있을지 의문이다. 뭐든지 굳어져 틀이 짜이기 전인 처음이 오히려 하기 쉬운 때인 법이다. 한때 예수의 주검을 둘러쌌던 포대기에 예수의 얼굴과 신체가 찍혀 있다고 하여 성스러운 물건이라고 전해져 보관되기도 했는데 수년 전 과학적인 검증으로 엉터리임이 밝혀진 일도 있다.

6. 예수가 쓴 말

예수가 마리아에게서 배우고 쓰며 자란 말은 히브리어가 아니라 그 사촌 격인 아람어로 알려져 있다. 이 말은 지금의 레바논이나 시리아 지역에 아직도 흔적이 있다고도 한다. 이 말은 히브리어와 가까우며 셈어족에 속하는데 셈 어족은 아랍어와 히브리어로 대표된다.

셈 어족은 삼각어라는 특징이 있는데 세 가지 자음이 기본 개념을 형성하여 모음을 일정하게 바꾸거나 음을 덧붙여 추가적인 의미 변용을 한다. 그래서 글자도 자음 위주로 형성되고 모음은 표시를 안 하거나 자음 아래위에 부수적으로 표기하거나 했다.

그 당시 유태인들, 특히 제사장 계급들은 인도에서와 마찬가지로 근엄한 고전 히브리어를 가지고 민중들에게 겁을 주었겠지만 예수의 정신으로 볼 때, 그는 그런 목에 힘주는 언어 형식에 얽매이지 않고 평범한 사람들이 알아듣기 쉬운 속어를 사용했을 것이다.

예수의 청년시절은 한참 동안 기록이 비어 있는데 인도를 다녀왔다는 얘기도 있고 심지어 히말라야에서 수도를 하고 불교를 배워 갔다는 얘기도 있지만 확실한 증거는 아직 모자라니 무조건 믿을 것도 못되고 무조건 배척할 것도 못된다. 그 당시 인도와 중근동의 교류는 빈번했으며 이스라엘에서 인도까지의 거리는 로스앤젤레스에서 시카고 정도까지의 거리밖에 안 된다. 물론 요즘보단 훨씬 여행이 힘들었겠지만.

하여튼 예수가 이스라엘을 벗어나 어딘가 여행을 했을 확률은 높고 당연히 몇 가지 외국어를 접했을 것이지만 그중에 배워서 쓸 수 있는 말이 있었는지는 기록에 없다. 또 예수는 정기 교육을 받지 않아 문맹이었다는 얘기도 있는데 하여튼 그가 책을 읽었다든지 글을 썼다든지

첫째 가름: 생각으로

했다는 얘기는 성경이고 어디에고 없다.

예수가 죽은 후 예수교는 사방으로 퍼져 나갔는데 동쪽으로 이란, 중앙아시아를 거쳐 경교란 이름으로 중국으로 들어와서 당나라 때 성행했고 경주의 신라 고분 유물에도 관련성이 연상되는 희미한 흔적을 남기고 있다. 남쪽으로는 이집트, 이디오피아로 퍼졌지만 역사적으로 가장 성공한 것은 역시 서북쪽인 소아시아, 그리스, 로마, 서유럽을 거쳐 한참 후에 미국, 그리고 한바다 건너 대한민국이다.

신약 성경은 초기에 히브리어로도 일부 기록되었지만 이미 상당한 문화를 축적하여 성숙하였는데다 그 당시 동쪽 지중해 지역의 국제어로 통하던 그리스어로 주로 기록되어 그 후의 라틴어 성경의 교범이 되었다.

동아시아의 한문 불경과 마찬가지로 중세 유럽은 라틴어 성경으로 각 종족의 신앙생활을 다스렸는데 다른 점은 세속어로 번역을 못하게 철저히 금하여 이를 어기면 불에 태워 죽이기도 했다. 명분은 하느님을 내세웠지만 속내는 기득권을 지키기 위한 세속적인 욕심 때문이었음은 두말할 것도 없다.

7. 형상이나 목소리로 찾는 여래

금강경에 의하면 석가가 이르기를, '형상을 통해 나를 보거나 목소리를 통해 나를 찾는다면 이 사람은 삿된 도를 가질 뿐 여래를 능히 보지 못하리라'고 하였다.

또 이런 말도 했다. '무릇 형상을 지닌 것은 모두 다 허망한 것이니, 만약 모든 상이 상이 아님을 알면 곧 여래를 보리라'고. 여기서 상이라는 것은 쉽게 말해서 이미지나 어떤 집착의 대상이다.

따라서 석가나 예수가 어떤 인종에 속하고 어떤 얼굴 모습을 하고 어떤 목소리를 가졌던가는 잘 알 수도 없는 일일 뿐만 아니라 그들이 전파하고자 했던 진리와는 상관이 없는 일이다. 우리가 어떤 모습의 불상을 모시고 있고 어떤 모습의 성화를 걸어 놓고 있다는 사실은 불교나 기독교의 알맹이와는 관계없는 불교문화나 기독교문화의 한 현상일 뿐이고 그것으로 족하다.

석가는 또 이렇게도 말했다. '너희 비구는 나의 설법이 뗏목의 비유와 같음을 알아차려, 법 마저도 버려야 하거늘 법 아님에 있어서랴.' 그리고 나아가 '너희는 법에도 얽매이지 말고 법 아님에도 얽매이지 말라.'고 했다.

그렇다. 육신으로 오신 석가나 예수는 우리를 진리의 저 언덕으로 태워 갈 뗏목일 뿐 진리 그 자체는 아니다. 저 언덕에 닿으면 버려야 할 뗏목이다. 버려야 할 뗏목을 가지고, 그것도 뗏목이 아니라 뗏목의 그림자를 가지고, 상을 가지고, 우리는 사랑하고 시샘하고 다투고 때로 목숨까지 건다.

이제 조용히 오늘의 파적을 마치자. 거기에 얽매이지 말고, 그 얽매이지 않음을 또 하나의 상으로 만들지도 말고.

첫째 가름: 생각으로

4 명문과 명인

한자로 명문이라면 名文도 있겠고 名門, 明文도 있으며 銘文이라는 말도 있고 그 밖에 다른 명문이 더 있을지도 모르겠다.

이 가운데 자주 쓰는 말로는 아주 잘 지어진 글월을 名文이라고 하고 뛰어난 가문을 뜻하는 名門이 있는데 아주 좋게 이름난 학교를 名門校, 줄여서 그냥 名門이라고도 함은 이른바 같은 名門을 나온 同門들은 익히 알고 있을 것이다.

우리는 유독 명문 타령이 심한 사회에 태어나고 자라나서, 좀 쑥스럽기도 하고 민감하기도 한 문제를 건드리는 것이긴 하지만, 우리 가운데 어떤 분들은 어찌어찌 하다 보니 그 물결을 타고 어렵사리 명문 축에 든다는 학교에 발을 들여놓았을 것이고, 다른 분들은 분수령에 떨어지는 빗방울같이 간발의 차이로 또 다른 이름의 냇물에 섞여들어 한평생 가시지 않은 아쉬움을 안은 채 자기 나름의 인생이라는 바다를 향해 흘러왔을 것이다. 어쨌든 자의든 타의든 그러한 업장은 미국에까지 따라와 여기에 살고 있는 우리의 사고나 그 사고가 갈무리하는 날마다의 삶에까지 그 좋고 나쁜 영향을 끼치고 있는 셈이다.

다 아는 얘기지만 한국에서 일반적으로 명문이라면 대학인 경우 거의 고정된 서열이 매겨져 있어서 학과나 전공을 불문하고 그 대학을 표상하는 뱃지 하나 아래 거의 도매금으로 치부되었었는데 한국이 좀 정도가 심했달 뿐이지 이런 건 어느 나라, 어느 사회에나 퍼져 있는 사회현상일 것이다. 그리고 이런 사회현상이 단지 속세의 속인들만을 끄달리게 하는 허상이 아닌 것이, 심지어 어버이 자식 간의 인연마저 끊은 출세간의 불문에서도, 전혀 문자를 내세우지 않고 가르침의 바깥에서 가르침을 전한다는 선문에서조차도, 간혹 닦음이나 깨침 그 자체보다도 문중이나 선맥이 먼저 일컬어지며 학연, 지연도 더러 뒤따라 운위되고 있다는 것을 나는 나중에야 알게 되었다.

다시 일반 한국 사회로 돌아가 보자면 사람들의 학벌에 대한 관념은 마치 일종의 신앙이라고도 할 수 있는 차원의 의심할 바 없는 믿음으로 굳어져서 종교나 사회적 계급, 출신의 다양성을 건너뛰어 아이를 잘 키워 보고자 하는 모든 부모들과 그들의 소망에 부응하고자 하는 순결하고 야망에 젖은 모든 청소년들의 일생일대의 목표가 되었었다. 이러한 한국 사람들의 높은 교육열은 세계에 유례가 드물 정도로 유명해져서 어느덧 미국을 비롯한 세계의 유수한 명문학교들에마저 파고들고 있는데, 이를 일러 고매한 교육열 덕분이라고 해야 할지 극성스런 학벌열 때문이라고 해야 할지 난감할 때가 있는 게 문제라면 문제다.

한국에서 왜 명문대를 나와야 하는가 하는 것은 거의 우문에 가까운 것으로서 마치 자본주의 사회에서 왜 사람은 돈이 좀 있어야 하는가 하고 새삼스럽게 되묻는 것과 비슷했는데, 그건 우리가 몸담고 있던 사회의 기본 얼개가 이미 그렇게 학벌 위주로 짜여 있었기 때문이었고 그에 부수되는 세부사항에까지 급속히 그러한 프로그램으로 굳어져 가고 있었기 때문일 것이다. 그러나 내가 이 글에서 이런 문제의 졸가리들을 샅샅이 들어 보는 데까지 너무 깊이 나아간다면 사회학을 전공하고 있는 친구들이 제 밥그릇 건드린다고 좀 언짢아할지도 모르겠다.

어쨌든 그런 구조는 필연적으로 고등학교를 서열화했고 그 다음은 중학교, 국민학교, 심지어 유치원, 유아원 순으로 아이들을 시험 잘 치는 기계로 만들어서 어느 상급학교에 얼마만치 최종 합격자를 내는가 하는 것 하나만으로 각각 명문의 서열이 매겨졌음은 당연한 결과였다. 일례로 우리의 고등학교 담임선생님들이, 대개 마지못해 그리 하신 것이겠지만, 학생의 취향과 의사를 애써 뭉개 가면서 설득과 회유와 압박을 능수능란하게 구사하던 고3 졸업반의 대학원서 작성 시간을 떠올려 보면 될 것이다.

아무튼 이러한 모든 사회구조와 그 담당자들의 닦달 덕분에 이나마의 혜택을 – 그것이 현실적이든 정신적인 자위든 간에 – 누리며 나머지 인생을 살아가고 있다고 감사해 하는 분들도 계시겠고, 대부분의 탓을 그리로 돌리며 억울해 하는 분들도 계시겠고, 그저 운명이었으려니 하고 무심해 하는 분들도 계실 것이다.

그리고 내가 이러한 뿌리 깊은 사회현상이 있음을 부정하지 않고 있는 그대로를 객관적으로 보고자 하는 과학적인 시각과 더불어 부처님의 가르침을 따라 그 참모습을 관조하여 그 연결고리를 톺아 가며 마음속에서나마 그 끊어야 할 것은 끊고 이어야 할 것은 잇고자 할 적에 언뜻 한 가지 먼저 떠오르는 것이 있다. 그것은 공장이든 기업이든 명품을 내어 놓을 수 있어야 그 이름값을 하듯이, 속가든 불가든 적어도 명문을 들먹이려면 특출한 기능 보유자만을 뜻하는 것이 아닌 넓은 뜻의 명인이 배출되어야 한다는 점이다.

사람을 상품처럼 계량적인 기준으로 확고히 그 질이나 값어치를 매길 수는 없는 노릇인데도 특히 한국 사회에서는 사회적인 상표만 보고 참 시치름하게도 묻지마 인정을 해 줘 버리는 일들이 참으로 흔하지를 않나! 하지만 어떤 직업이나 직위, 이를테면 판검사나 의사, 변호사, 회계사라는 어떤 꼬리표로 일차 분류되어 마담뚜의 잡책에 그룹별로 이름이 올랐다고 해서 그 이름들 모두가 반드시 명인들로 가름되는 것은 아닐 것이다. 물론 그런 분들 중에 훌륭한 분들이 상대적으로 더 많을 수 있음은 인정해야겠지만 말이다.

　말하자면 처세와 출세의 결과물로서의 타이틀이 아니라 인류 보편의 휴머니즘과 정의감에 따른 어떠한 명판결을 하고 어떠한 정열과 자기희생으로 의료를 개발하여 사회와 인류에 근본적인 공헌을 했나, 몸과 마음을 송두리째 던져 어떠한 고독한 수행과 작업을 하고 피 말리는 작품을 쓰거나 사회활동을 해서 우리의 정신과 영혼을 뒤흔들어 그와 그다음 세대에 바람직한 충격을 주고 문명과 문화의 패러다임을 바꾸어 놓았나 같은 결과물이나 본받을 만한 과정 같은 것들이 소중하지 않을까? 그러니 적어도 스스로 명문이라 일컫는 동아리에서라면 이런 것들이 알아줌과 기림의 기준이 되는 게 더 바람직하지 않을까?

　그 많은 명문대학과 명문고 출신 남성들이 대부분 자리를 차지했던 정부, 법원, 국회, 기업, 군대, 학계, 종교계, 문화계 등에서는 어찌 그리 낯 뜨거운 일들이 지치지도 않고 벌어졌었나? 그 많은 명문대를 나온 배필들이, 아직은 남성 위주인 사회에서의 제한적인 역할이었다 할지라도, 어떻게 베갯머리송사를 하고 어떻게 부추기고 졸랐기에 그 많은 부정부패와 비리는 가정에서, 직장에서, 각종 기관에서, 때로는 남의 목숨까지 앗아가며, 나라까지 뒤엎어 가며 그리 만연하였나?

　　　　　　　　　　　　　　　첫째 가름: 생각으로

나는 한국을 한참 전에 떠나왔기에, 내가 다녔던 학교들의 경우 그 동문들이 한국 사회의 구석구석에서 어떠한 기여를 해 왔는지 구체적으로는 잘 알지 못하지만, 한 가지 생각나는 것이 나의 동문들 중에 문화계에는 큰 별이 별로 안 보인다는 점이다.

사람에 따라 평가는 다르겠지만 전에 나는 조정래의 대하소설 '태백산맥'을 읽고 참 대단한 사람이구나, 이 소설가가 학창시절을 보낸 학교라는 곳이 이 소설가의 정신세계를 형성함에 있어 어떤 무시 못할 영향을 미친 자리였다면 그 학교는 명문이라고 할 만하다고 생각하였다.

이영희라는 분도 그 평가가 극과 극을 달리지만 어쨌든 그의 사상과 저작으로 그 후의 한국 사회가 상당히 영향을 받은 점만은 틀림없다. 그래서 저자의 프로필을 보니 좀 엉뚱하게도 해양대학 출신이었는데 그 대학이 어떤 영향이라도 그에게 미친 게 있었다면 이 분 하나만으로도 해양대학이라는 곳을 좀 더 달리 봐야겠다고 여겨졌다. 물론 내가 그 이전까지 그 대학을 우습게봤던 것은 절대 아니다.

이상은 저작에 관련된 두 개의 예일 뿐이지만 이런 기준으로 각 분야에서 정말 명인을 배출한 학교라는 것을 살펴본다면 아마 우리가 일반적으로 알고 있던 소위 일류학교들의 서열과는 별로 상관관계가 없을 것이다. 이러한 점이 말하자면 한국 사회의 비극이요 아이러니요 모순점을 함축하는 문제라고 한다면 나만의 억측일까?

우리가 졸업한 얼마 뒤 국가시책으로 고등학교가 평준화 되었는데 이를 억울해하고 아쉬워하는 심사가 좀 있었던 건 나도 마찬가지지만, 다시 돌아봄에 우린 너무 하찮은 헛이름에 일생이 얽매여 살아온 반신불수가 아니었나, 또는 그나마의 이름에 값하는 자기 책임이나 희생,

즉 노블리스 오블리제를 들먹일 만한 처지라도 되는가 하는 자성이 들기도 한다.

그리고 앞으로 후배들이나 동문들 중에서 우리가 스스로 미처 되지 못한 명인들이 여럿 나와서 쑥스러움 전혀 없이 언제 어디서나 명문을 들먹일 수 있어도 나쁘지는 않겠지만 그보다 더 큰 소망은 이러하다. 그것은 나라와 겨레의 울타리를 건너 이 세상의 수많은 사람들이 스스로 이러저러한 끄달림의 그물에서 벗어나, 은모래같이 빛나는 여름밤의 수많은 별들처럼, 슬기와 베풂과 깨침의 은하수를 이루며 함께 흘러가는 세상을 살아 보는 것이다.

5 십일조와 재보시

남의 종교 얘기를 하기가 좀 뭣 하지만 딱 깨놓고 말해 기독교를 살리는 게 십일조며 죽이는 것 또한 십일조다. 십일조가 뭔가? 내가 알고 있기로는 기독교 신자가 자기 수입의 10분의 1, 곧 10 퍼센트를 교회에 갖다 바친다는 얘기다. 여기서 기독교란 주로 개신교를 일컬어야 하는데 천주교 쪽은 어떤지 사실 잘 알지 못한다. 아무튼 십일조 이게 성경에 근거가 있다느니 없다느니, 10분의 1의 대상이 총수입이냐 순수입이냐 따위의 논란이 끊이지 않는 줄로 아는데 한마디로 왜 이런 이야기가 계속 이어지는 것일까? 쉽게 말해 교회는 돈이 없으면 안 되고 이왕이면 많이 들어올수록 좋은 반면 신도도 사람이다 보니 제 것 선뜻 내어주기가 말처럼 그리 쉽지가 않다는 것이다.

불교는 어떤가? 절이든 암자든 무슨 회관이든 단체든 불교도 돈 없이는 안 된다는 것은 삼척동자도 아는 일인데 지금 고국과 특히 미주의 한국불교는 외형상으로나 역동성에 있어서 타종교, 여기서는 에두르지 말고 말하자, 개신교와 천주교에 비해서 상당히 처져 있다. 왜일까? 두 가지 면에서다. 정신적인 면과 물질적인 면 – 이렇게 말하면 흔해 빠진 이분법 같지만, 그런 철학적인 논의는 제쳐 두고 일단 그렇게 가보자 - 에서 다 뒤로 쳐져 있어 보인다. 논의의 폭을 줄이기 위해 오늘은 물질적인 면에 더 초점을 맞추자. 사실 우리가 흔히 말하는 물질이라는 게 순수한 물질만은 아니요 정신 또한 우리가 피상적으로 아는 순수한 정신만은 아니며 이 둘의 경계도 모호하거니와 항상 서로 얽혀 있음은 당연해 보인다. 아무튼 특히 불교는 이른바 물질에 있어 많이 쳐져 있다. 다시 말하면 돈이 잘 안 돌아 무슨 일이든 제대로 해 나갈 수가 없다는 말이다.

같은 종교인데 왜 이리 차이가 날까? 그건 같은 종교가 아니라 본래 상당히 다른 종교이기 때문이기도 하다. 그 가르침에 있어서나 역사에 있어서나 조직, 훈련에 있어서 상당히 다른 것이 근본 이유이리라. 물론 공통점이 더 많을지도 모른다. 재물에 대한 성경의 구절로 쉽게 기억되는 것으로는, 낙타가 바늘구멍으로 지나가는 게 쉽지 부자는 하늘나라 가기 어렵다느니, 하늘의 나는 새와 들의 백합도 저절로 크는데 너희는 그 따위 돈 걱정 하느냐는 것 들이 있다. 만약 이런 구절들을 곧이곧대로 실천하고 그 방향으로만 세상이 나아갔다면 기껏해야 노자의 소국과민, 우리는 지금 자본주의라는 것도 제대로 못 겪었을 것이고 그에 따른 반작용으로 일세를 풍미했던 공산주의라는 것도 애시당초 싹을 틔우지 못했을 것이다. 그런데 어찌해서 우리는 지금도 기독교의 총본산 같은 나라에서 최고도의 자본주의에 휩싸여 두 떡을 양손에 쥐고 살면서도 별 모순을 못 느끼나?

남의 이야기를 예로 들어 가지고 너무 오래 끌고 가는 것 같지만, 그리고 꼭 어느 종교나 사상이나 이론에만 국한된 문제도 아니지만, 그런 모순이 꼭 나쁘기만 한 것일까? 혹시 그런 모순들 때문에 저 많은 신학교며 수도원이며 강원이며 연수원이며 훈련소가 밥 먹고 살고 있는지도 모르지 않나! 세상에는 이렇듯 말이 되든 안 되든 뭔가를 풀고 비틀어 해석해 주고 이름지어 주고 덮어서 꾸며주며 앵무새처럼 되풀이 주입시키는 자들이 수두룩하며 그게 꼭 나쁜 것만도 아니다. 만약 이들이 없이 말 그대로의 근본주의, 교조주의로만 치달았다면 세상은 오히려 지금보다 훨씬 끔찍한 지옥이 됐을지도 모를 테니까! 어제의 살인이 오늘의 의거요, 오늘의 도둑질이 내일의 긍휼로 탈바꿈되어 좋은 게 좋다고 피바람 덜 불고 다 그럭저럭 넘어가는 것도 다 이들의 공덕 때문이다.

자, 그것과는 좀 성격이 다르지만, 그럼 불교에서는 이러한 문제가 어떻게 되어 왔나를 훑어보자. 아시다시피 부처님의 가르침을 따르는 수행자들은 당연히 물질의 애착에서 벗어나야 한다. 중생이 남긴 먹이를 빌어서 먹으며 목숨을 이어 가야 한다. 그래서 하루라도 남은 음식이나 재물을 수행처에 쌓아 둘 수 없다. 그런데 이건 초기 불교의 모습일 뿐 불교가 동서남북으로 번져 가면서 그때 그곳의 상황에 맞게 당연히 변용이 되었다. 중국의 선불교에선 일하지 않는 자 먹지도 말라고 하여 스님들이 몸소 열심히 농사지어 추수하고 장래를 위해 갈무리하였으며, 모든 나라의 어떠한 불교에 있어서도 정도의 차이는 있을지라도 이와 같은 변용에 있어서는 예외가 없다. 바깥 사회의 발전에 따라 절도 스님도 할 수 없이 어느 정도의 경제생활과 운용을 아니할 수 없었다는 얘기다. 만약 그러한 몸바꿈이 없었다면 자연의 법칙에 따라 당연히 도태되어 지금 이 세상엔 불교도 없고 스님도 없을 것이다.

좀 다른 각도에서지만 보다시피 불교와 기독교가 크게 다른 점 가운데 한 가지는 지겹도록 물고 늘어지는 이단 논쟁, 위경 논쟁 따위가 불교에는 거의 없다는 점이다. 모두 엉터리 불자들이라서 이래도 홍, 저래도 흥이라서 그런 건가? 그런 점이 아주 없지는 않겠지만 근본 이유는 부처님의 가르침 때문이다. 말은 하나의 방편일 뿐인데 거기에 얽매인 자와 벗어난 자의 수준 차이라고 할까? 참, 특히 이 문제에 있어서는 같은 동포끼리 오지랖 넓게 이렇다 저렇다 일러 줄 수도 없고, 한심해 보이는 일이 많다만 이쯤 해 두자. 내가 여기서 말하고자 하는 것은 우리 불교가, 이렇게 문자나 말에 얽매이지 않아야 하는 위대한 가르침을 따르는 불자들이, 유독 기독교식으로 말해서 십일조, 아니 스스로 덕을 쌓는 재보시를 할 때만은 아주 철저히 어느 경전의 문자에 얽매여 이를 고수하고 있지 않나 하는 엉뚱한 생각 때문이다. 무슨 얘긴고 하니 금강경 얘기다.

금강경, 이 세상의 모든 진리를 한 손으로 털어(?) 버린다는 드높은 차원의 진리, 그것이 금강경의 가르침이렷다. 거기엔 이렇게, 이런 비슷한 대화가 몇 차례나 씌어 있다.

"수보리야! 갠지스 강의 모래알만큼 많은 갠지스 강이 또 있다면, 어떠한가? 그 모든 갠지스의 모래는 참으로 많다 하지 않겠느냐?"

"참으로 많나이다, 세존이시여! 그 갠지스 강만으로도 헤아릴 수 없거늘, 하물며 그 강들의 모래알이겠나이까?"

"수보리야! 나 이제 네게 참으로 이르노니, 어떤 착한 이가 있어 그모든 갠지스강의 모래알같이 많은 삼천대천의 누리에 칠보를 가득 채워 베푼다면 그 복이 많지 않겠느냐?"

"매우 많겠나이다, 세존이시여!"

"그런데 수보리야, 만일 어떤 다른 착한 이가 있어 이 경 가운데네 구절 노래만이라도 받아 지녔다가 남들에게 잘 이야기해 준다면,

이 사람의 복덕이 앞에서 칠보로 베푼 사람의 복덕을 훨씬 뛰어넘으리라."

어떤가? 법보시가, 부처님의 가르침을 전하는 일이 얼마나 소중하며 공덕이 큰 일인지를 아시겠는가! 그런데, 그런데 말이다. 이것이 재보시, 곧 재물로 남을 위해 베푸는 짓은 하지 말라는 말씀이신가, 하라는 말씀이신가? 저쪽에서는 학자금 바치고 수년간 머리 싸매 공부하여 학위를 받은 쟁쟁한 신학자들이 있는 근거 없는 근거 다 끌어 대어 자기들 종교에, 특히 물질적으로 피가 돌고 살이 붙을 수 있는 모든 해석과 구실 지음을 하며 밥값을 하고 있는데, 이편에서는 하찮은(?) 필부 중생들까지 참으로 편리하고도 간단하게 곧바로 제멋대로 알아들어 버리고는 고개를 돌려 버린다. 돈이 다냐? 법보시만 하지 뭐, 그것도 능력 될 때, 시절 인연을 봐 가면서…, 강제로 한다고 되나!

이러면서 절은 여위고 불교 자가 붙은 거의 모든 단체나 기관이나 차례차례 말라 죽어 가는 것이 단순화시켜 본 작금의 현실이다. 도대체가 작은 돈이든 큰 재물이든 보시를 잘 하지 않는다(핑계 없는 무덤은 없다고, 사실 이리 된 데는 일반 불자만 탓할 수 없는 몇 가지 중요한 까닭이 더 있다. 하지만 너무 곁가지를 치게 될 테니 그쪽 얘기는 일단 접어두자). 그리곤 법문만 들으러 다니고 밥만 얻어먹고 회비든 분담금이든 적당히 빼먹고 잊어버린다. 공연이든 뭐든 공짜표 생길 때까지 기다린다. 불교 서적, 잡지, 신문, 그런 건 얻어다 보고 남 버린 것 주워 보고, 생색나지 않고 이름 불리지 않는 보시는 가물에 콩 나듯 거의 하지 않는다. 반면에 몸소 팔 걷고 들어가 제 돈 쓰며 제 시간, 제 노력 아끼지 않는 힘겨운 봉사자들에 대해 감사한 마음은 적고 그들의 하찮은 실수, 내 맘에 안 차고 어디와 비교되는 부분은 화경같이 잘도 눈에 들어온다. 부끄럽지만, 안 그런 분들 빼고, 나 자신을 포함하여 이게 많은 우리들의 참모습이다. 머리 깎고 출가만 하지 않았지 가히 빌어서만 먹는 면에서는 철저한, 눈 밝은(?) 사문 정신이라고나 할까!

부처님의 본래 가르침대로, 출가 수행자가 특히 물질의 애착에서 벗어나 제 길로 가게 만드는 것은 바로 우리 재가불자들의 재보시 하는 마음이며 실행력이다. 너무 큰 것 바라지 말자. 재보시부터 하자. 이건 어느 정도 훈련이 필요하다. 내려놓기, 비우기. 요즘은 다른 종교들에서도 은근슬쩍 갖다 써먹던데, 내려놓기는 뭘 내려놓고 비우기는 뭘 비우나? 위장 청소하듯, 빈병 리사이클링 하듯 잔돈부터 내려놓고 푼돈부터 비우자. 어디 가든 무슨 모임에 가든 밥값은 따로 보시하자. 이게 다 내 공덕이지 헛것이 아니다. 팔만대장경에 이런 법문, 이런 경은 왜 없나(몰라서 그렇지 당연히 있겠지!). 그래선지 서울의 어느 스님은 한국불교의 침체가 일반 불자들에게 함부로 금강경을 가르친 죗값(?)이라고 하셨다는데 이해가 가는 말씀이다. 알려거든 제대로 알아야지, 겉핥기 선무당의 폐해가 여기라고 왜 없을꼬? 아니면 대학원생 교재를 가지고 초등학생들이 놀다 보니 책이 책이 아니라 찬장 위 꿀 훔쳐 먹는 데 쓰는 디딤돌이 되고 만 것이다.

혹시 이게 다 금강경마저 뛰어넘는 수승한 집단적인 깨달음 – 누가 뭐래도 돈이 최고다, 돈만 챙겨 놓으면 저승사자도 구워삶는다, 차라리 손가락질 받고 욕 들어 먹는 자린고비일지언정 배곯는 공자님보다는 그래도 윗길이라는 민중의 위대한 깨침에서 온 것일지도 모른다는 우려가 없지는 않다마는, 그래, 이 대명천지에, 말라 버린 돈 때문에 좀 곤란하고 좀 창피는 당할 일 더러 생길지는 몰라도, 이왕 사람으로 태어나 이때도록 목숨 이어 살았으면 이제 빚 좀 갚고 가야 할 것 아닌가! 무슨 빚인가? 부처님 은혜로 사람으로 태어난 빚만 해도, 이 미국에까지 와서 부처님 그늘에서, 부처님 그림자 밟아 본 빚만 해도 그게 어디 적은 빚인가? 어찌 갚나? 이생에서 다는 못 갚을지라도 갚는 시늉이라도 해야 할 것 아닌가! 부처님 법을 펴는 시늉이라도 하시자 이 말씀이다.

내가 무슨 재주로 법을 펴는 법보시를? 관계없다. 법보시 재보시 동시에 할 수 없으면 크든 작든 재보시부터 하면 된다. 가난한 여인의 등불처럼 금액의 많고적음에 앞서 그 마음, 정성이 중요함은 두말할 것도 없다. 어쨌거나 재보시가 법보시요 무외보시다. 우리가 절에 가서 크든 작든 재보시를 하고, 불교 잡지며 신문이며 웹사이트며 뭐든지간에 구독비를 내고 열심히 구독을 하며, 불교 관련 공연 티켓을 팔아주고 모임의 회비를 내며, 여유가 생겼을 때는 가외로 덧붙여 찬조를 하고 보시를 하는 것이 사실은 다 재보시이면서 동시에 법보시를 하는 것이다. 내가 직접 크게 할 수 없는 법보시를 십시일반 돕는 것이니 그게 그것이 아니면 무엇이란 말인가! 좁쌀 백 번 구르는 것보다 호박 한 번 구르는 것이 낫다면서 어디 눈먼 큰손 뜬금없이 나툴 때까지 기둘리며 묻어갈 생각 말고, 자, 오늘부터 당장 쿼러 하나, 달러 한 장으로라도 재보시 시작이다. 제대로 읽지 않으려면 금강경 아예 덮어 두고.

6 얼굴

어느 한국 남자가 죽어서 염라대왕 앞으로 이끌려갔다. 평소에 지은 죄가 많기에 어느 지옥에 떨어지려나 잔뜩 겁을 집어먹고 명부전 입구에 들어서는데 염라대왕은 보이지 않고 노란 금줄이 가로 쳐져 있는 것이 아닌가! 오늘 공휴일인가?

이왕 맞을 매는 빨리 맞는 게 나은데 명부전 지옥청에도 요즘 복지 바람이 불었나? 무슨 험한 꼴이든 당하는 것보다 당하려고 기다리는 것이 정작 사람 말려 죽이는 일인데 이리 되면 하릴없이 월요일이 될 때까지 초조히 시간을 보낼 수밖에…, 그러면서 돌아서려는데 금줄 한가운데에 매단 노란 팻말이 눈에 띈다. 한국 사람이 찾아올 걸 용케도 내다보고 쓴 건지 한글 고딕체 검은 글씨로 '내부수리중'이라고 씌어 있다. 그러고 보니 오늘은 주말이 아니라 주중인데도 관청이 문을 닫은 거로구나. 대문간 안쪽으로 여기저기, 공사를 하는 중인지 자재가 널려 있고 땅도 파헤쳐져 있다.

이렇게 기웃거리는 그때 어떤 영감이 모퉁이에서 나타나 옷자락을 펄럭이며 공사판을 가로질러 지나간다. 언뜻 보니 눈썹이랑 치뻗은 입거웃에 먼지가 보얗게 쌓여 있고 인상 한번 더럽게 험상궂다. 찬바람을 휘몰며 지나가는 영감의 등판을 보니 여러 나라 글자로 '염라대왕'이라고 어지러이 자수가 되어 있다. 관복이요 유니폼인가 본데 작업복으로도 걸치나 보다. 무엄하지만 아무튼 급한 김에 영감을 불러 세웠다.

"염라대왕님! 오늘은 심판 안 하시나요? 멀리 한국에서 왔는데……"

영감이 휙 돌아서더니 벼락같이 소리를 지른다.

"뭐? 한국에서 왔다고!! 안 그래도 내가 지금 너희 한국 연놈들 때문에 이 고생이다! 도대체 얼굴이 분간이 돼야 사진 대조랑 신원확인을 하고 심판을 할 게 아니냐! 지금 ID 판별하는 기계를 큰 돈 들여 새로 설치하고 있다, 이놈아!"

무안을 당한 이 남자는 다시 고국 제 집구석으로 돌아갔다. 그런데 식구들 눈에는 그 모습이 안 보여서겠지만 초상 치른 지 며칠 지났다고, 나머지 식구들은 까마득히 나를 잊은 듯 희희낙락 잘도 지내고 있다. 그렇구나! 평소에 그리 악업을 쌓았으니 이승에 머물렀음 그 자체가 중생들에게는 큰 피해 끼침이요 가까운 이들에겐 재앙이요 웬수 덩어리였구나! 이 악업을 어이 씻을꼬?

뒤늦게 크게 뉘우친 이 남자는 언제 끝날지도 모를 지옥청 공사를 마냥 기다릴 수가 없었다. 그러다 무릎을 딱 친 것이, 옳지! 재판소인 명부전으로 가는 대신 나 스스로 감옥을 찾아가면 될 게 아닌가! 내 죄업에 합당하게, 그것도 가장 험악한 불지옥으로 지금 당장 찾아가서 몸을 사르자!

그는 여러 시간 골똘히 인터넷 검색을 한 끝에 드디어 지옥의 위치를 알아냈고 웹서핑을 계속하였는데 이 지옥이란 것이 생각보다 엄청 복잡하게 시설이 발달되어 있음을 알았다. 아무튼 그는 천신만고 끝에 스스로 지옥의 문턱에 다다랐다. 그리고 한 번 큰 숨을 들이키고는 내 킨 김에 비장한 각오로 발걸음을 옮겼다. 입구 쪽에서 연이어 뻗어 있 는 초반지옥이라는 곳은 아마 조무래기 신삥들 용인가 보다. 날카로운 칼날들을 세운 칼산지옥, 제법 펄펄 끓는 화탕지옥이며 혀를 집게로 뽑아내는 발설지옥, 뱀들이 우글대는 독사지옥 같은 것들이 차례로 늘 어서 있지만 이런 시시한 곳에서 내 귀중한 기회를 탕진할 수야 있나!

좀 더 가니 후반지옥이 나온다. 송곳을 빽빽이 꽂아 둔 쇠판대기 위 에 사람을 눕혀 놓은 철산지옥, 세찬 바람을 불어 천길 벼랑에 떨어뜨 리는 풍도지옥, 그리고 칠흑 같은 캄캄한 방에 가두는 흑암지옥 들이 배치되어 있는데, 이 정도야 일제시대 독립운동 하던 우리 선조들이 노상 겪었던 것들이다. 그뿐인가? 자유당 때 이승만에게 고임 받던 일 경 출신 노덕술이나 군사정권이 손발로 부리던 이근안이 같은 치들이 이승에서, 그것도 서울 한복판 으슥한 안가나 남산 기슭 지하실에서 동포를 상대로 서슴없이 실습하던 바다. 시시하다. 거들떠보지 않고 좀 더 걸어간다.

이제 슬슬 추워지는 것을 보니 어느덧 제법 오싹한 팔한지옥 언저 리에 들어섰나 보다. 외기 힘든 팻말들이 방마다 죽 붙어 있다. 알불타 지옥, 나라부타지옥, 알찰타지옥, 학학파지옥, 호호파, 올발라, 발특마, 마하발특마지옥…. 그냥 지나가자. 내가 누군가? 인제 가면 언제 오나, 강원도 인제 땅 고지 초소에서 엄동설한 삼년을 꽉 채우고 만기 제대 한 천하꼴통 김병장이다. 그것도 군세어라 금순아, 흥남 비료공장 출 신 울 엄마, 갑산 호랑이 사냥꾼 출신을 아버지로 둔 피난민 자손 아 닌가! 더 멀리 핏줄을 따지자면 시베리아 건너 에스키모에까지 못 닿 을 것도 없다. 내게 있어 추운 거야 더운 것보단 백번 가비얍다 이 말이다!

　팔한지옥이 끝나자 드디어 팔열지옥이 나타난다. 입구부터 후끈 달아오른다. 이제부턴 좀 정신 차려 골라야지. 등활지옥, 흑승지옥, 중합지옥, 규환, 대규환지옥을 지난다. 아직도 남았나? 그렇지 초열지옥, 그리고 드디어 마지막 대초열지옥이닷! 아니야, 진짜 마지막, 아비지옥에 드디어 왔다. 말로만 듣던 아비지옥! 가죽을 벗긴 죄인을 불수레에 싣고 불구덩이를 지나가는데 한 번 그러는 게 아니라 언제까지나 그러고 있다는 무간지옥이다. 빨리 죽지도 않는다. 그러니 여기야말로 내 죗값을 에낄 수 있는 곳, 바로 내가 올 곳이 아닌가! 그런데 어! 이게 뭐야?

　헛것을 보았나? 눈을 비비고 다시 보니 여기도 노란 금줄이 쳐져 있고 한글로 '공사중' 팻말이 걸려 있다. 제기랄! 이게 뭐야! 홧김에 고개를 들어 카운터에 앉아 한가로이 노닥이는 저승사자에게 소리쳤다.

　"여기도 개장휴업이요?"

　"그렇소이다만."

　"무노동 무임금! 그런 소리도 못 들어 봤소?"

　"그렇게 화낼 건 없수. 그게 다 당신 같은 한국 사람들 때문이오. 찜질방이랑 사우나를 어찌나 댕겨 놨는지 이 정도 불에는 어, 시원하다, 어, 시원하다 하며 가벼이 즐기고들 있으니 도대체 제대로 된 서비스가 되겠소? 지금 한껏 온도 높이는 난공사 중이오! 쬐께 기다리시요!"

　이 남자가 그 후로 어찌 됐는지, 여태 지옥 입구에서 공사 끝나기를 초조히 기다리고 있는지는 모르겠다만 어쨌든 나도 한국 사람이다 보니 한국 사람들 때문에 이런저런 일로 좀 남세스럽기도 하고 때론 뿌듯하기도 하다. 찜질방 얘기는 다음으로 미뤄 놓고 얼굴 얘기부터 하자면 이를 창피스러워 해야 할까 아니면 은근히 자랑스러워해야 할까? 지금 세계 사람들이 온통 한국 사람 얼굴은 다 성형수술해서 만든 걸로 안다니깐! 그래서 내 이웃의 미국 사람도 대화하다가 좀 스스럼이 없어질 만하면 으레 이런 말을 꺼내길래 하루는 내가 얼굴을 그 친구 눈앞에 확 들이밀었다. 보라고! 이 얼굴을 무슨 샘플 보고 만들었겠냐고! 이래 놓았으면 수술비나 제대로 받을 수 있었겠냐고!(그래도 반신반의다)

아무튼 얼굴 성형을 비롯하여 한국 사람들의 외모 중시 풍조와 웰빙이라는 이상한 이름하에 버젓이 행해지는, 몸에 좋다는 갖가지 요상한 식품과 약재와 비법들은 매스컴이든 일반인의 대화에서든 차고 넘쳐서 혀를 차게 만드는데 하루는 내가 좀 방향을 달리 하여 생각을 해 보았다. 그게 과연 바람직하지 않고 나쁘기만 한 것일까?

내 생각에, 이건 좋다 나쁘다, 바람직하다 아니다를 떠나서 피할 수 없는 풍조다. 하다 하다 지치고 지겨워서 스스로 그만 둘 때까진 어쨌든 계속 이어질 풍속이다. 그리고 이를 욕하고 빈정대고 갈구던 이들도 어느새 슬그머니 따라하며 자의반타의반으로 그 물결에 합류할 것이다. 그렇게 되면서 한참 세월이 흐른 후에 문득 사람들이 깨닫기를 진짜 내 얼굴이 어디에 있나? 다 부질없는 짓 그만 걷어치우고 본래의 내 얼굴로 돌아가도 아무 문제가 없지 않나 하는 시대가 돌아온다. 이것이 내 개똥철학, 아니 개똥예언이지만 그런 건 시간이 지나 봐야 아는 거니 일단 제쳐 두고 요즘 한국 사람들이 어떻게 얼굴을 뜯어고치고 있나를 재미삼아 한 번 톺아보자.

우선에 머리꼭대기에서부터. 사람들은 머리통 모양이 앞뒤로 납작하거나 둥근 것보다는 앞곰배 뒷곰배로 튀어나온 머리, 즉 단두보다는 장두를 원한다. 서양 사람, 특히 북구 노르만족 같은 두형인데 이런 모양으로는 나치 철모를 쓰면 멋있을지 몰라도 혹독한 추위에서는 열손실이 많아 살아남기 어렵다.

그리고 특히 여자들은 조막만한 얼굴을 원한다. 둥글고 큰 얼굴은 얼큰이라고 하여 질색이다. 턱뼈를 깎고 얼굴 힘살을 줄이는 등 억지로 얼굴을 우그러뜨려 작게 만들어야 한다. 그런데 왜 한국 사람들은 대개 얼큰이인가?

그건 인류가 진화하면서 뇌가 점점 커졌는데 그중에서도 북방 아시아인들이 평균적으로 가장 크기 때문이다(이것이 꼭 진화에 가장 앞섰다고 말할 수 있는 건지는 모르겠다만). 그리고 추운 곳에서 살아남으려면 머리통의 표면적을 줄여야 했으므로 둥근 단두 쪽으로 갈 수밖에 없었고 눈두덩을 비롯한 얼굴 곳곳에는 피하지방으로 두터이 보호를 해야 하니 자연이 둥근 얼굴이 되었다.(인류 진화 과정상 장두에서 단두로 진행하는 방향성이 있다고도 한다. 이게 맞다면 얼큰이는 창피한 구형이 아니라 최신 모델이다.)

눈이나 코, 입모양, 억센 광대뼈, 검고 뻣뻣한 머리털 등 하나하나 따지자면 할 이야기가 많지만 여기서 다 할 수는 없고, 요약하자면 우리 보편적인 한국 사람들의 얼굴이란 혹독한 시베리아 추위에서 개발되어 나온, 칼 댈 필요가 없는 자연의 최우수작 가운데 하나라고 할 수 있다는 것이다. 머리통도 잘 설계되어 있고 그 속에 든 컴퓨터 용량도 좋은데 다만 무슨 정보가 잘못 입력되어 그 좋은 얼굴과 몸으로 괜한 짓거리들을 하고 있다는 이 말씀이다. 쉽게 말해 서양 사람들처럼 보여야만 멋있어 보인다는 잘못된 프로그램이 입력되어 있다는 말씀이다.(다른 인종이나 민족들의 체형이 뒤떨어져 있다는 말은 아니다. 그들 각자는 각자의 환경과 역사에 적응하여 살아남은 우수작들이다.)

그런데 착각이든 뭐든 잘못되고 바람직하지 않다고 생각되는 얼굴 모습을 원하는 대로 바꾸어 나가는 기술은 날로 발전하여 한국이 최첨단에 섰지만 한번 머릿속에 잘못 입력된 프로그램을 바꾸는 일은 훨씬 어렵다. 백신이 아니라 시간이 필요하다. 내 생각에 민중의 밑바탕 생각까지 완전히 바꾸는 데는 약 오백년 정도는 필요한 것 같다. 지금 한국 사람들의 생각이 방향을 틀어 바탕부터 바뀐 지가 개화 이래 한 백년 지났으니까 앞으로 얼추 사백년 동안은 전체의 큰 흐름은 쉽사리 되돌릴 수 없을지도 모른다.

그런데 지금 우리가 어떤 큰 흐름에 휩쓸려 떠내려가고 있느냐 하면 욕망의 끝없는 추구라는 파멸의 강물이다. 이리하여 얼굴마저 뜯어고치고 뜯어고치고, 깁고 또 기워 마치 고승의 낡은 가사자락 같이 본바탕은 없어져 버릴 때까지 멈추지를 않을 것이다. 이리하여 죄가 죄가 아니 되고 욕이 욕이 아니 되는 세상에서 모든 것은 스스로 용서 받고 심지어 하늘과 지옥까지 바꾸어 버릴 것이다. 그렇다면 이러한 세상의 언저리에서도 스스로 발심하여 아비지옥의 문턱에까지 찾아갔던 우리의 그 남자는 어찌 되었을까? 지옥에도 갈 수가 없어 무주고혼이 된 그는 하릴없이 다시 집구석으로 돌아와 터를 잡고서는 몇 달을 떠돌이로 뒹굴다가 도저히 안 되겠다, 다시 용기를 내어 백수생활을 청산하기로 했다. 이제는 공사가 끝났겠지.

그 한국 남자는 다시 염라대왕을 찾아갔다. 다행히 이젠 말끔히 공사가 끝나고 신장개업 간판이 붙은 아래 대왕의 옷차림, 앉은 스타일마저 완전히 바뀌어 있었다.

아무튼 그는 스스로 조심스레 나아가 그 앞에 무릎을 꿇었다.

"저는 이러이러한 죄를 지었습니다."

"그건 죄가 아니니라."

"저는 이러이러하게 제 욕망만 추구하고 남을 돌보지 않았는데요?"

"그건 바람직한 일이니라."

"그럼 저는 지옥에도 갈 수가 없단 말씀입니까?"

"사실 너는 서류 착오로 잘못 불려 왔느니라. 관청의 체면상 없던 일로 할 수는 없고, 대신 너를 좋은 곳에 새로 태어나게 해 주마. 말해 보거라. 원하는 것이 어떤 것이냐?"

"…. 좋은 부모 밑에 태어나 자라고 싶습니다."

"그럴 테지."

"그리고, 미남으로 태어나고 싶습니다."

"흠, 미남이라!"

"힘도 세고요, 머리도 좋고요."

"어쭈, 점점?"

"돈도 많고 큰 권력도 잡고, 건강하게 오래오래 살며…"

"뭣이라꼬?"

"그리고 대왕님! 무엇보다도 천하의 미녀들이 다 저한테 따라붙어 그때 그때 제 마음대로 골라 가며 데리고 살았으면 좋겠어요!"

그때 염라대왕이 벌떡 윗몸을 일으키며 고함을 질렀다. 그리고 휭, 재떨이가 날아왔다.

"이넘아! 그런 자리 있으면 사표 내고 내가 가겠다!"

7 요양원의 두 끝

나 윌리엄은 길을 가다 지갑 하나를 주웠다. 지갑 안에는 아무것도 없고 오래 된 낡은 봉투 속의 편지 한 장과 1달러짜리 종이돈 석 장뿐이었다.

하지만 나는 주인을 찾아볼 양으로 그 편지를 읽기 시작했다. 앤 조운즈라는 여자가 보낸 그 편지는 마이클 앤더슨으로 판독되는 어느 남자 앞으로 보낸 이별편지였다. '사랑하는 마이클, 이 편지가 당신에게 보내는 저의 마지막 메시지예요. 도저히 현실의 이 장벽을 넘을 수가 없어요. 나의 영원한 사랑 마이클에게'로 끝나는 편지지는 접힌 가장자리가 이미 가무스름하게 탄화가 되어 구멍이 나려 하고 있었다.

그냥 버리기에는 지갑의 주인공에게는 아주 소중한 물품임이 끼쳐왔다. 그래서 나는 우선 편지를 보낸 앤의 주소에서부터 연고를 더듬어 보기로 했다. 봉투 겉장의 마이클의 주소는 길 이름과 시티 이름 등 전체적으로 물기에 글자가 번지고 이지러져 있었다.

몇 단계의 좀 귀찮고 시간 걸리는 절차를 거쳐 앤의 주소에 살고 있는 사람과 전화 연락이 되었다. 주운 지갑에 대해 간단히 설명을 하고 앤을 찾고 싶다고 하자 지금 그 집에 살고 있는 여자가 말하기를 앤은 세 해 전에 이 집을 팔고 요양원에 들어갔다는 것이다. 어느 요양원이 냐니까 자기가 들은 기억이 있지만 그건 함부로 알려 줄 수가 없고 우선 자기가 먼저 앤과 통화를 해 보겠다고 했다. 그러더니 며칠 후 삼자통화가 걸려 왔다.

앤은 그 편지가 66년 전에 자기가 쓴 게 맞다고 하였다. 마이클은 자기가 너무나 사랑했던 사람이라면서 나의 요양원 방문을 허용해 주었다.

요양원 건물의 텅 빈 3층 휴게실 한 가운데에 의자를 놓고 어느 백발의 노파가 앉아 벽에 걸린 텔레비전을 보고 있었다.

"제가 통화했던 윌리엄입니다."

노파는 고개를 돌려 연푸른 빛이 남아있는 두 눈을 들어 나를 쳐다보았다.

"고마워요. 당신은 마이클을 닮았군요. 그땐 당신보다 젊었었지요. 내 82년 평생에 그런 미남자는 여태 두 번 다시 본 적이 없어요."

앤의 어머니는 열여섯 살의 딸이 남자를 사귀기에는 너무 어리다고 생각하여 엄한 금족령을 내렸었다. 앤이 끝내 그 울타리를 뛰쳐나오지 못하던 몇 해 후 다섯 살 많은 마이클도 군대를 지원하여 떠나가고 그 집 가족 모두 타지로 이사를 가는 등 몇 가지 일이 꼬이면서 영영 서로 끈을 놓치고 말았다는 것이다. 나이가 좀 더 들어 가족을 떠나 직장을 잡은 앤은 이럭저럭 한평생을 독신으로 보내다 은퇴 후 세 해 전에 이 요양원으로 들어왔단다.

"이 지갑과 편지를 가지실래요?"

"아니요, 이젠 내 물건도 이곳 사람들이 다 챙기고 간수해요. 부탁인데 젊은이가 그 지갑을 갖고 있다가 가끔 나를 찾아와 줄래요? 얼마 안

남은 생애, 정말 필요할 때만 부를 테니까. 보답은 하리다, 부담 갖지 마시고."

"염려 마시고 연락을 하세요. 보답은 괜찮아요. 그럼 늘 평안하시길."

승강기 앞에서 한 손에 지갑을 든 내가 흑인 관리원에게 눈인사를 했다.

"앤 할머니 잘 좀 부탁해요. 이 지갑 때문에 또 들를지도 모르겠군요."

그러자 관리원이 손뼉을 쳤다.

"그 지갑, 빨간 테두리가 있는 그것 마이클 영감 것 같은데요? 이리 좀 봐요. 맞아요, 낡은 편지와 3달러. 맞아요! 그 영감 만날 흘리고 다녀요. 얼마 전에 외출하고 와선 또 없어졌다더니…. 지금 8층으로 가 봅시다."

관리원과 함께 올라간 8층의 어느 방 창가에 앞이마가 높게 벗겨진 늙은이 하나가 돋보기를 끼고 책을 읽고 있었다.

"영감님, 이 지갑은 결국 없어지지가 않는군요. 앞으로는 뒷주머니에 넣지 말고 옆주머니에 깊숙이 넣어요."

"오, 맞네. 이 젊은이가 주웠다고? 정말 고맙네."

"그런데 영감님, 저희들과 아래층에 좀 가봐야 할 일이 생겼습니다."

내가 팔걸이에 걸쳐진 영감님의 한 손을 이끌자 의아한 표정으로 일어서던 그가 관리원에게 물었다.

"내가 이것 말고 또 흘리고 다닌 것이 있소?"

승강기가 3층에 멎고 문이 열리자 복도 건너 맞은편의 휴게실이 보였다.

첫째 가름: 생각으로

"저기 텔레비전을 보고 있는 저 마나님, 혹시 앤이라고, 앤 조운즈라고 아세요?"

천천히 다가가던 우리 세 사람의 기척에 고개를 돌리는 앤에게 관리원이 말했다.

"이 분은 8층에 계시는 마이클 앤더슨이라고, 마나님이 아실 것 같아서…."

내가 말을 거들었다.

"맞아요 할머님, 금방 다시 뵙네요. 이 분이 편지의 주인공 마이클 앤더슨 님이랍니다. 이제 저를 다시 부르실 필요가 없어졌네요."

"오 마이 갓! 내 사랑 마이클! 당신이 그 마이클이라고요? 맞네요, 마이클! 왜 이리 늦게 왔나요!"

"앤! 너무나도 아름다웠던 당신! 당신의 눈을 보니 예전 그대로군요. 여전히 아름다운 이 두 눈을 내 한평생 잊을 수 없었다오!"

"그래요! 당신도 나를 두고 영영 떠나질 못했군요, 마이클!"

"맞아요 앤! 이 순간을 위하여 나는 이때도록 홀로 살아왔다오!"

밝은 창밖을 배경으로 얼싸안는 두 사람의 실루엣을 훔쳐보다 나는 슬그머니 물러나 홀로 승강기 단추를 눌렀다. 그리고 한 달 후에 한 통의 꽃봉투가 배달되었는데 여든일곱 살의 마이클 앤더슨과 여든두 살의 앤 조운즈가 한 달 뒤에 요양원 앞뜰에서 성대한 결혼식을 올릴 터이니 주빈으로 꼭 참석해 달라는 예쁘고도 간곡한 청첩의 편지였다.

재미있으신가? 이런 걸 보고는 세상을 낙원이라고 해야 하나 그래도 아직은 고해라고 해야 하나? 이게 미국이니까 있을 법한 이야기일 뿐일까? 한국이라면 어땠을까? 당사자 둘 다 능력이 있는데도 결혼도 않고 자식도 없이 한 평생을 살다 죽게 가족이나 주위에서 간섭도 안 하고 내버려뒀을까? 하기야 거기도 요샌 좀 많이 변하고 있다지?

위의 앤과 마이클 얘기는 얼마 전에 누가 사회관계망에 올린 건데 다시 찾아보려니 숨어 버리고 눈에 안 띈다. 그래서 기억에 기대어 다시 풀어 본 건데 정말 실화일까? 요새 하도 인터넷 상에 그럴듯한 거짓말과 거짓말 같은 참말들이 수도 없이 떠돌아서 그야말로 리얼한 이야기인지 누가 꾸민 허구인지는 각자 판단에 맡기겠지만 어떻게 아름답게 포장됐든 그 사연이 애절하든 어떻든 우리 삶의 밑바탕이란 본래 슬픔과 괴로움의 색조로 물들어 있음이 맞다는 생각이다. 아니라고요? 얼마나 멋있냐고요? 역시 서양 것이 세련되고 품위가 있다고요? 그렇담 좀 더 리얼한 이야기 하나를 더 해 드려야겠다. 세상이 고해인지 아닌지를 판단하시도록. 태평양 너머 어느 작은 반도로, 앤과 마이클이 드넓은 중서부 교외를 찾아나간 어느 날이었겠지, 들꽃 흐드러진 언덕에 나란히 앉아 확 트인 벌판, 아스라한 지평선을 바라보며 사랑을 속삭이던 그때를 얼추 즈음하여.

아래 이야기는 얼마 전에 고국의 어느 기자가 취재한 것을 간추린 것인데 흔하면서도 드문 사연이다. 다시 물어보지만 세상은 정말 고해일까 낙원일까? 또한 사람이 배우고 지위가 높아질수록 탐진치에서도 벗어나는 것일까? 아니면 욕심, 성냄, 어리석음에 더욱 찌들며 남이야 어찌 되건 말건 겉신선 속야차가 되어가면서 역시나 구제불능이 되는 것일까?

외식을 좋아해서 이름이 외식이 아니고 아마도 그 옛날 외가에서 낳아서였겠지만 이외식은 아흔두 살 우리 엄마의 이름이다. 그런데 엄마

　　　　　　　　　　　　　　　첫째 가름: 생각으로

는 예순 해 동안이나 나에게 안 해 준 이야기가 있는데 정도곤이라는 남자가 내 눈앞에 나타나서야 우리는 엄마의 과거를 알게 되었다. 같은 여자지만 어찌 사람이 그리 모질고 독할 수가 있을까?

우리 엄마는 지금 충북 영동군에 있는 요양원에 있는데 어느 날 씨 다른 오빠 정도곤과 나 강영숙은 엄마를 보러 갔다. 아들딸을 눈앞에 두고 엄마는 당신 입으로 천천히 옛날 일을 풀어내었는데 사연은 이 랬다.

1928년 경북 칠곡에서 태어난 엄마는 열다섯 살에 다섯 살 위의 동네 총각 정재식에게 서둘러 시집을 갔다. 태평양 전쟁을 일으킨 일제가 정신대로 마구잡이 처녀공출을 시작했기 때문이었다. 지금도 꽃다운 조선 처녀들의 정신대 참여가 자발적이었다고 헛소리를 하는 수구 먹물들이 간혹 있기는 하다마는 각설하고…. 아무튼 한글도 못 깨친 엄마는 시집가서 그 동네에서 남편과 농사를 지으며 살았다.

해방되기 전 해에 첫아들 병곤이가 태어나 그냥 '곤'이라고 불렀는데 다음은 딸이면 좋겠다 했는데 48년에 둘째도 아들로 태어나자 또 '곤'이가 나왔네 해서 둘째는 '또곤'이가 되었고 호적에는 '도곤'으로 올려졌다. 또곤이가 태어나기 전, 때는 바야흐로 해방정국에다 미군정의 시절인데 좌우익 대결로 세상이 어지러웠다. 잠시 숨죽이고 있던 친일 인사들이 다시 관리로 뽑혀 거들먹거리기 시작하고 부정부패는 만연한데다 당국에서 강압적으로 식량공출을 하자 대구 경북 사람들은 이에 항의를 하였고 항의가 시위로 이어지다 1946년 시월, 마침내 폭동으로 번진 대구 시월사건이 터졌다.

1949년 초여름 어느 날, 경북 왜관 경찰서 소속 순경들이 조사할 것이 있다면서 마을로 찾아와 전에 식량 공출에 항의하여 대든 적이 있는 정재식을 데리고 갔다. 가슴을 짓누르는 불길한 느낌에 엄마는 첫 돌 지난 젖먹이 또곤이를 업고 이십 리 길을 걸어서 왜관 경찰서로 갔지만 면회를 허락하지 않아서 다시 이십 리 길을 되돌아 걸어왔다. 다음 날에도 또곤이를 업고 찾아갔으나 또 헛일, 그 다음 날에도 또곤이를 업고 다시 찾아가 얼굴이라도 보게 해 달라고 울부짖으니 한 경찰이 슬쩍 귀띔하기를 수감된 사람은 어젯밤 저쪽 골짜기로 끌고 갔으니까 그리 가보라는 것이었다.

그래서 엄마는 경찰이 가리킨 유학산 골짜기로 찾아들어갔지만 아무도 보이지가 않았는데 우연히 마주친 두메 사람이 어젯밤 저쪽 골짜기에서 총소리가 났으니 그리 가보라고 했다. 그곳은 칠곡군 성곡리 절골이었다.

절골이 가까워질수록 가슴은 빠르게 뛰고 세상 끝으로 떠밀려 떨어지는 기분이었다. 마침내 저쪽 기슭에 거적으로 덮인 사람들의 손발이 보였다. 다가가 하나씩 들추기 시작했다. 주검의 부릅뜬 두 눈을 봐도 남편이 아니었기에 무섭지가 않았고 묘한 안도감마저 들었지만 다 부질없는 일이었다. 몇 번째 거적이었을까, 거기 숨이 끊긴 남편이 누워 있었다.

아비가 죽었는데도 등에 매달린 또곤이는 배가 고파 칭얼대었다. 엄마는 주저앉아 아들을 앞으로 당겨 안고 젖을 물렸다. 또곤이는 죽은 아비의 머리맡에서 아귀같이 젖을 빨았다. 사람이 미련해도 분수가 있지 어찌 그리 제 죽을 골짜기로, 긁힌 자국 멍든 자리 하나 없이, 그 완력 강단 얻다 흘리삐고 그리 고분고분 따라가기만 했능교! 애고 답답한 사람아! 하기야 모아 온 사람들 중에 차마 모른 체하기 어려운 이가 섞여 있어 순경이 짐짓 집에 가서 옷 갈아입고 오라고 불러 내보내 줬

첫째 가름: 생각으로

는데도 곧이곧대로 새 옷으로 갈아입고 다시 제 발로 나타나 끝내 시체 더미에 몸뚱이를 보탠 이도 있다고 하니, 맹하고 눈치 없다고 비웃기 전에 누가 이런 순박한 백성을 하룻밤 사이에 떼죽음으로 몰아넣을 줄이야 털끝만치 마음스침이라도 했을손가, 이 말도 안 되는 미친 세상아!

이윽고 동네에 내려온 엄마에게 누군가가 물을 주었다. 이튿날 마을 사람들에게 남편이 죽었다고 겨우 말을 했으나 모두 묵묵부답이었다. 그리고 이듬해에 육이오가 터졌다. 그 후론 '빨갱이 아내'라는 손가락질 때문에 더욱이나 아무 소리도 못하고 목숨을 이어갔다. 이렇듯 모두 죽은 듯이 있다가 남편이 죽은 지 세 해 뒤에야 분위기가 조금 나아지고 숨통이 트여 뼈를 찾아내어 장사를 지냈다.

국민학교에 들어갈 나이가 된 첫아들 병곤이가 어느 날 냇가에서 놀다가 불발탄에 목숨을 잃었다. 신식 병원은 죽은 사람도 살린다는 헛소문을 믿고 피냄새 나는 병곤이를 업고 대구의 큰 병원으로 달려갔다.

"죽은 사람을 어떻게 살려요. 얼른 데려가 묻어 주소!"

의사가 타박을 했다. 죽은 아들을 업고 다시 마을에 들어서니 빨갱이 아내는 팔자가 사납다는 소문이 돌고 있었다.

마을 총각 하나가 나무를 해 주고 물도 길어다 주면서 엄마에게 선심을 베풀었다. 엄마는 열한 살의 또곤이를 시부모에게 맡기고 그 총각과 마을을 떠났다. 또곤이는 엄마가 미웠다. 중학교를 그만두고 대구에 가서 도넛 공장에서 일을 했다. 열다섯 살 무렵 어찌 어찌 물어 엄마를 찾아 경북 상주의 산골로 가 보니 누추한 단칸방에 세 살, 한

살의 남매가 누워 있었다. 왜 날 버리고 갔느냐고, 이 아이들 아버지는
자기도 얼굴을 아는 한 동네 사람인데 지금 어디 있느냐고 따져들었
다. 엄마가 말했다. 탄광에서 일하다가 땅속에서 죽었다고.

엄마는 덧붙였다. 이제 엄마 찾아오지 말라고. 엄마는 팔자가 사나
우니 너는 그냥 너대로 잘 살아야 한다고. 나하고 있으면 너도 팔자가
사나워질 거라고. 또곤이는 더욱 엄마에게서 정나미가 떨어졌다.

또곤이 정도곤은 부산에서 부두 노동자가 되었고 초량시장에서 꽈
배기 장사도 했다. 결혼해서 아들 하나 딸 셋을 두었지만 엄마하고는
쉰 해를 끊고 살았는데 이제 자신도 환갑을 넘겼다. 그러던 2009년, 나
라에서 만든 '진실화해를 위한 과거사정리위원회'가 '대구시월사건'을
조사했다. 그리고 정도곤의 아버지 정재식이 거론된 '진실규명결정서'
를 발표했다. '이 사건의 일차적 책임은 법적 절차 없이 민간인을 임의
로 살해한 현지의 경찰에게 있으므로 위원회는 대구시월사건 관련 민
간인 희생자 및 그 유족들의 위령추모사업 지원, 가족관계 등록부 정
정, 역사기록 수정 및 등재, 평화인권교육 강화 등의 적절한 조치를 취
할 것'을 결정서는 권고하였다.

이를 근거로 정도곤은 2011년 4월 부산지법에 국가손해배상 소송
을 제기했다. 담당 변호사는 아버지 사망 당시의 어머니인 이외식도
배상금을 받아야 한다고 조언했다. 먼 친척을 통해 어머니가 아직 살
아계심을 알았다. 연락을 받은 엄마는 소송을 거부했으나 아들의 우회
적인 설득으로 한 해 뒤에 소송을 제기했다. 2013년 1월 지방법원이
두 소송 건에 대해 선고를 했는데 국가는 정재식의 아내에게 3억 3천
만 원, 아들 정도곤에게는 2억 6천만 원을 지급하라는 판결이었다.

국가는 돈을 줄 수가 없다고 항소했다. 부산고등법원에서 2013년부터 2심 재판이 시작되었다. 동일한 사건이라 같은 재판부가 맡았지만 한국 역사상 천 년 만에 처음이라는 여자 대통령으로 정권이 바뀌자 사법부는 기대와는 달리 과거사 사건을 이전과 다르게 판단하기 시작하였다. 급해진 정도곤은 엄마에게 달려갔다. 모든 것을 알고 있는 엄마의 증언이 필요하다고. 아흔 살이 다 된 엄마는 잘 걷지도 못하면서 지팡이를 짚고 아들을 기다렸다. 씨 다른 두 동생도 중년이 되어 나타났다. 정도곤은 엄마를 차에 태워 부산으로 향했다. 한동안 어색한 분위기가 흐르다 엄마가 먼저 입을 열었다.

"또곤아, 니 깡패 안 되고 이래 살아 조가아 고맙데이…. 엄마가 니 하루도 안 잊어뿌고 니 잘 살아라꼬 기도했데이…. 엄마가 고맙데이…."

"어무이도 그 동안 고생 많았십니더. 나도 인자 엄마 안 미워합니더. 시절이 험악해서 그렇지 엄마가 뭐 잘못했능교? 엄마 잘못한 거 없으니까 맘고생 고만하시이소."

정도곤은 부산에 도착해서 엄마에게 전복죽을 대접했다. 이가 성치 않은 엄마라고 해도 태어나 처음으로 대접한 음식이 죽이라니…, 또곤이의 눈에서는 또 눈물이 흘렀다.

다음날 엄마는 법정 증인석에 섰다. 판사가 증인 선서를 요구하자 정도곤이 요청하기를 자기 엄마는 한글을 모르니 달리 선서를 해 주도록 허락해 주십사 했다. 그러자 엄마가 말했다.

"됐다. 니 살아 있으며 기별이라도 할라꼬 엄마가 국문 배워 놨다."

그러고는 놀라운 기억력으로 70년 전의 진실을 말하기 시작했다. 재판 끝무렵 판사가 엄마에게 더 하고 싶은 말 있으면 하시라고 했다.

"자슥 보기도 미안코…, 서울에도 남매가 있심더. 사주가 안 좋아 거 그서도 남편이 먼저 죽어뿌렸십니더. 고향이고 뭐고 자슥을 안 볼라 캤십니더. 어린 것을 두고 50년이나 안 내려갔으이꺼내 볼 면목이 없고요…. 어미가 되가아 증언이라도 한 번 해 주자꼬 거동도 못 하는데 왔십니더. 판사님요, 울 아들 잘 부탁합니데이…."

하지만 부산고법은 손해배상금을 대폭 삭감하여 이외식에게 8천 8 백만원, 정도곤에게는 5천만원만 지급하라고 판결을 했다. 하지만 이 건 그래도 나은 편이었다. 놀라운 반전은 곧 이어 대법원에서 일어 난다.

2014년 5월 16일, 대법원 제2부는 이외식의 2심 판결을 그대로 인 정했다. 그리고 1년 5개월 뒤, 대법원 제3부가 판결하기를 국가는 정 도곤에게 단 한 푼의 돈도 줄 수 없다는 것이었다. 손해배상금을 청구 할 수 있는 기간이 지났다는 논리를 댔는데 아들 정도곤은 엄마보다 1 년 4개월 일찍 소송을 제기했었는데도 엄마는 인정되고 아들은 기각 된 것이다. 논리고 법리고 뭐도 없는 황당 그 자체였다. 엄마에 대한 판 결이 난 후 아들 판결이 나는 사이에 제3의 무언가가 끼어들었다는 애 긴데 최근에 드러난 흔적을 보면 이 추측이 맞아떨어진다. 법원행정처 가 2015년 7월 31일에 작성한 '정부운영에 대한 사법부의 협력사례' 를 보면 이렇게 적혀 있다. '(대법원은) 대통령의 국정운영을 뒷받침하 기 위하여 최대한 노력해 왔다. 부당하거나 지나친 국가배상을 제한하 고 그 요건을 정립했다.'

지금은 은퇴한 대법원장과 대법관, 그때 그 시절의 판사들은 엄마 의 60년 비밀을 대통령과의 거래 물품으로 써먹은 것이다. 초등학생도 익히 아는 삼권분립이라는 민주주의의 가장 핵심적이고도 단순명확한 사항마저도 육법전서를 달달 외었다는 이들 자타공인의 수재들에겐 한낱 장식품에 지나지 않았단 말인가! 그리곤 그 수장이 퇴임하려 하자 미리 알아서 손을 쓰되 쓰던 컴퓨터까지도 영구히 망가뜨리기까지 하면서 말이다. 최근 한두 해 사이에 세상은 놀랄 만치 바뀌었다지만 아직도 자리를 지키는 열세 명의 대법관들은 봄이 온 줄을 아는지 모르는 척하는 건지 자동응답기처럼 입을 모은다. 항간에 떠도는 재판 거래 의혹은 사실무근이라고.

아흔둘의 이외식은 영동의 그 요양원에서 삶의 마지막 나날을 보내고 있다. 아들을 위해 부지깽이로 마당에 가, 나, 다, 라를 쓰고 익히며 안간힘으로 증언을 섰는데 만사 헛일이 되고 말았다. 모든 게 다 자신이 팔자가 사나워 그렇다고 자책을 하는데 베지밀을 사들고 온 아들이 엄마 잘못 아니라며 애써 위로를 하며 엄마에게 드시라고 하나를 건넨다. 그리고 나머지 하나는 자신이 손에 들고 떠나려 하는데 엄마가 가까스로 부른다.

"또곤아…, 여그 앉아가아 꿀꺽꿀꺽 다 묵고 가거라…. 세상에 제일 좋은 소리가 니 목구멍에 밥 넘어가는 소리다, 또곤아……."

8 번역이냐 반역이냐?

번역자는 반역자란 말이 있다(A translator is a traitor). 그만큼 번역(飜譯, translation)이란 어렵다는 말이고 아무리 잘 번역을 해도 원문과는 달라지니 알아서 새겨들으라는 소리다. 정말 그럴까?

우리 한국 사람들은 얼마 전까지만 해도 글공부랍시고 시킨다고 한다면 으레 어린애 때부터 한 평생 한문만 들고파게 해서 노상 이 한자가 무슨 뜻이냐, 이 구절이 무슨 말이냐 하고 글자고 문장이고 간에 그 뜻을 우리말로 해석하는 일이 공부의 거의 다였다. 이것을 '새긴다'라고 하는데 칼이나 끌로 무슨 글자나 모양을 딱딱한 돌멩이 같은 데에 새기는 것이 아니라 우리말, 토박이말로서 다져진 우리 가슴 속의 마음 뭉치, 머릿속의 생각 뭉치에다 이 생경한 말 조각들을 접붙이하여 느낌이 통하고 뜻이 통하게, 가렵고 갑갑한 곳을 박박 긁게 손가락을 오그려 손톱자국을 내는 것이다.

이러기를 몇 백 년, 천 년 이상이나 해 오다 보니 그 긁고 덧긁은 손톱자국들이 가려움증을 가셔 주면서 유쾌하게 금방 아물지가 않고 생채기를 내고 곪아서 흠집으로 남거나 갖가지 잡물이 들어 지워지지가 않은 채 우리말은 야쿠자처럼 한자어 투성이의 문신 덩어리로 남게 되었다. 게다가 요즘은 한 술 더 떠서 이 만신창이 몸에다 영어에 불어에 무슨 출처도 헷갈리는 잡다한 장신구로 치장하면서 살가죽을 찢고 구멍을 뚫고 물감을 들이고 당기고 짜집으니 다 보기 좋고 멋스럽게 만들어 남들과 어울리자고 하는 일인지는 몰라도 차리고 나서는 꼴을 보니 당최 이 아이가 누구네 집 아인지 제 부모라도 언뜻 못 알아볼 정도가 되었다.

아무튼 사람이라는 것이 생겨난 이후 그 입에서 기적같이 말문이 트이고 나서부터도 살아남으려고 서로 흩어지고 숨거나 동무들을 따돌리다 보니 이렇게 본래의 이웃 간에도 말의 틈이 벌어져서 어쩌다 오랜만에 마주쳐도 소통이 잘 안 되기 시작했다. 그리하여 온갖 손짓 발짓 표정의 몸말이 자연스레 생겨나 소통을 도왔다. 그리고 때로는 운이 좋게도 둘 사이에 다리를 놓으며 양쪽 말을 다 알아듣는 전문적인 중간치기가 있게 되는데 포로나 볼모로 오랜 기간 잡혀 있었다든가 양쪽 부모의 기구한 운명의 씨앗이라든가, 하여튼 개인적으로는 불운의 결과인 경우가 많았다. 아무튼 이들이 끼어들어 서로 사맞게, 뜻이 통하고 말을 알아듣게도 되었다. 요새 말로 이런 걸 통역(通譯, interpretation)이라 한다. 하지만 대개의 경우 이렇게 하더라도 그냥 말하고자 하는 줄거리, 놓쳐서는 안 되는 졸가리만 무리 없이 전하는 것이지 감정이니 뉘앙스니 하는 그런 세세한 부분에서는 통역자라는 것도 반역자이기는 마찬가지다. 그래도 그게 어디랴?

그러다 세월이 한참 흘러 글자가 생기고 문서가 필요한 시대가 오는데 비로소 멀리 떨어져 있던 문화권과의 교류가 시작되고 하면서 이러한 낯선 외국어를 이쪽 사람들도 읽어 볼 수 있도록 번역할 일이 생기기 시작한다. 인류 역사상 이런 일은 오늘날까지 쭉 이어져 오고 있지만 기원전 6세기에 인도에서 생긴 불교를 중국 사람들이 제대로 배워서 익히기 위해 인도말을 중국말로 번역하기 시작한 불경의 한역에 있어서처럼 대규모의 의미심장한 문화적 사변의 예는 두 번 다시 찾아보기가 어렵다. 물론 현대에 와서 전 세계 모든 사람들이 무슨 내용의 글이든지 간에 영어 문장 쪼가리가 실린 글이라면 죽으나 사나 자기나라말로는 무슨 말인지 알아보려고 사전을 뒤지며 날밤을 새고 있는 전 지구적인 사태는 그 규모에 있어서 이와는 또 다른 양상이기는 하다만은.

그런데 이놈의 영어란 것은 왜 그리 몇 십 년을 두고 다루고 시루어도 입안에만 뱅뱅 돌고 눈은 어지러우며 틀니로 질긴 심줄을 씹는 것처럼, 신발을 신고 언 발등을 긁는 것처럼 그 생각이며 느낌에 아귀가 딱딱 안 맞아 시원치가 않고 내 입맛 도는 대로 씹어제껴 맛보며 꿀꺽 삼킬 수가 없나?
그야 물론 당연한 얘기일 뿐만 아니라 잘못된 것도 아니다. 우리가 뒤늦게 외국어를 배운데다 영어와 한국어가 본래 태생이 너무 다른 촌수가 먼 언어들이고 문화적으로도 이웃한 적이 얼마 안 되는 남남이기 때문이다. 그러니 미주에 사시는 동포들께서는 때로 좀 불편은 하시겠지만 그만큼이나 알아듣고 하는 것만 해도 대단하게 여기시고 썩 유창하지 못한 점 당연하게 여기시고 그러한 점에 오히려 자부심을 가지셔도 그리 이상한 이야기가 아님을 아셨으면 한다. 그러한 모습이 본인의 정체성이며 더군다나 그것이 나를 있게 한 여러 정체성 중에서도 가장 중요한 정체성의 하나이니까 말이다.
말이란, 외국어란 건 어디까지나 한때의 수단이라 사람이나 사정에 따라 잘할 수도 있고 못할 수도 있지만 수만 년 내려온 뼛골 속의 육체적, 정신적 정체성과 함께 마치 세포 속의 유전자(遺傳子, gene)처럼 이어받아온 문화자(文化子, meme)로 나의 몸에 배어 재생되는 문화적 정체성은 곧 죽어도 지울 수가 없으니 이 몸이 살아 숨 쉬고 있는 동안이라면 밉든 곱든 지니고 있어야 하지 않으랴? 그러한 정체성의 한 속성이 나의 현지어 구사에도 영향을 미치어 그것이 드러남은 너무나 자연스럽거니와 누구도 뭐라고 탓할 수 없는 나 자신의 떳떳함이 아니랴? 자기가 자기를 사랑하지 않으면 누가 자기를 사랑하리오?

이야기가 좀 옆으로 빗나간다만 지금 지구상의 수천 가지 언어 중에 한 조상에서 갈라져 나온 것으로 보이는 친족 말들이 여럿 있는데 이를 족보에 올려 어족이라 함은 알고 계실 것이다. 그중에서도 요즘 크게 세력을 얻고 있는 영어나 불어, 스페인어, 러시아어 따위 유럽의 많은 언어들과 이란, 인도 등 근동과 남아시아의 많은 언어들이 대부분 인도·유럽 어족에 속한다. 우리에게 익숙한 중국어, 한문은 이와 완전히 다른 중국·티베트 어족에 속한다. 그렇다면 한국어는?

우리가 학교에 다닐 때만 해도 우랄·알타이 어족이라고 해서 저 북구의 핀란드어, 동구의 헝가리어에서부터 터키어, 몽고어, 퉁구스어, 한국어, 심지어 일본어까지 다 이 어족에 속한다고 배워 상식에 속했었는데 지금은 그렇지가 않다. 핀란드어, 헝가리어 및 유럽 쪽 러시아와 우랄 산맥 주변에 주로 흩어져 있는 네네츠어, 코미어, 한티 만시어 등 소수민족의 언어들을 포함하는 우랄 어족은 학계에서 인정을 받고 있지만 동쪽으로 오면 오히려 오리무중이다. 몽고어, 터키어, 만주 퉁구스어만 뭉뚱그려 알타이 어족으로 일컫기도 하고 여기에 한국어를 넣기도 하고 **빼**기도 하지만 이 알타이 어족 자체마저 아직은 인정하려 들지 않아 터키어, 몽고어, 퉁구스어의 친족 관계를 아직 인정하지 못하는 학자들도 많을 뿐만 아니라 설사 이들로써 알타이 어족은 인정하더라도 여기에 한국어나 일본어를 포함시키지 않는 학자들이 대부분이다. 그렇다면 한국어는 친족도 하나 없는 오리알 신세, 수만 년 외아들로 대를 이어 온 외톨이 언어(language isolate)가 된다.

그렇더라도 한국어하고 일본어는 너무 닮았지가 않나? 그래서 일단 이 둘을 어떻게든 묶어 보려는 학자들도 있지만 아직은 제대로 성공을 못하고 있다. 이 둘의 본래 조상은 영 핏줄이 달랐거나, 아니면 같았더라도 너무 너무 오래 전에 갈라져 헤어졌거나 해서 언어 계통상으로는 촌수가 아주 먼데 이웃사촌이라고(아니면 이웃 웬수?) 가까이 살면서 서로 부대끼다 보니 언어 형태나 문법의 겉모양만 서로 빌리고 갖다 써서 차츰 닮아 가서 결국 비슷한 모양이 됐다는 이론이 있다. 한일 양 언어가 문법은 90프로 똑같은데 아버지, 어머니, 하나, 둘 하는 기초어휘는 거의 100 프로 남남처럼 동떨어짐을 생각하면 수긍이 가기도 한다. 아무튼 연구는 더 해야 되는데 양쪽 다 옛날의 언어 자료가 드물어서 어려움이 많다고 한다.

아무튼 이건 언어의 핏줄을 따지는 계통상의 이야기이고 언어의 형태, 유형을 따지는 다른 분야도 있다. 이 세상의 언어들을 유형상으로 보면 여러 가지가 있지만 중요한 것은 다음 세 가지이다. 계통이 같으면 유형도 비슷하게 마련이지만 반드시 그런 것은 아니다. 고래가 젖빨이동물이지만 오랜 세월 물속에서 살다 보니 물고기처럼 변했듯이 계통은 영 다른데도 유형은 비슷해 보일 수가 있고 그 반대도 마찬가

지다. 아무튼 중요한 유형을 꼽아 보자면,

첫째는 중국어 같은 고립어(孤立語, isolating languages)이다. 이건 벽돌쌓기처럼 알맹이 말(實辭)을 차곡차곡 순서대로 쌓아 나간다. 단어의 순서가 아주 중요하고 을/를, 이/가 같은 토씨나 영어의 전치사 같은 것이 거의 없다. 문법 요소가 없거나 아주 빈약해서 단어의 순서를 바꾸면 뜻이 달라진다. 我食飯 하면 내가 밥을 먹는 거지만 이걸 뒤집어 飯食我 하면 밥이 나를 먹어 버린다. 중국어의 경우 단수/복수의 구별도 없고 과거/현재/미래 같은 시제도 없다. 이런 건 다른 어휘를 끼워 넣어 표현하지 명사에 토씨를 붙이거나 동사를 활용하거나 하지 않는다. 한마디로 문법 참 간단한데 고전 중국어가 대표적이다. (대신에 골 때리는 성조, 빈약한 음소로 인한 동음이어, 복잡한 문자체계가 제값을 한다.) 대체로 어른은 배우기가 쉽다.

그 다음이 한국어와 같은 첨가어(添加語, agglutinative languages, 膠着語라고도 한다. 교착이란 아교처럼 달라붙는다는 말이다)인데 한마디로 기관차 뒤에 열차간을 붙이듯이 뜻을 나타내는 실사 뒤에 문법적 요소인 허사虛辭를 줄줄이 붙여나가는 언어다. 나는, 나의, 나를, 나에게, 나도, 나까지, 나만, 나만은, 나만은요 하는 것처럼 토씨를 잇달아 붙이거나 가고, 가는, 가시니, 가겠지만, 가더라도, 갔으니, 갔겠으니, 가셨겠으니까요 하는 것처럼 동사나 형용사 같은 용언을 끝바꿈(活用)하거나 접사를 붙여서 문법적인 작용이나 뜻이나 뉘앙스를 여러 가지로 나타내는 방식이다. 이런 조사나 접사 같은 문법적인 요소를 뜻을 나타내는 명사나 용언의 어간에 줄줄이 붙여 나가므로 첨가어라고 하는데 잘랐다 이었다 뗐다 붙였다 하는 것이 자유스러우며 생산적이어서 같은 부품을 여기저기 자유자재로 갖다 붙이거나 떼어도 그 부품의 작용이

나 성격은 변하지 않는다. 불규칙이나 예외가 적고 말이 상당히 규칙적이라 어린아이라도 배우기가 쉽다. 터키어가 대표적이다.

마지막이 굴절어(屈折語, inflective languages)인데 코카콜라 캔이 밟히면 꺾여 구겨지듯 뜻을 나타내는 실사와 문법요소인 허사가 한데 뭉개지고 짜부라져서 구별이 잘 안 되는 매우 불규칙이 많은 언어이다. 라틴어, 고전 그리스어, 산스크리트, 아랍어, 히브리어 등이 대표적이다. 영어도 love, loved, loved 했으면 일정하게 go, goed, goed 하지 않고 이 경우 엉뚱하게 go, went, gone 하듯이 본래는 이런 심한 굴절어였는데 세월이 흐르면서 이런 게 많이 없어지고 단순화돼서 요즘은 마치 중국어 비슷하게 되었다. 따라서 요즘의 영어에서는 단어의 순서도 상당히 중요하다. 영어에 비하면 러시아어 같은 슬라브어 계통이 아직도 굴절어의 요소를 더 많이 유지하고 있다. 아무튼 이런 굴절어는 여러 불규칙을 따지지 말고 외우며 무조건 따라 해서 익숙해져야 하니까 어릴 때부터 무의식적으로 익히지 않으면 공부하는 데 애로가 많다. 그런데 이 굴절어가 지금 세계를 휘어잡으며 판을 치고 있다는 이 말씀이다.

물론 이 세 가지 유형 말고도 에스키모어나 아메리칸 인디언의 언어들 중에 다수 있듯이 말하고자 하는 모든 단어나 문법 요소들을 한 문장 안의 한두 개의 긴 단어로 들쑤셔 엮어 넣어 각 요소가 개별적으로는 구별이 잘 안 되게 표현하는 포합어(抱合語, polysynthetic languages) 등이 더 있지만 이 정도로 하고 이제 본래 하고자 하던 얘기로 돌아가 보자.

불경의 원어인 인도의 산스크리트나 팔리어는 중국어와는 조상도

첫째 가름: 생각으로

다른데다가 지독한 굴절어라서 고립어인 중국어와는 서로 참 안 맞는 언어였다는 얘기다. 그럼에도 불구하고 중국 사람들은 그 방대한 불교의 전적을 전부 하나하나 완전히 소화를 해서 자기들 말로 일찌감치 번역해 놓았으니 세상에 이런 금자탑이 달리 또 어디 있겠는가! 물론 불경의 한역을 중국 사람들만 한 것은 아니고 인도 출신의 전법승 등 여러 민족이 참여를 하였지만 그 규모나 질에 있어서 이만한 문화적 사건은 인류 역사상 다시 보기가 어려울 것이다.

여기에 비하면 우리 한국 사람이 자신의 고유한 언어와 문자를 가지고 이뤄 놓은 문화적, 종교적 업적, 그중에도 역경 사업이라는 것이 상대적으로 너무도 빈약하여 이제부터라도 크게 분발하지 않으면 언제까지나 남의 문장이나 읊고 새기는 변방 아류에 머물고 말 뿐이라는 한심과 낙담의 그림자가 드리움을 고백하지 않을 수 없다.

알다시피 불교가 생겨난 북인도 일대를 유사 이래 차지한 민족은 서방에서 온 아리안 족의 후예로서 이들은 흑해의 북쪽이나 지금의 터키인 아나톨리아(Anatolia) 쯤을 본거지로 하여 사방으로 퍼져나간 인도·유럽 어족의 일파다. 동쪽으로 방향을 잡은 일파가 파도처럼 이란을 거쳐 지금의 파키스탄, 인더스 강 유역에 이르러 드라비다 족을 정복하고 정착한 때가 기원전 1,500년쯤이다. 그러다 다시 인도로 밀려 들어와 여러 고대국가를 세웠는데 인더스 강 유역에서부터 이미 브라만교를 형성하였으며 그 후 서서히 힌두교로 탈바꿈하게 된 그 종교에서 쓰인 고전어가 산스크리트(Sanskrit, 梵語)다.

기원전 6세기, 지금의 네팔 땅에서 태어나신 석가모니 부처님(BC 563~BC 483)으로부터 시작된 불교의 경우, 부처님 생시에는 문자화된 경전이 없었으나 열반 후에는 차례로 결집이 이루어져 경전이 구전되었고 마우리야 왕조의 아쇼카왕(阿育王, Ashoka, BC 304~BC 232) 때에 와서야 비로소 불경은 문자로 정착되었다. 그리고 사방으로 포교사를 보내어 불교를 전파하였으니 남방으로는 스리랑카, 동방으로는 버마와 동남아시아, 서쪽으로는 이란, 아라비아 반도를 거쳐 이집트나 그리스까지, 그리고 북쪽으로는 파미르 고원을 돌아 지금의 터키스탄으로 퍼져 나갔다. 그리하여 부처님 열반 후 약 500년이 지난 후한(後漢, AD 25~220) 명제(明帝, AD 28~75)의 시대에 마침내 불법은 공식적으로 중국에까지 이르게 되었다(AD 65). 그러고 나서 다시 300년쯤 흐른 고구려(高句麗, BC 37~AD 668) 소수림왕(小獸林王, ?~AD 384) 때에 만주와 한반도에 걸쳐 있던 고구려에 마침내 부처님의 법이 공식적으로 전해진다(AD 372).

이러한 기나긴 전법의 행로와 과정에서 과연 어떠한 언어로 된 경전으로 불법은 실어 날라진 것일까? 아쇼카왕 당시에 이미 고전 산스크리트는 브라만교의 종교 의식에서만 주로 쓰이는 사어가 되어 가고 있었고 오래 전부터 여기에서 갈라지기 비롯한 여러 지방 말들이 분화를 거듭하고 있었는데 스리랑카로 전해진 불경의 언어는 산스크리트가 상당히 간략화되고 속화된 팔리어(Pali)였다. 지금도 남방불교의 경전은 대개 이 팔리어로 되어 있다. 산스크리트가 라틴어라면 팔리어는 중세 이태리어나 스페인어쯤 된다고나 할까.

하지만 소승불교(근본불교)에 이어 인도에서 나타난 대승불교의 경전에 쓰인 언어는 오히려 거꾸로 올라가 산스크리트가 주를 이루기 시작했다. 잘 알 수는 없지만, 불교 대중화를 앞세우며 생겨난 이 새로운

첫째 가름: 생각으로

불교의 흐름에 불편함을 느끼고 폄하하는 기득권층이 있어 이에 대항하여 자기들 경전의 권위를 외양으로나마 살리는 방편으로 도리어 더욱 근엄한 고전어를 가져다 쓰지 않았겠나 하는 상상은 할 수 있겠다.

그런데 중국 사람들은 처음엔 불교를 잘 몰라보고 그저 도교의 가르침과 비슷한 것으로 여기고 그에 빗대어 그 가르침을 어림짐작하였으니 이를 격의格義 불교라고 한다. 어쨌거나 팔리어든 산스크리트든 아니면 중간에 거쳐진 어느 민족의 언어로든 간에 천축(인도)에서 발원하여 서역을 거쳐 전해진 이러한 경전의 해석과 번역이 필요에 따라 알음알음으로 여기저기서 이루어지기 시작했을 것이다. 처음에는 인도의 소승불교부터 전해지기 시작하여 나중에는 대승불교까지 들어왔는데 산맥과 사막이 가로막힌 두 이질적인 문화권, 극과 극에 이르는 언어권 사이에서 이를 접속시키고 이해시킨 수많은 스님들과 불자들의 행적은 그 십분의 일도 지금 기록이 남아 있지 않을 것이지만 그 가운데서도 역사상 가장 뛰어난 한 분을 이야기하고자 한다. 바로 불세출의 언어적 천재, 쿠마라지바(Kumarajiva, 鳩摩羅什, A.D.344~413) 스님이다. 미국에 있는 우리 한국 불자들도 일요법회든 무슨 의식에서든 혼자만의 신행에든 여태 그가 번역한 반야심경, 금강경 그대로를 한국식 한자음으로 읊고 있다. 우리는 알게 모르게 1,600년 전의 이 스님에게 큰 빚을 지고 있는 셈이다.

중국 영토의 서쪽 부분에는 지금은 중국 차지가 되어 신장 위구르 자치주라고 불리고 있는 커다란 사막, 건조지대가 있는데 거기엔 파미르 고원과 티베트 고원, 천산산맥 등으로 둘러싸인 타림 분지가 있고 그 한가운데가 타클라마칸 사막이다. 여기 빙 둘러가며 높은 산의 눈이 녹아내리는 기슭을 따라가며 여러 오아시스 왕국들이 생겨났는데 그중에서도 사막의 북쪽, 천산산맥의 남쪽 기슭에 자리한 쿠차(Kucha, 庫車) 왕국이 가장 번성하여 비단길의 중요한 거점을 이뤘다. 쿠마라지 바는 바로 이곳 태생이다.

역사나 고고학적인 기록을 보면 본래 쿠차를 비롯한 이 타림분지 일 대에 먼저 들어와 산 인종은 동양인이라기보다는 주로 서쪽에서 온 서 양인이었다. 쿠차 왕국도 쿠마라지바 시대에는 인도 유럽어인 토하라 (Tochara) 말을 쓰는 사람들이 주를 이루었다. 지금도 이 일대의 사 막을 파면 서양인 모습을 한 미라가 모래 속에서 드러나곤 한다. 그러 다가 나중 북쪽에서 터키 계통의 위구르(Uyghurs) 유목민들이 덮쳐와 차츰 이 일대는 동서양인의 혼혈지대가 되었고 이윽고 토하라어도 사 라지게 되었다. 그런데 세월이 흘러 지금은 동쪽의 한족이 이 지역을 지배하고 침투하여 급속히 중국화시키고 있어 그 반동으로 회교도인 위구르족의 독립투쟁이 촉발되어 폭력적인 사태가 빈발하곤 한다.

그런데 쿠마라지바는 어머니가 이 쿠차 왕국의 왕족인 반면 아버지 는 인도에서 온 전법승이었으니 그 자신 이미 혼혈이었지만 어쨌거나 백인의 모습에 가까웠지 않나 한다. 쿠마라지바의 할아버지는 인도 어 느 나라의 유능한 재상이었다고 하는데 승려가 되겠다며 전법의 뜻을 굽히지 않는 똑똑한 아들의 고집을 꺾지 못해 이를 허락하였고 아들은 파미르 고원을 돌아 천산을 넘어 쿠차에 이르러 명성을 떨쳤다. 하지 만 이 전법승을 욕심낸 쿠차 왕은 강제로 제 여동생과 결혼하게 만들 었고 이들이 낳은 아들이 쿠마라지바라고 한다.

쿠마라지바가 어느 정도 천재냐고 하면 그 어머니가 아기를 배자 뱃 속의 아기 덕분에 임신 중의 산모까지 천재가 되어 평소에는 몇 장 못

외던 긴 경전을 엄마가 통째로 줄줄 외었다고 한다. 그러다 아기를 낳자 기억력도 이전으로 되돌아갔는데 결국 이 어머니도 나중에 출가하여 비구니가 되었다고 한다. 그리하여 어린 쿠마라지바를 데리고 인도에도 다녀오고 했는데 모차르트를 데리고 다닌 그 아버지처럼. 이 어머니가 데리고 가는 곳마다 열 살도 안 되는 아들이 곳곳의 쟁쟁한 논사들과 맞붙어도 이들을 깨끗이 격파하니 그 명성이 멀리 중국에까지 전해지게 되었다고 한다.

중국 이야기가 나왔으니 말인데 쿠마라지바 어미아들이 이러고 다닐 즈음의 중국은 이른바 5호 16국이란 대혼란의 시기여서 특히 북중국은 이민족의 침입과 살육, 투쟁으로 얼룩지고 있었다. 잠깐, 중국이란 나라가 워낙 크고 복잡한 데다 역사도 기니 느닷없이 그때 얘기를 그냥 해서는 감이 선뜻 안 잡히실 거고……, 그래서 간략한 역사 브리핑부터 하련다.

중국은 황하의 중류와 그 지류인 위수가 흐르는 중원을 중심으로 전설적인 삼황오제의 시기가 지나고 하나라, 은나라, 주나라로 내려가며 제후에게 지방을 떼어서 맡기는 봉건제도가 확립된다. 그러다가 서쪽 오랑캐에 밀려 주나라는 황실을 동쪽으로 옮기며 동주라 일컫는데 이때부터 봉건 제후들의 힘이 세어져 황실의 말을 잘 안 듣고 제멋대로 설치는 춘추시대, 전국시대가 이어져 온갖 얘깃거리를 양산한다.

그러다 결국 서쪽 촌놈인 진秦나라의 시황제가 천하통일을 했지만 곧 망하고 장기판에서 보듯 다시 천하를 차지하려는 항우와 유방의 건곤일척 싸움이 벌어진다. 유방이 이겨 한나라가 시작되는데 이 한나라 때가 중국 문화의 기틀이 얼추 잡힌 때라 한족, 한자, 한문화 등 '한

漢'이라는 것이 지금도 중국의 대표하는 이름이 되었지만 이 한도 결국 쇠약해져서 동쪽으로 옮겨가 동한東漢 시대가 된다.

동한이 이윽고 망할 때가 되어 조조, 유비, 손권이 나오는 삼국지의 무대가 펼쳐진다. 서한 시대부터였겠지만 이 후한 때에 불교가 본격적으로 들어왔으나 널리 퍼지지는 못했다. 아무튼 위·촉·오 삼국이 쟁패하다가 일단 꾀보 조조 계열의 위나라가 승리하였으나 조조의 아들 대에 이르러 부하인 사마 씨의 진晉나라에 나라를 넘길 수밖에 없었다.

이 진나라(西晉)가 천하통일을 다시 마무리하긴 했으나 내부 실정 등 여러 문제로 쇠약해지더니 결국 이전의 왕조들처럼 서쪽의 이민족에 밀려 동남쪽으로 옮겨가 동진東晉이 되고 서진이 있던 중원은 북쪽과 서쪽 등 여러 방면에서 밀려오는 이민족들로 일대 혼란을 겪으니 마치 로마제국 말기의 게르만족 침입 같은 양상이 벌어진다.

이때 쳐들어온 오호五胡라는 것은 터키 계통으로 보이는 흉노족匈奴族, 이란 계통일 것 같은 갈족羯族, 티벳과 관련이 있어 보이는 저족氐族과 강족羌族, 그리고 아마도 몽고나 아니면 만주 계통일 것 같은 선비鮮卑족을 일컬음인데 물론 치고 들어온 애들이 이들만은 아니었다. 아무튼 이 다섯 종족들은 그래도 농경민인 한족들이 사는 곳으로 밀려들어와 나라 비슷한 것이라도 세운 족속들인데 제대로 된 정착 왕조의 경험이 없는 이들 유목민들은 한족과 뒤엉켜 짧은 기간 동안 그나마 기록에 남길 만한 왕조를 열여섯 번이나 세웠다 뒤집어엎었다 했다는 얘기다. 이로써 백성들이야 말할 수 없는 고초를 겪었겠지만 이 바람에 불교는 중국 땅에 확실한 뿌리를 박는 계기가 되었고 우리의 천재 쿠마라지바도 중원 땅으로 불러들여지는 기회가 생겨났다는 얘기다. 피눈물은 반드시 얼룩이든 자국이든을 후세에 남긴다. 6.25가 아니었으면 한국이 어찌 저리 기독교 나라가 되었겠는가!

　그런데 이들 중에 오랑캐답지 않게 중원의 문화를 존중하면서 정복과 정치에도 능란한 걸출한 인물이 있었으니 저족이 세운 전진前秦의왕 부견(苻堅, AD 337~385)이다. 이 부견은 우리 역사에도 나오는데 앞에서도 말했듯이 고구려에 사신을 보내 불교를 전해준 바로 그 인물이다. 부견은 세력을 확장하여 북중국을 장악해 나가면서 여광(呂光, AD 338~399) 장군을 교역과 세력다툼의 요충인 서역으로 보내 이 오아시스 국가들을 정복하게 한다. 그 출정 명령 중에는 쿠차의 보물 쿠마라지바를 꼭 산 채로 틀림없이 잡아오라는 것도 들어 있었다.

　이리하여 여광은 쿠차를 비롯한 타림 분지 일대를 침략하여 의도대로 장악하는데 당시에 쿠마라지바는 마흔 살 정도 된 명성 높은 스님이었지만 칼을 쥔 여광이 강제로 독주를 먹여 여인과 동침케 하여 억지로 파계시키고 결혼하게 하는 등 비록 몸에 칼은 안 들이밀었으나이 이민족의 천재 스님을 내키는 대로 조롱하고 부려먹었다.

　한편 그 즈음에 전진 본국의 부견은 천하통일이라는 큰 야망을 가지고 원정군을 조직하여 동진을 쳤는데 이게 일이 꼬여 비수대전(淝水大戰, AD 383)에서 크게 깨지고 도망 다니는 신세가 되니 서쪽에 보낸 원정군에 대해서는 미처 챙길 겨를이 없게 돼 있었다. 쿠차에 눌러 살고싶은 생각도 있었던 여광은 동방 전법과 고국 보전에 큰 뜻이 있던 쿠마라지바의 조언을 받아들여 그를 데리고 본국을 향해 회군하는데 천하는 더욱 난장판이 돼 가고 있었다. 여광의 부대는 지금의 감숙성인양주凉州에서 몇 해를 머물게 되고 이때부터 쿠마라지바는 본격적으로한어漢語를 익힌다. 이때가 마흔네 살이 되었을 때인데 후에 부견의 죽음을 들은 여광이 여러 우여곡절 끝에 양주에서 후량後凉이라는 나라를 세우고 몇 해 뒤 이를 아들에게 물려주고는 죽는다. 이때 쿠마라지바는 쉰여섯 살이었다.

이후 여러 곡절을 거쳐 쿠마라지바는 또 하나의 오랑캐 출신인 걸출한 문화 군주, 강족이 세운 후진(後秦, AD 384~417)의 왕 요흥(姚興, AD 366~416)에게 넘겨져 섬김과 짐을 함께 받는다. 요흥은 왕실의 힘을 기울여 이 보물로부터 뽑아낼 것은 마지막 한 방울까지 뽑아 쓰는데 나중에는 기녀 열 명을 곁에 붙여서 여광 때에 이어 또 한 번 억지로 파계를 시킨다. 이는 이 대천재의 씨까지 받으려 함이었다. 이 일로 인해 그때까지 그를 따랐던 여러 이름 높은 도반들로부터 백안시 당하기도 했는데 쿠마라지바는 이들이 보는 앞에서 가는 바늘 열 개를 차례로 입에 넣어 삼키며 이르되, 당신께 주어진 한 여인 한 여인을 거두는 것이 마치 이 바늘 하나하나를 삼키는 것보다 더 자신의 몸이 찔리고 아팠노라고 하였다. 어렴풋이 이해가 가는 말씀이다.

아무튼 쿠마라지바는 쉰아홉 살이 되는 서기 402년에 아미타경을 한어로 번역하기 비롯하여 대지도론大智度論, 대품경大品經, 소품반야경小品般若經, 중론中論, 성실론成實論 등 수많은 경전을 주로 산스크리트 원전으로부터 유려하면서도 살아 있는 중국어로 번역하며 이후 나이 일흔에 열반할 때까지 왕실의 후원과 여러 제자들과 도반들의 도움을 받아가며 인류역사상 유례가 드문 고귀하게 빛나는 역경譯經의 생애를 이어 간다.

이상이 쿠마라지바의 간략한 생애이거니와 서두에서 말했듯이 너무나 극과 극인 두 언어, 산스크리트와 한어라는 양 극단에 튼튼하고도 아름다운 다리를 놓아 부처님의 진리를 동방 억조창생의 가슴과 머리로 전달하게 한 복덕, 이 홍법대사弘法大師의 뛰어난 번역의 공덕을 그 누가 일컬어 부처님의 본마음을 비틀어 건넨 반역이라 할 것인가! 스무 해에 가까운 기나긴 억류의 세월, 이민족의 권력자로부터 받은 온갖 조롱과 모멸 속에서도 첫마음을 잃지 않고 전법의 큰 수레바퀴를 이룩한 그 공덕은 너무나 크다. 외국인이면서 원어민보다 더 매끄럽고 아름다우며 충실하게 번역한 그 경전들은 사방으로 퍼져나가 한국, 일본, 월남 등 중화문명이 번지는 동아시아 방방곡곡에까지, 그리고 전 세계로 퍼져나간 이들의 후예 불자들에 의해 이때도록 날마다의 신앙과 수행에 있어서 없어서는 안 될 긴요한 도구가 되어 왔다.

　물론 쿠마라지바 이전에도 중국승이든 천축승이든 아니면 그 밖의 어느 호승 출신이든 많은 스님들이 애써 행한 훌륭한 번역들이 있어 이를 통틀어 옛 번역[古譯]이라 한다. 중국 최초의 불경 번역은 동한(東漢=後漢, AD 25~220) 환제(桓帝, AD 132~168)와 영제(靈帝, AD 156~189) 때에 시작되었고 페르샤 출신 안세고安世高와 서역 월지국 출신의 지루가참(Lokaksema, 支婁迦讖)과 지겸支謙이 대표적이다. 서진(西晉, AD 265~316) 시대의 월지국 출신으로 36개 국어에 능통했다는 축법호(Dharmaraksa, 竺法護)도 유명하다. 4세기 후반부터는 전진왕 부견의 후원을 받은 중국 승려 도안道安이 있다.

　하지만 이 옛 번역들은 쿠마라지바의 것에 비하면 외람되지만 어쩐지 일종의 연습게임인 듯한 느낌이 있다. 그리고 훗날 삼장법사 현장(玄奘, AD 692~664) 스님이 천축을 여행하며 천축 말을 익히고 불전을 구해와 번역한 새 번역[新譯]이 있는데 비록 일부 세밀한 뜻에 있어서는 쿠마라지바의 먼저 번역[舊譯]에 비해 충실한 점도 있다고는 하지만 포괄적인 뜻 전달이나 문체의 유려함에 있어서는 쿠마라지바의 번역본이 더 뛰어나고 입맛에 맞아 먼저 것이 새것보다 더 오래도록 널리 사랑받고 있는 것도 다 이유가 있다고 하겠다.

여기에는 물론 쿠마라지바 자신의 천재성과 원력이 절대적인 중요성을 차지하지만 시절 인연이 닿았었는지 왕조로부터 넓은 규모의 번역 장소와 각종 편의가 쿠마라지바에게 제공되었고 수많은 동시대 학승들이 직접 그의 번역에 동참하고 세부적인 사항을 도왔으니 때로는 백여 명 이상의 뛰어난 스님들이 마치 우주선을 조립하는 생산 라인처럼 분화되고 세밀화된 공정에 전문적으로 참여하여 한역 불경이라는 빼어난 완제품을 생산해 낸 것이었다. 여느 나라들에서처럼 골방이나 책상머리에서 뜻있는 한두 사람이 웬만큼 공력을 들여 만들어 낸 작품이 아니었단 말씀이다.

그런데 동방의 불자 된 우리는 여기서 다시 근본적인 문제에 생각이 미침을 어쩔 수 없다. 경전이란 아무래도 그 경전을 읽는 이의 토박이 말, 일상용어에 기반하여 완전히 번역되고 소화되었을 때에야 진정한 진리의 방편이 된다고 한다면 우리가 중국인이 아닐진댄 아무리 쿠마라지바의 번역이 뛰어났다고 하더라도 진정한 우리의 경전이 될 수는 없지 않은가! 말하자면 완전히 한국어스런, 한국어로 된 경전이라야 진정한 한국 사람의 불경이라고 할 수 있을진대 아직도 현실은 그렇지가 못하다는 말이다. 한국에 불법이 전해진 지가 1,600년이 넘었는데도 이제야 비로소 이른바 기본적인 우리말 경전, 한글 경전이라는 것들이 조금씩 디밀어져 의식과 수행에 쓰이도록 권장되고 있지만 그마저 별로 스님들이나 일반 불자들의 눈길이나 마음길을 강하게 끌지 못

첫째 가름: 생각으로

하고 있다.

앞에서 보았듯이 굴절어로 된 불교의 원전은 이미 오래 전에 고립어의 경전으로 완벽에 가깝게 탈바꿈되었다. 3대 언어 유형의 한 축, 삼각형의 한 모서리를 이루는 첨가어의 경전은 지금 어디에 있는가? 역사로 보나 자유자재한 언어 문자상의 기능으로 보나 마땅히 한국어가 이 모퉁이를 튼튼히 괴고 받쳐서 불법이 안 기울게, 안 무너지게 해야 하지 않겠는가? 이미 오래 전 우리말 역경 사업은 세종대왕 시절에 비롯되어 뜻있는 분들의 헌신으로 맥이 이어졌다 끊였다 해 왔지만 이제는 맥을 이음은 물론이고 한 단계 차원을 높일 시기가 무르익었다. 고립어인 한문 경전에만 기대어 그것을 바탕으로 한 다리 건너 번역할 것이 아니라 이를 참고하되 굴절어인 산스크리트 및 팔리어 원전부터 완전히 소화한 다음 이를 바탕으로 아름답고 풍부하며 충실한 우리말로 곧바로 탈바꿈되어야 한다. 다른 고립어의 풍부한 출처인 티베트어 불경에도 눈길이 스쳐야 하며 그 밖의 언어들로 된 것들도 지나치지 않고 참고하여야 할 것이다.

이러한 역경 사업은 한두 개인이나 단체에 맡길 것이 아니라 거족적, 시대적 문화 사업으로, 총체적인 지성과 신심의 저수지에서 걸러진 정수로 뽑아내어야 한다. 남북이 협력함은 물론이요 주변 국가들과도 이해와 협조를 구해야 한다. 20세기의 쿠마라지바를 모셔 와도 좋고 우리 안에서 환생시켜도 좋다. 다시 한 번 외람되지만 이때까지의 모든 새김을 연습게임인 옛 번역으로 일단 치부함을 용서받자. 웬만한 지식인이라면 어려운 한자 용어가 범벅이 된 우리말 번역본 불경보다는 차라리 영어로 된 불경의 뜻이 더 가슴에 쉬 와 닿을 때가 있다. 영어가 범어나 팔리어와 촌수가 더 가까운 덕택에서가 아니라 이 영어 번역자는 원전이 말하고자 하는 바를 곰곰이 생각하고 또 생각하여 완전히 제 머리와 가슴으로 받아들여진 후에야 제가 쓰는 쉬운 일상의 영어로, 어린 자식이라도 알아듣게 쉬운 어휘를 찾아 이야기하듯 써내려 가고 있기 때문이 아닐까? 자기 자신도 잘 모르면서 하는 말이나 설명은 아무리 전문적인 용어를 동원하여 중언부언하고 있더라도 듣는 이가 결국 잘 못 알아듣거나 아니면 엉뚱하게 알아듣게 마련이다.

모두가 그런 것은 아니지만 우리의 불교 관계 서적들의 상당 부분은 왜 그리 어려운 말을 즐겨 쓰고 쉬워 보이는 듯한 내용도 어렵고 헷갈리게 풀어 가고 있는지 좀 의아스러울 때가 있다. 어조는 서툰 번역투처럼 목에 걸리고 핵심은 알쏭달쏭 눈을 호리다가 마침내 흐리멍덩하게 헝클어진 그대로 눈앞에서 잦아져 버리기도 한다. 불교가 본래 그런 것인가 부처님 시대에도 그랬었던가? 아니면 내가 서양식 교육만 받아 속속들이 서양의 사고방식에 젖어 그런 색안경을 쓰고 있기 때문에 그리 보이는 것인가?

부처님의 본뜻이 담긴 원전을 완전히 이해, 소화하여 물레를 잣듯 다시 새 실로 자아내어진 자연스런 우리말, 누구나 쉽게 대할 수 있고 알아들을 수 있으며 흥겹게 읊조릴 수 있는 부처님의 가르침, 반역이지만 반역의 냄새가 전혀 풍기지 않는 살아 있는 경전의 시대를 기다린다.

9 무당에게 물어봐

세상사 참 갑갑한 일이 많다. 기껏 차려 놓은 장사는 제대로 안 되지, 마누라 애새끼는 다들 제 생각만 하고 쓸 줄만 아는 데다 남하고 빗대고 견줄 줄만 알면서 이나마가 감지덕지 천만다행인 줄은 생각도 못하지를 않나! 게다가 이 몸 자신, 달이 가고 해가 갈수록 구석구석 여기저기 안 결리고 안 쑤시는 데는 없지……. 내가 꼭 그렇다는 얘기는 아니고 우리네 세상살이가 본래 이런 괴로움의 덩어리를 안고 헤매는 것이고 남 보기에 잘 나가든 못 나가든 조금 멀찌감치 떨어져 큰 테두리에서 보면 너나없이 생로병사로 맴도는 모습이 다 거기서 거기라는 얘기다. 게다가 우리 대부분 이런 개인적인 굴레와 갑갑함을 떠나서 조금 더 바깥으로 눈을 돌린다고 해도 거기는 더 아수라장이다. 병들고 다치고 죽어 나가고 속고 속이고 쌈박질하고……. 그야말로 이 바깥세상이란 스물네 시간 험한 파도가 들이치는 괴로움의 바다다. 그건 태곳적이나 지금이나 마찬가지고 앞으로도 목숨 가진 것들이 아등바등 살아가는 세상이라면 사회가 얼마만큼 발전하든 다양화되든 본질적 변함은 없이 늘 그러할 것이다.

이러한 살아 있는 중생 가운데 그래도 생각이라는 것을 할 줄 아는 게 사람인지라 우리 조상들은 사뭇 옛날부터 이러한 삶의 어려움과 괴로움을 해결하고자 우선 여러 물질적인 개선과 개발을 하였으니, 연장을 만들고 사냥을 하고 농사를 짓고……, 그러다가 점점 더 복잡한 기계를 만들고 컴퓨터를 만들었는데 이윽고 요새는 스마트폰 없이는 못 사는 시대에 와 있다. 이와 더불어 경험과 이론이 쌓이고 인류 전체의 기술과 학문, 과학과 노하우가 눈덩이처럼 불어났다.

이런 물질적인 발달과 함께 여러 사회적인 활동과 조직도 생겨나 점점 더 크고 헷갈리게 변해 왔는데 단순하고 기초적인 가족생활에서부터 씨족과 부족, 민족, 시민, 세계인으로 뻗어나가는 과정에서 여러 결사체와 사회 조직들이 복잡하고도 정교하게 발달해 왔다. 그런데 같은 인간일지라도 자신이 속했던 가족이나 소규모 단위를 떠나 이러한 낯선 집단과 마주치어 그 속으로 한 자리 얻어 끼어 앉으려면 으레 예의가 없다느니 애송이라느니 굴러 들어온 돌이라느니 형편없는 야만인이라느니 하며 한동안 따돌림과 내침을 겪기 일쑤다.

아무튼 물질적이든 사회적이든 이 모든 낯설고 새로운 도전과 환경들이 처음 마주치는 자에겐 괴로움이고 당혹이고 위험인지라 앞으로 도대체 어떻게 처신해야 살아남을지 잘 알 수가 없다. 물질을 당장 개선하고 사회관계에 기름칠을 하고 축적된 노하우를 활용하는 차원에서도 도저히 해결이 안 되는 일이 많다. 불안하고 급박하고 답답하고 가슴이 찢어질 듯이 아픈 것, 개인에게 닥치는 이런 불행과 불운과 불안을 어떻게 참고 사나, 참을 수가 없는데! 그러니 엄마 찾는 어린애 심정으로 울부짖으며 호소처와 보호처를 갈구하게 된 것이 종교의 시초 아니었겠나!

수천 년 전에 생긴 힌두교 불교 유태교 유교 기독교 이슬람교 등 이른바 고등종교라는 것들이 알려지기도 한참 전인 수만 년 수십만 년 전부터 전 인류에게 퍼져 이때도록 우리의 이런 불안과 아픔을 달래 주고 보살펴 준 것이 무속巫俗, 즉 샤머니즘(shamanism)이며 무당이고 굿이다. 지금의 세계종교 등 보편종교가 지구 표면의 지각 층으로서 흙과 바위, 바닷물과 호수, 강물을 이루고 있다면 무속은 이러한 땅껍질 아래 깊숙이 두텁게 끓고 있는 용암지대다. 용암이 치솟아 올라 식은 것이 바위이며 바위가 오랜 세월 풍화로 깎여 모래가 되고 흙이 되듯이 실은 고등종교, 세계종교라는 것들도 그 모체는 다 무속이고 샤머니즘이다. 비록 제 어미를 잡아먹는 살모사처럼 샤머니즘이란 말만 들어도 눈을 흘기고 경끼를 일으키며 잡아먹으려고 덤비는 고등종교가 없지는 않지만 말이다.

용암이 들끓는 지구의 내부에도 지각 아래에 차례로 맨틀층이 있고 외핵이 있고 내핵이 있듯이 말로는 간단하게 샤머니즘이라 하지만 본격적인 샤머니즘이 나타나기 이전에 더 원시적인 신앙이 있었으니 이 가운데 몇 가지만 들자면 먼저 정령신앙(精靈信仰, animism)이란 것이 있다. 이건 해, 달, 별, 나무, 바위, 시내, 산, 들, 강과 같은 자연계의 모든 사물과 바람, 벼락, 폭풍우, 계절 등과 같은 자연현상 모두가 살아 있는 것들처럼 생명이 있고 어떤 넋, 영혼이 있다고 믿는 것이다.

생명이 있고 영혼이 있으니 당연히 사람이나 짐승처럼 의식이나 느낌, 욕구가 있고 우리가 안 볼 때는 슬쩍슬쩍 움직이기까지 한다고 믿는 것이므로 정령신앙은 곧 활물신앙活物信仰이 된다. 내가 길을 가다 잘못하여 돌부리에 걸려 넘어지는 것이 아니라 길에 박힌 돌부리가 무슨 이유에선지 내가 맘에 안 들어 내 발을 걸어 넘어뜨리고 고목의 가지가 때 맞춰 스스로 부러져 내 뒤통수를 치며 하늘은 화가 나서 나 죽으라고 벼락을 내리꽂는 것이다. 이렇듯 옛날 사람들은 늘 혹시 저 바위가 갑자기 내게 말을 걸어오지 않을까, 저 강물이 팔을 뻗쳐 나를 물속으로 끌고 가지 않을까, 저 그믐달이 괜히 성질이 나서 내 일을 꼬이게 만들지나 않을까 하고 끊임없이 두려워하며 걱정을 하다 일생을 마치곤 했다.

그러다 사람들이 씨족에서부터 부족을 이루고 살면서는 죽은 조상들을 중심으로 뭉치게 되는데 이때 자기들 조상이 본래는 어떤 짐승이나 물건, 곧 독수리, 곰, 호랑이, 늑대, 바위, 큰 나무 따위라고 생각하게 되는데 이게 토템신앙(totemism)이다. 그래서 전신주 같은 큰 나무둥치에 이런 조상 짐승들을 새겨 마을 어귀에 줄줄이 꽂아 놓은 게 토템이다. 토템신앙은 단군신화처럼 세계의 많은 지역에서는 흔적만 남기고 사라졌지만 북서부 인디언이나 폴리네시안들에게는 최근까지 많이 남아 있었다.

아무튼 우리가 땅껍질의 성질과 움직임을 제대로 알려면 지각 밑의 맨틀과 외핵, 내핵을 알아야 하듯이 우리가 불교를 믿든 기독교를 믿든 아니면 전적으로 종교를 배척하든 뭘 제대로 알고 실행을 하자면 우리 가슴과 정신의 깊은 내부, 그중에도 오랜 세월 가장 두터운 층을 형성해 온 샤머니즘을 알아야 한다는 것이 지금 이 글을 쓰는 동기다. 샤머니즘이 과연 무엇인가?

샤머니즘은 민간신앙(民間信仰, folk religion, popular religion, vernacular religion)과는 범주가 다른 말이다. 민간신앙이란 그 말의 의미가 명확하게 경계지어지지는 않지만 대체로 국가나 조직화된 종교단체의 관리를 받지 않고 민간의 일상생활의 일부로 수행되는 민중 주체의 종교적 행위요 믿음을 말한다. 즉 샤마니즘은 민간신앙의 일종이며 그래도 무당이란 전문가가 이 일에 종사를 하니 일종의 전문화된 민간신앙이라고 할 수 있겠다.

대체로 보아 민간신앙에서는 민족적 전통이 있는 종교라는 의식이 강하여 비록 외래종교의 요소가 많이 섞여 있을지라도 비교적 자기 민족적으로 고유한 종교라는 특성이 강하게 작용하고 있다. 그리고 민간신앙들은 흔히 미신이라고 불릴 만큼 아직 원시성이 많은 종교적 현상인데 이때의 원시성이란 비과학적이라는 뜻이 아니고 종교 발달상 아직 그 형식이나 내용이 복잡하고 확고하게 잘 정립되지 않은 상태를 말한다. 그리고 사회적으로 보아 민간신앙의 신자나 신앙 종사자들은 지배계층이 아닌 서민 또는 대중이라는 점이 특징이다. 천도교, 증산교 등 한국에서 말하는 민족종교들이란 민간신앙의 범주를 벗어난 조직화된 종교들이다.

한국의 경우 민간신앙의 구체적인 예를 들자면 단군신화 같은 각종 신화에 대한 믿음, 동제와 같은 마을 신앙, 두레와 세시풍속 같은 각종 민속 행사나 그에 따르는 풍속들이 있다. 그리고 터주나 조왕신, 삼신할매 섬기기, 집에서 지내는 고사 같은 오래 된 가정신앙, 돌잔치나 성인식 같은 통과의례, 점복, 문지방에 앉지 마라, 장사 첫손님으로는 여자를 받으면 재수 없다, 시험 치는 날 미역국 먹지 마라 등의 각종 금기, 풍수, 유교 이전의 조상숭배, 민간의료 등을 들 수 있다.

그런데 이런 게 다 미신(迷信, superstition) 아닌가? 하기야 정도에 차이는 있겠지만 굳이 따지자면 민간신앙이고 고등신앙이고 간에 미신적인 요소가 없는 종교가 어디 있나! 미신이 뭔가? 아무런 과학적, 합리적 근거도 없는 것을 맹목적으로 믿는 것을 미신이라 한다면 곰이 변해 사람이 되고 아들까지 낳았다는 얘기는 사실 비과학적이고 이치에 맞지 않다. 그럼 처녀가 애를 낳고 죽은 사람이 사흘 만에 되살아나 하늘로 올라갔다는 얘기는?

요즘 세상에도 끊임없이 나도는 각종 괴담이나 도시전설도 물론 미신이다. 도시전설이 뭐냐고? 이를테면, 아무리 날짜를 이르게 잡아도 수능 시험 날이면 날씨가 한겨울이 된다든지, 방에 선인장을 키우면 전자파가 흡수된다든지, 조용한 데서 혼자 거울을 보며 삼일절 노래를 부르면 거울에 유관순이 나타난다든지, 명복을 비는 글은 마침표를 찍으면 안 된다든지 등등 수도 없이 생겨났다 사라지므로 다 알 수도 없다.

아무튼 샤머니즘은 전문적인 민간신앙으로서 한국뿐만 아니라 전 세계에 걸쳐 적어도 수만 년 동안 성행했는데 한국말로는 무속이라고도 하고 어엿한 종교로 간주하여 무교巫敎라고도 한다. 그런데 여러분 이것 아시는가? 그 창창하던 샤머니즘이 전 세계 곳곳에서 다 사라졌거나 지리멸렬해졌는데도 불구하고 유독 한국, 대한민국에서만은 아직도 수만 명의 무당이 이것으로 밥 벌어먹고 살며 심지어 나라의 운명까지를 좌지우지하고 있다고! 이 한반도의 남쪽 반은 전 세계에서 가장 유력하게 살아남은 거의 유일한 샤머니즘의 성지요 메카이며 인류문화의 살아 있는 보석이요 보고라고! 그런데 이 보물단지가 어쩌면 조만간 허물어뜨려질 위기에 처해 있다고.

무슨 말도 안 되는 소리인가 의아해하실 분도 많으시겠지만 그건 우리가 뭘 제대로 알지 못하고 한쪽으로 치우친 교육을 받아왔음의 결과에 다름 아닐 것이다. 어찌 보면 우리 정신사에 있어 샤머니즘은 마치 물과 같고 공기와 같아서 우리가 제대로 그 값어치나 존재 자체를 의식 못하고 있는 것인지도 모른다. 물속의 고기가 물을 의식하기 어렵듯이 무슨 일이든 아주 기초적이고 보편스러운 것일수록 말로 설명하고 일러주기가 어렵다. 한국 사람들이 그 속을 헤엄쳐 노니는 무속, 무교에 대해서 한국 사람들에게 말하고 일깨우고 가르쳐 주기가 쉽지는 않지만 생각나는 대로 늘어놓아 보겠으니 불교도가 됐든 기독교도가 됐든 자기 종교에 대해 제대로 알려거든 무속을 덮어놓고 폄하하거나 외면하지 말고 그 본질을 꿰뚫어 보는 눈을 가져야 할 것이다. 한국 사람들은 여태 분단의 질곡으로부터 빠져나오지 못하고 있으면서 남북이 서로 상대를 탓하기 일쑤다. 내가 보기에 남한은 그동안의 많은 성취와 장점에도 불구하고 한 가지 간과 못할 원죄가 있으니 그것은 일제청산의 외면이다. 북한의 가장 큰 원죄는 무엇인가? 제 이념에 취해 무속까지 말살해 버린 일이 아니겠는가!

샤마니즘을 논하기 전에 우리가 먼저 버려야 할 것이 무엇은 꼭 이리 되어야 한다, 이렇게 돼 있어야 한다 따위의 선입관이요 고정관념이다. 종교란 이런 것이다, 이래야 된다, 반드시 신이 있어야 된다든지 교리가 어떻게 갖추어져야 한다든지 하는 것들도 다 한 사람 내지 어떤 집단의 자기들 생각일 뿐이다. 무속에는 고정된 교리도 없고 고정된 의식이나 절차도 없다. 모든 것이 대충 정해져 있고 그마저도 때와 곳, 경우와 처지에 따라 즉석에서 바뀐다. 그래서 좋다 나쁘다 천하다 귀하다가 아니고 무속은 그렇다는 것이다. 그런데 세상만사 정해지고 고정된 것이 좋은 것인가 흐물흐물 변신하는 것이 좋은 것인가? 아무튼 무교란 이렇게 흐물흐물 살아 움직이는 무엇이다. 그렇다면 그런 흐물거림 속에서 무속은 대충 어떤 것들을 믿고 어떤 일들을 하고 있어 보이는가? 본질은 움직임(動)이지만 순간포착의 멈춤(靜, 停, 定)의 언어로 말해 보자.

　무속에서 믿기를 이 세상, 우주에는 넋(魂靈 spirit)이라는 것이 있어서 개인의 삶이나 인간 사회에 중요한 역할을 한단다. 그리고 샤만, 즉 무당은 이 넋들의 세계(靈界)와 말을 주고받는 통신을 한다. 보통사람은 이런 통신이 안 되니 무당을 부르든지 찾아가서 혼령의 뜻이나 신의 답이 어떤지를 물어야 한다. 본래 샤만(shaman)이란 말은 시베리아 퉁구스의 일족인 에벵키족의 말이라고 하는데 그밖에도 사문을 뜻하는 산스크리트나 사탄을 뜻하는 아람어에서 왔다는 설도 있다. 무속의 한자 무(巫)는 본래 다른 의미로 시작된 글자인데 나중에 무당의 의미를 반영하여 하늘과 땅 사이에 서서 연결하는 중재자로서 양 팔로 춤을 추는 형상이라는 해석이 보태졌다. 이렇게 하는 사람을 무당巫堂이라 일컫는데 한자가 생긴 지 한참 후에 사회적으로 이미 격이 떨어진 무당에게 이런 한문식 당호를 붙였다든지, 아무튼 뭔가 어색한 이름이라 이게 본래 한자로 된 이름이 아니라 고유어를 한자로 갈음한 것이라 보면 수수께끼가 풀린다. 아마도 우리가 답답할 때 가서 묻는 데가 무당이니 본래 '묻는다'는 말에서 '묻앙'이란 말이 생겼고 이게 '무당'이 된 것이리라. 뭘 물으려면 입을 통해야 하니 본래 '묻'이란 '입'을 뜻했으리라 본다. 그리고 이렇게 신령과 묻고 답하는 짓거리, 즉 무당에게 점을 치게 하는 일을 '무꾸리'라고 한다.

　무속에서 말하는 신령에는 좋은 신령과 나쁜 신령이 있는데 조로아스터교나 그 밖의 다른 종교들에서 말하는 것처럼 선악이 그렇게 뚜렷한 것은 아니고 중간지대가 많아서 신이라기보다는 참으로 인간적이라 할 수 있다. 그래서 특히 기독교적인 입장에서 보면 종교적 윤리의

식이 희박하다고도 한다. 그야 어쨌든 무속에서 말하는 혼령이나 신들은 나를 단죄하거나 살려주는 근엄하고 무시무시하면서도 우울한 절대자가 아니라 도리어 우리가 기분을 맞추어 주고 달래고 부추기며 흥정해야 하는 존재들이니 사람 값 많이 올려놓은 셈이다. 아니지, 사람 값을 본래의 자리에 되돌려 놓은 셈이다. 특히 한국의 무속에서는 제 기분 나쁘다고 어린아이까지 모조리 불에 던져 진멸해 버리는 따위의 그런 지독한 악신은 없다. 무당은 심술이 나고 배배 꼬인 나쁜 넋을 달래고 물리쳐 이들 때문에 사람의 몸에 생긴 병을 고치는 치유능력이 있음을 믿는다.

무당은 어떤 황홀경(恍惚境, trance)에 이르면 기분이 흐릿해지고 꿈속 같은 혼수상태가 되는데 몸이 뻣뻣해지거나 무엇에 홀린 듯 취한 상태가 되어 주위의 물리적인 감각에서 멀어지는 반의식 상태에 빠진다. 그러면서 강렬한 즐거움이나 기쁨에 너무 복받쳐서 이성적으로 생각하거나 자기조절이 안 되는 망아의 상태로 변하기도 하는데 이 탈혼(脫魂, 狂喜, ecstasy)은 말하자면 종교적인 법열로서 여느 종교와 비교해도 손색이 없고 무당에겐 이런 게 오히려 일상적이다. 이 상태에 도달하면 시각적인 황홀경(visionary ecstasy)에 도달하여 찾고 있는 사슴 떼를 본다든지 잃어버린 아이를 찾는다든지, 하여간에 무언가를 본다. 이러한 몽환의 경지와 법열 속에서 무당의 넋은 몸을 빠져나가[移動] 초자연적인 세계를 드나들기도 하고 반대로 신이 지펴[憑依, possession] 신령을 제 몸으로 불러들이기도 한다. 한국의 무속에서 이동형은 드물고 대개 빙의형이다.

오랜 세월 전 세계의 샤만들은 자기 집단의 구성원이 병들거나 다쳤을 때 이들을 보살피고 치유해 왔으며 죽은 자의 혼령과 소통하고 메시지를 전하는 등 사회적인 역할로 영향력을 행사하였다. 노래와 이야기, 춤과 의식으로 전통을 보존 전수하였으며 사냥과 벌목을 통제하는 등 환경과 생태, 경제와 사회구조에도 어느 정도 영향을 미쳐 왔다. 그런데 이렇게 별로 해 끼치는 것 없이 면면히 이어 오던 샤머니즘의 모든 것이 지금으로부터 한 오천년 전쯤부터 싫은 소리를 듣기 시작하더니 약 삼천년 내지 이천년 전부터는 본격적인 탄압의 대상이 되어 특히 서양이 지배하는 세상에서는 거의 씨가 말라 버렸다. 여기서 서양이란 유태교, 기독교 내지 이슬람을 말하며 공산주의도 여기에 포함시켜야겠지. 게다가 현대의 자본주의와 물신주의마저 탄압자의 대열에 포함시켜야 할지도 모르겠다. 임금으로부터 시도 때도 없이 미신타파의 교지가 내려오던 소중화 조선의 오백년에서 보듯 허황된 신이나 내세 따위를 부정하며 현실의 이성과 이상을 추구하던 동양 유교사회의 핍박도 만만치가 않았지만 말이다. 한국에서는 요새 와서도 특히 기성교단에서 이들에 대한 폄하와 핍박이 극심하다. 도대체 이들이 무슨 건축헌금이라도 강요를 했나, 십자군전쟁이라도 획책을 했나? 아니면 마녀사냥이라도 저질렀나, 은처 먹여 살리려고 시줏돈이라도 빼돌렸나? 그야말로 똥 묻은 개가 겨 묻은 개를 나무라는 꼴이 아닌가 한다.

그건 그렇고 어찌하여 유라시아 대륙 동쪽 끝의 작은 반도인 한반도에 샤머니즘이 아직 활성화 내지 창궐하고 있는가? 이는 뿌듯함인가, 부끄러움인가? 그야 각자의 생각에 따라 값매김이 다르겠지만 위에서도 말했듯이 온갖 종교가 기묘하게 얽혀 공존하면서도 아직은 큰 싸움 없이 그럭저럭 꾸려 나가는 반도의 남쪽 대한민국에서는 무속 내지 무교도 엄연히 한 자리를 차지하고 있어 조금만 눈여겨본다면 실로 이들의 영향력이 심대함에 놀랄 것이다. 웬만한 선거 출마자 치고 용하다

첫째 가름: 생각으로

는 무당이나 점쟁이를 찾아 점을 치며 굿을 하고 치성을 드리지 않는 이가 드물어 보인다. 심지어 대통령 출마자들 중에서도 이들 무속인의 자문을 직접간접으로 안 받아 본 사람이 드물 것이며 세계무대에서도 주목받는 재벌들이나 연예인들 가운데서도 표면에 내세우는 종교가 무엇이든 간에 무속과 결코 무관하다 할 수 없는 이들이 많을 것이다.

　그런데 무속이 유지되려면 우선 무당이 있어야 할 것이고 이들의 고객인 단골이 있어야 하며 이들이 모시고 그 답을 얻고자 하는 원천인 신령이 있어야 완성된 삼각형을 이룬다. 그리고 이 셋이 다 모인 자리 한가운데서 벌어지는 것이 바로 굿이요 굿판이다.

　굿을 하는 '무당'이란 말도 고정되어 있지를 않다. 한국의 무당은(알타이어로는 우다간) 여자가 대세인데 만신이라고도 한다. 제주도에서는 심방, 영남지방에서는 명도라고도 하며 서울에서는 태주, 평안도에서는 샛든이라고도 하여 지역과 시대에 따라 일정치가 않다. 남자무당은 박수 또는 박수무당이라고 하고(만주말로는 확시) 화랭이(화랑과 관계가 있는지 모르겠다)나 양중으로 불리기도 했다. 한자로는 격覡이라고 하며 남녀 통틀어 무격巫覡이라고도 한다. 맹인으로 주로 점을 치는 무당을 판수라고 한다.

　한국의 무당에는 크게 보아 강신무降神巫와 세습무世襲巫가 있다. 어느 날 무병巫病을 앓은 끝에 신어머니를 찾아가 내림굿을 하여 새끼 무당이 되어 무업을 시작하는 것이 강신무이고 시어머니나 집안의 나이든 무당인 여인으로부터 무업을 전수받아 무당이 되는 것이 세습무다. 대체로 한강 이북에는 강신무가 많고 한강 이남에는 세습무가 많다. 제주도의 심방은 이 둘의 중간쯤 되지만 사제권이 세습되므로 세습무로 보기도 한다. 아무튼 대체로 세습무가 강신무보다 더 예술적이고 전통적인 무속을 잘 보존 전수하고 있다.

그러면 이들 무당의 고객인 단골들은 어떤가? 본래 단골이란 말은 요즘처럼 무당을 자주 찾는 정해진 손님을 말하는 게 아니라 거꾸로 내가 자주 찾는 정해진 무당, 즉 단골무당을 일컫는다. 이 단골이란 말은 하늘을 뜻하는 몽고어 '텡그리'와 어떤 연관성이 있을지도 모르겠다. 아무튼 제대로 영향력을 갖춘 무당이라면 고정된 고객들과 영업지역이 있으며 강신무든 세습무든 나이가 들거나 하여 무업을 물려줄 때는 평소의 무업 전수뿐만 아니라 이러한 고객 명단과 지역 영업권까지 넘겨주는 것이다. 이것은 일종의 교구조직인데 보통 이런 단골판을 500호 내지 1000호 정도 넘겨주거나 사정이 생기면 간혹 다른 무당에게 팔기도 한다. 그런데 전통적으로는 이러한 무당들의 무업은 상업적 영업 개념이 아니라 신령을 모심과 동시에 지역 사회에 봉사한다는 종교적 차원이므로 세속인들의 장삿속 기준으로만 판단해서는 무리가 있을 것이다. 사실 이들 무속인들의 자기 사명에 대한 인식과 자존심은 일반인이 상상하는 이상으로 높고 굳세어 충격을 받는다. '시시하게들 보지 말라우, 우리는 자신보다는 남을 돌보는 민중의 치유사니라' 하고서는. 이리하면 우리 자신 이때까지 은연중에 이들을 동등하게 대하지 않고 낮추 보아 왔음이 새삼 일깨워진다.

그런데 굿은 왜 하는가?

무당의 가장 큰 업무가 굿을 하는 것이며 그 다음이 점을 치는 것이다. 굿의 목표는 재앙을 물리치고 복을 구함이다. 그리고 맺힌 한을 풀어주기 위함이다. 생사, 화복 등이 인간 자신보다 신령에 좌우되므로 신령들에 영향을 주어 움직이게 하려고 굿판을 벌인다. 제대로 된 무당이라면 고객과의 상담으로 무엇이 이들에게 필요한가를 객관적으로 판단하여 그에 맞는 처방을 내린다. 점을 쳐야 할 일이면 무꾸리다. 무엇을 간단히 빌어 주면 될 사항이면 비나리를 한다. 아픈 사람이나 안 좋은 일이 있어 집에서 간단히 악귀를 물리쳐도 될 정도면 푸닥거리를 하고 액막이를 한다. 그보다 중대한 사항이라야 굿판을 벌인다.

굿에는 크게 내림굿과 재수굿, 오구굿이 있는데 바닷가에서 조업의 안전과 풍어를 비는 용신굿은 개인이 아니라 집단이 의뢰하는 굿이다. 예전에는 여기에 덧붙여 성대한 나라굿이 있었는데 요즘으로 치면 대통령까지 불러다놓고 국태민안을 비는 조찬기도회다.

내림굿이란 어떤 여인이 뜬금없이 무병에 걸려 죽을 만큼 몸이 아프지만 원인도 알 수 없고 치료도 안 되다가 결국 무당이 될 팔자인가 보다 하고 체념하고서는 용하다는 무당인 신어머니를 찾아가 자신도 무당이 되게 해 달라고 신령님을 불러들여 비는 굿판이다. 절차에 따라 반복적인 동작을 하고 빌면 마침내 신이 지펴 '말문이 터지는데' 이때 비로소 신령이 몸으로 들어와 신딸의 입을 통해 신의 말을 내뱉는 것이고 이리 돼야 신내림은 제대로 된 것이다.

그런데 이왕이면 능력 있고 영향력 큰 신어머니를 찾아가 받아들여져야 그 신딸이 되어 앞으로의 무업도 수월케 운영될 것이니 이 둘은 마치 불가의 은사 스님과 수제자의 관계 이상으로 일평생이 묶여진다. 물론 이는 강신무의 경우다. 희한한 것이 이리하여 성공적으로 강신이 되고 내림굿이 잘 마무리되어 강신무가 되면 그동안의 무병은 어느 순간 씻은 듯이 싹 낫는다는 점이다.

이어서 재수굿과 오구굿을 이야기하기 전에 알아야 할 것이 있다.

무슨 굿이든 굿을 하자면 우선 내가 모시고 내림을 받거나 하는 어떤 신령이 있어야 하는데 이건 내 맘대로 정하는 것이 아니라 강신이나 세습의 과정에서 특정 신령이 내 몸에 들어와 몸주가 되는 것이다. 그리고 무당이 된 후 이러한 몸주 외에 굿의 각 과정에서 여러 신령들이 들락거리는데 이들은 지극히 다양한 모습인데다 개별적으로는 선신, 악신의 구별이 뚜렷하지가 않다. 이들 신령들은 우리 인간을 넘어선 월등한 윤리의식을 가진 존재들이 아니라 지극히 인간적인 모습을 하고 있어 무당은 이들을 달래고 으르고 추켜 주고 이들에게 비는 등 내 고객인 신도들에게 어떻게든 이익이 되도록 이들과 잘 네고하고 다루는 실리적인 자세를 취하는 것이지 무슨 되도 않은 교리를 가져와 그 기준으로 사람을 죽이고 살리고 하는 생뚱맞은 일을 함이 아닌 것이다.

이따가 상세히 이야기하겠지만 한국의 무속에는 모든 만신들이 시조로 모시는 바리데기를 위시하여 제주도인 경우 18,000의 신령이 있다고 하는데 이를 크게 나누면 천신과 지신, 인신 그리고 잡귀들이다. 이 가운데 천신, 지신이 반을 넘으며 인신의 경우 일반인이 죽으면 선령이든 원령이든 신령이 되지 않고 그냥 넋일 뿐이지만 장군이나 임금 등 영웅적으로 살다가 비참한 최후를 마친 이는 신령이 된다. 몽고로 끌려간 처녀들의 수호신이라든가 천연두신, 탐욕의 대감신 같은 것들도 인신이며 도교로부터는 관운장, 불교에서는 부처와 제석이 불려와 인신의 자리에 앉아 있다. 잡귀로는 인간에 도움이 안 되는 악령들이나 오래된 가축, 부서진 가구나 기물, 나무의 정령이나 짐승의 영이 있는데 그야말로 큰 역할은 못하고 잡스런 훼방이나 놓다가 굿 끝나면 밥이나 얻어먹고 가는 존재들이다.

구체적으로 한국의 굿판에 들락거리는 신령들을 보자면 다음과 같다. 하늘, 땅, 바다의 신령으로는 옥황상제, 일월성신, 칠원성군, 산신, 풍신, 사해용왕, 삼신제석, 뇌공신장, 불사, 단군왕검, 오방장군신, 웅녀, 환웅 들이 있다. 중국에서 온 신령으로는 노자, 장자, 관성대군, 소열황제, 장비, 와룡선생, 악비, 옥천대사, 황충, 조운, 관우, 장비, 마초, 감부인, 미부인, 손부인, 포증, 항우가 있다. 한국 토착의 신령으로는 장군신으로 최영, 남이, 김유신, 이순신, 왕건, 문무왕, 무열왕, 김덕령, 임경업이 있고 별상, 군웅, 궁예, 기자, 바리공주, 배서낭, 창부씨, 산신, 삼대신, 십이대신, 영등할망, 태조대왕, 처용, 호구별성마마, 단종임금, 마의태자, 사도세자, 금성대군, 호동왕자, 원효대사, 의상대사, 일연대사, 경순왕 등이 있다. 그밖에 뒷전무당 신령으로 걸립, 말명, 맹인신장, 성황, 서낭, 사신이 있고 먹무당 신령으로 시왕과 사재가 있다.

아무튼 이 하나하나가 누구인지 어떤 신령인지 다 잘 알기는 어렵지만 민중의 가슴 속에 참 안됐다, 불쌍하다, 영웅적으로 살았지만 억울하게 죽었다 하는 억울하고 애틋한 심정을 불러일으키는 존재라면 죽어서 신령이 될 확률이 크다. 현대의 한국 정치인 중엔 누가 후보자일까? 박정희? 노무현?

그런데 강신무가 이 가운데 어떤 신령, 예컨대 최영장군을 몸주로 모시게 되면 결혼생활을 하더라도 정신적인 남편은 최영장군이 되어 가령 성생활에 있어서도 이들 몸주와의 몽환적인 관계에서만 실제적인 성감을 느끼기도 한다는 것이다.

그렇다면 이제 몸주도 모셨겠다 어디 굿판을 한번 벌여 보자. 굿을 주도할 주무는 정해졌지만 제대로 된 굿판이라면 이를 도울 새끼무당도 두 명쯤 필요하다. 그리고 장구와 해금, 북 같은 악기로 반주를 맞추어 주는 잽이도 있어야 하는데 보통 남자를 쓰고 한 명 이상 필요하다. 그런데 굿을 그냥 맨몸으로 하나? 그건 아니지. 악기는 물론이고 놋거울과 청동방울, 삼지창, 월도, 작두, 오방신장기 같은 무구도 잘 챙겨 놓았다가 그때그때 집어들 수 있어야 한다. 몇 장면이 연달아 이어지는 오페라 무대니까 원색의 무복은 여러 벌 있어야 하고 모자며 고깔, 부채 등 소품도 필요하다. 새끼무당들이 잘 챙겨 놓았겠지.

그런데 굿을 어디서 벌이나? 예전에는 단골손님의 집에서뿐만 아니라 정해진 굿당이라는 곳이 있어서 나라에서 보조를 받기도 했는데 조선시대부터 핍박을 받아 이제는 초라하게 남은 것이 몇 평 안 되는 인왕산의 국사당과 구파발에 있는 사신당뿐이다. 이곳엔 초라하나마 마당에는 신목이 심어져 있고 벽에는 신령을 그린 무신도와 신령의 마음을 표현하는 명도가 몇 점 걸려 있다.

자 이제 본격적으로 굿판을 벌이되 어떤 굿판이냐? 내림굿은 이미 이야기를 했으니 재수굿부터 들어가 보자. 재수굿이란 그야말로 재수 財數 좋아라고, 재물 많이 생기고 복 많이 받자고 벌이는 굿판이다. 그 이름이 너무 솔직하고 적나라하여 민망한 나머지 일부 양반층에서는 이를 천신굿이라 바꿔 부르기도 했다. 재수굿이든 오구굿이든 한국의 굿판은 대개 열두 거리, 곧 12챕터로 이뤄진 살아 있는 오페라요 장엄한 연극이라는 것을 아시는가? 우리는 이것도 모르면서 여태 베르디가 누구라느니 카르멘이 어떻다느니 하며 노상 남의 얘기만 하며 살아왔다는 이 말씀이던가!

위에서도 말했듯이 이 열두 거리란 것도 지역에 따라 경우에 따라 변하며 어느 하나 고정된 것은 아님을 마음에 두면서 살펴보자면;

첫째 가름: 생각으로

1. 부정거리 : 부정한 신이나 잡귀를 가심(물리침)

2. 만명거리 : 죽은 단골무당을 불러냄(말명거리라고도 함)

3. 가망거리 : 몸주를 모셔 공수를 내림(감응거리라고도 함)

4. 성주거리 : 집터나 집에 관련 된 성주를 모심

5. 산신거리 : 마을신을 모심

6. 제석거리 : 불교계통의 신을 모심

7. 조상거리 : 신도의 조상신을 모심

8. 호구거리 : 수호신, 마마신을 모심

9. 창부거리 : 놀이신을 모심

10. 대감거리 : 재물신을 모심

11. 군웅거리 : 장군신을 모심

12. 뒷전거리 : 온갖 잡신들을 먹임

위에서 가망거리란 본래 신神을 뜻하는 우리말 '감'에서 온 듯하며 (일본말로는 카미) 제석거리에서 보듯 불교의 영향도 뚜렷하다. 그리고 마지막 뒷전거리에선 아무리 천하고 잡스런 것들이라도 불러 챙겨서 먹여 보낸다. 굿판, 잔치판에서 맨입으로 떠나가게 할 수는 없는 게 우리 전통이다. 제 집 수리하러 온 사람 화장실도 못 쓰게 하는 냉랭한 인심으로는 신령들의 도움을 결코 받을 수 없다.

다음으로는 오구굿에 대해 알아보자. 경기도에서는 진오귀굿, 전라도에서는 씻김굿, 제주도에서는 시왕맞이, 경북지방에서는 오구굿, 함흥이나 평양에서는 다리굿이라고 하고 그밖에 진오기굿, 지노귀굿, 새남굿, 귀양풀이, 왕맞이, 망북이 등의 이름으로 불리는 오구굿은 떠도는 죽은 영혼을 저승으로 안전하게 떠나보내는 굿으로 한풀이의 굿이며 만남의 장이다. 다음은 경기도 지방의 진오귀굿 열두 거리의 한 예다.

1. 주당퇴산周堂退散거리
2. 부정不淨거리
3. 산마누라거리
4. 별성別星거리
5. 대감거리
6. 영의靈衣거리
7. 사자使者거리
8. 말미거리
9. 도장道場거리
10. 혼전魂箋거리
11. 시왕군웅十王軍雄거리
12. 뒷전거리

각 거리의 설명은 생략하겠다만 재수굿이든 오구굿이든 무당은 깨끗하게 목욕재계한 몸으로 정신을 모아 춤을 추며 노래를 부르는데 이는 각 거리마다 해당하는 신령을 굿판으로 불러들임이다. 그 부르는 방식은 콩콩 뛰어오르는 단순동작의 반복과 노래인데 아무리 떼쓰는 아기일지라도 자장가를 부르며 요람을 흔드는 엄마의 단순동작의 반복에 스르르 잠이 들듯이 아무리 멀리 나가 있어 바쁘고 관심 없는 신령일지라도 무당의 이러한 끝없이 반복되는 춤과 노래에는 성질을 죽여 안 끌려오고 배겨날 재간이 없다.

이윽고 신령이 무당의 몸으로 들어오면 무당의 입을 통해 신도와 대화를 하는데 이것을 공수(경상도에서는 '포함', 전라도에서는 '공줄' 또는 '공사') 받는다고 한다. 그리고 억울하게 죽은 가족의 넋이 들어와 죽은 어머니, 죽은 딸의 목소리로 원망이나 불평을 하고 용서를 하거나 당부를 하며 울부짖기도 하니 이것을 넋두리(넋이 하는 말)라 한다. 살아남은 가족들은 마치 생전의 식구를 대하듯 눈물 콧물이 범벅을 이루며 이 넋두리에 대꾸하고 흐느끼는 만남의 장이 된다.

하지만 각각의 거리가 치러짐에 따라 이윽고 이 넋을 떠나보낼 수밖에 없다. 무당은 다시 춤과 노래로 이들을 떠나보내는 베가르기를 한다. 길고 흰 천을 고속도로처럼 펼치며 그 위로 이 한 많은 넋을 종이 인형인 넋전에 실어 이끌고 나가며 구슬프고 장엄한 무가를 부르니 이제 남은 식구들은 이 넋과도 영영 이별이다. 자신의 종교가 무엇이든 간에 이런 장면에 눈시울이 안 뜨거워지고 콧마루가 안 찡해지고 가슴이 먹먹해지지 않는다면 그는 인간도 아닐 뿐더러 하다못해 기다렸다 밥 얻어먹고 갈 잡귀도 못 되는 것이 아니겠나!

위에서 보듯 무속 내지 무교는 우리 한국 사람들의 무형의 원형질로서 고국에 살든 외국에 나가 살든 우리 행동과 정신에 바탕을 깔고 있다. 우리의 말, 사고방식, 행동거지, 정서의 밑바탕은 샤머니즘이며 세상만사가 대개 그러하듯 긍정적인 면과 부정적인 면을 함께 갖고 있다. 그런데 우리는 이때도록 샤머니즘의 부정적인 면에만 치중하여 이를 평가하면서 세상에 하나 남은 보물창고를 무참히도 폐기하여 왔다. 하지만 이제는 긍정적인 면도 적극적으로 평가할 시기다. 왜냐면 그건 우리 자신이므로, 단선적인 평가와 판단으로 갖다 내다버릴 것이 아니라, 버린다고 쉽사리 버려질 것도 아니므로 이를 활용하고 승화시켜야 한다.

한국식 음주가무와 놀이문화, 이성적인 면보다 감정과 인정에 치우치는 인간관계, 저 여의도에서부터 유치원생 교실에까지 잘 나가다가 걸핏하면 난장판이 되는 설명할 수 없는 혼돈과 함께 언제 그랬더냐는 듯이 금방 화해하고 잊어버리는 실없고 희떠운 문화, 그리고 난데없이 피어나 무서운 힘을 발휘하는 신명에 이르기까지 한국의 샤머니즘을 고려하지 않고서는 해설이 제대로 되지 않는다. 그리고 이제는 발상의 전환을 해 보자. 그러한 혼돈과 무질서와 신명이 다른 한편으로는 창조의 에너지가 되어 질서제일주의자들의 꼭 막힌 대열을 앞질러 세계에 두각을 나타내기도 하지를 않나! 한류라는 것이 다 그저 된 것이 아니다. 아, 우리가 이때도록 귀에 못이 박히도록 배우고 주입되어 온 우리의 단점들이 이 새로운 시대에 와서는 남다른 장점이 될 줄이야! 개똥도 약에 쓸 일이 있다고 하면 잘못된 비유겠지. 아니면 자고로 같은 칼이라도 잘못 쓰면 흉기요 잘 쓰면 이기가 되는 법이렷다.

차가운 이성에만 기대어 종교성이 부족한 유교는 이 땅에 들어온 이래 줄곧 무속을 탄압하였지만 무속은 암암리에 이와 자연스런 분업을 하며 특히 여성들이 주축이 되어 세상살이를 상호 보완하였다. 제사를 중시한 유교였지만 그것은 제대로 죽은 조상에 한하였고 불행하거나 억울한 죽음에 대해서는 주로 여성이 주축이 되어 굿이나 푸닥거리로 이러한 넋들을 달래고 액운을 물리쳤다.

불교는 무속과 동반관계를 이루어 절에도 이러한 토속신을 불러들였으니 오래 된 산신령의 격을 낮추어 도량의 영역을 수호케 하는 역할을 주어 모시게 한 산신각이 그 대표적인 예다. 다른 한편 무속은 천상계, 지하계, 명부 하는 내세관이라든가 불화나 탑 등 많은 것들을 불교에서 빌려갔다. 그 결과 오히려 불교의 정체성마저 일부 애매하게 되어 민중으로 하여금 혼동을 일으키기에 이르렀다. 이러니 과연 산신령님은 힘이 세다고 할 수밖에.

기독교는 어떠한가? 겉으로 보면 가장 철저하게 무속의 배척에 성공하였으나 미워하면서 닮는다고, 무속을 무찌르고 자신을 넓혀가는 과정에서 무속적인 요소를 대거 흡수하고 말았다. 삼박자 축복이니 하는 현세기복이며 통성기도며 방언으로 무아지경에 빠진 부흥회 장면이라든지 저 수십억짜리 성전건축에서부터 병을 고치고 잡귀를 내쫓는다는 산골짝의 기도원에 이르기까지 눈 밝은 이에게는 곳곳에 샤마니즘의 그림자가 드리움이 보인다. 흰 수염 산신령님은 과연 힘이 세다. 불교가 무속을 만나 상당량의 물리적, 화학적 변화를 겪었다면 기독교는 약간의 물리적 변화와 함께 속 깊은 화학적 변화를 겪고 있다고도 볼 수 있을 것이다.

그러니 이제 불교든 기독교든 억지로 떼쓰지 말고 자신과 상대의 있는 그대로를 바라보아 긍정적인 요소와 부정적인 요소, 그저 그렇고 그런 요소를 분별하여 습합되지 않는 선에서 이를 오히려 잘 활용함이 나을지도 모르겠다. 아니면 마구 때려 부수려고만 들 것이 아니라 저들은 저들대로 잘 보존되도록 최소한 그냥 두고 보거나 도와줌이 좋겠다. 왜냐면 그것은 우리의 또 하나의 다른 몸이므로. 이리 하자면 선입견을 가지기 이전에 우선 무속에 대해 잘 알아야 할 것이다. 그런 의미에서, 무엇보다도 한국의 모든 무당들이 그 원조로 받는 만신의 여왕 바리데기 공주가 누군지를 알아야 한다. 슬프게도 이 글을 읽는 많은 이들에게 바리데기란 이름은 낯설 것이며 설사 그 이름을 들은 적이 있더라도 그가 누구인지를 대략적으로라도 아는 이는 외국의 어느 한물 간 팝송 가수나 영화배우에 대해 아는 이들보다 적으리라. 바리데기에 대해서는 지역에 따라 비슷하면서도 다른 여러 이야기가 무가巫歌 형식으로 전해오고 있지만 그 큰 줄거리를 찾아 대충 엮자면 다음과 같다.

옛날 옛적에 불라국이란 나라에 오구대왕과 길대부인이 있었다. 오구대왕이 길대부인과 혼인을 하기 전에 점쟁이에게 물어 보니 올해에 혼인하면 일곱 딸을 볼 것이고 내년에 혼인하면 일곱 아들을 볼 것이라고 했다. 하지만 오구대왕은 급했던지 이를 무시하고 금방 혼례를 올리고 말았다.

길대부인은 예언대로 줄줄이 딸을 낳았다.

첫딸은 복덩이라 해님데기라 하여라.

둘째 딸은 살림불릴 딸이라 달님데기라 하여라.

셋째 딸은 노리개 딸이라 별님데기라 하여라.

넷째 딸은 재롱둥이라 물님데기라 하여라.

다섯째 딸은 덤으로 얻었으니 불님데기라 하여라.

그런데 이거 섭섭하구나, 딸을 낳으면 아들도 낳고 아들을 낳으면 딸도 낳는 줄 알았더니 여섯째도 딸이로구나 흙님데기라 하여라.

에잇 이제 딸이라면 신물이 나는데 일곱 번째도 여축없이 또 딸이로구나. 바리데기라 부르고 갖다 버려라. '바리'란 버린다는 뜻이고 '데기'란 부엌데기, 소박데기처럼 여자를 천시하여 붙이는 접미사다.

대왕의 명을 못 어겨 아기를 버리는데 마구간에 버리니 말이 쫓아

나오고 외양간에 버리니 소가 쫓아 나오는 등 짐승들마저 바리를 감싸고 돈다. 대왕은 다시 명령한다. 아주 멀리 가서 못 돌아오게 옥함에 넣어 강물에 띄워 보내라고(이 대목에서는 모세가 생각나네!).

바리는 옥함에 넣어져 떠내려가다 자식 없이 가난하게 사는 비럭공덕 영감할멈이 건져내 키운다. 키우고 보니 아이가 너무 똑똑해 제 부모 아님을 알고 집요하게 묻자 둘러대지만 결국 두 손을 든다. 그리고 숨겨둔 옥함을 찾아 비단옷감과 고름에 새겨진 생년월일과 그동안의 사연을 일러준다.

한편 바리가 열다섯 살쯤 됐을 때 오구대왕은 자식을 버린 죄로 불치병을 앓는데 백약이 무효다. 지나가던 고승인가가 서천서역의 생명수를 떠와 먹여야 산다고 일러준다. 신하들은 물론이고 궁전에 사는 여섯 딸들조차 갖은 핑계를 대며 약 구하러 떠나기를 거부한다. 이에 바리에게 시종을 보내어 사정을 이야기하니 자신을 버린 아버지이지만 그 아버지를 구하려고 바리가 약을 구하러 나선다.

바리는 무작정 길을 떠나가다가 밭을 가는 노인에게 길을 묻는다. 이 너른 밭을 다 갈아 주면 알려 준다 하니 오색구름 속에서 수백 마리 짐승이 튀어나와 순식간에 밭을 갈아 준다. 노인이 알려 준 대로 가니 덩치가 엄청난 노파가 검은 빨래는 희게, 흰 빨래는 검게 하면 길을 가르쳐 주겠단다. 바리는 얼음장 같은 물에 검은 빨래를 빨아 희게 하고 흰 빨래는 나뭇잎과 열매로 물을 들여 검게 만든다. 노파가 잠든 동안 이도 잡아 주는데 실은 이 노파가 천태산 마고할미였다. 마고할미는 삼색의 꽃가지와 금색 방울을 주며 열두 고개를 넘어 나루터로 가라고 일러준다.

나루터에 가니 죽은 자만 건너는 황천수가 있고 군사들에게 삼색꽃을 보여주니 배를 내어 줘 시왕국에 도착한다. 거기 지옥 죄인들이 갇힌 가시성, 쇠성을 꽃을 흔들어 무너뜨리고 몰려나온 영혼들을 기도로 극락왕생시켜 준다.

그다음에 만나는 곳은 약수 삼천리다. 검붉은 회오리가 도는 곳은 아래로 지옥 가는 강이고 금빛으로 잔잔히 흐르는 곳은 위로 극락행하는 강이며 은빛으로 출렁이는 곳은 공중의 은하천궁에 이르는 강이다. 배가 없어 고민하던 바리가 금색 방울을 던지니 물위에서 무지개가 피어올라 그걸 타고 건너 마침내 동대산 동수자의 집 동대청에 이른다.

천신만고 끝에 목적지에 왔으나 그곳을 지키는 동수자가 몽니를 부린다. 동수자는 본래 천상인으로 옥황상제를 모시다가 죄를 지어 동대산 약수를 홀로 지키는 벌을 받고 있는 중이다. 그 죄를 갚으려면 지상에서 아내를 얻어 아들 삼형제를 낳아야 한단다. 이때 바리는 남장을 하고 왔지만 동수자는 바리가 여자임을 눈치 채고 꾀를 낸다. 바리를 꾀어 천연 온천으로 데려와 자신은 높은 곳에서 바리는 낮은 곳에서 옷을 벗고 몸을 씻게 해 바리의 모습을 엿본다(요새라면 들켰다간 일생을 조질 각오라도 해야겠지?). 여자임을 확인한 후 옷을 감추는데 금강산의 나무꾼과 선녀 이야기와 흡사하다. 옷을 달라고 간청하는 바리에게 자신과 결혼해 아들 셋을 낳아 주면 옷도 돌려주고 약수도 주겠단다. 할 수 없이 부부가 된 바리가 아들 셋을 낳아 주니 동수자는 동대산 깊은 산속에 사지생살문이란 돌문을 밀치고 들어가면 약수가 있다고 말해 준다. 일러준 대로 찾아가 한참을 기어 들어가니 눈에서 눈물처럼 약수를 흘리는 거북이 있어 병에 약수를 받아 담고는 골짜기에 피어 있는 색색의 꽃을 꺾어 함께 가지고 나온다.

첫째 가름: 생각으로

집에 오니 아이들만 울고 있고 동수자는 없는데 하늘로 올라가 버렸다고 한다. 바리는 아이들을 데리고 고향으로 향한다.

세상에 돌아와 보니 논에서 일하는 농부가 말하길 오구대왕은 삼년 전에 죽었고 길대부인도 따라 죽어 그간 막내 공주를 기다리다 내일 상여가 나간단다. 서둘러 궁궐로 향하다 언덕에서 상여 행렬과 마주친다. 행렬을 막아 멈추게 하고 관을 내려 뜯어 부모 시신의 입에 약수를 붓는다. 개안초를 눈에 넣고 뼈살이꽃, 살살이꽃, 피살이꽃을 품에 넣으니 대왕과 길대부인이 기지개를 켜고 살아난다.

살아난 대왕부부는 바리공주에게 나라의 반을 떼어 주랴, 재산 반을 떼어 주랴 하였지만 바리는 스스로 부모 허락 없이 시집가 아들 셋을 낳은 죄인이라며 이를 받기를 거절한다.

바리공주는 저승의 불쌍한 영혼을 인도하는 신이 되겠다며 다시 부모를 떠난다. 마침내 저승에 도달한 바리공주는 삼천리 반도 모든 무당의 우두머리인 본좌 무조신이 되었다. 본래 버려진 아기였던 바리데기는 그리하여 지금도 저승에서 언월도와 삼지창, 방울과 부채를 들고 앞장서서 죽은 사람의 영혼을 인도하고 있다.

이상이 전해오는 여러 무가 버전 중에서 간추린 바리공주, 바리데기의 이야기인데 과연 열 아들 안 부러운 딸이다. 강인과 독립성과 아량과 효성, 원대하고 고상한 포부와 실천의 표상이다. 골프든 올림픽이든 무슨 경시대회든 대한남아가 아니라 대한여아들의 기세가 등등한 것도 다 이렇게 바리공주님이 받쳐주고 있기 때문이 아니겠나! 온 천지의 사내들이여 분발할지어다. 그나저나 세상 천지에 딸내미 하나 없는 나는 이제 어떡하나? 이 나이에도 가리늦게 어찌 해 볼 수는 없는

지, 씨알이라도 먹힐 이야기인지는 누구한테 물어보나? 풀릴 듯 말 듯 애만 태우게 하는 북미 협상이며 남북관계는 또 어떻게 될 것인가 등등 세상만사 이리 궁금하고 불안한 게 한두 가지가 아니니 그런 건 죄다 무당에게나 물어보랴?

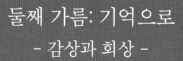

둘째 가름: 기억으로

- 감상과 회상 -

1 사라의 추억

멕시코에서부터 캐나다까지 미서부를 관통하는 5번 프리웨이를 벗어나 14번 프리웨이로 접어들었다. 시에라네바다 산맥의 뒤편, 한적한 캘리포니아 사막을 따라 북쪽으로 뻗어 오른 뒤안길이다. LA 코리아타운을 지나친 지 반 시간이 다 돼 간다. 잔뜩 찌푸린 날씨가 이제부터 부슬부슬 비를 뿌리기 시작한다. 가는 날이 장날이라고 이월 들어 처음으로 테하차피 태고사의 일요 법회를 가는 날인데 여러 날째 겨울비가 내리다 말았다 한다. 그래서 태양열로 축전을 하는 태고사에는 요즘 들어 전화도 잘 안 된다. 집에서 출발 전에 통화를 시도했는데 스님이 받기도 전에 저절로 끊어지고는 불통이었다.

집에서 출발한 지 한 시간 반이 지나 모하비에 이르렀다. 사막 속의 한적한 교차로가 빗줄기에 젖어 있다. 거기서 다시 베이커스필드로 향하는 58번을 갈아탄다. 테하차피로 넘어가는 길목 언덕 위에 수많은 바람개비들이 비바람 속에 어지러이 돌아간다. 태고사로 향하는 샌드캐년 길에 내려 조금 가다 마을이 보이는 흙길로 들어섰다. 비는 잠시 그치고 하늘에 낮게 검은 구름이 날렸다.

그런데 마을 입구의 얕은 개울 앞에 하얀 토요타 승용차가 한 대 서 있었다. 아니나 다를까, 차를 몰고 가까이 가 보니 납작하고 작았던 개울에 엄청난 흙탕물이 휘몰아쳐 흘러가고 있다. 내 닷지 캐러밴으로도 못 건널 추세다. 차를 길가에 멈추고 내려 아래위로 물길을 살피는데 토요타의 문을 열고 젊은 여자가 내려서 우리 차 쪽으로 걸어왔다. 태고사에 가려는 한국 사람 보살이었다.

"여기선 전화도 안 터지고…, 이 길밖에는 다른 길은 없나 보지요?"

"그래요. 외길이지요. 좀 기다리면 물이 줄려나…, 몇 사람이에요?"

"차에 동생이 있어요. 오늘 꼭 스님을 봬야 되는데…, 여기까지 데려와서…, 좀 기다리면 건너갈 수 있을까요?"

"글쎄요…, 어쨌든 좀 기다려 봅시다. 절에서 누가 큰 차를 몰고 와 주면 되는데…, 연락을 못 하니…, 그런데 태고사는 처음이에요?"

바깥에서 얘기가 길어지자 아내가 미닫이 차문을 열었다.

"이리 들어오세요. 어차피 기다릴 거라면, 얘기나 하면서…."

여자는 우리 밴의 둘째 줄에 앉았다. 아내는 금방 이것저것 물으며 이야기를 이어 나가고 나는 앞자리에 앉아 눈앞에 용트림하며 내달리는 개울물을 바라보았다. 비는 다시 비스듬히 뿌리며 시야를 흐리고 있었다. 뒤 트렁크에 실은 떡이며 과일들의 냄새가 한데 섞여 풍겨 왔다.

차창은 세 사람의 온기를 가두고는 더욱 뿌옇게 김이 서렸다. 진척이 빠른 두 여자의 이야기는 여러 해 전의 LA 폭동 이야기로 흐르더니 한국에서 지냈던 학창 시대로 갔다가 차에 타고 있다는 동생 얘기로 일사천리다. 팔짱을 끼어 운전대에 얹고 하염없이 시간을 흘려보내는데 아침부터 설친 탓인지 녹작지근하고 께느른함 속에 문득 졸음이 찾아온다.

꿈의 안에서 듣는 건지 바깥에서 듣는 건지 차창을 후두기는 빗소리가 마치 구슬 다발의 가리개가 바람에 마구 서로 부딪치는 소리 같다. 내 깨어 있음을 끌고 가는 그 무엇이 그 드리워진 가리개의 이편 저편을 잠깐씩 넘나들면서도 두 사람의 흐르는 이야기에 맥이 짚인다. 부모는 장사하다 폭동에 몽땅 불탔었고, 어찌해서 다시 리커 스토어를 하다 아버지는 변을 당했고, 엄마는 병져 누웠다가 정신을 놓아서 요양원에 가 있다고. 자기는 대학 다니다 바꿔서 간호원이 되었고, 아빠가 너무너무 사랑했던 하나뿐인 남동생은 똑똑하고 운동도 잘 하고 다 좋은데 고등학생이 되면서 마약에 빠졌다고, 이것저것 다 하다 안 되어 이제 마지막으로 스님께 보이기로 했다고, 허락하신다면 절에 두고 가기로 했다고…. 여기까지 데려오는데 엄청 애를 먹었다고, 미국 스님이시니 아이와 얘기가 통하고 좀 잘 이해하실 거라고 믿는다고…, 자기는 아버지의 뜻을 위해서도 모든 걸 바쳐 동생부터 구하고 싶다고….

그러다 어느 자락에선가 자기 자신의 불행하고 짧았던 결혼생활 얘기도 했던 것 같기도 한데, 실제로 내가 들은 건지 그저 구슬 다발의 영롱한 부딪침 속에서 저절로 생겨 나온 건지 흐릿해지면서 모든 것이 아련해져 갔다. 그러고는 좀 주위가 잠잠해지는가 하더니 어느 순간 나는 휘줄근함을 떨치고 정신이 오히려 단순명료해지면서 찌르르 흐르는 촛농처럼 문도 열지 않고 아무도 몰래 차체의 틈에 스며 밖으로 흘러나왔다. 길바닥에서 다시 뭉쳐 굳으며 조그맣게 형체를 갖춘 나는 일어서 몇 차례 몸을 떨며 추스른 후 자박자박 어린애 걸음으로 그 마을로 걸어 들어갔다. 마을의 지붕은 어느새 둥글고 낮은 초가로 바뀌고 돌담이 둘러쳐진 너머로 시커먼 감나무 줄기들이 꾸불텅꾸불텅 뻗어 나와 있었다.

　그때 내가 그 마을에 살았을 때 우리는 추석이라든가 한가위란 말을 몰랐다. 학교에 갔으면 뭐라고 불렀을지는 몰라도. 사람들은 그냥 팔월 보름이라 하여 정월 보름과 구별하여 말하거나 설 치장, 보름 치장이라고, 어른들은 잔걱정하고 아이들은 큰 기대를 하는 그런 말들은 있었지. 서울말로 하면 각각 설빔, 추석빔에 해당하는데 대목장에 가서 장내기 새 옷가지를 한 벌씩 사온다든지 그밖에 어떤 특별한 옷차림이나 장신구 따위를 마련하는 것으로 한 해에 딱 두 번, 집안에서 어른들이 올망졸망한 아이들을 위해 이때만은 빠뜨리지 않고 고루 챙겨주는 그런 귀중한 명절이었다. 그때 나는 일곱 살, 물론 한국 나이이고 내가 음력 칠월생이니까 만으로는 여섯 살이 갓 지나 있었다.

　그런데 이 좋은 명절을 앞두고 하루 이틀 전부터 비가 뿌리는 것이었다. 올해는 보름달 보기는 다 틀렸다고 투덜대는 소리가 들렸다. 맞아, 보름은 달을 보는 날이지. 보름에는 산꼭대기에서 청솔가지를 꺾어 불을 피우나? 아니야, 그건 정월 보름이지. 팔월대보름은 차례 지내고 떡 얻어먹는 날이야. 제삿날보다 좋은 건 제사는 한밤중에 지내지만 보름차례는 아침에 지내거든. 어쨌든 떡이며 과일이며 유과며 곶감이며…, 맛있는 것 실컷 먹는 날이 보름이지.

　이렇게 동네 고샅을 쏘다니며 또래들과 어울리기 시작하며 큰 애들에게서도 주워듣는 등 조그마한 세상에서 차차 바깥 세계를 접하고 익혀 가며 헤아려 가는 중인데 지금 우리 집 형편은 어찌 돼 있나? 엄마가 병이 나서 저 멀리 포항 도립병원에 입원해 있어 한참 전부터 집에 없다는 걸 나도 안다. 형도 포항에 나가 중학교에 들어갔다. 엄마 병원

가까이 방을 얻어 누나와 함께 엄마 수발도 하며 가끔 버스를 타고 집에 온다. 나보다 열 살이 많은 누나는 그때 고등학교에 들어갔는지 모르겠다. 무슨 일로 한 해 쉬고 있었나? 어쨌든 그 뒤에 고등학생이었던 기억은 있다.

아버지는 어찌 됐나? 아버지는 우리 동네 선생님이다. 마을의 문중 회관을 기증 받아 개조한 국민학교 분교다. 아버지는 이 기와집 교실에서 아이들을 가르치고는 오후엔 아랫마을에 있는 본교에 다녀온다. 나는 동생들과 깜깜한 방에서 아버지를 기다린다. 고요한 시골 밤, 멀리서 아버지의 실낱같은 노랫소리가 귀에 잡혀 커져 오곤 했다. 마치 십리 바깥의 붕붕거리는 날개 신호를 바로 감지한 꿀벌처럼 우리는 어둠과 움츠림을 순간적으로 떨쳐낸다. 아버지는 오늘도 무슨 일엔가 흥에 겨워 조금 취한 목소리로 우리 이름을 차례로 크게 부르며 금방 대문간을 지나 문턱을 넘고 들어설 것이다. 그러면서 아버지가 두껍고 큰 손으로 뒤집어 털어낼 주머니 속 한 줌 비가와 알사탕에 미리 취해버린 우리들은 바깥의 거리가 좁혀 올수록 역비례로 증폭된 환희에 젖어 먹이를 받아먹는 새새끼들처럼 한껏 고개를 빼 올리고 몸을 떨며 어쩔 줄을 모르는 것이다.

그런데 지금은 어찌 된 판인지 아버지도 없고 형도 없고 누나와 동생들만 있다. 다들 엄마 보러 포항에 나갔나? 내 동생들, 두 살 터울로 각각 다섯 살 세 살이다. 엄마가 내 두 손을 따로 잡고 마주보며, '니가 형이다. 니 동생 잘 델꼬 놀아야 된다. 물가에 가면 안 된다. 저 못가에는 가지 마라. 원익이 니는 다 큰 아아재?' 했던 기억이 있다. 병원으로 가면서 했던 말이다. 나는 고개라도 끄덕였는지 모르겠다. 엄마의 앞섶, 그리고 몇 번 되풀이 다짐하던 예사롭지 않던 목소리, 둘러서서 잠시 기다리던 사람들의 이상한 말없음만 생각난다. 그래서 놀면서도 늘 마음이 켕기고 무거웠다. 내가 동생들을 물에 안 빠져 죽게 해야 되는데…, 그런데 지금은 누나가 있으니 안심이다.

골목길을 따라 걸어가면 못가에 외갓집이 있다. 이 동네는 사실 외갓집 사람들과 또 다른 성받이 한 둘이 거의 다 차지한다. 큰일 치를 때면 외갓집 일가들이 버글버글하다. 먹을 것도 많고 일도 많다. 어제 저녁에도 누나와 함께 미리 외갓집에 갔다 왔다. 동생들도 함께 갔을 것이다. 외할머니가 우리더러 내일 아침 먹으러 또 오라고 했었다. 그런데 비는 계속 온다. 이러면 진짜로 달 보기 힘들 껀데…. 돌아오는 길, 저수지로 흘러가는 고샅의 도랑물이 다랑논 무넘기처럼 제법 빠르고 세차다. 발을 벗고 건넌다. '무신 비가 이래 하루 점덜 빼우노!' 누나가 짜증을 낸다. 비가 바람에 실려 빗금을 그으며 보얗게 내린다. 똑바로 내리지 않고 비스듬히 옆으로 '빼우며' 내리는 것이다.

누나가 깨우는 바람에 일어나니 보름날 아침이다. 외가 가야지. 떡 먹어야지. 그런데 누나가 심상찮다. 채비를 단단히 한다. 방문을 여는데 비가 빼운다. 마당에도 빗물이 차 있다. 우리는 얕은 물위를 헤엄치는 오리새끼들처럼 누나를 따라 외가로 갔다.

그런데 비라는 게 이런 건가? 골목마다 흙탕물이다. 분교의 마당도 물이 차서 논바닥 같고 꽃밭도 물에 잠겼다. 동사의 축대에도 물이 찰랑거리고 휑하니 아무도 없다. 늘 가던 길로 못 가고 누나가 이리저리 얕은 곳을 골라 길을 잡는다. 겨우 고샅의 개울 앞에 다다랐는데 개울 물이 엄청나다. 못물이 여기까지 차오른 것 같다. 개울에 조금 들어서던 누나가 잠시 생각하더니 발길을 돌린다. 올해는 보름떡도 못 얻어

둘째 가름: 기억으로

먹는단 말인가! 뭔가 사태가 좀 심각한 것 같다. 일곱 살 평생에 이런 일은 처음이 아닐런지!

아마 우리는 선생님 사택인 우리 집에 돌아와 방문을 쳐닫고 시간을 보낸 것 같다. 누나는 무슨 걱정을 하고 있었고 비는 종일 줄기차게 왔다. 전화도 전기도 없던 시절이니 라디오 따위도 물론 있을 수 없었다. 누나는 가끔 방문을 열고 밖을 내다보았다. 그때마다 비는 계속 빼우고 있었고 천지는 희붐하게 물보라에 묻혀 있었다.

그러고도 몇 시간이 흐른 것 같다. 아침은 누나가 먹인 것 같은데 점심은 챙겨 먹었는지 모르겠다. 방문을 열고 운동장 쪽을 바라보는 누나의 옆을 비집고 나도 먼 곳을 바라보았다. 운동장 둘레의 포플라들이 밑둥치가 물에 잠겨 길옆의 못물과 구별이 되지 않았다. 그런데 어떤 남자 하나가 진초록색의 갑빠를 입고 그 운동장의 가장자리를 헤쳐 나가며 손나팔을 만들어 뭐라고 소리를 지르고 있었다. 우리 동네 동장이었다. 그의 허리께까지 흙탕물이 차올라 있었다. 점점 가까이 오는 동장의 외침을 알아들을 수 있었다. 큰물졌으니 이만큼 언저리에 사는 사람들은 모조리 좀 더 높은 곳으로 피난 가란 소리였다. 갑자기 누나가 사람이 달라졌다.

누나는 엄마처럼 나를 보고 마주 서서 내 손을 각각 잡고 단호하게 말했다.

"원익아! 니 꼼짝 말고 여기 있어야 된다. 누가 불러도, 무슨 일이 있어도 움직이면 안 된다. 누부야, 야들 선운댁에 델다 놓고 올 때꺼정, 이 자리 고대로 안 있으면 니는 죽는다."

죽는다는데 별 수 있나! 나는 아무 말도 못했던 것 같다. 그보다는 본래 누나 말은 고지식하게 잘 따르는 아이였으니까 고개를 끄덕였든 안 했든 누나는 나를 믿었던 것 같다. 아니 믿고 말고 한꺼번에 세 아이를 허리에 차는 빗물 속을 뚫고 옮겨 놓을 수는 없었을 테니까 선택의 여지가 없었을 것이다.

그때 땡땡땡땡 다급한 종소리가 빗소리 속에 들려왔다. 아마 동사무소 옆 감나무에 매달린 종을 동장이 올라가 돌멩이로 마구 치는 것 같았다. 그리고 무슨 외치는 소리가 들렸는데 빗소리에 묻혀 알아들을 수 없었다. 시시각각 위험 속에 놓여 든다는 것을 본능적으로 느낄 수 있었다. 그런 상황에서 나보다 더 무방비이며 무능력인 두 동생을 먼저 구하고 나의 안전은 좀 더 뒤로 밀린다는 것을 나도 이해할 수 있었다. 하지만 온몸은 어떤 다른 세상에 떠밀려 내놓인 것 같았다. 그리고 나는 그 다른 세상에서, 그러나 차분히, 꼬옥 조여 버린 가슴으로 조용히 그 자리에 머물렀다.

창호지 쪽문의 한가운데서 조금 높은 곳에 손바닥만 한 유리쪽이 붙어 있고 그 작은 창을 통해 나는 누나를 찾았다. 하나는 업고 하나는 안은 누나가 머리 위엔 무슨 보따리를 이고 옆방에서 나와 마당으로 내려서면서 시야에 들어왔다. 엉덩이께까지 찬 흙탕물 속을 허우적허우적, 이윽고 그 모습도 대문간께로 사라지고 나는 추적할 초점을 화면에서 잃어버렸다. 이제는 아무도 없다. 마냥 기다리는 수밖에. 나는 어두운 방바닥에 오도카니 앉았다. 얼마가 지났을까, 멀리서 우르르르……, 들어보지 못한 이상한 소리가 방향도 없이 울려왔다. 벽이 흔들리는 것 같았다.

시간이란 정말 단위가 있고 절대적인 표준이며 기준이 있는 것일까? 아니면 내 마음에 따라 같은 시간이라도 고무줄처럼 줄어들었다 늘어났다 하는 것일까? 찰나가 영원이요 영원이 찰나일까? 나는 그 기나긴 시간을 앉아 기다렸다. 누나가 갔다 온다던 그 외가 쪽 친척 집은 마을의 좀 더 높은 뒤쪽, 나도 몇 번 가본 적이 있는 익숙한 곳이었다. 그때는 다들 무슨 댁, 무슨 댁 하며 그렇게 불렀다. 그런데 왜 이렇게 안 오나? 다들 물에 빠져 죽었나? 휩쓸려 갔나? 오겠지. 올꺼야. 누나는 다 해냈어. 거짓말 안 해. 지금쯤 대문간에 들어서고 있을지 몰라. 그런데 깜짝이야! 바로 마당 앞에서, 와그르르…, 앞집 돌죽담이 무너지는 소리가 난다.

그런데 정말 안 온다. 방안은 더 어두워진 것 같다. 빗소리뿐, 아무 소리도 들리지 않는다. 뚫어진 창호지 문구멍으로 마당의 흙탕물이 더 올라온 것이 보인다. 흙탕물에 세찬 채찍비의 화살들이 내리꽂히며 공기 방울을 수없이 만든다. 모양을 낸다고 문짝을 바를 때 붙여 넣었던 마른 꽃이파리가 찢어진 문종이와 함께 파르르 떤다. 그런데 정말 안 온다. 할 수 없지 뭐, 그대로 앉아 기다린다. 마당에 똥장군이며 무슨 큰 나무 둥치 같은 것이 맴돌며 떠다니는 게 보인다. 건더기가 흥덩흥덩하게 끓기 시작하는 가마솥 같다.

나는 참선하는 사람처럼 그냥 앉아 있었다. 아니면 좌탈입망하여 시다림을 기다리던 법구라고 할까? 아니지, 끝내 그대로 앉아 있었다면 화장이 아니라 수장이 되었겠지. 이제 우르르, 우르르, 무엇이 무너져 내리는 소리는 멀리서든 가까이서든 잦은 일이 되었다. 가끔 누가 고함을 지르는 소리도 들렸다. 나무줄기가 부러지는 소리, 내 숨소리, 쪽문이 바람에 찌그덕거리는 소리…. 노을이 진 건지 땅거미가 깔리는지 주위가 잠시 벌겋게 비쳐 오고 비가 조금 긋는 듯하다 다시 시작한다. 개도 닭도 보이지 않고 심지어 파리 한 마리 날지 않는다. 그런데 그때 바로 창호지 밖에서 누가 나를 불렀다.

누나다! 방문이 열어젖히며 비에 젖은 누나의 상반신이 나타났다.

"원익아, 가자! 업혀라!" 누나는 젖은 등을 들이댔다.

"신은…?"

"놔 도라!"

누나의 등에 매달려서 훔쳐본 세상은 온통 누런 흙탕물의 바다였다. 마당으로는 가로질러 갈 수 없을 만치 물이 차올라 가장자리, 뒤꼍을 돌아 무너진 돌담을 통해 집을 빠져나갔다. 우리 집 징두리벽이며 방문 밑 한 뼘까지 물이 차올랐고 운동장의 포플라 나무는 이제 끄트머리만 조금 보이고 있었다. 또 우르르…, 멀리서 산기슭이 무너져 흘러내리는 소리가 났다. 누나는 아무 소리도 않고 앞만 보며 누런 물줄기가 배수로처럼 쏟아 내리는 이 골목 저 골목을 용케도 빠져나가더니 조금 높은 곳에 이르자 나를 내려놓았다. 누나도 맨발이었다. 나는 그제야 살았다 싶었다. 그리고 동생들이 생각났다. 걔들은 살았나? 엄마가 나더러 동생들 물에 빠쳐 죽이면 안 된다고 했는데…….

그 집이 선운댁이었는지, 타곳에서 직업 공군이 된 그 집 아저씬가가 그림 솜씨가 있어 호랑이 그림이며 영화배우 초상화며 비행기 그림을 방의 벽을 따라 쭉 걸어 놓았던 그 집이 선운댁이었는지도, 우리가 정말 피난한 집이 어느 댁이었는지도 어렴풋하지만 우리는 어쨌든 살아남아 며칠 후 아버지를 맞이했다. 아버지는 이 난리를 사라호라고 했다. 사라호 태풍이라고 했다. 사라는 여자 이름인데 바다에선 여자를 잘 달래야 하기에 뱃사람들이 태풍 이름을 그렇게 붙인다는 알듯 모를 듯한 설명은 한참 뒤에 들었다.

학교 마당에 물이 빠지자 산골짜기에서 떠내려 온 나무 둥치며 마른 나무 부스러기 같은 것들이 운동장 구석마다 집더미 같이 쌓여서 우리는 그걸 말려 한참이나 땔감으로 썼다. 그리고 사람들이 많이 떠내려가 죽었다고 한다. 지붕에 올라탄 사람들이 강물에 떠내려가는데 사람들이 밧줄을 이어 갈고리를 걸어 여러 사람 건져냈다고 한다. 그렇게 살아남은 사람들이 그 이듬해 농사짓고 떡을 해서 살려준 사람들을 찾아 보답을 했다고 한다. 실제로 언젠가 그런 떡을 누나가 몇 점 얻어 오기도 했다. 대신 어느 동네 누구는 지독하게도 사람은 안 건지고 떠내려 오는 돼지만 건졌다고 한다. 동네에서 손가락질을 하도 받아 이사를 갔다고도 하고 온 고을에 혼삿길이 막혔다고도 했는데 그런 평판이 과연 몇 해나 지탱을 했는지는 잘 모르겠다. 세상은 어느새 변하여 내가 철이 들 즈음에는 돈이면 다 된다느니 사바사바면 안 통하는 데가 없다느니 하는 그런 소리가 어린 내 귀에도 숱하게 들리게 되었으니까.

그런데 좀처럼 딸 자랑을 안 하는 엄마가 긴 투병 생활을 한참 전에 마치고는 여든을 거뜬히 넘기시면서도 두고두고 자랑 삼는 대목이 하나 있다. 그날 누나가 아이 둘을 업고 안아 옮기면서 머리에 인 보따리가 있었는데 애들과 함께 내려놓고 간 뒤에 그 집 할머니가 대체 무슨 보따린가 하고 끌러 보니 우리 집 족보가 나왔다는 것이다. 역시 선생 집 아이들은 다르다고, 다른 것 다 두고 족보부터 챙길 생각을 했다고, 그 집 내력이 과연 양반이 맞다고 성붙이를 떠나 아래위 마을에까지 두루 얘기가 오르내렸다는 것이다.

하지만 그렇게 골수에 젖도록 어린 마음에서조차 의심 없이 한몸 되어 지키고자 했던 그 모든 것, 내력도 가치도 관습도 태도도 어느덧 세월과 함께 빛이 바래는 것일까? 스물 셋에 시집 간 누나는 어느덧 환갑을 지나 감자 줄기처럼 친손 외손을 주렁주렁 거느린 할머니가 되었고 언제부턴가 면사포를 덮어쓰고 곧잘 성당에 앉아 있다. 그리고 나는 아내를 달래기도 하고 짐짓 윽박지르기도 하며 이 미국 땅 머나먼 사막 길을 달려 태고사를 가고 있는 것이다. 그런데 이 아침, 뜬금없이 코 앞에서 누런 물길이 앞을 가로막고 있다. 에라, 자빠진 김에 자고 간다고, 깜빡 딴 세상에 빠져 노를 저어 나가는데 갑자기 뭔가가 턱턱 바닥에 걸린다. 무슨 일인가? 하늘 바깥에서 웅얼거리는 소리가 들리고 불빛이 번갈아 스쳐 비치더니 어느 서슬엔가 화들짝 눈이 뜨인다. 바깥에 경찰차가 와 있다.

옆구리에 권총을 달고 손에 무전기를 든 큰 몸집의 백인 경찰이 우리들에게 되돌아갈 것을 명령하였다. 그 사이 서너 대의 승용차들이 더 와 기다리고 있었다. 죄다 태고사를 가려던 사람들이었다. 우리는 차에서 내렸다. 비는 그쳐 있었다.

여자가 몸을 돌려 내게 두 손을 모으고 인사를 했다. 나도 엉거주춤 합장을 했다.

"보살님한테서 얘기 잘 들었어요. 수고 많이 하신다고. 피곤하시죠? 매번 그렇게 먼 길을…. 저희는 다음 주에 다시 올 거에요, 어떡해서든 제임스를 구슬러서. 이 길밖에 없어요. 많이 도와주세요. 참, 저는 사라에요. 새라 현. 스님께 말씀 좀 잘 드려 주세요."

새라의 어깨 너머, 낮은 구름이 엷으며 날려 올라가는 말끔한 녹색 풀밭의 산등성이에 언뜻 얇고 밝아진 하늘의 그림자가 내리비치는 것 같았다.

둘째 가름: 기억으로

2 터일

자주 못 가는 고국이고 고향이지만 정작 가더라도 하루 저녁 이상은 나이 드신 부모님 냄새가 서린 방에서 자눕지를 못해 왔는데 이번에는 한 사흘을 묵을 여유가 있었다. 마침 부산에서 형님이 손수 차를 몰고 올라와 형제끼리 오랜만에 부모님 두 분이 사시는 집에서 이렁저렁 시간을 보내며 날을 잡아 한 나절 이곳저곳을 함께 다녀 볼 기회가 있었다.

타국 땅에서 자주 향수에 젖었을 동생을 배려함인지 형님은 어릴 때 해수욕하던 바닷가인 봉림불에 가 볼래? 외가 동네에 가 볼래? 아버지 교편 잡으시던 송라 구경 한 번 안 할래 하며 완전히 운전기사로 봉사할 태세였다. 그 까마득하고 멀게만 느껴지던 여러 곳을 하루 만에 한꺼번에 어떻게 다 돌고 오노? 하면서도 그냥 따라나섰는데, 그 긴 세월이 한 가닥으로 엮어져 왔던 모든 장면의 언저리를 잘 닦인 포장도로를 따라 차를 타고 횡 돌아보니 정말이지 너무나도 작은 세상일 뿐이었다. 오십 년간 가슴과 머릿속에 간직했던 세계가 디즈니랜드 한 모퉁이는 아닐진대 실제로 다녀 보니 그야말로 스몰 월드, 한 나절 주행 거리였던 것이다. 어린 다리로 맨발에 고무신을 신고 타박타박 걷던 까마득한 자갈길이 이제는 흔해진 육기통짜리 승용차로는 제대로 엔진이 데워질 틈도 없이 다시 시동을 끄고 내려야 하는 차라리 아쉬운 거리였던 셈이다.

어쨌든 바닷가를 돌고 빌랫재를 넘어 송라에 갔다가 어느 길인지도 모르겠는데 산모롱이를 돌고 돌아 점심때를 지나 외갓집이 있는 동네에 들렀다. 바로 외가 집앞에 차를 대고 열려진 대문으로 들어가니 적적한 게 인기척이 없었다. 뒤안까지 돌아보았으나 아무도 없어 다시 동네 공터로 나오니 나이든 어른 몇이 그늘에 평상을 펴고 멀뚱히 앉아 있다. 외삼촌에 대해 물으니 이미 우리가 누군지 짐작한 듯 물끄러미 우리를 바라보다가 이르기를 그 집 내외는 오늘 모두 우리가 떠나온 흥해읍으로 거꾸로 볼일 보러 내려갔다는 것이다. 이곳에서는 웬만한 남의 일일지라도 행선지까지 서로 훤히 꿰뚫고 있는 셈이다.

- 시간이 좀 남는데…, 니 터일 가 볼래?

형님이 물었다.

- 음…, 그라지머!

온 지 하룻밤 밖에 안 됐는데 어릴 때 이 동네에서 놀 때 쓰던 고향 사투리에 완벽하게 부팅이 되어 언어 프로그램이 자연스레 돌아갔다. 나는 하나도 안 변한 채 옛 소리를 재생해 내는데 평상에 앉아 우리를 지켜보면서 우리 이야기를 듣고는 한마디씩 내뱉는 저 노인들의 말투가 오히려 좀 변한 것 같다.

- 그런데 터일에도 차가 드가나?

- 야가 머라카노! 그런데 마북골 쪽은 동네 거진 다 없어졌다.

- 와?

- 땜 막아 수몰 됐다 아이가. 일부는 우로 옮기고.

나는 오늘도 상서이하고 있었다. 참, 여기서 몇 가지 설명을 먼저 해야 이 모든 무대 상황의 줄거리가 감이 잡히실 건데 실은 설명할 게 한두 가지가 아니다. 하지만 번거롭게 다 할 수는 없고 꼭 필요한 것만 골라서 할 테니 그리 아시고….

어쨌든 상서이는 내가 우리 동네 국민학교 분교에 함께 입학하면서부터 늘 같이 붙어 다니게 된 내 동무 1학년 머슴애다. 걔 이름이 상선인지, 상승인지, 상성인지 뭔지 불확실한데 그 까닭은 비록 이렇게 여러 가지로 써 놓았더라도 우리 동네 사람들은 모두 한 가지로 통일하여 '상서이', 이렇게 부르고 발음하였던 것이다. '이응' 받침이든 '니은' 받침이든 그다음에 '이' 소리가 오면 다 이 받침소리를 탈락시켰다. 뒤에 '아' 소리가 올 때에도 대부분 그랬는데 '이응' 받침은 다 날아가 버리지만 '니은' 받침은 말하는 사람에 따라 달라서 살아남기도 하고 없어지기도 했다. 상서이를 부를 때면 다들 '상서아'라고 했기 때문에 혹시 그 애 학적부가 아직 남아 있다면 몰라도 그래서 내 소리 기억 가지고는 그 애 이름의 정확한 받침을 되살리기가 어려운 것이다.

그리고 '으'와 '어' 소리가 구별이 없어 그 중간쯤 되는 '어' 비슷한 소리로 아무 때나 막힘없이 지껄였다. '애'와 '에'의 구별도 애초부터 없었다. 그밖에도 시옷과 쌍시옷의 구별이 없는 점 등 이른바 표준말에는 있는 것이 우리말에는 없는 게 많았다. 참, 여기서 '우리'라는 것은 이 글을 읽는 당신은 제외한 우리다. 이렇듯 듣는 사람은 뺀 우리와 포함한 우리를 구별하여 두 가지 '우리'라는 대명사를 갖춘 말들이 세계에는 여럿 있다고 하지 않는가! 지금은 거의 사어가 된 만주말도 그렇다고 하니 혹시 옛날에는 우리말도 그랬을지 모르겠다. 그 구별의 필요성이 지금 이 순간 당신들은 뺀 우리들, 상서이와 나의 어린 시절

이야기를 늘어놓자니 납득이 간다.

그렇다면 서울말에는 갖춘 그 여러 가지 소리를 다 뭉개 버리고는 '우리'는 어떻게 제대로 의사소통을 하였던가? 염려 마시라. '우리말'에는 낱말마다 구절마다 정해진 고유한 높낮이와 장단이 있어 그에 맞춰 연주하는 정해진 곡조가 있었다. 그래서 바람 부는 날, 저만치 떨어진 곳에서 누가 소리치면 비록 시옷 소린지 쌍시옷 소린지는 헷갈리더라도 바람결에 잡히는 그 말소리의 맥락, 가락의 높낮이와 셈과 여림, 길고 짧음이 분명했으므로 거의 틀림없이 무슨 말인지 다 알아들었다. 그래서 가을바람이 살살 부는 그날도 상서이는 저만치 분교의 꽃밭, 코스모스가 간들거리는 사이에서 나를 보고는 헤죽 웃으며, '워익아, 내캉 터일 안 갈래?' 하고 불분명한 발음으로, 하지만 정확한 인토네이션으로 물었다.

아, 또 설명을 하나 해야겠군. 터일은 동네 이름이요 땅 이름이다. '터 기'자에 '하나 일', 그래서 공식 이름이 '기일'동이지만 거의 모두가 '터일'이라고 불렀다. 그 이름이 수백 년이 된 건지 수천 년 된 건지는 모르겠는데 그렇다면 '터'는 터인데 '일'은 또 뭔지, 왜 '터하나'가 아니고 '터일'인지, '일'이 정말 하나를 뜻한 건지는 여태 아무도 모른다. 아마 오래 전에 그 뜻을 잊어 먹었을 것이다. 그나마 동네가 이제 없어질 지경이라니 영원히 모르고 사라질지도 모른다. 이렇듯 '터일'뿐만 아니라 돌채이, 무덤실, 말비기, 선둘, 엿재, 검은솔밭, 땅뻐디이…, 하며 모퉁이마다 기슭마다 갖가지 땅 이름들이 눌어붙어 있었는데 아마 지금쯤 많이 씻겨 나갔거나 그 잘난 한자 지명이나 심지어 영어 나부랭이로 바뀌어 있을 것이다.

자, 무대 설명은 이만큼 하고 진도를 나가 보자. 상서이 아부지도 생각난다. 검붉은 힘살이 툭툭 불거진 굵다란 장딴지 위로 늘 핫바지 가랑이를 둥둥 말아 걷고서는 지게 위에 훌쩍, 커다란 훌칭이를 가볍게 얹어 지고 가거나 한 손으로는 고삐를 잡고 우렁차게 소를 몰면서도 부드럽고 다정한 눈길과 목소리로, '상서아, 상서아' 하고 부르며 함께 노는 우리 두 꼬마를 몹시 귀여워했던 기억이 난다. 어떻게 귀여워한 줄 아느냐고? 그건 본능적으로 알아차리는 것이고 바보라도 안다. 마치 그늘이 지다가 햇볕이 비치면 온몸이 따스해지는 것을 저절로 아는 것과 같아서 이런 원초적인 것에 관해서는 애들일수록 더 속일 수가 없는 것이다.

생각해 보니 상서이네는 터일 가는 산길 골짜기 틈바구니 여기저기에 조각논, 다락논이 몇 뙈기 있었던 것 같다. 상서이 아버지는 논둑에 지게를 받쳐 놓고 낫으로 풀을 베거나 하면서 우리더러 소를 데리고 저만치 기슭으로 가서 소에겐 풀을 뜯기고 우리는 근처에서 멀리 가지 말고 놀라고 하는 것이었다. 온 천지가 불타는 가을이었다.

그때 우리 집엔 아직 소가 없었으므로 나는 그 커다란 짐승을 겁내었다. 그런데 상서이는 덩치로 보나 나이로 보나 나와 하등 차이가 없는 쌍둥이 땅꼬마였음에도 불구하고 그 큰 짐승을 고삐 하나와 몇 마디 말로써 이리저리 다루며 제 뜻대로 움직이게 만드는 것이었다. 얼마를 가다 상서이는 내게 고삐를 넘겨주며 자기처럼 그냥 해 보라고 했다. 앞서 가던 소는 기미를 챈 듯 잠시 멈칫하는 기색이더니 가던 대로 내쳐 발걸음을 떼는 것이었다.

상서이는 내게 소에게 하는 말을 몇 가지 가르쳐 주었다. '가자' 할 때는 '이라', 이 때 '라'에 힘을 줘 소리를 짧게 높여야 하는데, 한글이 좋다지만 이런 건 글자로 잘 표시할 수가 없어 유감이다. 가다가 '서라'

할 때는 좀 어른 같이 점잖은 소리로 길게 빼며 '워~, 워~' 하면 정말 신기하게도 거짓말같이 멈춰 서서 다음 명령을 기다린다. 마치 말 한 마디로 항공모함을 움직이는 느낌이라고나 할까! 가다가 오른쪽으로 틀게 만들려면 코뚜레로부터 이어져 소의 오른편으로 뻗어 내손에 쥐어진 고삐를 좀 당기면서 짧게 '이로로, 이로로' 하면 소는 우회전한다. 이때 가운데 '로'를 높게 발음해야 한다. 왼편으로 돌게 하려면 고삐에 작은 파도를 일으켜 소의 잔등을 조금 치면서 '워디! 워디!' 하는데 이 때는 '워'를 높게 발음한다. 그런데 나중 커서 어디에 읽어 보니 이렇게 소에게 하는 말도 고장에 따라 달라서 '워디'가 좌회전이 아니라 우회전이라고 돼 있었다. 아마 경상도 소는 경상도 억양을 잘 알아들을 것이고 갑자기 충청도나 경기도로 팔려 간다면 제대로 못 알아들어 애꿎게 쿠사리를 많이 들을 것 같다.

상서이 아버지는 가끔 짚으로 소신을 만들어 소에게 신겼는데 새로 삼은 소신을 손에 들고 소다리 옆에 바짝 쪼그리고 앉아 '발!' '발!' 하며 단호하게 명령하면서 때로 살짝 소의 발목을 치면 소는 그 다리를 든다. 소는 한 다리를 들고 오래 있지를 못하는데 이때 상서이 아버지는 재빠른 솜씨로 소신을 소의 갈라진 발굽에 맞춰 끼워 신기고는 신에 달린 가늘고 질긴 새끼 끈으로 금방 내려 땅을 디딘 소의 발목을 찬찬히 동여매었다.

아무튼 풀 뜯길 근처에 도착하자 상서이와 나는 소를 데리고 건너편 기슭으로 가서 덤불 어름에 소를 놓아주었다. 짤랑 쩔렁 워낭 소리를 내며 소는 열심이 덤불을 헤치며 풀이며 잎사귀를 뜯어 먹었다. 나는 이제 조금씩 겁이 옅어져서 소를 좀 더 소머리 가까이에서 볼 수 있었다. 널름 날름 휘둘러 먹을 것을 움켜 뜯는 소의 혀가 연한 색이며 참으로 두텁고 튼튼하다는 것도 알았고 소의 두 눈이 쌍꺼풀이며 옅은 속눈썹이 가지런하게 길게 나 있다는 것도, 소의 두 뿔 앞쪽에는 긁어 주고 싶은 평평한 이마가 있고 거기에는 짧고 곱슬곱슬한 흰 털이 나 있는 것도 보았다.

 가을의 산기슭 덤불에는 벌레도 많았다. 메뚜기는 물론이고 우리가 '홍굴레'라고 불렀던 방아깨비는 동작이 느려 잡기가 쉬웠다. 그리고 이와 비슷하게 생겼지만 작은데다가 날아 앉으면서 날개를 비벼 '때때 때때…' 소리를 내는 것이 있었는데 우리는 이 작은 방아깨비를 '때때' 라고 불렀다. 그밖에도 풀무치, 풍뎅이, 하늘소, 여러 종류의 잠자리, 처음 보는 크고 작은 나방 종류들…. 그런데 상서이는 이 모든 것들을 다룰 줄 알았고 내게 가지고 노는 법을 가르쳐 주고 함께 놀아 주었다. 이렇게 벌레를 가지고 놀고 돌멩이를 가지고 놀고 개울물을 가지고 놀고 하다가 어느 순간 좀 심드렁해져서 주위를 의식하는데 저 건너편 에서 상서이 아버지의 낫질하는 소리가 싸악싸악 들리고 소의 워낭소 리는 머리 위편에서 들렸다. 고개를 드니 눈앞에 솟은 높은 산봉우리 들이 나란히 겹쳐 있는 것이 새파란 하늘을 배경으로 마치 기름진 장 닭의 목덜미처럼 반짝였다. 붉고 노란 갖가지 단풍진 나무들이 검푸른 솔숲과 섞여 햇발을 받고 있어서 마치 불길이 타오르듯 하였다. 나는 시냇물 골짜기에서 풀섶을 헤치고 둔덕으로 올라섰다. 소는 거기에서 부지런히 풀을 뜯고 있었다.

 눈앞 덤불에 빨갛게 익은 망개의 열매들이 보였다. 한 가지를 꺾었 다. 그러고 보니 이편 기슭은 온통 붉거나 푸르거나 자줏빛 보랏빛의 갖가지 산열매의 담벼락이었다. 나는 눈길 가는 대로 드문드문 하나 씩 꺾다가 소가 있는 곳까지 왔다. 그런데 소가 머리를 들이밀고 연신 혀를 널름거리는 앞쪽 작은 덤불에 조그만 표주박처럼 생긴 처음 보는 붉은 열매들이 달려 있었다. 나는 그것을 따려 하였지만 소가 있어 어찌할 수 없었다. 기회를 보다가 소가 조금 비켜난 틈에 팔을 뻗쳐 그 잔가지를 잡았으나 쉽사리 꺾이지를 않았다. 몇 번 애를 쓰는데 어느 순간 소의 큰 머리통이 느닷없이 내 배밑에 들어왔다 그리고는 그 큰 이마를 내 배에 붙여 떠받으며 마구 덤불에 밀어붙이는 것이었다. 나는 본능적으로 소의 두 뿔을 잡고 버티었지만 금방 숨이 막힐 것 같았고 공포에 젖어 울음 반 비명 반으로 소리를 질렀다. 어느 샌가 상서이 아빠가 나타나 고삐를 낚아챘다. 상서이도 잇따라 나타나 얼이 빠진 나를 들여다보았다.

 - 개얀나?

눈물이 찔끔 난 얼굴을 겨우 끄덕이며 내가 대답했다.

 - 으.

그 정도로 내 배가 터져 버린 것은 아닌 것 같았다. 조금 있다 털고 일어서는데 지게를 진 상서이 아빠가 소를 몰고 저만치 내려가면서 밀짚모자 쓴 고개를 돌려 큰 소리로 말했다.

 - 쪼매 노다가 조 아래로 오나라이~

상서이가 맞받아 소리쳤다.

 - 워익이카 터일 가 노다 가요~

산모롱이 길굽이를 두어 개 돌자 정말로 드문드문 작은 초가집들이 산기슭에 박혀 있는 마을이 나타났다. 여기가 우리 반 계집애랑 머슴애들 너댓이 사는 그 마을인 것이다. 상서이는 자주 와 본 듯 저게 누구 집이고, 누구는 지금 집에 있나 없나 하며 조잘대었다. 정말로 우리

반 계집애인 듯한 아이 하나가 집 모퉁이에서 빠끔히 내다보다가 개바자 뒤로 사라졌다. 상서이가 개 이름을 불렀는데도 끝내 나타나지 않았다. 그 집을 지나 어느 조그만 초가집 뜨락으로 상서이는 스스럼없이 들어섰고 나도 멈칫멈칫 따라갔다. '분자야! 분자야!' 하고 부르는데 정말 우리 반 분자 가시나가 뒤안을 돌아 나왔다. 이렇게 장난감 같은 집에서 살고 있구나! 여기서 보니 딴 애 같은데? 하는 생각이 스치며 학교에서라면 못 그랬을 텐데 나도 덩달아 스스럼없이 분자 이름을 불렀다.

— 분자 너그 집이가?

— 으, 와 왔노? 우리 동네 좋제?

우리는 그 집 마당에 남아 있던 대추도 몇 알 따 먹어 보고 강아지도 같이 들여다보다가 조그만 마당에 쪼그리고 앉아 공깃돌 놀이를 하기 시작했다. 우리는 이 놀이를 '짜개 받기'라고 불렀는데 어느 새 아이들이 둘인가 더 와서 같이 놀았다. 이곳에서는 머슴애 계집애 모두 어울려 같이 노는구나 하면서도 재미가 나고 열에 들떠서 떠들고 놀았다. 땅따먹기도 했고 묵찌빠도 한 것 같다. 무엇을 했든 대수랴? 내 인생에 몇 안 되는 다시 못 올 열락의 시간이었으리니!

쪼그리고 놀다 고개를 드니 초가집 울타리 너머 붉고 노란 갖가지 채색의 높은 산봉우리가 이미 설핏해진 햇살에 마지막 불길을 태우며 넌지시 우리들의 노는 꼴을 내려다보고 있었다. 하지만 이 장면을 끝으로 그날 후반의 이야기는 전혀 필름에 없다. 언제 어떻게 집으로 돌아왔는지, 소는 누가 몰고 왔는지 도통 알 길이 없다.

그 다음의 필름은 이렇게 이어진다.

그날은 그때부터 몇 날이 지난 언제인지, 내가 돌채이에서 멱을 감다가 자갈밭에서 몸을 말리고 있었으니까 아마 이듬해 여름이었을 것이다. 그날엔 왠지 상서이도 없이 우리 동네 뒤편 그곳에서 다른 아이들과 있었다. 어느 무료해진 순간 골짜기 쪽을 보고 있는데 터일 쪽에서 하얀 장꾼들이 서너 사람 중게중게 걸어 내려오고 있었다. 가까이 오는데 보니 이고 진 아주머니들이었다. 두런두런 이야기하는 소리가 시냇물 소리에 섞여 들리다가 차차 알아들을 만치 가까워졌다.

- … 마캐…, …아잉교!

- …가디이마느, … 함마…,

- 그케 말이시더! …백제 다레 미게 가주고…,

- 참 그랬구마. 하나 뿐인 자슥인데, 다 살아났는데 그 아아만 물아 가네, 쯔쯧.

- 부이네는 인자 어예 살라카노! 남편은 벌써 전에 때늦은 마마에 잃디이 딸내미는 호열자라…,

그렇지, 까맣게 몰랐는데 분자가 안 보인지가 한참이나 된 건가? 부이네가 분자네 말하는 거 맞제? 그런데 호열자가 머고? 호랑이는 아일끼고 참말로 무섭은 건가 본데…?

굽이굽이 그 산모롱이들은 이제 많이 발끝 자락들이 모지라져 나간 채 그 위로 걸쳐진 길은 말끔히 포장이 되어 있었고 형님이 모는 차는 이를 쉬 거슬러 올라 오래지 않아 골짜기를 가로지르는 큰 둑 위에 멈춰 섰다.

- 저 물속 동네 사람들은 다 보상 받고 떠나고 몇 집만 조 위 상마북으로 옮겨 조상 지키고 아 있나. 저 대추나무는 나라에서 주사 맞추고

큰 돈 들여 저기 옮게 심가 놓은 것이제.

　형님이 가리키는 곳, 댐의 아래쪽 한편에는 큰 나무가 한 그루, 울타리가 둘러쳐진 채 심어져 있고 그 앞에 무슨 팻말이 보였다. 다시 위쪽으로 눈을 돌리니 골짜기를 가득 채운 가을 못물 너머 몇 채의 슬레트 집들이 물가 언덕 위에 숨어 있었다. 그리고 건듯 한줄기 바람이 이는가 하는데 잔잔히 주름 짓는 수면 위의 붉은 산봉우리들이 오래 된 모니터처럼 줄줄이 갈라지며 즈르르르 헝클어져 갔다.

3 비 오는 날

회색의 곰보 무늬 스티로폼 방음재가 가지런히 걸쳐져 있는 사무실의 천장을 뚫고 후두두둑, 기총소사처럼 지붕 위에 굵은 비 듣는 소리가 난다. 긴 네모꼴 격자의 그 천장 두 칸에는 오톨도톨한 젖유리가 끼워져 있고 그 속에는 각각 세 줄씩 나란히 형광등이 밝아 있다. 아무도 올라가 본 적이 없는 그 위의 공간에는 여러 가닥의 굵은 철사줄이 지붕에서부터 내려와 여기저기 배기관이나 온냉방 기기들을 붙잡거나 매달고 있을 것이고 모금내 나는 바닥에는 굵은 전깃줄들이 여러 가닥 어지러이 먼지 속을 기고 있을 것이다. 하지만 지금은 이 모든 것이 괴기영화 속의 버려진 헌 피아노 속처럼 커다란 공명통이 되어 음산한 빗소리를 함께 울리고 있다.

남가주에 비는 드물다. 여러 달 이어지는 불가물에 이윽고 산불이 일었는데도 하늘은 하냥 말개서 솔개그늘 하나 없거나 어쩌다 새털구름만 희끗거릴 뿐이었다. 그런데 오늘 아침, 바람 없이 흐리고 잠포록하던 날씨가 어느 샌가 조금 일렁이는가 했더니 출근길에서는 프리웨이 저편에서부터 하늘에 거먹구름이 묻혀 왔다. 이윽고 한 소식을 하나 보다. 자동차에서 내리는데 비바람이 차문을 들이쳤다.

빗소리가 잠시 멈춘다. 형광등이 다시 조용히 오래 된 슬픔을 운다. 발밑에서 컴퓨터가 가늘게 웽웽 웽웽 일정한 마디가 잡히는 소리를 낸다. 조그맣고 복잡한 내장을 식히는 바람개비다. 강제로 찢어진 어느 소년의 욕망 한 조각이 나뭇가지에 걸려 비바람에 떠는 소리일까? 그보다는 하드 디스크 잔뜩 구겨 넣은 세상의 온갖 잡생각들을 소화시키고 분류하여 무색무취의 물질로 바꾼 다음 우주의 맨 밑바닥에서 몰래 밀어 내뱉는 소리다. 하지만 들릴 듯 말 듯한 이 조그만 욕망도 슬픔도 깔아뭉개며 드디어 천지에 빗방울의 융단폭격이 시작되었다.

사방이 갇힌 방을 벗어나 사무실의 로비로 나왔다. 두꺼운 유리의 현관문 밖, 아스팔트 주차장과 시멘트 둔덕에는 이미 무더기 빗살들이 비스듬히 내리꽂히고 대지는 자욱히 비보라 속에 묻혀 있다. 나는 조용히 유리창 가로 다가갔다.

지나다니는 차도 사람도 없는 사무실 단지의 길 너머엔 정유공장이 있고 하늘로 쑥쑥 솟은 시설물들에 빗줄기가 휘몰아친다. 사일로처럼 둥글고 큰 탱크 꼭대기에 네 손바닥 풍속계의 바람개비가 정신없이 돌아가고 풍향계의 납작 꼬리는 갈피를 잡지 못한다. 그리고 그 사일로의 아래에는 빗속에 세워 둔 흰 트럭이 한 대 있고 그 옆 울타리 쪽엔 좀 생뚱맞게 하얀 평행봉이 속절없이 비를 맞고 있다. 본 적은 없지만 평소에 공장 사람들 중에 누가 이 평행봉에 뛰어올라 두 팔로 버티며 육중한 몸을 앞뒤로 휘휘 젓는 운동을 하나 보다.

그런데 가만히 그 물보라 속을 바라보는데 물속에서 떠오르듯 차례로 철봉대가 연이어 드러나며 본래의 다른 그림들을 덮어 나간다. 그러고 보니 저쪽엔 미끄럼틀이 서 있다. 회전그네도 있다. 아무도 없다.

운동장 너머 저 멀리엔 교문이 보인다. 두 시멘트 기둥이 서 있고 그 사이로 시골 버스가 지나가는 것이 잠깐 보인다. 두 기둥 위로 반달처럼 철제 구조물이 얹혀 있다. 거기엔 흰 양철판에 굵고 검은 글씨로 무슨 구호가 씌어 있다. 한 글자씩 짚어 나간다. '더' '일' '하' '는' '해'…. 아마 그 바깥편 길 쪽에서 보면 우리 국민학교의 이름과 또 다른 요란한 구호들이 가로세로로 씌어 있겠지. 그러고 보니 지금이 노는 시간이구나. 육칠십 명의 머슴애, 계집애들이 왁자지껄 시골 사투리로 논바닥의 악머구리 떼처럼 떠들어대는 교실은 천장에고 벽에고 불도 하나 없이 어두컴컴하다. 내 옆에 서서 같이 바깥을 내다보는 아이의 비에 젖은 머리숱 냄새가 확 끼친다. 그런데 이 아이는 어디에 시집을 갔나? 애는 몇인가? 살아는 있나? 방금 깨어난 꿈속에서처럼 그 아이의 이름이 입에 뱅뱅 돈다. 무시로 입에 올리던 너무나 쉬운 이름인데….

비는 참 자주도 온다. 비가 오면 좋기도 하지만 귀찮기도 하다. 아침밥을 먹고 집을 나서려는데 가랑비라도 내리면 우산을 가져가야 하나 말아야 하나 도박을 해야 했다. 들길을 따라 학교까지 책보를 들고 가기도 짐스러운데 한 가지 짐이 더 느는 것이고 집에 올 때까지 잊어먹을까 봐 늘 신경을 써야 한다. 장화를 신은 아이는 거의 없었고 플라스틱제 몸에 맞는 비옷을 입는다는 것은 그림에나 보는 일이었다. 그나마 어물어물 했다간 살 꺾인 우산이라도 하나 못 챙길 수 있다. 형도 동생도 잽싸게 집어갈 것이니깐.

간밤에 큰 비가 와서 마을 앞 개울물이 넘치기라도 하면 학교 가는 것 자체를 재고해야 했다. 어른들 등에 업혀 개울을 건널 수 있으면 다행이지만 산골짜기에서부터 타고 흘러내리는 거센 물살이 장정의 허리를 넘어갈 경우엔 차라리 포기하는 것이 안전했다.

이렇게 가까스로 빗속을 뚫고 학교에 간 날엔 없는 것도 많았다. 운동장에서 줄지어 하는 조회 시간도 없다. 아침 체조도 하지 않는다. 아마 방과 후의 변소 청소도 빼먹어도 되겠지. 분단마다 맡겨진 정해진 구역의 운동장 청소도 없을 테니깐.

나무 마루가 깔린 긴 복도의 중간쯤에 4학년 4반 우리 교실이 있다. 복도에 여기저기 물방울이 떨어져 있다. 교실 뒷문 맞은편 벽 쪽에는 신장이 있고 아이들 고무신이랑 젖은 운동화가 나란히 보인다. 들고 온 고무신을 빈 곳에 비집어 넣는다.

이런 날엔 뒷문도 빽빽하여 잘 미끄러져 열리지 않는다. 반쯤 열린 문을 몸으로 밀치고 들어가니 교실 뒤쪽 한켠에는 우산들이 여남은 개 세워져 빗방울을 머금고 있고 그 옆엔 갖가지 우비가 놓여 있다. 질소 비료 포대기를 갈라 접은 급조 우의, 비에 퉁퉁 불은 어른 점퍼도 있다. 이불 호청 같은 포대기들은 뭔가? 아마 가까이 읍내에 사는 아이들 것이겠지. 갑빠라고 부르던 진한 녹색의 플라스틱 천도 접혀 있다. 그런데 못 보던 것이 하나 벽에 기대어져 있다. 대나무로 만든 여섯 모의 큰 삿갓이다. 누구 꺼지? 잘 접히지 않는 우산을 쓰다듬어 세우는데 선생님이 출석을 부르기 시작했다. 이런 날은 으레 이여덟 명은 결석이다. 어떤 애들은 한두 시간 수업이 끝나 가는데 나타나는 수도 있다.

바른 말이지 교실에는 물끼를 말릴 아무 장치도 없다. 옷은 엉덩이 밑까지 젖어 나무 걸상 바닥이 꿉꿉하다. 머리도 목덜미도 책보도 젖었고 책도 공책도 모서리가 젖었다. 양철 필통 속에도 물방울이 들어갔다. 도시락에 대해서는 묻지 말자. 어쨌든 꿀맛 같았던 기억밖엔 없으니까. 어쨌든 물끼는 오로지 육칠십 명 아이들의 몸의 열기로 말리는 수밖에 없다. 다행히도 아이들은 다닥다닥 붙어 앉았다. 콤콤한 머리 냄새에다 젖은 옷 냄새. 등어리에는 김이 오르고 교실의 유리창은 뿌옇게 흐려진다. 그리고 흐르는 시간, 그나마 선생님은 하나도 물에 젖으신 것 같지 않다.

– 오늘은 특별히 선생님이 이야기 하나 해 줄까?

– 예!

아이들은 오랜만에 정신 집중하여 자동적으로 소리친다. 추위도 축축함도 순간적으로 싹 잊고 문자 그대로 이구동성, 아니 육십구 동성이다. 열 명쯤은 결석이거나 지각일 테니깐.

– 날씨도 컴컴하고…, 이런 날에는 귀신 얘기가 좋지.

– (옴마야….)

– 하지 말까?

– 해 조요!

또다시 육십구 동성.

– 대구 동산 병원에 시체실이 있었거든….

– (아이구 무서버라….)

– 시체실 한 쪽 끝에 숙직실이 있는데…,

선생님의 목소리는 낮게 깔리기 시작하고 표정은 굳어진다. 아이들은 침이 꼴깍.

– 어느 날 혼자 숙직을 서는데 비가 부슬부슬 뿌리더라 이거야.

– (홈마, 지금도 비오는데….)

– 그런데 한밤이 돼서 자정인데 말이야, 벽시계가 팅…, 팅…, 자정이면 몇 번 쳐야 되노?

– (누가 조그맣게) 열두 번요…!

- 맞아, 열두 번을 팅…, 팅…, 마지막까지 치고 났는데 복도 저어쪽 끝에서…,

- (홈마야~~~)

아이들은 덜 마른 등어리를 일제히 옴츠렸다.

- 발자국 소리가…,

선생님은 교단 끝에 서서 팔을 엉거주춤 벌리고서는 골덴 국민복 바지를 입은 긴 다리를 강시처럼 뻣뻣하게 옮기며 뒤뚱거리는 흉내를 낸다.

- 발자국 소리가, 처벅…, 처벅…, 이쪽으로 오는 거 아이가!

아이들은 거의 사색이 되었다.

- 발자국이 점점 커지는데, 하나…, 둘…, (뜸 들이고) 처벅…, 처벅…, 아홉 번…, 열 번…, 샘은 문고리를 꼭 잡고 있었다 아이가!

- (아이들은 무아지경.)

- 열한 번…, 열두…번, 문고리가 흔들리더니…, 갑자기…, 으와악!!!

- 으와악!!!

선생님이 발을 구르며 발작적으로 두 팔을 휘젓는 큰 몸짓과 함께 소리친 괴성에 육십 명의 아이들이 한꺼번에 혼비백산하여 으와악 소리와 함께 경악 속에 실신했다. 꿩새끼들처럼 본능적으로 책상에 고개를 쳐박은 채.

- 그래 그래, 됐다 됐다. 샘이 재밌으라고 한 얘기다. 고개 들어라. 그래 지금이 2교시, 산수 시간이제? 무섭나? 인자부터 이야기 해달라 꼬 조르지 마라, 알았제?

샘은 금방 평소의 목소리로 돌아가 웃는 얼굴로 둘러보는데 교실은 아직도 폭탄 맞은 형상이다. 그러다 여기저기 하나씩 고개를 드는데, 눈물을 찔끔거리는 아이, 훌쩍거리다 누런 코가 꽈리처럼 부풀어 나온 놈, 낯이 핼쑥해지고 휑하니 눈동자의 초점이 흐려진 녀석, 아직 뒤통수에 깍지를 끼고 책상 위에 엎어져 숨소리도 못 내는 계집애 등 갖가지다.

건들장마였는지 비가 오다 날이 개었다 한 이날의 수업 일정이 어떻게 끝났는지는 모르지만 하여튼 나는 교실에서 삿갓의 주인을 찾아냈다. 멀리 산밑에 사는 아인데 우산이 없어 아버지 삿갓을 쓰고 온 것 같았다. 신기했다. 만화 속의 협객들이 쓰던 건데…! 그래서 내가 꼬셨다. 갈 때 내 우산하고 바꿔 쓰고 가자고. 다음 비 올 때 서로 돌려주기로 하고.

머리에 얹어 보니 내 머리통보다 미사리가 커서 삿갓이 빙빙 돌았다. 게다가 축축하고 무거워 고개가 짓눌렸지만 곧 익숙해졌다. 남들이 내 얼굴을 잘 볼 수 없다는 게 멋있어 보였고 무엇보다 두 팔이 자유스러워 좋았다. 이보다 더 편리한 비받이가 있을까? 그놈의 우산이란 것은 두 손으로 잡고 있어도 걸핏하면 홱까닥 바람에 까뒤집히고, 한두 번 쓰고 나면 살은 꺾이고 천은 끝이 틀어져 변변하게 남아나는 게 없다니깐.

그런데 학교 탱주나무 울타리 모서리를 돌 때부터 조금 이상한 느낌이 왔다. 누가 따라오는 것 같다. 내가 걷는 발자국 소리에 맞춰 저만치 뒤에서…, 내가 걸어가면 함께 걷고 멈추면 따라 멈춘다. 누굴까? 천천히 고개를 돌리는데 무거운 삿갓이 힘겹게 따라 돌며 정수리의 머리털이 뽑힐 듯하고 소름이 끼친다. 아무도 없다. 나 혼자다. 다시 천천히 고개를 돌려 들길로 접어든다. 웃비가 걷힌 들판에 햇살이 비치며 비거스렁이 바람이 부는가 하더니 다시 여우비가 뿌린다. 논길은 젖어 있고 도랑물은 불어 있다. 도래솔이 남아 있는 외딴 묘지를 저만치 지나치는데 다시 발자국 소리가 들리는 듯하다. 처벅, 처벅, 처벅….

내 발자국 소리일까, 남의 소리일까? 들판엔 저 산기슭까지 여물기 시작하는 벼이삭의 물결뿐, 아무도 없다. 이를 앙다물고 다시는 돌아보지 않기로 했다. 드디어 저만치 우리 마을의 초가지붕들이 보인다. 이제 조금 마음을 놓으려는데 논둑 모퉁이에서 무언가 허연 것이 삿갓 처마 너머로 불쑥 솟아올랐다.

– 으와악!!
– 아이구 야야! 니 와 그래 놀래노!?
책보까지 떨어뜨리고 그 자리에 얼어붙었던 내가 가까스로 삿갓 깃을 들어 올리며 쳐다보니 긴 살포를 메고 물꼬를 트러 나온 이웃의 상복이 할배였다.

– 근데 요새도 삿갓 쓰고 댕기는 아아가 다 있네! 삿갓은 본래 상중에 쓰는 긴데….

그래서일까, 나는 그 후로 삿갓을 팽개쳐 버렸는지 협객은커녕 여느 사람 노릇 따라하기에도 급급하였고 이 비바람 저 눈보라에 휘쫓기어 내몰리다 마침내 바다 건너 두꺼운 유리창 속에 갇히는 신세가 되었다. 그리고 골덴 국민복에 새파랗던 그 선생님도 내가 그 국민학교를 떠나온 후로는 다시는 영영 뵙지를 못하였다.

4 달빛 소나타

동네 어귀로 들어오는데 뭔가 느낌이 이상했다.

땅거미가 깔리는 밭두렁이며 옥수숫대가 저녁 이슬에 젖어 가는 마을 입구, 조각논이 마지막으로 끝나는 봇도랑 가 콩밭 자락에서 무슨 소리가 나는 것 같다. 몇 걸음만 더 가면 우물터이고 거기서 좀 더 가면 이여덟 집이 옹기종기 모여 있는 외딴 마을의 한복판으로 들어선다. 하늘의 붉은 노을은 이미 스러져 잿빛에 물들었다. 책가방을 바투 쥐고 조금 더 다가가니 길섶 축축한 땅 콩대 끝자락에 사람의 맨발이 보인다. 그것도 하나가 아니고 여럿이다. 이게 뭔가! 눈이 똥그래지고 가슴이 얼어붙는다.

사람이 엉켜 있다. 마주 보고 땅에 두 사람이 엉클어져 있는데 진흙이랑 흙먼지를 뒤집어쓴 여자들이다. 둘이 마주 보고 엉킨 채 상대편의 머리채와 옷자락을 잡고 있다. 옆으로 드러누운 채 쥐약을 먹고 죽어 가는 개들처럼 숨을 헐떡이고 있다. 처음 보는 광경이다.

얼핏 다시 보아하니 아는 사람들이다. 알 뿐만 아니라 뚱뚱한 우리 동네 보라 엄마하고 껑충 마른 뒷집 칠지 아줌마가 틀림없다. 마치 진흙 구덩이 가장자리에 나와 있는 통통한 중간치 하마 한 마리와 비쭉

하게 길게 자란 악어 한 마리가 짝을 잘못 찾았는지 무엇에 잘못 걸려 들었는지 희한하게 엉켜 숨을 헐떡이고 있는 꼴이다.

뭐하고 있는 거지? 어둑어둑해서 잘 안 보이는데도 멈춰 서서 조금 더 들여다보니 칠지 아줌마는 입술을 좀 벌린 사이로 아픔을 참는 듯 앙다문 이빨이 보이고 볼따구니께로는 부글부글 거품이 흘러내려 있다. 정말 쥐약을 먹었나? 보라 엄마는 눈을 꼭 감은 채 무슨 쓴 것을 삼킨 것처럼 얼굴이며 입술을 한껏 앙다물었고 칠지 아줌마의 머리채를 잡은 손아귀가 마치 마지막 생명줄에 매달린 듯 힘을 준 채 발발 떨리고 있다.

그러고 보니 말라 가는 진흙 더께를 뒤집어쓴 어깨며 가슴팍 쪽으로는 앞섶이 벌어져 있고 엉덩이 쪽으로도 몸뻬며 월남치마가 흘러내려 흙 속에 문지르고 비빈 속옷이 겉옷이 되어 있다. 이제 중학생이 갓 된 데다 여자의 속 몸을 본 적도 없는 내겐 또 다른 충격이다. 울컥 겁이 난다. 몇 초라도 더 들여다보면 이상해질 것 같아 겨우 정신을 차리고 마을 쪽을 쳐다봤다. 집집이 불도 켜 있는 것 같고 아무 일도 모르는지 평온해 보인다.

별꼴이야, 사람 죽겠다. 다들 뭣하고 있나? 빨리 일러 줘야지.

그제야 가방을 들고 다시 발걸음을 옮기는데 공동 우물가에도 아무도 없다. 바삐 골목을 돌아 나오는데 바로 보라네가 세 들어 사는 초가집의 사랑채가 보인다.

그런데 놀라 자빠질 일이 불도 안 켠 그 사랑채 툇마루에 보라 아버지가 턱 하니 앉아 있는 것이다. 걷어 올린 한 쪽 종아리는 마루 아래로 드리우고 등을 보인 채 자그마한 밥상, 아니 술상을 앞에 놓고 있는 것 같다. 누구와 마주 앉아 거나하게 술잔을 들이켜고 있다. 뒤통수가 가려 잘 안 보이는 상대편의 남자, 아니, 소줏병을 앞에 놓고 있는 저게 누군가! 바로 칠지 아줌마의 남편, 칠지 아재 아닌가!

아니 마누라들은 약 먹여 진흙탕에 내버려 두고 저희 둘은 마주 앉아 무슨 수작으로 술타령인가! 뭐가 어찌 돌아가는지를 모르겠다. 그리고 술담배 전혀 안 한다는 칠지암 스님 출신 칠지 아재가 웬일이야? 세상이 뒤집어졌나 빨갱이 세상이 되었나? 물러갔던 왜놈들이 다시 왜정을 한다고 되돌아왔나?

그 집 삽짝 안으로 발걸음을 들여놓으려다 멈칫, 아무래도 뭐가 뒤틀린 것 같다. 도로 발걸음을 틀어 우리 집으로 향했다. 그런데 다섯 살짜리 보라는 어디 갔지? 제 엄마가 저리 야단이 났는데.

가슴이 들뜬 채로 우리 집 문간을 들어서는데 엄마는 태연하게 탱주나무 울타리에 널었던 빨래를 거두어 한 아름 안고 있다.

- 엄마! 저그…,
- 와? 인자 오나?
- 저그 콩밭에…,
- 아, 그거, 안다. 내비레 놨다.
- 칠지 아줌마 하고, 보라 엄마…,
- 그래, 놔 도라. 밥이나 묵아라.
- 죽는 거 아이가?
- 죽든지 말든지….

참 우리 엄마 입에서 사람이 죽든지 말든지 하는 말이 나오는 것은 상상 밖이다. 오늘은 잘 나가다 뭐든지 뒤죽박죽이군. 학교에서 늦게 남아 선생님을 도와 시험지 채점을 한 후 들판을 가로지를 때만 해도 하늘엔 멋지고 붉은 노을의 강물이 흘렀고 한창 자라 싱싱한 벼 포기들에는 작은 벌레들이며 잠자리들이 깃들 곳을 찾아 날아다녔지. 논도랑에는 이슬을 머금은 풀이 우거지고 그 사이에는 개구리가 숨어 있었고…. 모든 게 지극히 정상적이었는데….

밥사발을 들고 방으로 들어온 엄마가 아직도 황당해하는 내게 얘기를 했다.

― 아침 새참 때부터 저라고 있다 아이가!

― 싸왔나?

― 암만 말레도 안 된다. 동네 사람 다 뜯어 말레도 또 엥게 붙고…

― 와 싸우는데?

― 물을 갖다 부아도 안 떨어지고 작대기를 끼와 넣고 비틀아도 안 갈라진다. 아이구 질긴 것들.

― 와 안 떨어지고 싸우는데?

― 서로 밉아 하다가 하찮은 일로 화약에 불이 붙었다 아이가. 아침에 우물가에서.

― 보라 아부지하고는 뭐 했노?

― 보라 아부지는 장사 나갔다가 아까 왔고 칠지 아재가 하리 점덜해 봤지만 되나! 동네 사람 다 말레도 안 되는 일을 그 샌님이 어얄끼고.

― 그라머 보라 아부지하고 칠지 아재하고 같이 하머 될 꺼 아이가!

― 안 그래도 남정네끼리 만나 한 판 붙았다가 아까 사화했다. 보라 아부지가 앞뒤도 모리고 눈이 뒤집혜 가지고 칠지 아재 멱살브텀 잡

왔다.

- 지금 둘이 술 마시고 있는 거 같던데?

- 알고 보이 저그들도 한심하이까 그렇제. 요새 여편네들이 남정네 말을 듣나! 독한 것들.

내가 자꾸 캐묻고 걱정을 하니까 엄마는 슬슬 자초지종을 얘기해 나 갔다.

모퉁이 집에 세 들어 사는 보라네는 이 고장 사람은 아니고 말씨도 좀 엇진데 인근 장마다 찾아다니며 강아지랑, 닭 같은 가축을 사고팔 기도 하고 어떤 때는 마늘도 거래하는 등 닥치는 대로 장사를 한다. 다 섯 살배기 보라는 집에 내팽겨 두고 두 내외가 악착같이 장사를 다닌 다. 할 수 없이 주인 식구가 보라를 거두어 먹이기도 하고 동네 사람들 이 챙겨 주기도 하는데 보라네는 이에 별로 개의치 않는다. 혜혜 웃고 말로만 때우고 으례 또 같은 신세를 제 멋대로 져 버린다. 때로는 사온 닭들도 제대로 가두어 놓지를 않고 풀어 놔서 남새밭을 흩뜨려 놓기 도 한다. 강아지가 달아나 남의 집 아궁이로 들어가 나오지 않은 적도 있다.

그리고 비어 있는 뒷집을 얻어 사는 칠지네는 겉보기에 보라네와 비 슷한 또랜데 아직 아이가 없다. 하지만 억척스런 데를 비기자면 보라 네를 한 술 더 뜬다. 단지 아무 소리 않고 조용히, 그림처럼 일만 한다. 밭에서든 길에서든 우물가에서든 별로 말이 없는 사람들이다. 새벽부 터 밤늦게까지, 그냥 맨몸으로 다니는 걸 본 적이 없다. 항상 시래기 한 토막이라도, 새끼 한 끄트머리든 무엇이든 안고, 이고, 지고, 끌고, 밀 고, 들고, 메고 다닌다. 그리고 별 보기 운동이 따로 없다. 일 년 365일

밤낮으로 일만 한다. 무슨 일이냐? 밭뙈기 얻어 거름 주고 김매고 채소 키우는 일이다.

칠지 아재는 본래 절에 있었다고 한다. 너무 가난해서 절에 보내졌다든가. 하여튼 절에서 살았는데 정식 스님이었다고도 하고 아니면 견습 스님, 곧 사미승이었다고도 하는데 절에서 칠지 아줌마를 만났다고 한다. 칠지 아줌마는 자기 엄마와 자주 청송 뒷산 어디 깊숙이 있다는 칠지암에 들르거나 머물면서 여러 가지 절일을 도왔다고 하는데 어느 날 칠지암 주지 스님이 둘을 불러 앉혔다고 한다. 너희 둘은 고마 절에서 나가서 같이 살아라꼬, 그게 인연인 것 같다고. 중 될 인연은 아니라고.

하지만 칠지 아재는 완강히 절에 남겠다고 버텼다고 한다. 한문 공부도 많이 했고 스님 공부, 경 외는 공부도 이제 많이 됐는데 그만 두면 어쩌냐고. 그런데 주지 스님이 고개를 살래살래 흔들면서 너희 둘은 저 사바세계에 나가서 고생하면서 둘이 딱 들러붙어 있어야 그나마 명대로 살 운이니 자기 말을 들으라고. 그래서 둘이 스님 말씀대로 열심히 채소 키우며 산 지가 몇 해쨌는데 어쩐 일인지 아직 아이가 없단다.

반면에 보라네는 정말 출신이 어딘지 종잡을 수 없다. 서울내기라고도 하고 아니면 충청도, 전라도, 심지어 제주도 출신이라고도 하는데 본인 얘기만 가지고는 꼭 집어 어딘지 믿을 수가 없다. 할 때마다 얘기가 조금씩 다르고 전국 어디 안 나오는 곳이 없으니까. 심지어 만주나 일본 얘기까지 나오다가 도대체 자네 나이가 몇인가 하고 물으면 머쓱해서 거두어들이기도 하였다. 게다가 하는 일도 종잡을 수 없었다. 지금은 강아지나 닭을 팔지만 오색으로 그림 글자를 그리는 혁필도 할 줄 알고 질그릇이며 냄비 땜질도 할 줄 알며 깡패 같기도 하고 유랑 극단 광대 같기도 하다.

보라 엄마는 남편처럼 재주가 많지는 않아 보이는데 딴 건 몰라도 크지도 않은 좀 작아 뵈는 뚱뚱한 몸매에서 나오는 힘은 혀를 내두를 만치 장사다. 남자들처럼 무거운 쌀자루를 번쩍 들어 올리고 또 입이 거세다. 그러다 금방 헤헤 웃고…….

그런데 그런 보라 엄마는 좋다 싫다 별로 대꾸가 없는 칠지 아줌마를 되게 싫어했다. 웬만한 험담에도 별로 대꾸가 없자 아이도 못 낳는 년이 멀쩡한 스님 하나 잘 꼬셔 내온 거지 뭐냐고, 날마다 밭뙈기에 눌어붙어 앉아 꼴 좋다며, 비쩍 마른 년이 소견머리조차 말라 버려 평생 거름이나 퍼 날라라고 못할 소리를 해댔다.

칠지 아줌마는 그러나 저러나 무표정이었다가 간혹 들릴 듯 말 듯 도사처럼 끝마무리에 한마디씩 눙쳤다. 불쌍한 중생……, 남의 밥에 눈독 들이는 년…….

그런데 사단은 오늘 아침 칠지네가 부쳐 먹는 우물가 채마밭에서 벌어졌다고 한다.

어느 것이 먼저인지는 아무도 모른다. 채마밭을 둘러보던 칠지 아줌마가 밭고랑에 보금자리를 치고 있던 보라네 암탉 한 마리를 두 손으로 움켜잡아 힘껏 우물 있는 쪽으로 던져 올려 버린 것이 먼전지, 우물에 나왔던 보라 엄마가 마침 물 길러 왔던 낭구 엄마한테 칠지 아줌마 흉을 보면서 칠지 아줌마가 우물터에서 다듬다 말고 남겨 놓은 열무 꽁다리를 한 줌 움켜잡고 채마밭 밭머리 쪽으로 휙 던져 흩뿌린 것이 먼전지.

놀란 암탉이 꼬꼬댁 하며 날아와 우물가에 불시착을 하자 보라 엄마는 두레박을 탁 놓고는 순간적으로 밭두렁을 향해 용수철처럼 튀어 올랐다. 멀쭘히 서 있던 칠지 아줌마도 그새 들고 있던 호미를 옆으로 휙 내던져 버리고는 몇 걸음 나서며 손님을 맞았다. 이리하여 채마밭 늦고추 모판을 엉망으로 짓이기며 엉켜 붙은 똥똥이 하마와 키다리 악어의 활극은 7회전, 8회전으로 이어져 떼어 놓으면 엉겨 붙고 떼어 놓으면 엉겨 붙고…, 채마밭에서 고욤나무 밑으로, 논도랑에서 둠벙 가로, 그러다 마침내 콩밭 자락으로…, 이때도록 무제한 링 매치가 이어지고 있다는 것이다.

처음에는 사람들이 나서서 뜯어말렸다고 한다. 칠지 아재가 맨 처음 밭둑에 주저앉아 점잖은 말로서 몇 마디 했으나 태풍 속에서 부채질하는 거나 마찬가지였다. 힘깨나 쓰는 젊은 사람이라고는 주정뱅이 난봉꾼 낭구 아버지뿐인데 집에 안 들어온 지 벌써 사흘째란다. 그 바람에 네 살배기 낭구는 며칠 동안 고양이 낙법을 실습할 기회를 잃었다. 낭구 아버지는 술만 먹었다 하면 아들을 마당으로 내던지는 버릇이 있고 낭구는 살아남기 위하여 어느새 본능적으로 고양이 낙법을 체득하였다.

그래서 동네 아줌마들이 나서서 두 사람을 떼어 보려고 했으나 두 투사의 초인적인 힘에 떠밀리고 치여 나뒹굴고 다치기 일쑤니 몇 차례 해 보다 손을 놓고 말았단다. 하기야 세 든 사람까지 열 집 남짓인데다 다 노인네들이고 아녀자들뿐이니 어떻게 해 볼 수가 없었단다. 둘이 뒹굴다 옷이 벗겨지면 남세스럽다고 낭구 할매가 가마니때기를 덮어주기도 하고 물도 퍼부어 보고 별 짓을 다 했으나 마찬가지였단다. 이웃 마을에 알리려다 그것도 동네 창피인데다 저러다 말겠지 한 것이 해가 꼴깍 지도록 여태 저 모양이란다.

그러다 마침내 보라 아버지가 장터에서 돌아온 것이다. 뒷짐만 지고 돌무더기에 앉아 있는 칠지 아재를 보자 말자 다짜고짜 멱살부터 잡았다. 저러다 남정네들이 먼저 다치겠다며 사람들이 결사 뜯어말리고 전말을 알리자 보라 아버지가 손아귀를 풀었다. 둘이서 두 여자를 타이르고 으르며 뜯어 보겠다고 하다 안 되니 마침내 지게 작대기를 하나씩 들고 왔다. 엉켜 붙은 두 여자의 배 사이를 비집어 막대기를 끼워 넣고는 옛날 형리가 고문하는 식으로 주리를 트니 두 사람은 일시 떨어졌다. 그러나 다시 눈을 마주치며 지남철보다 더 심하게 금방 달라붙었다.

이러기를 몇 차례, 마침내 보라 아버지가 제 마누라를 내려다보며 큰 소리로 쌍욕을 했다. 뒈지든지 말든지 자기는 모르겠다며. 그러고선 뻘쭘히 서 있는 칠지 아재의 손목을 이끌었다. 내버려 둡시다. 우리 집으로 갑시다. 까짓 년…. 그리고선 무슨 생각엔지 손수 술상을 차린 것이란다. 묵언 수행이 끝난 듯 마침내 칠지 아재도 한마디 했다.

- 불음주는 오늘부로 파계다. 부처님이 와도 저 둘은 안 되니더. 천생연분인가 보니더.
- 맞소! 형님도 말할 줄 아네? 벙어린 줄 알았당께. 우라질 세상, 우리 다시 머리 깎고 절로 들어가붑시다. 나도 따라갈팅께!

이때 아버지가 자전거를 끌고 대문간에 들어섰다. 엄마가 나가 맞이하는데 아버지가 동네에 무슨 일 있느냐고 묻는다. 한참을 서로 주고받더니 아버지가 자전거를 돌린다. 미련한 사람들, 사람이 꼭 다친다 하면서 다치고 죽는다 하면서 죽느냐고, 저러다 기진맥진하면 죽을 수도 있다고, 읍내에 가서 바로 순경을 불러오겠다고. 그땐 핸드폰은커

둘째 가름: 기억으로

녕 외딴 마을에 전화 한 대 없었다.

그러고도 한참이 지나 두 사람이 자전거를 타고 들길을 따라 왔고 마을 사람들도 다시 한둘씩 마을 어귀로 나왔다. 보름달은 이미 한 발이나 등성이 위에 불그레하게 떠서 콩밭 자락에 비스듬히 그늘을 만들었다. 그 옆에 아버지와 최 순경이 각각 자전거를 멈춰 뒷바퀴 버팅개를 한 발로 받치며 꺾어 세워 놓고 다가왔다.

얼굴이 야리야리 앳돼 보이는 최 순경은 어깨에 카빈총을 메고 있었다. 지난겨울에 미친개를 쫓아 봇도랑을 따라갈 때 들고 있던 그 총이었다. 최 순경이 목소리며 걸음을 눈에 띄게 좀 근엄하게 해서 땅에 엉켜 있는 두 사람에게 다가갔다. 죽었는지 살았는지 아무 소리가 없다. 다만 뱃가죽이 조금씩 오르내리는 걸 보더니 숨은 쉬고 있는 것 같다며 다음 단계로 넘어갔다.

- 보소 보소. 일어나소.
- ……
- 뭐 하고 있는 거요. 퍼떡 못 일어나요!
- ……
- 경찰 명령이요. 아줌마, 그 잡은 팔 푸소. 얼릉!! 싸게!!!
- ……
- 말 안 듣네, 지기미! 창봉면 경찰 서장 명령이요. 쇠고랑 차 봐야 알겠소?!!!!
- ……

말을 할 때마다 한 옥타브씩 높아 가는 최 순경을 따라 허리춤에 매달린 은빛 수갑이 쩔렁거렸다. 하지만 너는 떠들어라 우리는 껴안고 논다는 식으로 두 사람은 옴짝달싹 않았다.

- 헤헤이 이거, 구제불능이네. 뜨신 맛을 봐야 알겠구만. 마지막으로 국가 명령이오! 하나, 둘, 셋 헤아릴 때까지 안 풀면 이 총 발사욧!!

그러면서 최 순경은 정말 흥분했는지 어깨에 멘 카빈총을 벗어 손에 잡았다.
어, 저 사람, 사고 치겠네 하며 아버지가 이젠 최 순경을 말렸다. 최 순경은 총구멍을 함부로 아무데나 돌리며 눈빛을 번득였다.

- 씨팔! 촌구석에서 짭새짓 하고 있으니 이 년이나 저 년이나 별 논두렁 똥돼지 같은 년들까지 사람 우습게보고, 뒈질라고 환장이네. 에이 엿같은…!!

이에 아버지와 낭구 할매가 다급하게 최 순경을 말리려고 팔을 잡으며 막아섰다.

- 어이, 최 순경, 와 이라노. 허허, 저 사람들 내버려 두고 일로 마오소!

사람들은 최 순경을 진정시키며 자전거 대어 놓은 쪽으로 몰아갔다. 그때 누가 부딪치면서 최 순경의 자전거를 넘어뜨렸다. 그 순간 무슨 조화인지 그 자전거 뒷자리에 고무줄로 꽁꽁 묶어 놓은 트랜지스터 라디오가 갑자기 커지고 난데없이 무슨 클래식 음악이 들판에 퍼져 나갔다. 달빛은 보얗게 천지를 내리비추고 있었다.

뭉쳐졌다 흩어졌다 굽이치며 넘실대는 그 음악은 들어 본 것 같기도 하지만 아무도 무슨 가락인 줄을 몰랐다. 다만 모두가 망연히 그 자리에 서거나 주저앉아 흐르는 낯선 음악에 젖어 입을 다물고 있었다.

얼마간을 그러고 있는데 콩밭 그늘에서 껵껵거리는 소리가 간헐적으로 나기 시작했다. 그러자 쿵쿵거리는 다른 톤의 흐느낌 소리가 합세하더니 울먹임의 이중창이 되었다. 그러다 분명히 폭포수처럼 말문이 터진 곡조가 판소리 창법으로 꽝! 하고 터져 나왔다.

- 하이고오~~~, 모진 세~상~, 사바 세에사앙~~~! 그 산에 눌러 있지 말라꼬 내려 왔노~~~. 저치 따라 와 왔노~ 안 내려 와야 될 세에사앙~~~!

그러자 울먹이며 쿵쿵대던 목소리가 기가 막히게 뒤를 받쳤다.

- 누가 아닌가베~~~, 아이고오~ 보라 아부지이~~ 나는 설워 못 살것네~~~. 사흘자앙~, 닷새자앙~, 장똘뱅이 이제는 더 못하것네에 ~~~!

달빛은 이제 서로 팔베개를 한 모양새로 땅에 드러누운 두 창기의 진흙 덮인 배를 비추고, 언제 왔는지 밭머리에 다가선 조그만 보라의 두 눈망울을 비추고, 칠지 아재와 보라 아버지의 물기 번진 광대뼈를 비추었다. 그리고 저만치 건너가 돌무지에 퍼지고 앉아 술기운을 식히

고 있는 최 순경의 목덜미를 비추고, 이제는 판소리 가락에 밀려 기가
시르죽은 채 삑삑거리는 트랜지스터의 가지런한 가죽구멍들을 비추
었다.

5 서울 이야기

오늘의 마지막 수업이 끝났다. 우리 5학년 4반 담임 선생님은 오늘도 서울 얘기를 곁들여 6교시 수업을 마치면서 내가 자리에서 일어서서 차렷, 경례, 하고 외치는 구령에 따라 전 학급이 '감사합니다' 하고 복창하면서 책상에 앉은 채 윗몸을 굽히는 인사를 하자 이를 받으며 가벼이 고개를 숙이는 맞절을 했다. 그러고는 복도로 나가다 나를 돌아다보고서는 이따가 교무실로 좀 오라고 했다. 급장인 내게 무슨 할 말이 계신가? 별로 잘못한 일은 없을 텐데? 아무튼 나쁜 일은 아니겠지.

　별것 아니지만 급장에게는 책임이 많다. 오늘 청소 당번들은 청소 잘 하고 이따가 내게 검사 맡고 집에 가라고 일러 놓고는 다른 건물에 있는 교무실을 찾아갔다. 일제시대에 지어진 그 본동 건물의 긴 나무 복도를 지나가다 보면 천장과 만나는 복도의 흰 회벽 높이 사진 액자들이 죽 걸려 있다. 교무실에 가까워질수록 더 빛이 바래고 사람 숫자가 적은 오랜 사진들이다. 그 속에는 이 학교의 3회 졸업생인 우리 할아버지가 두루마기에 학생 모자를 쓰고 흑백 단체사진 속에 서 있다. 카이젤 수염에 긴 칼을 짚은 군복 차림의 일본 선생 두엇이 근엄하게 가운데 의자에 앉아 있는 그 사진을 서너 장 건너뛰면 가르마를 탄 치마저고리의 어린 여학생도 몇 명 앞자리 끝 쪽에 앉아 있기 시작한다. 20회인 우리 아버지 대에 오면 두루마기 숫자는 많이 줄고 대부분 검은 학생복 차림들인데 이미 빽빽이 사람이 많아져서 어느 얼굴이 아버지인지 잘 알아보기 힘들다.

아무튼 오늘은 이런 사진들을 꼼꼼히 쳐다볼 여유가 없다. 무슨 일이지? 그보다도 이 깨끗하고 좀 어슴푸레한 긴 복도로 들어서는 것은 늘 긴장되고 무거운 느낌을 주며 조심스럽다. 알지 못할 두려운 어른들의 세계, 관청과 조직, 상패와 깃발이 내비치듯 권위와 상벌이 연결되는 불편하고도 위험한 어떤 피할 수 없는 버거운 세계에 닿아 있는 길이다.

교무실 문을 조심스레 밀어 안을 살피며 들어서려는데 우리 선생님이 먼저 알고 나를 맞이하여 함께 도로 복도로 나왔다. 그리고 선생님은 나를 데리고 천천히, 수많은 졸업생들이 내려다보는 복도를 되돌아 걸어 나오면서 나직이 이야기를 하신다.

- 너 집에 가서 말해 봤나? 보내 주신다더나?

- 예…, 그런데….

- 다른 애들한테는 절대 얘기하지 마라. 선생님이 특별히 급장인 너한테는 600원만 받고 다 받은 걸로 할 테니 수학여행 가도록 해라. 알았제?

- 예….

어쩌면 나도 끼어 서울 구경 갈 수도 있겠다 싶어 집에 와서 조심스레 말을 꺼냈더니 호롱불 곁에서 양말을 깁던 손을 멈추고 좀 뜸을 들이던 엄마가 아버지를 건너다보며 천천히 말했다.

- 샘이 저래 나오는데 어예 안 보내겠능교. 고맙구로…. 갔다 와라,

둘째 가름: 기억으로

서울. 그런데 야를 뭐로 입혀 보내노…?

　이리하여 나도 가까스로 다른 아이들이 950원을 내고 가는 5박6일의 서울 수학여행 팀에 묻어가게 되었는데 두어 달 전부터 쉬는 시간이든 수업 시간이든 틈만 나면 서울 얘기로 아이들을 꾀던 선생님도, 전국적인 현상이지만 그 당시 시골에는 더욱 만연해 있던 60년대의 가난이라는 조건 아래에서는 한계를 드러낼 수밖에 없었나 보다. 일흔 명이 넘는 반 아이들 중에 마지막까지 긁어모은 참가자는 나까지 합해 모두 열아홉 명이다. 다른 반들도 사정은 엇비슷해서 5학년은 1반부터 6반까지 있었으니까 약 400명 남짓한 아이들 중에 백 이삼십 명 만이 십여 명의 선생님들과 함께 서울 수학여행단을 이루어서 서울 구경이란 필생의 꿈을 이루게 된 것이다. 이 경상도 한구석에 처박힌 시골 아이들 중에 천릿길 서울 구경을 미리 해 놓은 아이는 아마도 극히 드물었을 것이다.

　며칠 후 선생님은 또 나를 불러 무슨 얘기 끝에 우리 반에 누구누구는 잘 하면 갈 수 있겠는데, 갔으면 좋겠는데, 다른 반에 비해 너무 숫자도 적고 말이야…, 하고 말끝을 흐렸다. 그 말을 놓치지 않고 있던 내가 마침 잊고 갈 뻔했던 우산을 가지러 교실에 들어서는데 무슨 일인지 방과 후에까지 머뭇머뭇 교실에 홀로 남아 있던 2분단 부분단장 정순이를 발견하고는 왜 남아 있느냐고, 무슨 일이냐고 그냥 말하려다 급장의 의무감에서 고쳐 물었다.

　－ 니는 서울 가나?

　－ 안 간다.

　－ 와?

　－ 못 간다.

그러더니 휙 얼굴을 돌려 나를 빤히 쳐다보며 웃는 건지 찡그린 건지 좀 낯선 표정을 짓는가 하더니, 그보다 머슴애 계집애 내외도 하지 않고 마치 친누이처럼 성을 뺀 내 이름을 살갑게 부르며 나지막이 덧붙였다.

- 원익아, 니 서울 갔다와 얘기 마이 해 두가, 으예?

출발 날짜는 하루하루 더디게 다가오면서도 얼떨결에 지나갔는데 그만큼 내 어린 날의 날짜 수도 좁혀 들어간 셈이다. 지금 생각하니 그때 기다린 그 열흘 남짓 동안이 마치 압축된 컴퓨터 파일 같아서 내 기억의 저장소 어딘가에 남아 있는 것도 같지만 지금 이 순간 그것을 고스란히 잘 펼쳐 풀어 읽어낼 소프트웨어는 완벽치가 않다. 출발하던 날 아침이 생각난다.

새벽인지 밤중인지 어머니가 나를 깨웠다. 혹시 시간을 놓칠까 봐 잘 수가 없었단다. 그때 우리 집엔 마침 시계가 없었다. 하나뿐인 아버지의 팔목시계는 밥을 주다가 고장이 난 게 얼마 전이라는데 아무튼 그즈음 우리 식구는 시간을 정확히 알 수 없었다. 고무줄로 친친 건전지를 묶은 헌 라디오가 있었지만 한밤중에 이리저리 톱니바퀴를 돌리다 보면 멀리 북한에서 흘려보내는 또박또박하고 괴이한 난수표 읽기 따위가 잡히는 외에 다른 방송들은 잘 들리지도 않았고 그런 밤중에 일부러 라디오를 틀 일도 없었다. 아무튼 멀리서 닭이 울었단다. 늦는 것보단 나으니 지금 학교로 가잔다.

- 아침 여섯 시까지 모이라고 했는데?

보따리 하나를 들고 엄마와 같이 깜깜한 들길을 걸었다. 밤에 가는 학교, 기분이 색달랐다. 우리가 없는 밤중엔 저 유리창 속의 교실들, 변소, 운동장엔 무엇이 있을까? 몽달귀신들? 도깨비들? 이무기들? 그럴지도 모른다. 무서운 생각이 든다.

철문인 교문에는 빗장이 걸려 있다. 운동장에도 어디에도 아무런 기척이 없어 보인다. 학교의 탱주나무 울타리를 한참 돌아가니 나지막한 숙직실 지붕이 보이고 그 가까이에 드나드는 쪽문이 있다. 어머니는 나더러 숙직실에 가서 있으면 된다고 쪽문을 따서 나를 들여보내고는 울타리 너머로 자취를 감췄다. 잘 갔다 오라는 조분조분한 긴 말도 없이 어둠 속에서 손짓만 하고서는.

숙직실에 가서 미닫이를 여니 안에서 자던 젊은 선생님 둘이 차례로 깨어 이불을 걷어차고 일어나 앉으며 조금 놀란 얼굴로 묻는다.

– 지금이 몇 시고? 새벽 두 시 아이가! 니 서울 되게 가고 접은 모양이네! 한숨 더 자거라.

시계가 없어서 너무 일찍 왔다고 할 수도 없고…, 다시 백열등을 끈 방이지만 감히 선생님들 옆에 누워 잠들 수도 없었다. 담배떨이며 장기판이며 검은색 거풀의 숙직 장부 철들이 구석에 놓인 옆에 쪼그리고 있다가 벽에 등을 대고 앉아 이럭저럭 시간을 보내는데 이윽고 우리 반 동수가 희희낙락한 얼굴로 들어서면서 동이 트고 금방 사람들이 우르르 모여들기 시작했다. 그리고 좀 더 있으니 대단하게도 우리들만을 위한 큰 대절 버스가, 그것도 똑 같이 생긴 세 대가 차례로 교문을 통해 들어왔다.

버스들은 운동장을 가로질러 교단 앞에 나란히 멈추어 선 채 부릉부릉 새벽 공기 속에 휘발유 냄새를 풍기며 시동을 끄지 않고 우리가 다 타도록 참을성 있게 기다리고 있었다. 부산스런 인원점검과 주의사항 전달이 끝났다. 아이들을 데려온 학부모들이 차창 너머로 제 아이들에게 하는 마지막 당부며 눈맞춤, 손짓들을 뒤로 하고서는 버스는 드디어 운동장을 출발하여 아슬아슬하게 교문을 지나 우리 학교, 아직 잠이 덜 깬 읍내를 뒤로 하고서는 자갈길의 신작로를 달려 포항으로 넘어가는 소텃재를 기어 올라갔다. 고갯마루에 오르니 골짜기 아래로 크지 않은 도회지의 끝자락이 보이고 길거리며 지붕 위엔 드문드문 여태 가로등이 켜져 있는데 저 멀리 바다 쪽으로는 시커먼 구름층이 가로로 수평선을 뒤덮고 있었고 그 구름 위로 말갛게 하늘이 개고 있었다.

우리는 포항의 기차역에서 내렸다. 우리 아버지가 6·25 때 어쩌다 혼자 떨어져서 인민군에게 잡혔다가 갖은 핑계로 풀려났다는 곳, 그리고 곧바로 다시 국군에 잡혀 군인들과 함께 찝차를 타고 버려진 쌀가마니를 실어 날랐다던 그 기차역이다. 전에 그런 얘기를 들으며 여기 와 본 적은 있지만 실제로 기차에 올라타기는 처음이다. 이렇게 긴 차가 정말 움직일까? 그래서 서울까지 그대로 가는 걸까? 가다가 혹시 중간이 뚝 잘리기라도 한다면 나는 길 잃은 아이가 되어 집에도 영영 못 돌아오는 것은 아닐까?

그런 두려움도 잠깐, 우리는 신나게 선생님을 따라 찻간으로 들어가 녹색 비로드가 덮인 마주보는 긴 의자에 바삐 자리를 잡고서는 길고 높은 선반에 부산하게 짐을 올려놓고 창밖을 내다보았다. 그런데 도대체 이 차는 언제 움직이는 거야? 김 뿜는 소리만 칙칙 내고, 가끔 덜커덩거리기만 하고….

조금 있다 도시락이 한 뭉텅이씩 찻간으로 올려졌고 우리는 이를 하나씩 나누어 받아 젓가락질을 했다. 얇은 성냥갑 같은 나뭇결 도시락에 쌀밥과 단무지, 찐콩 같은 것이 들어 있었는데 양이 많지 않은 쌀밥은 그나마 상당수의 밥풀이 곽에 눌어붙어서 아깝지만 일일이 떼먹

둘째 가름: 기억으로

기가 어려웠다. 집에서처럼 밥풀 하나라도 뜯어 챙겨 먹는 것이 아니라 웬만한 것은 그냥 버리기도 하는, 어쩌면 내게는 허풍선이 같은 실속 없는 세상에 나아가 발을 딛고 살아가는 첫날이 된 것인지도 모르겠다.

한두 번 제 몸을 앞뒤로 덜컹거리며 기지개를 켜던 기차가 기적을 울리며 드디어 출발했다. 경주를 거쳐 대구로 향하는 노선이었다. 생각난다. 몇 개의 지명들, 건천, 하양, 반야월…. 때는 늦가을이었던 것 같은데 이어지는 사과밭이며 길고 짧은 굴들, 다리와 산모롱이들…. 기차는 역마다 서고 간이역마다 섰다. 어디서나 낯익으면서도 조금 낯설기도 한 모양의 마을들, 산굽이들, 시내와 논밭들, 그리고 오가는 사람들…. 그 많은 풍경을 스친 끝에 오후 늦게야 우리 눈에 휘황찬란하면서도 엄청나 보이는 귀에 익은 도시, 대구에 도착했다. 혹시 가는 중간에 경주에서 내렸는지 아니면 역에서 한참을 지체했는지는 여러 기억이 뒤섞이고 헷갈려 분명치가 않다.

아무튼 우리는 대구에 압도당했다. 우리가 당도한 기차역에는 셀 수 없어 보이는 여러 가닥의 철길이 이리저리 엇갈려 놓인 채 끝 간 데 없이 뻗어 있었고 그 모두를 단번에 가로지르는 높은 육교의 계단을 올라가는 선생님을 사람들 틈에서 놓치지 않으려고 우리는 기를 쓰고 바짝 뒤를 따라갔다.

우리는 그때 단체로 대구의 방송국을 찾아간 것 같다. 아마도 라디오 방송국이었겠지. 텔레비전은 아직 몰랐을 때니까. 몇 개의 방을, 강당 같은 것과 유리창 너머로 방송실 같은 것을 엿본 것 같지만, 그보다도 내 기억에 그 건물 현관의 붉고 굵은 벽돌 기둥이며 양쪽으로 대칭을 이뤄 휘감은 계단이며 벽이며, 어디선가 담쟁이 넝쿨이 덮인 것도 본 것 같은데 혹시 다른 건물을 본 잔영인지도 모르겠다. 이미 어스름이 깔리고 있었고 모퉁이의 간판들이며 네온사인에 하나 둘 불이 켜지고 있었다. 그런데 왜 유독 몇 군데 약국들이 눈에 띄었고 동그라미 속의 붉은 한글체, '약'이라는 창문의 네온사인이 더욱 또렷하게 기억에 남는지 모르겠다. 특별히 약을 사 먹지도 않았는데 말이다.

어쨌거나 방송국을 비롯한 몇 군데를 다닌 것 같은데 이윽고 땅거미가 지고 본격적으로 어둠이 찾아오자 우리는 그만 넋을 잃을 지경이 되었다. 그건 한길 양편에 늘어선 고층건물들의 지붕이며 외벽에 번쩍이며 움직이는 휘황한 네온사인들 때문이었다. 물결처럼 지나가며 밝았다 어두워지는 것, 바둑판처럼 나뉘어 오색으로 반짝이며 정신없이 바뀌는 것, 재봉틀은 바느질을 하고 돛배는 떠나가며 야자수는 바람에 흔들렸다. 그리고 한글과 한자, 영문자로 색깔을 바꾸며 시치미를 떼고서는 틈을 놓치지 않고 허공 속에서 되풀이 이름을 알리는 수많은 상표들, 상호들…. 우리는 선생님이 만약 재촉하지 않았다면 이들을 쳐다보느라 길거리에서 잘 움직이지도 못했을 것이다. 그런데 이 맨 처음의 인상은 너무나 강렬하여 그 후에 곧바로 더 큰 도시인 서울을 다녀왔으면서도 대구만한 도시가 없다고까지, 심지어 어떤 아이는 대구가 서울보다 크고 좋다고까지 당연히 믿어 버리도록 뇌리에 잘못 박히게 되었다. 무릇 처음이란, 날것이란 이토록 생생하게 머리에 새겨지는 것인가, 많은 아이들이 말하자면 첫 도시 대구에서 진이 다 빠지고 넋이 나가 버린 셈이다.

기억은 좀 어렴풋하지만 우리는 대구에서 1박을 한 다음이든가 아니면 대구 도착 그날 저녁 서울행 완행열차에 몸을 실은 것 같다. 시간과 경비를 아끼기 위하여 서울행 기찻간에서 잠을 자도록 한 것일 테지. 얼마를 지나자 바깥은 점점 짙어지는 어둠인데 기차가 규칙적으로 덜컹거리는 소리가 났다. 선생님이 지금 왜관을 지나 낙동강 철교 위를 가고 있다고 했다. 왜관? 참 이상한 이름도 있군. 왜놈들이 사나? 하지만 기차는 그 따위 의문엔 상관 않고 밤의 속으로 끊임없이 내처 달리며 꽤액 꽥 고함을 지르기도 했다.

나는 거의 내내 창밖을, 펼쳐지는 새 세상을 내다보았다. 그런데 열심히 바깥을 보아도 내 작은 얼굴이 희미하게 되비치는 유리 너머로 이제 제대로 식별되는 것은 드물고 그 대신 드문드문, 가까이 멀리 있는 무슨 전등 같은 불빛들밖에 보이지가 않았다. 줄 지어 있거나 너댓이, 아니면 여럿이 떼지어 모여 있거나 외따로 떠 있는 그 불빛들은 내게로 조금 다가왔다가는 천천히 물러서다 이윽고 사라져 가고 멀리서 다시 새로운 불빛들이 피어나 다가왔다. 우리의 여행이란 이러한 불빛들과의 조금 거리를 두고 있는 만남이며 아슴푸레하게, 그리고 결국 영원히, 멀리 헤어짐이었다. 그 저녁을 밝히던 여러 불빛의 새암들, 지금은 기억의 창고 속에서 아직은 여리게 전류가 남아 있는 손전등의 전구처럼 얼마간의 밝음을 내비칠 뿐 실제의 공간에서는 다들 오래 전 어느 시점에서부터인가 하나하나 풀이 죽고 꺼져가 이제는 아마도 말끔히 치워져 낯모르는 새로움으로 갈아 끼워져 버린 것들이겠지.

마주보는 우리 의자의 칸에서 선생님이 좁게 끼어 앉은 아이들과 이런 저런 이야기를 주고받았다. 평소의 선생님과는 좀 달리 가벼운 농담도 하고 이 아이 저 아이와 친구처럼 친척처럼 주고받는 얘기에 나는 왠지 잘 끼어들 기회가 없어서 듣기만 하다가 의자의 등받이와 차갑고 딱딱한 창이 만나는 구석에 고개를 젖혀 박아 눈을 감고 잠을 청하는 척했다. 교실에서는 거의 언제나 내가 중심이었는데 여기서는 쟤들이 선생님과 더 친하구나! 계집애들도 다가와 선생님께 더 스스럼없이 살갑게 대한다. 몰랐는데? 나는 저렇게는 잘 못하는데 계집애들은 집에서도 저럴까?

그러는데 또 한 차례 복잡한 틈을 비집고 먹을 것을 파는 밀수레가 지나간다. 선생님이 인심을 써서 뭘 사시는구나. 지금쯤 우연히 깨는 척을 해도 될까? 하나 받아먹으려면…. 그런데 선생님이 과자며 마실 것을 사서 나누어 주는 것 같은데 나를 구태여 깨우지 말라고 그러신다. 자는 게 낫다고…. 그러니 더 깰 수가 없네. 작은 것이지만 이렇듯 기회란 내 손에 차마 안 잡힐 수가 있는 것이고…, 문득 쓸쓸해지고 적막해지는 군중 속의 외톨이, 나 홀로 실려 떠내려가야 하는 객지의 밤이구먼. 그런데 이제 와 돌이켜 보니 그건 그저 그 후로 내 인생에 수많이 이어진, 자그마한 일로 갈림길에서 떠나가거나 반쯤은 스스로 기회를 놓친 그렇고 그런 좀 서운하고 꽤나 적막한 밤들의 기억에 남는 맛뵈기였을 뿐이었다고 여겨지는구먼.

아무러하든 이러한 명멸과 규칙적인 덜컹거림, 그리고 조금은 야릇한 냄새 속에서 밤은 깊어갔다. 가물가물하는 졸림과 불편과 으스스함 속에서 조금씩 조금씩 쟁여지는 그 나마의 따스함과 아늑함, 이를 생각없이 흩뜨리는 어수선과 낯섦이 버물러지며 시간은 흘렀고 그에 따라 낯선 정거장에서 사람들은 주섬주섬 제 몫의 인생을 등에 지고 손에 들고는 차가운 바깥바람을 뭉터기로 잘라 넣으며 출입구를 오르고 내렸다.

이러한 밤이 길게 이어지니 한참 동안은 좀 저 건너편에 있는 어떤 다른 세상을 거치고 있지 않았나 하는데 그러다 어느 순간 좀 더 큰 덜 컹거림에 정신이 들어 내다보니 밝아 오는 새벽의 훤한 빛이 넓게 물에 비치는 속에서 철교 난간의 굵은 세로대들이 창밖을 재빨리 오르내리며 스쳐 지나갔다. 한강이다! 직감이었다. 뭐든지 많이 흘러넘치거나 쏟아져 있으면 우리 엄마나 누나나 걸핏하면 그렇게 빗대어 일컫던 바로 그 한강이란다. 서울에 다 왔단다. 내릴 준비를 하란다. 그런데 바로 내린다더니 성질 급한 놈 숨넘어가게 길기도 하다. 철교를 통과하여 강 하나를 지나 건너는데도 한참이거니와 거기서 마지막 종점인 서울역까지는 또 얼마를 더 가고 있는 건가! 한강이, 서울이, 우리나라가 크긴 크구나!

그 후의 서울 이야기는 아무래도 짧게 줄여야겠다. 정순이가 얘기 많이 해 달라고 애틋이 남몰래 부탁을 하긴 했지만 말이다. 하기야 내가 수학여행에서 돌아와서는 거짓말 조금 보태 한 해 내내 서울 얘기를 했다. 주로 열 살 많은 우리 누나한테 많이 했지만. 누나는 내가 얘기를 재미있게 잘 한다면서 시키고 또 시키고, 나는 시키면 마다 않고 매번 신나게 지껄여댔다.

생각난다. 우리는 긴장하여 서울역에 내려 선생님의 골덴 양복 뒷자락을 붙잡고 전차를 타고 버스를 타고 한참 걷기도 하여 골목길을 따라 들어가 어느 여관으로 갔다. 중앙청이 비스듬히 보이는 이층짜린데 이름이 증평여관이었다. 발음도 어려운 이상한 이름이라고 했더니 증평이라는 충청도 땅이 있다고 했다. 우리만이 아니었다. 옆방에는, 이웃 여관에는 말씨가 엇지고 나이가 층이 지는 다른 지방 아이들이 들었고 중고등 학생들과 여학교의 학생들도 있었으며 이들과 괜히 조금 시비가 일어 패싸움이 날 뻔하자 인솔 선생님으로부터 어마어마한 주의를 들었으며…. 그런데 그날 저녁 한둘만 남고 선생님들이 한동안 어디론가 사라졌으며, 골목에는 아이스케이크가 아닌 처음 보는 고급스런 아이스하드 장수가 통을 들고 팔러 왔으며, 눈에 대고 돌려가며 여러 경치 사진을 보는 만화경 같은 것을 보여 주고 돈 받는 중년의 장사꾼 아저씨….

들어서 알고는 있었지만 이 여관 골목만을 보건대도 서울은 확실히 우리 사는 동네보다 더 크고 복잡하고 야하기도 하며 빠듯하기도 했다. 음식으로는 큰 접시에 잡채가 자주 나와 금방 없어졌고 짐가방이며 신발들은 좁은 복도에 어지러웠으며 세면대는 비좁고 여관 가득 발고랑내가 풍겼다. 내가 중학생이 됐을 때 사회 시간에 들은 얘기가 서울 인구 340만이었으니 이 때는 아직 300만이 채 안 되었을 텐데도 서울이란 데가 우리 촌놈들한테는 꽤나 어지럽고 헷갈리며 빡빡해 보였다.

그날 낮부터 본격적으로 많이 걸었던 생각이 난다. 중앙청 앞으로, 비원으로, 미도파 백화점으로……. 경회루 앞에서 반별로 단체사진을 찍었으며 창경원으로, 탑골공원으로, 남산으로……. 케이블카를 탔는데 흰 장갑을 끼고 소년단 모자를 썼으며 빨간 제복을 입은 천사 같은 자그마한 안내양이 우리더러 교가를 부르라며 함께 노래를 시키고 세련된 서울 말씨로 어디에서 왔어요? 하고 아이인 우리들에게도 일일이 높임말로 물었다. 뻘쭘하게 잘 대답을 안 하니 재차 물었다. 여자도 참 말을 잘 하네? 전차에서도 버스간에서도 아저씨 아주머니들이 어디서 왔느냐고 자꾸 묻기에 진짜 고향, 우리 학교가 있는 읍의 이름을 댔지만 아무도 어딘지를 몰랐지 않나! 그래서 포항이랬다가 대구랬다

가 좀 더 알 만한 이름을 대며 이리저리 대답하기에 며칠 사이에 이골
이 났는데 그 사이 조금 주눅이 풀린 어느 놈이 이번에는 불쑥 싱겁게
받아쳤다.

   - 정평여관요! 정평서 와서요!

붐비는 전차간에 앉은 곱게 쪽을 진 아주머니가 보따리를 받아주겠
다고 했지만 우리는 한사코 거부하고 꺼안고 있으니까 그 아주머니가
왜 그러냐고 점잖은 말씨로 거듭 재촉하며 물었다. 마침내 내가 대답
했다.

   - 서울서는 조심하라꼬, 깍쟁이가 많다꼬, 눈 뜨고 코 비이 간다 카
데요!

그 말에 사람들이 왁자하게 웃었다. 그런데 아주머니가 다시 낮게
타이르며 혀를 찼다.

   - 안 그래요, 쯧쯧…… 그런 곳 아니야, 참 큰일이네……

더 높고 좋은 빌딩도 많았는데 하필 열 두세 층짜리 대한항공 빌딩
얘기만 했느냐고 여러 해 후에 서울에서 살게 된 누나에게 나중 핀잔
을 듣기도 했지만 기억이란 게 꼭 순서대로 크기대로만은 안 되지 않
는가! 다른 것 다 두고 왜 이런 기억은 바로 조금 전 눈앞에 본 일 같은
지. 밤에 전차를 타는데 지붕 위에 뻗은 전깃줄에서 대장간에서 부싯
돌을 돌려 칼을 갈 때처럼 번쩍번쩍 푸르고 붉은 불줄기가 튀는 것 하
며 천장에 매달린 동그란 손잡이들, 바깥벽에 크게 그려진 악수하는
두 손과 독수리며 별 따위가 실타래처럼 뭉쳐진 미국 국기의 휘장. 전
차가 미국 것이랬나? 박물관인지 미술관에서 본 검고 딱딱한 나체상
들. 어느 벽 앞에서 선생님은 우리더러 유난히 빨리 지나가라고 했는
데 나중 다른 애가 이야기하길 그때 선생님 등 뒤 벽에 발가벗은 여자

의 사진이 붙어 있었다고. 자기는 봤다고. 서울에서는 여자가 발가벗고 사진을 찍기도 하나?

돌아오는 기차도 역마다 서는 완행이었지만 우리는 이미 어떤 고비를 넘어 달라진 아이들 같았는지 아니면 조금 심드렁해진 건지 특별한 인상이나 기억은 없다. 아무튼 우리는 서울에 갔던 사람들이 되어 실려 내려오고 있었으니까 올라갈 때와는 완전 다르지. 살아 있는 역사와 현장의 증인이랄까, 적어도 동네 조무래기들한테는 뭐든지 내게 다 물어봐, 자신 있어, 하는 일종의 이런 기분이랄까 상태였겠지.

그런데 말이다. 다른 사람들에게는 수없이 서울 얘기를 했으면서도 정작 정순이에게는 한 번도 기회가 없었다. 수학여행 못 간 같은 반의 삼분의 이가 넘는 많은 아이들을 위해 선생님이 한두 번쯤은 급장인 나를 시켜서라도 앞에 나가서 얘기를 하든 뭐든 시킬 법도 한데 그런 일도 없었고 선생님도 더 이상 서울 이야기는 거의 입에 담지 않았다. 그 애와는 내가 특별히 사사로이 마주칠 기회도 이상하게 더 없었고 말을 해 주려고 내가 일부러 기회를 만들 생각도 못했을 뿐만 아니라 결국에는 애꿎은 일이 생겨 모든 것을 망쳐 버렸다. 왜냐면 그 후 어느 날엔가 선생님이 나 들으라고 남자는, 무엇을 맡은 사람은 뭣보다 통솔력이 있어야 한다고 말한 일이 있었기 때문인데 이 때문에 사단이 난 셈이다.

선생님 말씀은 요즘 학급 통제가 좀 잘 안 되어 맘에 안 찬다는 말씀이렷다! 내가 봐도, 좀 속상하지만 그건 사실 잘 보신 것이다. 애들이 참 말을 안 듣고 선생님만 눈에 안 보이면 제멋대로들 하려 한다. 이건 엉망이고 개판이라서 고쳐야 하는데 잘 안 된다. 어느덧 나도 선생님의 군대 얘기에서 들었듯이 통제가 가장 멋있다고, 말 한마디에 착착 돌아가는 것이 제대로 된 세상이라고 세뇌가 돼 있었나 보다. 그런데다 내가 누구처럼 애들에게 뭘 사 주고 먹여 가면서 달래고 억박지를 형편은 못 되고…, 더군다나 나는 몸도 작고 따라서 힘도 싸움도 별로고, 공부시간에 좀 잘 나선다는 것 밖에는…, 한심한 생각이 들고 짜증이 났다. 통솔력? 좀 어렵고 낯선 말이다. 선생님도 자주 쓰지는 않는 말이다. 그건 아이들을 복종시켜 따르게 만드는 것이란다. 그런데 통솔이 말로만 되나? 요즘은 계집애들까지 고분고분 않고 기어오르기도 하는데…, 자존심 상한다. 작은 고추가 맵다고, 안 되면 깡으로 하는 거지. 꺾어야 올라서고 무서워서 따르는 거지……, 과감하게!

　이런 생각에 젖어 좀 앙앙불락해서 교실을 들어서는데 잘못된 시간에 잘못된 장소라고, 마침 청소 당번인 2분단 계집애들이 하라는 청소는 안 하고 내 책상이며 주위에 방자하게 걸터앉아 만화책 같은 것을 함께 고개 쳐박아 들여다보며 시시닥거리고 있다. 게다가 내 책보도 바닥에 떨어져 있다. 하나를 보면 열을 안다고 다들 나를 만만하고 우습게 보는 게 아니고 뭐란 말인가! 순간적으로 내가 발끈해서 선생님이 쓰는 긴 막대기를 잡아 책상을 내리쳤다. 아이들이 놀라서 흩어졌는데 부분단장인 정순이는 그 자리에 얼어붙은 듯 서서 피하지도 않고 빤히 나를 바라보고 있다. 다짜고짜 다가가 세차게 뺨을 올려붙였다. 충격을 받아 발갛게 달아오른 둥근 얼굴이 그대로 미련하게 내 눈앞에 멈추어 있다. 한 번 더 뺨을 쳤다. 좀 심했나 하는 생각이 들 겨를도 없이 정순이는 얼굴을 감싸고 울면서 뛰쳐나갔다.

　이것이 내 평생 여자의 뺨을 친 처음이자 마지막 사건인데 지금 나이 들어 굳어져 가는 내 오른 손바닥을 내려다보며 잠시 생각에 잠긴다. 이 손바닥으로, 물속의 빙산처럼 물려받은 내 거대한 포악을 차가운 바닷물 속에 담가둔 채, 아리땁고 여린 다른 목숨에게 그 이상의 험하고 맹랑한 폭력을 쓰지 않고도 이때도록 이것이 이 한 몸의 일부로 달려 이럭저럭 건사된 것이 다 누구의 배려일까? 희생일까? 용서일까? 망각일까? 사랑일까?

이윽고 나의 서울 갔던 얘기도 좀 수그러들 때쯤 해서 방학을 하고 학기가 끝나고 국민학교의 최고 학년인 6학년이 되는 반 편성이 있는 날인데 또 우리 담임선생님이 나를 불렀다. 5학년 선생님이 그대로 다음 해의 6학년 담임을 맡게 되는 것이 학교의 방침이고 그건 중학교 입시 때문이다. 내쳐 아이들을 잘 지도하여 좋은 진학 성적을 내야 하기 때문이란다.

- 너는 내가 그대로 데려갈 텐데 다른 선생님들이 신경 쓰인다. 그러니까 이따가 운동장에서 반 편성할 때 너는 꽃밭에 숨어 있다가 마지막에 우리 반에 슬그머니 묻어 들어와라. 내가 미리 전체 호명 명단에서 슬쩍 너를 빼놨다.

이렇게 나를 아끼고 써먹으려는 우리 선생님의 분부대로 나는 꽃밭에 엉킨 마른 코스모스 꽃대 뒤에 몸을 숨겼다. 아이들은 마이크로 제 이름이 불리는 대로 새로 정해진 6학년 담임선생님의 앞으로 뛰어가거나 서먹서먹 다가가 자기들끼리 따로 줄을 지어 섰다. 나름대로의 운명의 갈림길이 되니 흥분과 탄식이 교차하여 왁자지껄하면서도 경건했다. 문득 정순이도 우리 반이 되면 좋을 텐데 하는 생각이 스쳤다. 벌써 이름이 불렸나? 어디 있나? 빽빽이 모여 앉은 아이들, 어지러이 움직이는 아이들이 꽃대 사이로 보였다.

그런데 나중에 알고 보니 정순이는 아무 반에도 들지 않고 그냥 멀리 간다는 것이다. 전학이란다. 새 교실에서 6학년이 되어 새 자리에 앉았는데 노는 시간에 정순이가 학교에 전학 서류 떼러 왔다면서 우리 선생님에게 인사를 왔다. 그리고 나가다 말고 복도에서 머뭇거리는 내게로 와서 말했다. 자기는 내일 서울 간다고. 가서 이모하고 산다고. 서울 이야기 못 들었지만 괜찮다고. 뺨 맞은 것도 되게 미웠지만 이젠 괜찮다고.

6 백설기

그때 나도 진우도 시골 중학교의 2년생이었다.

교실의 내 짝인 진우는 벌써 몇 번째 내게 조르기를 자기 마을에 놀러 한 번 가자는 것이고 자기 집에서 자고 가라는 것이었다.

하학 길에 들판의 갈림길에서 바라보면 진우네 마을은 저만치 시오리쯤, 우리가 큰 거랑이라고 부르던 넓고 마른 강의 건너편 저쪽 기울어진 들판을 한참 거슬러 올라간 산기슭에 자리하고 있었다. 산자락에 파묻혀 초가집이 몇 채 아스라이 보이는 그 마을은 큰 거랑 건너편의 다른 마을들과 함께 국민학교의 구역이 달라서 중학교에 들어가기 전까지는 서로 모르던 아이들이 사는 동네였다.

서로 모를 뿐만이 아니었다. 그때는 무엇이든지 우리나라 좋은 나라, 남의 나라 나쁜 나라 하던 시대였으므로 우리 학교 아니면 다 나쁜 학교였고 그 학교에 다니는 아이들에 대해서도 마찬가지였다. 더욱이나 그 학교는 우리가 다니는 읍내의 국민학교보다는 좀 작은 학교였으므로 우리들은 집단적으로 걔네들을 깔보며 핍박하였다. 어쩌다 신작로에서 만나거나 닷새마다 열리는 장터에서 마주치면 그 국민학교의 이름을 앞에 붙여 무슨 뺑이~ 무슨 뺑이~ 하며 짓궂게 해코지하며 놀리거나 심지어 패싸움을 벌이기도 하였다. 누가 꼭 그러라고 시킨 것도 아닌데 돌도끼 들고 설치던 수천 년 전 조상 때부터 전해오는 부족 사회의 자극과 본능이 핏줄 속에 남아 있음인지 하여튼 보기만 하면 휘몰아 두들겨 패고 쫓아내는 것이 집단무의식이요 이심전심이었다. 아무래도 숫자가 적은 주변지역에 있던 그 아이들은 기세에 몰려 도망가면서 쑥떡을 먹이거나 몇 차례 돌팔매질이 고작이었다. 그럼 그렇지, 부족 단결의 전제조건은 항상 상대편에 대한 혐오와 낮추보기라니깐. 짜식들, 해가지고 몰려다니는 꼬락서니란!

반면에 우리가 어쩌다 그쪽 지역에 가야 할 일이 있을 때엔 아연 긴장이었다. 언제 어느 곳에 보복의 덫이 놓여 있을지 모르므로 어른 없이 혼자서 그런 마을을 지나가는 것은 위험천만이었다. 더구나 그 마을의 아무 계집애와 마주치는 것도 나쁜 징조였다. 아무 일도 없이 그냥 지나치기만 했을지라도 그 마을의 사내아이들은 원초적인 보호 본능이 촉발되어 난폭한 전사로 돌변할지도 모르니까. 그러니 쓸데없이 말을 걸거나 하여 희롱으로 오해받을 소지를 만들어 내는 것은 괜히 졸고 있는 미친 짐승의 코털을 건드리는 거나 마찬가지였다.

이러던 아이들이 중학생이 되어 까만 교모에 까만 교복을 입고 한 학교에 모였는데 채 며칠이 지나지 않아 언제 그랬냐는 듯이 정이 들어 버린다. 우리 집에 놀러 가자, 우리 뒷산에 뭐가 있단다, 니 우리 동네 와 봤나? 재실 뒤에 산토깽이 잡으러 안 갈래? 물총새 많은 안골 개울에는 돌만 뒤집으면 가재란다.

그런데 2학년이 되어 한 반이 된 진우가 몇 달째 조르더니 겨울방학이 시작되려는 마지막 날 정색으로 나를 붙잡고 애걸했다.

– 원익아, 울 엄마가 니 함 꼭 델꼬 오란다. 이번에도 안 오머 너무하

데이, 하룻밤만 자고 가라, 알았제?

학년이 다 지나도록 반에서 무엇 하나 특출하게 내보인 것도 없고 어쩌다 보는 시험 점수며 학기말 등수도 뒤에서 매기는 것이 더 빠른 진우였다. 단지 키가 비슷하다는 이유로 내 옆자리에 앉혀졌다는 데서 좀 억울하다는 생각도 들었었는데 조금 시간이 지나자 공부 말고 노는 것에는 결코 아둔해 보이를 않았다. 그리고 바른 말이지 그 동네에는 한 번도 가 본 적이 없지 않은가! 방학을 하는 날 내가 약속했다.

- 열흘 안으로 함 가꾸마!

진우가 입이 헤벌어졌다.

- 꼭이다, 이잉?

집에 가서 생전 처음 마을을 벗어나 혼자 외박을 하겠다는데도 허락은 쉽게 떨어졌다. 중학생도 이제 이력이 붙게 되니 뭔가 대접이 다르네 하고 뿌듯해 하는데 기운 햇살을 등진 채 마당에 서서 새하얗고 너른 옥양목 이불 호청을 빨랫줄에 뒤집어 펴 널던 엄마의 실루엣이 따사롭고 밝은 장막 너머에서 팔을 들어 움직이며 한마디를 눙쳤다.

- 남의 동네 가서 행실 잘 하고, 니는 다 잘 안 할라. 언제 오노?

- 하리나 이틀…

- 너무 오래는 있지 말거레이~

겨울 날씨 치고는 따사로운 오후, 나는 혼자 타박타박 서편을 향해 걸었다. 아무것도 손에 든 것 없이 맨몸이었다. 그땐 어딜 가더라도 세면도구 하나 안 가지고 다닌 것 같다. 낮은 길 가다 개울에서 씻고 수건이 없으면 윗저고리 앞자락으로 훔치고, 며칠에 한 번씩 왕소금을 갈아 가운데 손가락에 묻혀 어설픈 양치질이나마 하긴 했던가? 작은 거야 말할 것도 없고 한데서 큰 것이 마렵더라도 별문제 없었지. 지나치던 길에서 웬만큼 떨어진 도린곁에 주저앉아 보랏빛 자욱한 먼 풍경을 바라보며 쉬 해결할 수 있었으니까.

둑을 따라 한참 걸어가다 그 마을이 건너다보이는 곳에서 큰 거랑으로 접어들었다. 큰물이 지나간 강바닥에는 멍석 너비만한 한 줄기 냇물이 맑게 흐르고 있었고 철 지난 왕바랭이가 뻗어나간 모래톱을 지나 건너편 기슭에 이르자 조그마한 다락논들이 이제는 새파란 보리 밭뙈기가 되어 벼랑에 매달려 있었다. 그리고 그 틈서리에 숨어 있던 굽이진 자갈길이 마을을 찾아가는 내 눈앞에서 조금씩 허리를 폈다.

－ 인자부터는 강씨네 땅이네….

한 눈에 절도 교회도 향교도 없어 보이는 백호 남짓 돼 보이는 마을의 어귀에 들어서는데 한두 사람이 지나쳤다.

－ 진우네 집이 저 뒤쪽 저 집인가요?

바소쿠리를 얹은 지게를 진 채 늙수그레한 아저씨가 몸을 돌리며 끄덕였다.

－ 아, 그래. 지촌 어른 말이제? 골목 돌아 저어 뒤쪽 회나무 있는 저 집 아이가.

내가 제법 규모가 있어 보이는 큰 초가의 그 집 대문간을 들어서자 진우가 강아지처럼 뛰쳐나오며 반겼다.

－ 어매~, 원익이 왔다!

나는 모범생 티를 내느라고 대청에 앉은 진우 아버님께 큰절을 올렸다. 진우를 많이 닮은 그 어른은 생각보다 노인이었다. 절을 마치자 진우는 기다렸다는 듯이 나를 조그마한 자기 방으로 이끌고 갔다. 그러자 금방 진우 엄마가 따라 들어왔다. 역시 나이가 상당히 든, 쪽을 진

할머니 모습이었다. 그러나 목소리는 칼칼했다.

- 아이고 니가 그래 공부를 잘 한다며? 우리 진우 잘 갈채 조라. 배 안고푸나? 머 갖다 주꼬?

이어서 군대용 방한모를 접어 올려 복슬개 귀처럼 너풀거리는 진우 형님이 들여다봤다.

- 진우카 잘 놀아레이~

이번에는 아버지뻘 같아 보이는 진우 큰형님이 금니빨을 번쩍이며 방문을 열었다.

- 니가 가아가?

그런 후에도 마당을 지나다 진우 형을 또 한 사람 만났고 외양간 안에도 한 사람 있었다. 또 형 한 사람은 마을 뒤쪽 양계장에 있다고 그리로 같이 가서 보잔다.

- 니는 도대체 형이 멫이고?

- 아홉이다. 내가 막내다.

- 아이구야~ 누나는 없나?

- 맨 우가 누분데 시집 가 부산 산다. 조카가 다 내카마 우다.

순간 나는 이 아이가 나보다 머리가 더 좋을지도 모른다는 생각이 들었다. 그 많은 형제자매들을 주르르 다 꿰차고 있으니.

- 우리 집이 열아들 집 아이가. 하낫도 안 죽고…. 동네서 잔치하며 울 엄마가 노상 불레 댕긴다. 울 엄마가 새각시 팔 붙잡고 절 시켜 주며 줄줄이 다 아들 낳는다 안 카나.

이날 큰 방에서 함께 저녁을 먹는데 진우 아버님은 사랑방에서 따로 상을 받았다. 진우 맏형과 장가 안 간 형제들만 그 집에서 살고 있는 듯했지만 그래도 방이 꽉 차는 느낌이었다. 다들 말없이 고봉으로 꾹

꾹 눌러 담은 밥그릇을 금세 비웠다. 무슨 엄숙한 의식을 행하는 것 같았다. 진우 엄마만 억지로 내 밥그릇에 밥을 더 떠 얹어 주며 몇 마디 했다.

- 이래 맛없는 거만 조가아 어야노? 그래도 마이 묵아레이~

장가든 형제들은 담을 이웃하여 살고 있는 것 같았고 저녁을 먹고 나자 다들 별일 없어도 큰집을 한 번씩 들렀다 가는 것 같았다. 그날 확실히 배운 것 한 가지, 형제들은 하나든 열이든 다 닮았다는 것.

그날 저녁 진우는 집안 구석구석을 데리고 다니며 자랑하고 싶은 것, 보여주고 싶은 것은 죄다 보여줬다. 겹집인 안채와 홑집인 사랑채를 비롯하여 외양간, 광 등 크고 작은 초가집이 한 울타리 안에 대여섯 채는 되는 것 같았고 그 고장이 다 그렇듯이 기역자나 디귿자집은 없고 다 일자집이었다.

안채의 어느 깊숙한 뒷방에 가니 진우 어머니가 돋보기를 끼고 바느질을 하다 우리를 위해 떡이며 곶감 같은 것을 시렁에서 꺼내 담아 주었다. 진우는 옆방으로 가더니 벽장을 열어 그 속에 있는 색실로 꿰맨 옛날 책들을 꺼내 보여주었다. 무슨 강씨 대동보라고, 나도 읽을 수 있는 한문으로 표지가 찍힌 족보랑 한시 문집 따위였다. 진우 엄마가 반짇고리를 들고 따라 들어와 아들과 함께 이것들을 내게 펼쳐 보여주며 즐거워했다. 내가 제법 알아보고 알아듣는 척을 하자 벽장 한 쪽에 있는 고리짝이며 궤짝을 내려서 본격적으로 뒤지더니 두루마리들을 꺼냈다. 낱장들도 있었다. 붓으로 내리 쓴 그 글들은 주로 한글이었지만 몹시 흘려 써서 나로서는 잘 읽을 수가 없었다. 그런데 진우가 그걸 줄줄 읽어 보이는 것이었다. '일기 날로 화창하온 방춘가절에 댁내 두루

기운 평안하압시고….'

– 이게 먼 동 아나? 내간 아이가. 예전에 내 시집올 때…, 사뭇 옛날
이제. 이거는 노랫가사고. 봄에 화전 가머 해가 저무더럭 다 이런 노랫
가락을 안 불랐나. 꽃다지 아 한 지도 오래 됐다.

진우 어머니는 자기 옛날 이야기며 집안 내력을 내가 일부러 들으러
온 사람인 양 대하며 하염없이 사설을 이어갔다. 그래요? 그런가요?
하고 매번 예의 바르게 응대는 하지만 '강씨만 뭐 성인가? 나도 그런
건 대충 아는 얘긴데…, 우리 집안에도 이런 거 다 있었다던데…, 육이
오 때 타 버렸다고는 하지만….' 그런 생각이 드리워지는데 진우가 자
기 엄마 말을 잘랐다.

– 어매, 떡 좀 더 두가.

그러더니 진우는 다락 구석에서 빨래판 같은 검은 널빤지를 몇 장
꺼냈다.

– 니 이게 먼 줄 아나? 족보 찍는 목판 아이가. 나도 해 봤다. 넙적붓
으로 먹칠 해가아 문조오를 올레 놓고 좁쌀 주미이로 콕콕 눌라 찍는
다 아이가.

오톨도톨한 표면을 만지며 내가 신기해했다.

– 팔만대장경이네!

이튿날은 정말 진우를 따라 마을 여기저기를 다니며 여러 사람을 만
났다. 조그만 마을에 볼 것도 많고 들을 것도 많았다. 맏형이 하는 양계
장에 가서 일도 거들었고 진우 삼촌이 읍내에 가서 값이 다른 두 가지
달걀을 팔고 와서는 하루 종일 계산을 못 맞춰 끙끙 앓는 것을 내가 옆
에서 듣다가는 단번에 해결해 주기도 하였다. 얼마 전에 학교에서 배

운 방식이었다. 미지수 엑스, 와이, 두 개를 설정하고 두 개의 수식을 만들어 풀면 되는 간단한 문제였다. 쉰이 넘어 보이는 진우 삼촌이 눈이 휘둥그레졌다.

- 니는 천재다!

- 아이시더. 중학교 이학년이며 이런 거 배우니이더.

- 그런데 진우 니는 와 하낫도 모리노!

겸연쩍기도 했지만 졸지에 천재 대접을 받아 뿌듯해진 나는 자신감을 회복하고 하루가 어떻게 지나는지도 모르게 우리 동네처럼 마을을 쏘다녔다. 양계장을 나오다 어느 청년을 따라가 그가 손수 깎아 만든 평행봉이며 철봉이며 역기 등 운동기구가 놓인 곳에서 운동 시범을 보고 따라 해 보는데 어느 다른 청년이 권투 글로브를 갖고 왔다. 덩치도 큰 데다 너울가지가 좋아 보였다. 내 차례가 되어 그 청년과 권투를 하는데 방심하던 그의 명치를 질러 버렸다. 고꾸라져 있는 큼지막한 몸뚱이를 내려다보며 울컥 겁이 났으나 이윽고 그가 반쯤 웃으며 몸을 펴고 일어섰다.

- 쪼꼬만 놈이 잽싸데이.

어느 집엔가 새로 산 경운기가 고장 나 마당에 뜯어 발겨 놓는 것을 한참이나 같이 들여다보기도 했고 저녁답에는 다른 청년이 산기슭 바위 위에서 흘러간 유행가며 동요를 하모니카로 멋들어지게 불어 제키는 것을 듣기도 했다.

그날 저녁, 진우네 집 사람들이 붙잡기도 했지만 나도 어느새 집에 갈 생각을 접고 있었다. 저녁을 먹고 이윽고 날이 어두워지자 진우는 나를 이끌고 이웃의 어느 집으로 갔다. 마침 어른들이 집을 비운 것 같았다.

내 아래위 또래의 머슴애 서넛이 있고 계집애도 네댓이 있었다. 그
중에는 우리 학교에 다녀 아는 애들도 있었지만 모르는 아이들이 더
많았다. 도회지로 유학 중인가? 아니면 학교를 안 다니나?

다들 친척이거나 잘 아는 듯 스스럼없이 어울려 떠들더니 방에 모여
앉아 여러 가지 놀이를 했다. 나는 말수를 줄이고 그저 하는 대로 따라
가는 수밖에 없었다. 아주 어릴 때 말고는 이렇게 계집애들하고 어울
려 논 적이 없어 서먹서먹한 데다 긴장이 되었다. 그러면서 바보처럼
보여서는 안 되는데 하고 신경을 쓰니 부자연스럽기도 하거니와 마음
을 잘 가누지 못하고 있는데 좀 새초롬해 보이는 계집아이 하나가 살
짝 나를 훔쳐봤다. 신경이 좀 쓰이지만 모르는 척하고 있는데 아이들
은 여러 가지 놀이를 계속했다. 끝말 이어가기, 묵찌빠 정도는 익히 아
는 거지만 나란히 두 줄로 마주앉아 다리를 뻗어 상대편 가랑이 사이
에 차례대로 엇갈려 뻗어 놓고는 순서대로 무릎을 탁탁 짚어 치며 '이
걸이 저 걸이 갓걸이…' 어쩌고 하는 긴 사설 끝, 마지막 마디에 순서가
짚어지는 아이가 다리 하나씩을 꺾어 접어 가는 놀이는 한참이나 못
해 본 놀이였다. 마주 앉아 엇갈려 뻗은 그 아이의 바지 입은 짧은 다
리가 예뻐 보였다.

그밖에도 여러 가지 내가 모르는 레퍼토리가 많았는데 어느 계집아
이가 자리를 뜨더니 쟁반에 놓인 커다랗고 둥그런 떡 덩어리를 문종이
로 덮어서 가지고 왔다. 들치는데 보니 새하얀 백설기 덩어리였다. 제
동생 돌떡이라나. 어쨌든 시장했던 참에 맛있게 갈라 먹는데 내 상대
편의 그 계집아이는 조금만 떼어 먹고 남은 떡을 문종이에 고이 싸는
것이었다.

- 니 와 안 묵노?

누가 물었다.

- 응, 이따가……, 지금은 배가 쫌.

쟁반과 부엌칼을 툇마루로 내다놓고 다시 방으로 들어서던 머슴애 하나가 앉지를 않고 그대로 서 있더니 방 가운데 드리워진 백열등의 스위치를 만지며 말했다.

- 또 장난 함 쳐 보까?

누가 무슨 반응을 한 것 같은데 어느 결에 갑자기 방이 깜깜해지고 까아악~ 계집애들의 비명소리가 찢어졌다.

동시에 누가 나를 뒤에서 덮치더니 내 가슴을 마구 더듬는 것이었다. 억센 머슴애 손이었다. 한 십초나 지났을까, 백열등이 다시 눈부시게 빛났다.

- 자식아들 지랄 안하나!

어느 계집애가 눈을 흘기며 빽! 소리를 지르는 끝에 어울리지 않게 킬킬 웃음을 머금었다.

- 니 너그 아부지한테 일라뿐다이!

얼굴이 붉어진 다른 계집애가 짐짓 화난 척을 했다.

- 지난여름 동네에 전깃불 들오고 나서 새로 생긴 장난이다.

나중 진우가 내게 귀띔해 줬다.

그때 매무새를 고치고 조용하게 앉아 있던 내 맞은편의 아이는 어이없어 하는 내 눈을 피한 채 문종이에 싼 떡 덩어리를 들고 일어섰다.

- 야들아, 오늘 그만 노고 집의 가자.

그러자 벌써 간다고 말리는 아이, 일어서는 아이, 들락날락 하는 아이들 틈에서 내가 어수선해 하는데 결국 다 가 버리고 진우와 나만 남았다.

- 우리도 가자.

진우를 따라 나오며 마루 문고리에 벗어 둔 내 잠바를 찾아 입는데 묵직한 것이 주머니에 집혔다. 손을 넣어 보니 종이에 싼 떡덩이였다.

- 그 아아가?

아무 말도 안하고 진우를 따라 캄캄한 골목길을 걸어가는데 돌부리가 발에 차였다.

- 어디 가는데?

- 가 보머 안다.

진우는 골목 끝의 어느 집으로 갔다. 낮에 보았던 운동하던 청년이랑 하모니카 불던 청년, 그리고 권투하던 청년이 방에 모여앉아 술판에 얘기판을 벌여 놓고 있었다. 귀신 얘기며 케케묵은 호랑이 얘기에다가 최신판 권투 선수 얘기로 뛰더니 천문학 분야로 넘어가 우주가 어떻고 달로켓이 어떻고⋯, 중학생인 내가 들어도 엉터리 이론에다 주제며 대꾸들이 미친년 널뛰기 하듯 종잡을 수 없는데, 그러다 누구 집안 얘기를 하더니 여자 얘기, 그래, 딱 이때 술이 떨어진단 말이고!

얼굴이 벌게진 평행봉 총각이 진우더러 소주 한 병 사오라고 소리쳤다. 진우가 시오리 밖에 나가 소주 사올 시간은 이미 늦었다고 하자 글로브 총각이 조용하게 말했다.

- 그라머 복자네 밖에 없네⋯.

그 말이 떨어지기가 무섭게 청년들이 우르르 일어섰고 우리도 신발을 꿰고 따라 나섰다.

- 어디 가는데?

- 가 보머 안다.

나도 진우도 똑같은 문답을 되풀이했다. 싸늘해진 밤공기에 입김이

둘째 가름: 기억으로

서리고 손이 시렸다. 나는 따라가면서 여태 온기가 남아 있을 것 같은 주머니의 떡덩이를 꺼내 이 손 저 손으로 번갈아 옮기며 장난을 쳤다.

마을 끝 비탈진 곳에 있는 조그만 초가집이었다. 울타리도 없는 작은 마당에 짚단이 나뒹굴러 있고 대야가 엎어져 있었다.

하모니카가 깜깜한 방문 앞에 대고 나직이 말했다.

– 아지매 자나? 복자 자나?

몇 번 부르자 겨우 인기척이 났다.

그러자 문고리를 당겨 문짝을 열어젖히더니 청년들은 각자 신발을 들고 깜깜한 방으로 올라섰다. 진우가 나더러도 들어가자고 몸짓을 했다.

앞선 청년 하나가 라이터 불을 켰다. 좁고 어두운 방에는 뜻밖에도 아이들 몇이 이불을 편 채 자고 있고 벽 쪽으로는 여자 한 사람이 드러누워 자고 있는 것 같았다. 발 디딜 틈이 없어 엉거주춤해 하는데 청년들은 용케도 이들을 지나 맞은편 벽에 달린 조그만 쪽문을 밀고 나아갔다. 그쪽에 또 다른 방이 있었다.

내가 잠에 곯아떨어진 한 아이의 발을 밟아 짧은 비명이 울렸다. 그 바람에 한 쪽 손에 들고 있던 떡덩이를 놓쳤는데 잘 보이지는 않지만 국민학교 사오학년 쯤 돼 보이는 계집아이의 머리맡에 떨어진 것 같았다. 떡을 찾아보려는데 그 순간 어미도 몸을 뒤척이며 짐승이 앓는 듯한 이상한 소리를 냈다. 진우가 머뭇거리는 내 등을 떠밀었다. 우리도 그쪽 방으로 들어가 한 편에 신발을 밀어 놓고 자리를 잡고 앉았다. 누군가 익숙한 듯 어디 구석에서 몽당 초를 찾아내 라이터 불을 옮겨 붙였다.

- 우와하…, 이 속닥한 재미를 누가 알노? 그쟈?

평행봉이 윗도리를 벗으며 알통을 내보이고 웃자 하모니카가 핀잔을 줬다.

- 저녁마다 자선사업 하다 씨가 말라 대도 못 이슬따, 이 문디야.

글로브가 그 방의 뒤꼍 쪽으로 난 쪽문을 비집고 나가더니 어디서 막걸리를 한 주전자 퍼 들여오고 김치를 한 사발 담아왔다. 막사발에 서너 순배를 카~ 카~ 돌리더니 평행봉이 우리를 보고 생각난 듯 말했다.

- 헤이 꼬맹이, 너거도 한 잔 맛봐라.

- 됐니이더. 우리는 인자 갈꺼라요.

- 거럼, 거럼, 헹임들 노는데 너무 오래 찡짜 붙이고 있으며 못 쓰제. 살페 가거라.

다시 쪽문을 통해 그 방을 조심스레 디디고 지나오는데 여자가 빠드득 이를 갈며 잠꼬대를 했다.

- 빌아쳐묵을 화상들….

더욱 깜깜해진 골목길을 따라 나오며 내가 물었다.

- 머 하는 집이고?

- 복자 엄마? 몸 파는 거 아이가. 묵고 살라꼬.

- 그라머 깔보? 술집?

- 복자 아부지, 죽아뿌랬다. 작년에 나무하다 미끄라져가아. 그래 동네에서 봐 준다 아이가. 총각들만 가라꼬. 대신에 애고 어른이고 다 말 놓는다. 복자 엄마한테는.

- 묵고는 사나?

- 낮에는 품 팔고 밤에는 몸 팔고…, 그래도 노상 굶는다 아이가. 딸

둘에 막내아들. 쌀 한 되 아이며 보리 서 되, 정해 놨단다. 그거도 안 되는 놈은 얼씬도 말라꼬. 가끔 누가 아무도 모리게 땔나무도 한 짐씩 부라아 놓는다 카데….

　이제 낯이 익어 버린 마을에서 이틀 밤을 자고 눈을 뜨는데 넓다란 진우네 마당이 창호지 밖에 환하였다. 밤새 갓 쪄낸 백설기처럼 보드랍고도 흰 눈밭이었다. 강아지 발자국 하나 없었다.
　아침을 먹고 어른들께 인사를 챙기고, 동구 밖까지 따라 나온 진우를 뒤에 두고 길굼턱을 돌아 굽이진 들길을 내려갔다. 다시 큰 거랑을 가로지르는데 둥글고 모난 수많은 자갈이며 주먹돌들도 모두 새하얀 백설기의 흰 쌀가루에 고루 덮여 있었다. 하지만 이미 높이 떠오른 아침 햇발을 받아 눈이 부시게 반짝이며 곧 녹아내릴 채비를 하고 있었다. 지금은 일순간 저 모든 것들을 덮은 은백의 세계이지만 얼마 못 가 형형색색의 본모습으로 돌아오겠지. 내가 미처 몰랐던 본모습의 세계, 눈석임물이 질질 흐르는 찔벅거리는 흙탕의 세계…, 나는 어쩌면 이미 그 찔벅거리는 사바세계를 몇 발자욱 눈앞에 두고 있는지도 몰랐다.
　큰 거랑을 건너 이편 강둑에 올라서는데 이틀 상간에 풍경은 이미 많이 변해 있었다.

7 한국문학전집

겨울도 여름 같고 여름도 여름 같은 이곳 남가주이지만 그래도 겨울은 겨울이고 봄은 봄인가 보다. 몇 주째 이 일 저 일로 팽개쳐 둔 뒤뜰이며 담밑 꽃밭에 잡초가 파랗게 우거졌다. 이번 주말에는 이틀 중 하루라도 웬만하면 나가지 않고 집안일 해야지. 이른 아침부터 잔디를 깎고 호미를 들고 풀을 매었다. 해가 어느 정도 솟자 이월 중순인데도 벌써 목덜미가 따가울만치 여름날씨다. 이따가 그늘지면 다시 할까 보다. 손발을 호스 물로 대충 씻고 페리오의 등나무 소파에 앉아 몸을 쉰다. 아내는 어느새 그로서리 가게들 순례를 나갔나 보다. 모처럼의 나 홀로며 적막이다. 여기저기 망울을 터뜨리는 화분의 꽃들이며 식물들이 고요 속에서 세차게 봄의 기운을 빨아들여 꿈틀거리는 것 같다. 물끄러미 그 꽃들 너머 벽 앞의 얼기설기 등나무 가구의 한 칸을 차지한 책꽂이에 눈이 간다. 저게 무슨 책들이었지? 빛바랜 갈색의 전집이 한 줄로 서있다. 언제부터 우리 집에 있었지? 맞아, 이사 가는 누군가가 주기에 받아온 거지. 여러 해 전에.

"이 책들을 다 어이해? 일년 가도 보지도 않을 건 버려야 된대요."

아내는 걸핏하면 오래 된 책들은 처분하자고 했지만 그래도 다른 것

다 버리고 마지막에 버리자고 버텨 온 바다.

팔을 뻗어 한 권을 빼 본다. 삼성근대한국문학전집 제14권? 옛날 책이군. 엷은 비닐이 덮인 딱딱한 겉장을 만지다 호미질로 뻣뻣해진 엄지로 대충 넘겨본다.

그때는 왜 이렇게 책을 작게 만들었지? 페이지의 가로 세로도 요즘 책들보단 작은 데다 글씨는 왜 이리 잔지, 확대경 없이는 눈이 피로할 지경이다. 세로글 두 단으로 편집된 한글 글줄과 간혹 괄호 속에 섞인 한자들이 오래 된 멍석의 낡고 도드라진 잔 새끼줄의 등줄 짜임새같이, 먼 옛날 어떤 제국의 정지된 수만 근위병들같이 정연하게 줄줄이 열을 짓고 있다. 그때는 컴퓨터도 안 쓸 땐데…, 얼마나 많은 식자공들이 얼마나 오랜 시간을 보내며 이런 자판 고르기를 했을꼬?

70년대, 서울의 그 나지막하고 어둠침침했던 어지러운 인쇄 골목들이 생각난다. 그때 그 사람들 다 어디로 갔을까? 참, 그때는 조판하는 이나 그런 책을 사서 읽는 이나 눈들도 다 좋았나 보다. 이제는 종이도 가장자리부터 누렇게 탄화되어 들어가고 잉크 냄새마저 완전히 날아가 버린, 그러나 누가 읽었을 법하지도 않은 말짱한 책의 페이지들을 뒤적인다. 단편소설 전집이다. 이청준, 이제하, 김용성, 정을병, 박순녀…. 잘 알려진 이름들과 다소 생소한, 기억에만 어렴풋이 남아 있는 이름들이며, 그들의 흑백 사진 몇 장씩이 앞쪽 갈피에 편집되어 끼어 있다. 그 작은 사진들 속의 주인공들은 대개 중년이거나 초로로 보인다. 하지만 지금은 거의 열이면 열, 다 고인이 되었겠지. 책의 뒷장을 살피니 1972년 판이다. 내가 대학 들어가기 직전이구나. 그렇지, 나도 이런 책과 조금 인연이 있었지. 책갈피에 검지를 끼고 눈을 던지니 화분의 꽃망울들이 이지러지며 스르르 초점을 흐린다.

시골 촌놈이 어찌하다 부산에 가서 고등학교를 다니고, 그곳 분위기에 휩쓸려 다시 서울에까지 진출하여 새파란 신입생이 된지 몇 주 지나지 않은 대학 1년생이었던 어느 날이었겠지. 조금 겉멋에 헛바람이 들어선지 말끝마다 무슨 캠퍼스니, 커리큘럼이니, 미팅이니, 클럽이니 하며 섞어 쓰는 어색한 외래어를 당연시해 가던 그런 날이었을 게다. 점심시간엔가 다소 따뜻한 기운이 드는 잔디밭이며 벤치에 아이들과 앉아 시답잖은 얘기로 시간을 보내는데 어떤 젊은 아저씨가 다가왔다. 말끔한 차림에 뭘 건네주며 말을 거는데 '신입생이시죠? 축하합니다.' 하며 공치사 끝에 이제 보람찬 대학생활을 시작하면서 재미있고 실속 있는 아르바이트 좀 안 해 보겠냐는 거다. 돈도 제법 생기며 고상한 문화사업에 일익을 담당하는 거니 뜻있는 일이 아니겠냐면서 익숙한 솜씨로 눈앞에 펼치는 여러 장의 인쇄물들은 한마디로 여러 가지 전집 출판물의 그럴듯한 원색 선전지였다. 책 좀 팔아 보라는 권유였다.

아직은 덜 빤질거리며 좀 어수룩한 구석이 있었을 때인지 딱 잘라 거절은 못하고 긴가민가 살펴보는데 반원형으로 쭉 세워 찍은 좋아 뵈는 금박 제목의 책들에 우선 내가 갖고 싶은 욕심이 왔다. 하지만 그런 책을 살 돈이 있을 리는 없었고 혹시 이 사람이 권하는 대로 책을 얼마간 잘 팔아 주면 이런 것 한 질이 생길지도 모른다는 생각이 스쳤다.

"부담 갖지 말고 이 종이에 연락처 하나 적어 줘요. 그리고 이건 주문 받아 오는 용지인데…, 우리 사무실에 한 번 와 줘요, 종로5가에 있어요. 여기 유한숙 학생도 신입생인데 일주일 만에 여러 질 주문 받아 왔어요. 아주 쉬워요."

그러고 보니 어느새 여학생 하나가 아저씨 옆에 와 서 있었다. 우리 또래로 수수한 차림에 가벼이 웃음을 띠며 고개를 숙였다.

"안녕하세요? 저도 지난주에 시작했어요. 극동대 다녀요."

이리하여 거기 있던 우리 가운데 두 명이 결국 아저씨가 내미는 종이에 이름과 학과, 하숙집 전화번호를 적어 주고는 며칠 뒤 이른 하굣길에 쭈뼛쭈뼛, 종로5가에 있다는 그 잡지사? 아니 책장수 보급 사무실을 찾아갔다. '우리가 정말 책을 팔 수 있을까? 괜한 시간낭비 같은데?' 하면서도.

어느 낡은 건물의 이층에 있는 사무실은 짐작대로 작고 초라했다. 조금 기다리니 예의 아저씨가 나타났다. 캠퍼스에서 본 말끔한 차림새가 아닌 평소의 모습인 듯한 그는 태도마저 실무적이며 좀 단호하게 변해 있었다. 그리고 빠른 말투로 강조했다. '하면 된다고, 이런 것 하나 못한다면 앞으로의 험난한 인생길을 헤쳐 나갈 수 없다고' 인생 상담에다 처세술 강론, 게다가 돈에 대한 달콤한 유혹을 곁들여 압박을 했다. 그리고 나선 일사천리로 좀 더 전문적으로 사람들에게 접근하는 방법과, 실제로 주문을 받을 수 있는 관건이 무엇인가? 경계심을 허물어라, 호기심을 유발하라, 지적 허영심과 자존심을 조금만 건드려라, 약간의 관심을 표명할 땐 반 발자국 앞장서서 그 사람의 이름부터 받아적고 전집 이름부터 빈 칸에 능숙하게 적기 시작해라, 전진은 쉽지만 후진은 어렵게 적당한 속도로 이끌어라, 나중엔 미안해서도 취소 못하게 일단 일을 벌이고 엮어 넣어라 등등….

좀 난처한 생각도 드는 중에 내쳐 아저씨의 페이스에 끌려 듣고 있는데 도어가 열리며 큰 봉투를 안고 어느 여학생이 들어서는데 보니 그 유한숙이었다.

"부장님! 오늘 세 질 했어요. 문학전집 하나, 세계사 둘. 잘 했죠?"

"그럼! 한숙이가 누군데. 이 두 학생들도 이제 같이 뛸 거야. 인사해.”

“어머, 안녕하세요? 그 전날 뵌 분들이죠? 한국대에서….”

“안녕하세요?”

우리도 엉거주춤 인사를 했다.

이렇게 우리 두 머슴애는 잡혀 있다가 아무튼 서둘러 볼일을 끝내려고 뭐든지 예, 예 하며 받아넘기고는 여러 장의 선전지와 주문지만 잔뜩 받아 계단을 내려오는데 친구가 말했다.

“이거 하겠나? 치아뿌자.”

내가 말했다.

“그래도 한 권이라도 팔아 보고 하든지 말든지 하자.”

그러면서 우리는 버스를 타고 가다 차창 밖에 무슨 대학 간판이 보이기에 무조건 내렸다.

“저기 가 보자.”

수위실을 지나 낯선 그 대학 캠퍼스로 들어가는데 이미 늦은 오후라서 그런지 바깥에는 사람이 별로 없고 어쩌다 다가간 사람들에게는 한두 마디 대화 끝에 간단히 거부들을 당하였다. 용기고 심기일전이고 뭐고 잘 먹히지 않는 영락없는 앵벌이 책장사였다. 하루 사이에 스스로 이렇게 신분 전락이 되어 다리도 아프고 목도 마른 데다 한심한 생각이 들어 이런 짓거리 하려고 서울 올라왔나? 하라는 공부는 안 하고? 반나절도 걸리지 않았지만 아무튼 파는 게 사는 것보다 이리 힘든 줄 몰랐음을 톡톡히 경험한 하루였다. 이윽고 둘은 더 이상의 시도를 포기하고 해 지는 캠퍼스의 서늘한 벤치에 한참을 앉아 있다 말없이 교문으로 나왔다.

그런데 봉투를 끼고 교문을 나서는데 우리 행색이 좀 이상해 보였던지 제복을 입은 수위 아저씨가 우리를 불렀다.

"학생, 학생! 이리 좀 와 봐!"

우리는 무엇을 들킨 것처럼 좀 겁이 났지만 부르는 대로 갈 수밖에 없었다.

"아, 월부 책 팔러 다니는군. 우리 학교는 이런 것 좀 제지하는데…, 너무 많이 와서 학생들에게 방해가 돼서들 말이야!"

그러는데 그 수위의 친구인지 손님인지 안에 앉아 있던 다른 평상복의 아저씨가 나를 가리켰다. 형사인가? 정보부원?

"학생, 그 팜플렛 한 번 보자구!"

이것저것 뒤적이던 그 아저씨는 한참 만에 말했다.

"나 이것 한 질 필요한데, 한국문학전집 20권 말이야. 금방 배달되나?"

괜히 좀 쫄아 있던 나는 생각할 것도 없이 냉큼 받들었다.

"되고말고요! 여기 주소와 전화번호 적어 주시면 돼요. 배달되려면 선금을 주셔야 되는데…, 월부로 하셔도 되고요…."

아마도 그즈음 마구 생겨나 저택의 책꽂이 메우기 바빴던 졸부들 가운데 한 사람이었는지도 모르겠다.

어쨌든 이리하여 나는 생애 처음이자 마지막으로 남에게 책 한 질을 팔게 되었는데 내 친구는 그 길로 영원히 책장사를 치아뿌린 것만은 확실하다. 평생을 공무원으로 지냈으니 말이다. 하여튼 나도 그만 치아뿌리던 직전에 우연찮게 팔린 책 한 질 때문에 다시 한 번 그 사무실을 찾아갈 수밖에 없었고 그때도 또 유한숙이 문을 열고 나타나 '오늘은 몇 질 건졌어요.' 하며 생긋 웃었다. 그래서 나는 '야, 쟤가 나보다 낫네. 도대체 무슨 재주지?' 하지만 내가 신경 쓸 일도 아니고, 나도 어서 정리하고 그만 둬야겠다고 속다짐을 했다.

그런데 이번엔 아저씨가 마치 조금 명령조로 '학생, 다음 주엔 한숙이하고 같이 한 번 가 봐. 한숙이 하는 것 보면 배울 게 있을 거야.' 했다. '뭐? 한숙이한테 배운다고? 이런 애한테 배우려고 서울 온 건 아닌데? 좀 이상하게 돼 가네?' 이런 생각이 드려는 찰나 한숙이가 반갑게 몸을 조금 뛰며 종종걸음으로 다가와 말했다.

"그래요! 나하고 같이 가 봐요. 재미있을 거에요. 그냥 보기만 해요!"

그래서 어수룩한 촌놈은 얼떨결에 약속 비스무리한 걸 한 게 되고 말았다.

친구는 나더러 그까짓 약속 펑크 내 버리고 자기가 기초부터 가르쳐 줄 테니 당구 치러 가자고 했지만 나는 '그래도 안 간다곤 안 했는데….' 하며 한숙이를 만나러 정거장으로 나갔다. 한숙이는 평소보다 더 깔끔한 차림으로 반가이 맞으며 나를 데리고 간다는 게 학교 교정이 아니라 가까이 있는 탑골공원이었다. 노인들이 여기저기 모여 장기 같은 것을 두고 있었다. '여기서 책을 파나?' 좀 의아해하는데 한숙이가 나를 돌아보며 말했다.

"좀 쉬었다 가요. 뭐 마실래요?"

내가 사겠다고 하니 자기가 사겠다고, 그러면서 '책 판 돈 있어요.' 하며 매점의 판매대 앞에서 생긋 웃었다. '이거 뭐 분위기가 이상한데? 여자한테 끌려 다니고, 얻어먹고…. 사실 난 돈도 별로 없고….'

그러고선 두 군데 캠퍼스를 더 돈 그 날 반나절은, 사실 나는 좀 창피스러워 마지못해 좀 떨어져서 뻘쭘하게 따라다닌 꼴이고 한숙이는 바지런히 이 사람 저 사람에게 말을 붙이고 팜플렛을 펼쳐 보이곤 했지만 성적은 해가 기울도록 다녀서 결과는 뺑.

"오늘은 이상하게도 잘 안 되네요? 괜찮아요, 그런 날도 있지요 뭐."

"나 때문인 것 같은데요?"

"아니에요. 그런 날도 많아요. 괜찮아요."

하지만 한숙이도 이젠 조금 지친 듯하였다. 그제야 나도 '이 사람이 누군가? 밥이라도 사 줘야 하나? 서울에선 내 돈 내고 아직 음식점에 가 본 적도 없는데?' 좀 관심이 가서 옆얼굴을 바라보았다. '영문학과라고 했는데…? 시골 출신인가? 아니면 지방 어느 도회지?'

아무튼 이 날 이후로 너댓 번 더 한숙이를 볼 기회가 있었지만 내 책 장사는 금방 시들해졌고, 하기야 그 날 수위실 이후론 한 권도 더 못 팔았으니…, 그 사무실에도 흐지부지 발길을 끊게 되었다. 대신 하숙 방 친구들과 미팅이다 뭐다, 학과생들과 신입생 환영회다 동문회다 뭐다 경황없이 지나가고 있었는데 하루는 하숙집으로 전화가 와서 받으니 그동안 뜸했던 한숙이였다. 우리 학교 근처인데 한 번 볼 수 있겠냐고, 책 때문에 그런 건 아니라고. 그래서 슬리퍼를 끌고 밤에 근처의 다방에 갔더니 한숙이가 구석에 앉아 있었다. 좀 풀이 죽은 모습이었다.

"책이 잘 안 팔려요?"

내가 물었다.

"아뇨, 그게 아니고요."

한숙이가 쓸쓸한 표정을 지었다. 자꾸 이 얘기 저 얘기 뜸을 들이는 것 같아서 내가 대화를 주도해 한숙이네 학교에 대한 이야기며 마구 지껄였지만 한숙이는 평소보다 더 조용하였다. 그래서 결국, 밤새도록 같이 있을 순 없고…, 이윽고 내가 할 일이 있어 가야 될 것 같다고 일어서려니까 내 소매를 잡고 다시 앉혔다.

"원익씨, 정말 말하기 창피스러운데요, 부탁하려고 왔어요. 고향에 급히 가야 하는데…, 차비가 없어요. 책장수 아저씨도 다 떼어먹고 없어졌어요."

"왜요? 고향에 무슨 일이라도? 누가 아파요?"

"말 안 할래요. 그냥 내려갈 차비만 좀 부탁해도 돼요? 다시 안 올라올지도 몰라요."

나는 그때 지갑이라는 것도 제대로 갖고 다니지 않았다. 주머니에 손을 찌르니 고향에서 온 한 달 하숙비 봉투가 집혀 나왔다. '아까 우체국에서 찾아 친구 푼돈 빌린 것 갚고 나머진 쑤셔 넣은 것인데? 차비가 어느 정도일까?' 모든 일에 숙맥인 나는 서울에서 한숙이가 간다는 땅끝까지의 차비를 얼른 가늠할 수조차 없었다. '피 같은 하숙비인데?' 이런 생각이 드는데 한숙이의 수그린 정수리가 눈에 들어왔다. 검고 빛나는 머리칼이 사방으로 퍼져나간 가마의 하얀 속살이 보였다. 그와 동시에 때 이른 사나이 호기가 발동했다. '돈이란 또 구하면 되지 뭐. 얼마나 급했으면 나한테까지 왔을까!'

이리하여 나는 그 돈을 봉투째 집어줘 버리고 말았다. 한숙이는 생각보단 더 깊고 촉촉해 보이는 눈을 들어 나를 바라보았다.

"괜찮겠어요?"

좀 큰일을 덜컥 저지른 것 같았지만 애써 태연한 척 내가 말했다.

"괜찮아요. 갈게요."

한숙이가 따라 일어서며 좀 머뭇거렸다.

"저…, 저…."

그러다 이내 밤 버스가 눈앞에 서고 문이 열리자 내가 좀 떠밀어 올렸다.

"타세요. 이 버스 놓치면 더 안 와요. 어서!"

펑크 난 하숙비를 메우려고 이리저리 돈을 꾸고 빈대를 붙으며 내 젊은 서울 생활의 첫 서너 달이 지나가면서 내 주의를 빼앗는 여러 가지 주위 상황과 인간관계들 때문에 한숙이 일은 어느덧 뒷전에 밀려 잊혀 드는 가운데 여름방학도 지나 가을학기가 시작되었다. 어느 날 학과의 조교가 편지 한 장을 내게 전해주었다. 하숙집이 아니라 학교를 통해 사적인 편지를 받는 것은 드문 일이었다. 뭔가 싶어 보니 발신인은 없고 그냥 '땅끝에서'라고만 적혀 있었다.

"이게 뭐지?"

친구들이 들여다보며 웃었다.

"얌마! 요새도 구닥다리 연애편지 주고받네! 원익이 왔다다! 누구 건드렸냐?"

한 친구가 내 편지를 낚아채며 좀 야한 소리를 했다.

"이수일과 심순애? 한 번 큰 소리로 뜯어 읽어 봐라. 우리도 좀 따라 써먹게!"

다른 친구가 소리쳤다. 나도 그즈음 한창 싱거운 짓 하고 까불대던 때라 정말 부추기는 대로 그러려다가 아차! 뭔가 짚이는 게 있어 얼른 둘러댔다.

"고향편지야."

그리곤 얼른 편지를 도로 낚아챘다. 그리고 이제는 스스럼이 없어진 과의 친구들을 마구 대하며 거친 말씨로 지나치게 긴 사설을 늘어놓으면서 또 호기를 부렸다.

"자갈논 팔아 우골탑 보낸 부모 심정을 너그들 서울깍쟁이들이 알기나 할 건가! 아서라, 물렀거라! 밥 쳐먹고 뒤비져 잠자고 하숙비도 안 내도 되는, 이 돈 안 되는 짐승들아! 복 터져 자빠진 것들아! 어른들 서찰에 함부로 손때 묻히는 법 아니렷다!"

그러고선 주머니에 편지를 마구 쑤셔 넣었다. 그리고 이 눈치 저 눈치 보다가 몇 시간 뒤에야 슬그머니 그 편지를 방해 없이 혼자 읽을 수 있는 기회를 잡았는데 이미 구겨졌지만 노란 공책 종이에 쓴 볼펜 글씨는 꽤 달필이었다.

잘 지내셨어요? 좀 놀랐지요? 이런 편지 받으실 줄을. 하기야 저도 이렇게 쓰게 될 줄은 몰랐었지요. 그때 그 캠퍼스에 처음 갔을 때만 해도. 다 아기자기한 연극 같아요, 우리 둘 함께 출연한. 맞아요, 다 연극이었어요. 놀라지 마세요. 이왕 시작한 연극은 끝을 내었어야 하는데, 저는 너무 서툰 배우였나 봐요. 원익씨 앞에선.

이렇게 이름을 부르고 있으니 이상하지요. 하지만, 그때도 너무 염치없는 부탁을 마지막으로 했었지만, 오늘만은 한 번 더 부탁을, 이렇게 한 번 더 부를 수 있도록 부탁을 드릴께요. 정말 부르고 또 불렀어요. 그리고 오늘을 마지막으로.

용서해 주세요. 모든 게 연극이었어요. 저 그 학교의 학생 아니어요. 알아보지도 않으신 거죠? 그냥 꿈 많았던 지망생이었어요. 뺏지도 학생증도 친구들 이야기도 다 아니에요. 꾸며낸 이야기가 이젠 나 자신에게도 현실이 되어 하루하루를 속이며 살아간 삼수생이었어요. 그래도 꿈을 접지 않았었지요. 그 야수 같은 김부장에게 속속들이 짓밟히기 전까지는. 그래서 당신에게 더 다가갈 수 없었어요. 아니 영원히 다가갈 수 없어요. 저는 이제 이 세상에서, 이 땅끝에서, 있어도 없고 없어도 있는 몸이에요.

보고 싶었어요. 그리고 드리고 싶었어요. 제가 번 돈으로, 한국문학

전집 한 질을 원익 씨 방에 놓아 드리고 싶었어요. 문학을 좋아하실 줄 알아요. 저도 그런 꿈이 있었거든요. 어쩌면 그 전집 속의 어떤 이야기들처럼, 우리도 그런 이야기 둘이서 이어갈 지도 모른다는 꿈을 꾸기도 했었지요. 결국 그 선물은 드릴 수 없게 되었군요. 언젠가, 어느 세상에선가 드릴 수 있기를 바래요. 그런 세상으로 보내 주신 차비, 선뜻 내어주심 고맙게 간직합니다. 안녕, 내 사랑.

8 창동에서

버스 정류장이 아직 하나 남았는데 구둣발을 울리며 무장 경찰 하나가 올라서더니 눈빛을 번득이며 학생들은 다 여기서 내리라고 명령하였다.

　- 아니 왜요? 오늘 시험 치는 날인데…. 뭔가 공기가 이상하구만…!

　이리하여 우리 몇몇 학생들은 학교를 저만치 남겨 두고 한 정거장 앞서 미리 하차 당하였는데 정류장에는 전투경찰이 몇 있었고 우리더러 집으로 되돌아가라고 지시하는 것이었다.

　- 무슨 일이야? 가만히 듣자하니 학교 쪽에서 왁자지껄, 그리고 으쌰 으쌰 하는 소리가 여기까지 들려오는 것 같네. 데모로구나! 그런데 이대로 돌아가야 하나?

　잠시 머뭇거렸다. 가서 잡히면? 어머니가 떠올랐다. 어쨌든 위험한 일은 피하라고, 목숨 가벼이 여기지 말라고, 그런 일 생기면 어미는 눈 감고 죽을 수 없다고…. 지난여름 방학 때 고향집 텃밭머리에서 신신당부하던 모습이 생각난다. 그런데 그런 심각한 일이 정말 닥쳤고 내가 지금 그 언저리에 발을 디디고 서 있다는 말인가?

　잠시 떠오른 영상은 그 순간 같은 과의 부산 출신 해중이가 가방을 들고 불쑥 나타남으로 헝클어졌다. 학교로 가 보잔다. 꼭 친한 친구 때문이라서가 아니라 아마도 그래야겠지? 어쨌든 여기서 발길을 돌려 다시 버스를 거꾸로 집어타고 하숙집으로 돌아간다는 것은 좀 그렇다. 아주 어리석지는 않더라도 최소한 싱겁거나 가치가 없는 일같이 느껴졌다. 실은 그런 생각을 깊이 하기도 전에 우리는 경찰의 눈길을 피해 이미 마을의 샛길을 따라 캠퍼스 쪽으로 다가가고 있었다. 도중에 학교 쪽으로 가는 남녀 학생들을 여럿 볼 수 있었다. 우린 그때 둘 다 대학 1학년생들이었고 교양학부에 속해 있었으며 그 교양학부의 캠퍼스는 서울 외곽의 공릉동에 공과대학 캠퍼스와 함께 하고 있었다. 그때는 73년도 늦가을이었는데 불함산이 저만치 보이는 그 마을에는 아직까지 배밭이 여기저기 남아 있었고 시골과 도회지가 겹쳐져 막 부서지고 파헤쳐지며 아무렇게나 쌓아올려지기 시작하는 서울의 변두리였다.

학교 울타리 근처에 가까워질수록 어느새 긴장감은 높아지며 몸이든 마음이든 뱀의 입안으로 들어온 들쥐처럼 물러설 수 없이 한 방향으로만 빨려 들어갔다. 마른 들풀이 엉킨 철조망 너머 교정의 시멘트 길에서는 학생들이 줄줄이 어깨를 겯고 구호를 외치며 교문 쪽으로 뛰어가고 있는 것이 보였다. 가슴이 쿵쾅거렸다. 해중이는 개구멍을 알고 있었다. 교정에서 흘러나오는 배수로의 틈에 철조망으로 좀 덜 막힌 곳을 들치고 안쪽으로 들어갔다. 그리고 뒤따라 쪼그리고 들어오는 여학생을 도와 철조망 자락을 들어 주었다. 그리고는 생각할 겨를도 없이 바쁜 마음에 함께 뛰어가 대열의 꽁무니에 합류했다. 양팔이 닿는 대로 금방 스크럼을 짜는 순간 아까 그 여학생은 어디 갔나 싶어 군중 속에서 고개를 돌렸으나 금방 내딛고 굽이치는 대열에 휩쓸려 알 수 없었다. 그리고 대오는 어느새 닫힌 교문 앞에까지 왔다. 걸어 잠긴 철제 교문의 창살 너머로 전투 경찰의 반짝이는 철모의 대열이 겹겹이 가로로 줄을 이루고 기다리고 있었고 확성기 소리가 났다. 섬뜩하고 싸늘한 기분이 들었다. 전쟁이다! 발포는 안 하겠지? 하지만 잘못 되면 죽을 수도 있겠구나!

두 팔을 벌려 어깨를 결은 채 줄줄이 쭈그리고 앉아 잠시 숨을 돌리고 대열을 정비한 학생들의 머리 위에 누군가가 누런 유인물 뭉텅이를 흩뿌렸다. 조잡하게 급히 등사된 거친 글씨체의 종잇조각이 너풀거리다 앞 사람의 어깨 위에도 내려앉았다. 구국, 분쇄, 파쇼…, 이런 좀 생경하기도 한 낱말들이 얼핏 눈에 들어왔다. 그러자 대열 앞 쪽에서 시위를 이끌고 선동하는 서너 명의 상급생들 중 하나가 이 문서를 소리 높여 읽고는 구호를 선창하였다.

─ 유! 신! 철! 폐!! 독! 재! 타! 도!!

수백, 수천의 함성이 따라 울렸다.

─ 유! 신! 철! 폐!! 독! 재! 타! 도!!

뒤늦게 현장까지 쫓아 따라온 교직자들과 좀 나이가 든 고위직 교수들이 당도했다. 머리가 반백인 교양학부의 학장은 앞쪽으로 나가 선동자들을 말리는 모습을 보였지만 그 누구도 주의를 기울이지 않았다. 그때 그런 지위에 있다는 것 자체가 이미 인격이 파탄된 것이라고 학생들에겐 여겨지는 것 같았다. 그는 금방 포기하고 대열에 비켜서서 멀거니 학생들을 바라보며 어색한 표정을 짓고 있었다. 교양 강의 시간에 그리스 로마의 시민정신과 민주주의를 고상하고 풍부한 어휘로 전해주던 그 노학자도 현장에서 할 수 있는 일이란 아무것도 없어 보였다. 그저 자기의 직위에서 자기가 맡은 직책으로 해야 할 최소한의 행위를 누군가에게 직간접으로 보여주러 온 것 같았다.

우렁찬 구호 복창과 함께 다시 다리를 펴고 일제히 일어선 대열은 무조건 닫힌 철문으로 한꺼번에 돌진하여 들이밀었다. 일제시대부터 그 자리를 지켰을 육중하고도 정교한 무늬의 두 날개 흰 철문이 휘청거렸다. 으쌰! 으쌰! 대열이 대열을 짜고 밀어 앞 줄 학생들의 어깨며 뺨이 차가운 쇠기둥에 짓눌리고 흔들렸다. 그러다 마침내 철문을 가로지른 긴 쇠빗장이 휘어지기 시작하고 돌쩌귀가 박힌 양쪽 콘크리트 사각형 기둥마저 기우뚱거리기 시작했다. 경찰이 일제히 최루탄을 쏘기 시작한 건 그때였다.

난생 처음 가까이서 맡아 보는 최루탄 냄새였다. 눈이 따갑고 속이 울렁거렸다. 뒤쪽에서 학생들이 철문 너머로 돌멩이를 던지기 시작하자 머리 위 흰 연기 속에서 검은 덩이들이 양방향으로 난무하였다. 자칫 아군 포탄에 맞아 죽을 수도 있겠구나! 하지만 어느새 균형은 무너져 깡통 최루탄은 산발적인 돌멩이 탄을 제압하여 더 많이 날아오르고 대열은 흐트러져 각개전투가 시작되면서 시야는 더욱 흐려지고 난장판이 되어 갔다. 떨어져 구르지만 아직 터지지 않은, 공처럼 둥근 플라스틱제 최루 수류탄을 집어 도로 경찰 쪽으로 던지는데 해중이가 다가와 뒤로 빠지자고 내 옷자락을 끌었다. 그러고 보니 앞에서 경찰과 대치하며 싸움을 벌이는 학생은 얼마 안 되고 어느새 인원이 많이 없어졌다. 얘는 고등학생 때부터 이런 경험이 있었나? 아무튼 상황 판단이 나보다는 빨라 보였다.

그와 함께 되돌아 뒤로 빠지는데 경찰 쪽에서는 가려져 안 보이는 건물 뒤쪽에 학생들이 빽빽이 모여 스크럼을 짜며 대열을 정비하고 있었다. 잃어버렸던 두툼한 저금통장을 다시 보는 기분이었다. 하지만 그 통장을 가득 채웠던 까만 머리들은 다시 정문으로 돌진하는 것이 아니라 방향을 틀어 건물 뒤편으로 물러가 옆길로 빠져 방금 터진 수문처럼 울타리 밖 길거리로 늠실늠실 콸콸 흘러 나서는 것이었다. 여기에도 나가는 문이 있었나? 그러니까 교문에서 얼마간의 학생들이 내내 싸우는 것은 경찰을 묶어 두기 위한 눈속임이었다. 데모도 그냥 하는 것이 아니구먼! 이 정도 책략이라면 해 볼 만한데? 어느새 겁도 옅어지고 전체를 파악하는 안목이 생긴 듯한 기분이었다. 조금 여유가 느껴졌다.

수천 명이 됨직한 학생들이 허술한 캠퍼스 울타리를 벗어나 아스팔트 지방 도로를 덮고 얼마간을 달리자 그때서야 경찰은 사태를 알아차리고 다시 차량을 몰고 이쪽으로 여러 대가 돌진해 왔다. 그러자 학생들은 아스팔트길을 벗어나 까맣게 들판을 가로질러 내달리기 시작하였다. 거긴 가을걷이가 끝난 논밭이며 찢어진 비닐하우스가 드문드문 흩어진 곳이었다. 마치 초원을 달리는 들소 떼, 하늘을 무리지어 나는 까마귀 떼 같았다. 주로 남학생이었지만 여학생들도 섞여 있었고 가방을 든 이도 빈손도 있었다. 경찰의 차량들이 이 논밭을 가로지를 수는 없었다. 학생들이 길 아닌 곳으로 쏟아져 들어가자 닭 쫓던 개처럼 잠시 머뭇거리던 경찰들은 다시 차량에 올라타고는 오던 길을 휑하니 내쳐 달렸다. 우회해서 올 모양이었다. 우리들이 논밭을 마구 흩어져 내달리며 보니 앞쪽에 북한산 인수봉이 보이고 그 앞 산자락에는 마을, 마을 앞쪽에는 한 가닥 아스팔트길이 걸쳐져 차들이 오가고 있었다. 무조건 그 길을 향해 뛰었다. 경찰이 오기 전에 먼저 저길 올라서야 하는데…, 누군가 뛰면서 '도로 점령!' '도로 점령!' 하고 숨 가쁘게 외쳤다.

우리 무리 가운데 발이 빠른 치들이 그 길에 겨우 올라섰는가 하는데 그와 동시에 저쪽 멀리까지 우회해서 온 경찰 차량의 대열이 사이렌을 울리고 불을 켠 채 무섭게 내달려 왔다. 무식한 질주였다. 머뭇거렸다간 차에 치일 것이었다. 무지막지하게 눈앞을 가로지른 경찰 차량들은 저만치 가더니 이내 끼익, 서울 시내로 들어가는 약간 높아진 마루턱에 멈췄다. 그리고 그 자리에서 방향을 백팔십도 돌려 재빨리 하차, 그 유리한 고지에서 내려다보며 겹겹이 방패와 철모의 진을 쳤다. 우리는 이미 숨이 가쁘고 기진맥진한 상태였다. 빨리 숨을 가다듬고 힘을 차리고 대오를 정비해서 맞닥뜨려야 하는데…, 누가 지휘자랄 것도 없이 다 그렇게 알고 분초를 다투었지만 생각과 행동은 늘 이렇게 시차가 있나 보다. 역사상의 수많은 전투가 마찬가지였을 것이다. 단 오 분, 이 오 분이 대세를 판가름할 것이었다. 미드웨이 해전, 허둥대는 일본군 항공모함의 함상으로 내리꽂히는 미군 전투기 군단처럼. 모래 언덕을 쏟아져 내리는 저 징기스칸의 기마대와 미처 대열을 맞추지 못한 오합지졸 송나라의 보병들!

그런데 지금 우리에게 딱 그 오 분이 모자랐다. 내가 숨을 헐떡이며 가까스로 그 아스팔트에 올라서기도 전에 로마의 군단은 이미 대열을 정비해 철벽같은 방패의 담을 앞세우고 박자에 맞춰 우리 쪽으로 착착 전진해 왔다. 아, 오 분! 아직도 많은 남녀 학생들이 이제는 들판을 뛸 힘도 소진된 채 한가로이 걸어서 허적허적 논밭을 건너오고 있다. 우라질, 저건 다 도회지 출신들일 거야. 평소에 몸 단련 좀 하지! 빨리 오라고 소리쳐도 소용없다. 움직여지지도 서둘러지지도 않는다. 그런데 벌써 최루탄이 날아온다!

우리는 대열을 짤 새도 없이 다시 길 위에서 흩어졌다. 그리고 아무 방향도, 지휘 체계도 없이 산지사방 논바닥으로, 거꾸로 아스팔트길로 도망가기 시작했다. 밀물에서 썰물로, 한 번 물결이 기울어지자 어찌할 수가 없었다. 어이없고 완벽한 패배의 썰물이었다. 모든 전투의 현장이 이랬겠지? 기세의 꺾임, 크고 작은 운명의 방향타! 나도 마을이 있는 쪽 논바닥으로 뛰었다. 질퍽한 바닥에 발이 빠졌다.

논바닥 여기저기서 최루탄이 터지는 사이에 삑삑거리는 무전기 소리가 들리고 지프차를 탄 경찰 간부의 상대를 갖고 노는 듯한 여유 있는 명령 소리가 마이크를 통해 울렸다. 그때 내 바로 앞에 떨어진 최루탄 깡통이 터졌고 나는 그걸 울컥 들이마시고 말았다. 도망이고 뭐고 될 대로 되라는 심정을 느끼며 나는 논바닥에 쓰러졌다. 하지만 그 찰나에도 어렴풋이 상황을 파악하는데 경찰들이 논바닥을 마구 뛰며 도망가는 아이들을 잡아 험하게 다루며 우리가 닭장차로 부르던 철망 친 버스에 싣고 있었다.

지나가던 경찰 하나가 쓰러진 나를 얼핏 보더니 그때 앞쪽에서 뛰어 달아나던 다른 아이를 쫓기 전에 등에 지고 분무기처럼 쏘는 최루탄을 내 얼굴에다 대고 한 방 쏘았다. 나는 다시 속이 욱 하고 기가 막히며 정신이 가물가물해지는 가운데 꿈속에서처럼 어머니 생각이 스쳤다. 이렇게 잡혀 죽는구나, 잡히면 안 되는데….

몇 분의 시간이 흘렀는지 가늘게 정신이 드는데 내 얼굴은 논바닥에 대어져 있고 반쯤 뜬 눈에 들어온 시야가 마치 무성영화 속의 장면 같았다. 짙푸른 닭장차가 두어 대 대어져 있는 게 벼 벤 그루터기 사이로 보였고 경찰의 구둣발은 휠휠 마구 날아다니고, 여기저기 몽둥이가 풍차 돌듯 휘둘러지고, 가방과 구두 짝이 다도해처럼 흩어져 있고, 하늘에는 트르르르…, 외계에서 온 커다란 헬리콥터가 공상만화에서처럼 떠 있고…, 그림 한 번 좋다.

그런데 내가 엎어진 데가 바로 논바닥에 부려 놓은 작은 두엄 더미 옆인 것 같다. 슬그머니 몸을 일으켜 앉는데 닭장차 버스 입구에서 애들을 마구 안으로 밀어 올리던 경찰 하나가 나를 보고는 소리친다.

– 야, 너! 이리 와!

하지만 이때도 다른 상황이 그의 주의를 빼앗았다. 다른 쪽에 벌어진 더 중요한 무슨 일 때문에 고개를 돌려 그쪽 신경을 쓰는 것 같다. 나는 일어나 닭장차로 가는 척하다 그저 태연하게 방향을 꺾어 마을 쪽으로 천천히 걸어갔다. 경찰은 뛰는 아이들에 일단 주의를 집중한 듯 천천히 걸어가는 나는 아무도 불러 세우지 않았다. 무슨 일이 동시에 벌어지고 그 수가 많을 때는 그 틈바구니에서 이렇게 주의를 끌지 않으면 도망칠 기회가 온다. 이렇게 빠져나가 사는 수도 있구나!

몇 십 미터 안 떨어진 마을의 끝자락에 공동 우물이 있고 거기에 민간인들이 몇 사람 모여 우리를 구경하고 있었다. 그리고 우물에 볼일이 있어 나온 아주머니들도 있었다. 그 사람들 틈바구니에 묻히려 다가가는데 속이 다시 울컥, 메스껍고 울렁거렸다. 우물에 둘러진 시멘트 둔덕에 털썩 주저앉아 숨을 고르는데 머리에 수건을 쓴 어떤 젊은 아주머니가 낮은 목소리로 나를 불렀다.

– 학생, 학생! 이리 봐요!

나는 고개를 들었다. 좁스럼한 얼굴의 여인이 나를 내려다보며 한 손바닥을 내 얼굴 앞에 내밀었다.

– 이거 먹어요. 소금….

작은 손바닥을 오그린 곳에 얼마간의 소금가루가 하얗게 담겨 있었다. 내가 좀 의아해하자 다시 눈으로 재촉했다. 나는 손을 뻗어 그 소금을 내 손바닥에 옮겨 받아 입안에 털어 넣었다. 그리고 우물에 좀 더 다가가 누군가에게서 물 한 모금을 받아 삼켰다. 그제야 짠 맛이 느껴졌다. 그리고 잠시 후 정말 기분이 한결 나아짐을 알 수 있었다. 정신을 차려 이번엔 내가 그 여인에게 부탁했다. 하늘색 스웨터를 어깨에 걸친 수수한 모습이었다.

- 아주머니, 좀 숨을 데…, 없나요?

- 그냥 슬슬 날 따라와요. 그냥 가만히….

나는 일어서서 정말로 슬슬 아주머니를 따라 갔다. 조금 비탈진 곳에 자리한 초라한 그 동네의 이 골목 저 골목에 후다닥 뛰어 가는 구둣발 소리가 나고 목덜미를 나꿘 채 끌려가는 학생을 얇은 담 너머로 볼 수 있었지만 그냥 남의 일인 양, 내가 그 동네 사람인 양 마음을 먹고 굽이진 좁은 골목길을 따라갔다. 나는 그날 하필이면 주로 신입생만 입는 그 대학교의 군청색 아래위 교복 차림이었는데도 이상하게 그들의 눈길을 끌지 않았나 보다.

- 이 집에 들어가 있어요. 나는 나가 있을게요.

작은 대문의 단층 슬레트 집이었다. 발라진 벽의 시멘트마저 부슬부슬 떨어질 것 같은, 변두리 동네에 급조된 흔한 모습의 그런 작은 집이었다. 나는 좁은 대문간에 붙은 변소 옆, 광처럼 쓰는 좁고 어두운 공간에 몸을 숨겼다. 그런데 곧 안면이 있는 옆 과의 남학생 하나가 문간에 들어섰다. 나를 보고 잠시 반가운 척하더니 몰려 있으면 불리하다 싶었던지 되돌아 나가 맞은편 집으로 들어갔다. 나도 이곳에 그냥 머물러서는 안 되겠다 싶어 더 깊이 숨기로 했다.

위가 유리창인 미닫이문을 열고 그 집의 좁은 부엌으로 들어갔다. 작은 부뚜막에 작은 솥이 연탄불 아궁이 위에 걸려 있고 벽에 박힌 못에는 가지런히 국자며 생선 굽는 철사 그물 같은 것이 걸려 있었으며 그 위에는 장식 없는 간단한 찬장이 하나 좁은 벽에 붙어 있었다. 그때 화들짝 대문이 열어젖혀지며 몽둥이를 든 경찰이 들어서는 게 부엌문 젖유리 너머로 보였다. 내가 조금 전에 숨었던 공간을 휙 살피더니 더 들어오지 않고 다시 골목길로 뛰어나갔다. 누가 뛰어 도망치는 소리가 들렸다. 안 되겠다. 나는 부뚜막 위, 방으로 들어가는 쪽문을 열고 방으로 들어가다 흙 묻은 내 신발을 챙겨 들고 안에서 방문을 닫았다. 낡은 하늘색 벽지의 작은 방에는 횃대가 벽에 걸려 있고 뒤쪽으로 난 작은 유리 들창으로 햇빛이 비치고 있었다. 그때 아주머니가 돌아왔다.

– 학생, 아직 나오지 말아요. 많이 잡혀 가고 있어요. 다시 올께요.

그러더니 내가 들어온 쪽문 고리에 부뚜막 쪽에서 자물통을 끼워 눌러 잠그는 것이었다. 그때 들창 너머로 마구 뛰는 누군가의 머리끝이 보이고 잇따라 따라붙는 두 명의 경찰모가 베틀의 북처럼 재빨리 담 위를 스쳐 갔다. 나는 긴장하여 벽에 붙어 있었다. 그런데 또 하나의 경찰이 반대편 이 집 마당에 들어섰다. 이제는 끝이구나! 순순히 잡히나 아니면 창문을 깨고 뒤쪽으로 뛰어 보나? 판단이 어려웠다.

저벅저벅 걸어온 경찰이 부엌문을 밀어 열었다. 그러더니 자물통을 봤기 때문인지 방문을 마저 열려고 하지는 않고 그냥 돌아나갔다. 휴, 안 되겠다 싶어 나는 모둠발을 굴러 다시 그 집 벽장 속으로 올라갔다. 캄캄하고 좁은 벽장에는 옷가지랑 책 따위가 있었고 나는 거기에 올라가 문을 닫고 겨우 몸을 눕힌 채 시간을 보냈다. 차차 주위가 좀 조용해지는 것 같았다.

나는 거기서 허리춤이 넉넉한 남자의 풍성한 바지와 구겨진 헌 와이
셔츠를 집어 골랐다. 그리고선 그 비좁은 속에서 몸을 배배 움직여 갈
아입고 최루탄 냄새가 나는 내 교복과 신발은 신문지에 싸서 구석에
숨겼다. 한참을 거기서 머물렀지만 이윽고 너무 답답하기도 하고 밖이
궁금해서 다시 방으로 내려왔다. 이왕이면 좀 더 태연해지자. 나는 벽
에 기대어져 있던 작은 밥상의 다리를 젖혀 펼치고 앉아 신문을 펼쳐
들고 얼굴을 가린 채 바깥의 동정을 살폈다. 그때 아주머니가 긴 머리
의 상큼한 여학생 한 명과 함께 돌아왔다. 안면이 거의 없는 깨끗한 차
림의 그 여학생은 팔에 무슨 큰 봉지를 안고 있었다.

- 아주머니, 급해서 아저씨 옷 좀 입었는데요….
- 잘 했어요. 그냥 있어요. 이 학생이 뭘 가져왔네요. 앞집에는 학생
둘이 숨어 있다 잡혔대요. 다 간 줄 알고 이제는 안심하고 둘이서 머리
까지 감고서는 타월로 털어 말리며 서로 경찰 욕 정부 욕을 했는데 경
찰이 지나가다 들었나 봐요.

교표도 달지 않은 그 여학생은 우리학교 학생이라고만 자기소개를
간단히 하고서는 봉투에서 카스테라 두 봉지를 꺼내 주었다. 그리고
이따가 완전히 어두워진 후에 여기를 떠나는 게 좋다고 했다. 그리고
혹시 잡히더라도 혼자가 아닐 테니 너무 걱정하지 말라며 내 눈을 똑
바로 들여다보았다. 그리고 유신은 꼭 철폐될 것이라고 또박또박 힘주
어 말했다. 아무래도 나보단 한두 살 많은 상급생 같아 보였다. 그러고
는 꼿꼿하고 의젓하게, 앞서거니 뒤서거니 아주머니와 함께 대문간 밖
으로 사라졌다.

나는 방바닥 구석에 쌓여 있는 그 집 신문을 읽었다. 조선일보였다.
지금에야 비로소 바로 그날그날의 정치면에 실질적인 관심을 갖고 훑

어보았다. 요즘 반드시 나야 할 기사가 한둘이 아닐 텐데…, 세상은 온통 벌집 쑤셔 놓은 듯 한데도 그런 일이 어디 있었냐? 어쩌다 겨우 귀띔이라고 할 만한 것이 겨우 한두 건 눈에 뜨일 뿐이었다. 어느 신문사였는지 사주가 정권을 위한 채홍사 노릇을 한다는 미확인 소문도 알고 있었지만 어쨌든 혹독한 검열을 피해, 어떡해서든 이렇게 해서라도 지면으로 무엇을 알리고자 한다는 헛된 기대인지 잘못된 느낌인지가 오긴 왔다.

　－ 어쨌거나 오늘 우리가 벌인 이 짓거리도 단 한 줄 활자화되지 않겠지? 그리고 혹시 내가 잡혀 가더라도, 가서 뭐가 잘못되어 영영 못 돌아오거나 신세를 조지는 일이 있더라도 그게 무슨 의미가 있을까? 영리하게 굴어야 되지 않을까? 주모자도 아니고 어찌 보면 얼떨결에 휩쓸린 셈인데 이 피라미에게 설마 무슨 일이야 있을라고? 하기야 아까 그 여학생의 말처럼 어쩌면 이게 굉장히 의미 있는 역사적인 사건이고 내가 거기에 조그만 몸 담금을 하고 있는지도 몰라. 하지만 내가 그런 역사의 물결에 올라탈 그런 진정한 용기라는 게 있기나 한 걸까? 그런 건 타고나야 하는 것일까? 하기야 무슨 일에나 앞뒤 맥락을 정확히 알지도 못하면서 함부로 뛰어든다는 건 좀 어린애 같은 일일 테지….

　생전 처음으로 역사적이고 시사적인 문제에 관하여 이런 다소 심각해 뵈는 생각을 해 보면서도 꼬르륵 배가 고파 오기 시작하고 오줌이 마려웠다. 그 새 꽤 시간이 흘렀겠지. 이젠 어두워져 글이 잘 안 보이는군. 일어서 백열등을 켜는데 아주머니와 함께 한 눈에 이 집 주인인 듯한 아저씨가 두런두런 문간에 들어섰다. 내 이야기를 이미 한 모양이다.

- 아 학생, 괜찮아, 옷이 좀 클 텐데. 그리고 좀 있다 밥 먹고 가라고!

- 함부로 옷 입어서 미안합니다. 괜찮습니다. 신세 많이 졌습니다. 그런데 이 동네가 어딥니까?

내가 어려워하고 미안해하며 인사를 차리자 아저씨가 손을 휘휘 내 저었다.

- 창동이지, 도봉구 창동. 옛날에 무슨 나랏님 창고가 있었다나? 그 나저나 에이, 나라 꼬락서니하고는…, 학생 괜찮아, 데모 하다 보면 그런 거지 뭐. 여보, 얼른 밥상 차려 와!

내가 이제는 가야겠다고 하자 몸매가 좀 뚱뚱한 그 남자는 자기는 신문사에 다닌다면서 화통하게 내 손을 잡아 다시 방으로 끌었다. 나는 아저씨에 잡혀서 어영부영 함께 셋이서 저녁밥을 뚝딱 비우고는 몇 마디 이런저런 얘기도 나누고 대문간 구석에서 다시 교복으로 갈아입었다. 주인 부부에게 고맙다는 인사를 하고는 정말 다시 찾아와 인사를 드리리라 속으로 다짐하며 조심스레 골목을 빠져 큰길가 버스 정류장으로 갔다. 낮의 난장판 흔적은 아무것도 없고 모든 것이 일상적으로 흘러가는 것 같았다. 어디로 가야 하나? 일단 동대문구 휘경동 하숙집으로 갈 양으로 버스에 올라탔다.

승객이 드문 입석 버스의 맨 뒷자리에 탔는데도 최루탄 냄새 때문이겠지, 사람들이 가끔 찌푸리며 고개를 돌려 뒤쪽을 봤다. 참 신경 쓰이는구나, 어쩔 수 없지 뭐. 나는 유신 철폐 때문에 이렇게 교복을 버렸는데 저 서민들은 내 냄새에만 신경을 쓰는구나. 이런 걸 야속해 해서는 안 되지. 나는 무슨 이념가나 된 듯한 생각에 그대로 뒷자리에 버티어 앉았다. 내 끝에 앉았던 아가씨 하나가 일어서 앞쪽 멀리로 자리를 옮

둘째 가름: 기억으로

겼다. 안 되겠구먼, 혁명도 민중들 봐 가며 해야지. 그리고 티를 내어서
는 안 되지. 나는 일어서 다음 정거장에서 내렸다. 길거리에서 냄새를
웬만큼 날려 버린 후에 다시 타야지. 종로 어디쯤이었지 싶다.

그런데 붐비는 사람들 틈서리 어디에서도 오래 머물 수가 없었다.
젊은 데이트 족이든 나이든 쇼핑객이든 내가 그 자리에 조금만 머물러
있으면 이맛살을 찌푸리고 코를 킁킁거리며 주위를 두리번거리다 나
를 훔쳐보았다. 째려보는 듯한 사람도 있었다. 넘겨짚어 풀자면 이런
말을 하고 있는 것 같았다. 그 후에도 숱하게 들은 상당히 애매한 소리
이긴 하지만, '뭐 저런 팔자 좋은 것들이 다 있어! 학생이 하라는 공부
는 안 하고 뭔 데모질이야! 근데 학생이 맞기는 맞나?' 하는 것 같았다.
대처의 알아주는 대학생이 됐답시고 멋도 모르고 우쭐대던 기분을 처
음으로 되짚어보게 하는 순간이었다. 세상은 나 따위, 그리고 이른바
이런 역사적이라는 일 따위에는 별로 신경을 안 쓰고 앞뒤를 안 헤아
리는구나. '그게 나 먹고 사는 것하고 무슨 상관이며 어쨌단 말이야?'
그들이 보고 바라는 건 이렇게 단순할지도 몰라. 이 틀을 누가 만들었
고 누구 덕에, 누구 희생으로 세상이 돌아가든 그건 상관없어. 일단 돌
아가면 그저 순조롭게 지금 이대로 돌게만 놔둬라. 시끄럽게 굴거나
냄새 피우지 말고….

어쨌든 얼마간 혼란스럽고 어정쩡한 기분으로 밤공기 속에서 한참
을 서성이다 다시 버스를 타고 하숙집 근처에 가서 내렸다. 그때는 핸
드폰은커녕 삐삐도 없던 시절이라 하숙방 친구들은 어찌 됐는지 연락
할 방도도 없었고 공중전화로 하숙집에 연락하기도 꺼려졌다. 도청 당
한다는 얘기가 흔했으니까. '내가 주모자도 아닌데 그렇게까지야?' 하
면서도 몇 달 전에 있던 유신 반대 최초 데모 후의 살벌한 분위기를 생

각하면 괜히 겁이 나 골목을 들어서다 다시 발길을 돌렸다.

- 재수 없으면 얽혀 들어 사형이라잖아. 며칠 동안은 안 들어가는 게 좋겠어. 그럼 어딜 가야 하나? 여관? 돈도 없는데?

나는 한두 시간, 난생 처음으로 정처 없이 낯선 밤거리를 헤매어 보았다.

- 여관도 안 되고…, 친구 집도 안 되고…, 파출소에 가서 재워 달랄 수도 없고…, 사창가에 숨기도 한다는데 엄두가 안 나서 안 되고…, 천생 육교 다리 밑에 가야 하나?

정말 갈 곳이 없었다. 집도 절도 없다는 말이 있긴 했지만 그땐 절 같은 건 아예 조선시대 민담이나 민화 속에나 있는 것처럼 현실의 내 머리에는 그림이 없었고 따라서 서울 시내에 절이 있는 줄도, 있더라도 어디 붙어 있는 줄도 몰랐다. 교회나 성당은 흔했지만 마치 눈앞의 엉뚱한 신기루들처럼 있어도 없는 거와 마찬가지였다. 나와는 속해 있는 차원, 디디고 선 자리가 아예 달라 접점이 없다고 여겼다. 이렇게 아무것도 잡히지 않는 길거리에서 한참을 그러다가 염려는 좀 되었지만 될 대로 되라 하고는 자정이 다 되어 서대문구 영천에 있는 누님 댁을 찾아갔다.

- 거기까지 손을 뻗쳤을라고? 내가 주모자급도 아닌데!

그래도 그 시간에 순순히 문을 따 주는 것은 피붙이였다.

누님 댁에 몸을 두고 이틀을 머문 뒤 조심스레 하숙집에 복귀해 대문을 미는데 마침 그 시간, 잡혀 갔다 훈방돼 나온 두 하숙방 친구들이 막걸리를 사다 놓고 귀환 축하 파티를 벌이고 있었다. 심하게 당했냐고 하니까 초범이라고 귀싸대기 두어 방 맞고 자필 반성문 한 장씩 썼다고 한다. 그리고 사진 여러 장 찍히고 고향 부모님들에게까지 연락이 갔으며 다시 걸리면 중벌도 감수하겠다는 억지 서약서에 지장들을 꾹꾹 눌렀다고 한다. 그러면서 나더러 어디 가서 놀다 왔느냐고 한다. 누님 집 따뜻한 방에서 쉬고 왔다고 하기도 그렇고, 이 정도였다면 차라리 잡혀 가서 별 하나 달았어도 괜찮았겠다 싶기도 했는데, 그러나 저러나 학기고사는 어찌 되노? 학점이나 받겠나? 이번에 빵꾸나면 낙젠데 하는 걱정들이 나왔다.

    - 야, 나라가 개판인데 학점 타령하게 생겼나!

    한 친구가 술김에 다시 호기를 부리자 다른 친구가 손가락을 입술에 갖다 대며 주의를 줬다.

    - 얌마, 서약서 쓴 거 잊어 부렀나? 목소리 낮춰! 더러워도 참아야지 별 수 있나! 기분전환 겸 내가 미팅 한 번 주선할께, 완전 X대 킹카로. 어떻나?

    그 밤, 그 후로 어찌 됐냐고?

    어찌 되긴 어찌 돼. 빈속에 막걸리에다 소주까지 곁들여 부어 마셔 셋 다 오버 이트. 하숙집 아줌마에게 궂은 일 시키고 밤새도록 웃고 떠들며 고담준론에다 고성방가, 비분강개와 음담패설이 짬뽕에 곱빼기로 넘쳤는데도 주인아줌마만 안절부절, 결국 포기하고 문 닫고 자기 방으로 들어갔지만 거미줄 같던 유신 경찰은 안테나에 고부하가 걸렸는지 이상하게도 콧방귀 하나 안 뀌었지. 그 이튿날 우리는 다들 제 풀에 괴로워서 끙끙 앓고 못 일어나 학교는 어찌 됐나, 재시험인가 휴강인가 가서 알아보지도 못하고 뒤척였지.

    그래서 어찌 됐냐고?

    미팅 주선한다던 놈은 결국 제 갈 길로 갔지. 졸업도 못하고 군대에 잡혀가고…, 제 말로는 별 일도 안 했다는데 제적까지 당해, 나중 월부 책장사로 신입사원이 된 나를 찾아온 적도 있고, 그러다 결국 종적이 끊겼지. 어디 살아는 있겠지.

나머지 한 친구? 나라가 개판이라며 호통 치던 녀석? 걔는 몇 해 뒤 그 개판 나라의 준엄한 검사가 되더니 잘 나갔지. 한참 뒤에는 무슨 떼기랬나 뭐 그런 당의 국회의원 하나 꿰어 찼었지. 지금은 조금 물먹었다고도 하지만 여태 무슨무슨 고문에다 이사에다 무슨 봉사회 단장에까지 직함이 뜨르르하지. 물론 다 그쪽 갈래 낙하산 비슷한 자린데 어쨌든 재주는 좋은가 봐. 언젠가 이른바 주류 언론에 실린 몇 줄 평으로는 마당발의 원만한 인품에다 민주주의 자유시장경제를 앞장서 옹호하는 당내의 당당한 대표급 이론가 가운데 하나라나 뭐라나.

그리고 당신은?

에이, 나 얘기는 빼자고. 일찌감치 바다 건너와서 지금껏 무언가에 쫓기고 쫓겨 이제는 어디 깊숙이 숨고 싶어. 가라지에서 거실로, 안방으로, 화장실로, 샤워실로, 다시 다락으로, 더그매로…, 이 미국 땅에 그런 맘씨 좋은 젊은 부부가 흔한 것도 아닐 텐데 말여.

근데 혹시 그 찾아왔다던 선배 여학생하고는 뭔 일 없었나?

무슨 일? 카스테라 두 조각이 마지막이었어. 그리고 한참 지난 후 여기서 우연히 본국판 신문을 보다가 손톱만한 얼굴 사진과 이름 석 자를 알아보겠더군. 객원 기자로 칼럼을 썼던데 하필 유신이더군. 그 시대의 일은 그 시대의 배경에서 이해해 주자고. 어쨌든 그게 다 우리 역사 아니냐고. 그리고 아니나 다를까, 이런 얘기로 뒤를 이어가데. 보릿고개가 어떻고 한강의 기적이 어떻고…, 끝까지 읽진 않았지만.

아참, 그 신문사 아저씨 아주머니 말이야. 차일피일하다 내가 졸업을 앞둔 해, 그러니까 3년이 지난 4학년 가을이었지. 어느 주말에 하숙생 친구들하고 동네 점포에 학생증 맡기고 자전거 한 대씩을 빌려 타고서는 일부러 멀리 창동을 가 보았지. 그런데 말이야, 그 사이 세상이 확 바뀐 거야. 그 변두리 도시 끝자락이 삼년 만에 완전히 바글거리는 도회지 중심가가 된 거 있지. 내가 숨었던 그 허름한 동네는 싹 밀리어 고층 아파트들이 빽빽이 들어섰고 우물터고 뭐고 죄다 사라져 없는 거야. 어디가 어딘지 기억도 희미하고 온통 헷갈리더군. 논밭도 거의 파헤쳐져 가로 세로 길이 나고 온통 철근에다 레미콘에다 비계로 둘러싸인 건설 공사판이 벌어져 있었고.

그날 거기서 우리가 깨질 때 한 떼의 학생들이 블록 담이 둘러쳐진 빈터로 몰렸는데 방패로 장벽을 친 전투경찰들이 마치 만주 팔기군 들짐승 몰아 도륙하듯 밀어붙였지. 그 빈터는 누가 시멘트 블록을 만들어 호스 물을 뿌려 가며 말리던 장소였는데 다 짓밟아 버린 건 말할 것도 없고. 그런 건 어디서 보상 받을 데도 전혀 없었지. 이러니 서민 입장에서 욕 안 나오겠어? 어쨌든 이 훈련받은 팔기병들은 공황에 빠진 사슴 떼를 교범에 따라 물샐틈없이 에워싼 채 바싹 좁혀 들어오며…, 바투 잡은 단단한 경찰봉으로 우선 사냥감의 여린 아랫도리들부터 부서져라 착착 모질게 후려갈기며 짓쳐나갔지. 비명과 아우성 속에서 한켠으로 짜밀리고 밀려, 결국 그 학생들의 등어리로 쏠려 떠밀린 힘에 긴 담벼락이 한꺼번에 와장창 넘어가 축대 아래로 쏟아지고 아이들도 그 위로 잇달아 줄줄이 떨어졌지. 낙화암의 삼천궁녀들처럼 말이야. 내가 그때 우물가에서 소금을 먹으며 훔쳐본 거야.

내 친구 하나는 그때 쫓기다 축대에서 훌쩍 뛰었는데 아래쪽 슬레트 지붕에 떨어졌다지. 지붕을 뚫고 이불을 깔아 놓은 안방 바닥에 안

착했는데 마침 방에 앉아 점잖게 혼자서 바둑판 복기를 하던 할아버지 앞에 난데없이 하늘에서 대국자가 내려앉아 마주 보게 된 거지. 할아버지 왈, 니 누고? 몇 급이고? 내 친구 왈 머리를 긁으며 모르겠십니더, 죄송합니더. 그러다 들이닥친 경찰에 곧바로 뒤꼭지를 낚아 채여 잡혀 갔다지?

그리고 그날 몇몇 남학생과 여학생들은 빨치산이 되려는 건 아니었지만 안 잡히려고 무조건 산 쪽으로 튀었는데 나중 경찰견까지 풀어다 잡아내었다데. 그 산꼭대기의 인수봉만은 예나 지금이나 그 미끈하면서도 무심한 자태를 간직하고 있더군. 원격으로 확대하여 그 숲속을 들여다본다면 오늘도 그 여러 가닥 산행길엔 알록달록 가지각색 등산객들이 수입산 옷차림으로 꼬리에 꼬리를 잇고 있겠지. 어쨌든 그 보기 드문 자태의 화강암 봉우리는 마치 비로자나 부처님의 지권인처럼 엄지손가락을 치켜들어 푸른 하늘을 찌르는 것 같더군. 힘내라! 뭐든 맞장 뜨지 못하고, 쫓기고 쫓겨 늘 숨어 왔어도 섧기만 하거나 헛된 일 아니야, 너는 뭔가를 해 왔고 결국 이긴다, 그 언제일지라도, 누구에겐가는 주어질 그윽한 그 복락을 위해 참고 버티어라 하고 추어주는 것 같기도 하고…. 아니야, 착각일지도 몰라. 뒤집어 보면 오히려 한심한 친구, 옜다 엿이나 먹어라 비웃으며, 흙바닥에 쓰러진 검투사를 간단히 지워 버리라는 네로 황제의 손놀림처럼, 내 남은 멱줄을 향해 거꾸로 내리찌르는 것일지도 몰라. 아무튼 그랬어. 몇 해 전에 한국 갔을 때 지나치며 슬쩍 쳐다보니까 말이야.

9 빨래터 법당

나는 대학을 졸업하고 집에서 두어 달 쉬다가 1977년 8월 어느 날, 소집영장에 나와 있는 대로 시외버스를 타고 경북 왜관으로 갔다.

낙동강 물이 가장자리에 거품을 띄우고 스멀스멀 마당 앞을 흘러가는 어느 싸구려 여관에 들었더니 방마다 부모나 애인이 따라온 사람, 술에 취해 친구들끼리 왁자지껄 몰려다니는 패들, 총각은 떼고 가야 군대 생활이 무사하다며 창녀를 권하는 삐끼들이 들락거리는 등 어수선하고 착잡한 가운데 한 방에 든 어떤 입영자가 머리는 깎고 가는 게 좋다고 해서 그 사람을 따라 동네 이발소에 가서 전기 이발기로 머리칼을 박박 밀어 버렸다. 이발 의자에 앉아 거울을 보니 문간 쪽에 비켜서서, 한 움큼씩 툭툭 바닥에 떨어지는 아들이나 애인의 머리칼을 보며 눈물 짓는 옆 의자 사람들의 부모와 애인들이 보여서 내 마음을 좀 허전하게도 했는데, 이발사는 아무 소리도 않고 수북이 발밑에 쌓이는 젊고 빛나는 머리칼 더미 속에 바삐 발을 옮기며 좀처럼 맞기 힘든 대목을 보고 있었다.

이튿날 시원해진 맨머리로 한낮에 어느 학교 운동장으로 가서 모였더니 마이크를 잡은 군인이 운동장에 모여 줄을 선 사람들에게 한동안

앉으세요, 일어서세요, 하며 예의바른 말투를 쓰더니 어느 순간 갑자기 바꾸며 '지금 이 순간부터 여러분은 사회인이 아니라 국가의 부름을 받은 장정이다. 군법대로 집행한다. 모두 땅바닥에 엉덩이 붙이고 앉는다, 실시! 거기 서 있는 놈은 뭐야!' 하며 냅다 고함치고 다른 군인들이 군홧발로 내달으며 무엇을 막 휘두르며 위협하여 사람들을 족치니 이러한 분위기와 말투와 인간관계는 제대하는 날까지 이어졌다.

그날 밤 기차를 타고 도착한 곳은 충남 논산역이었는데 거기서 우리들은 마치 짐승 우리로 휘몰리는 목장의 소떼처럼 내몰리며 악명 높은 논산 훈련소 연병장으로 쫓겨 갔다.

1초의 여유도 안 주고 왈왈대는 군인들에 쫓겨 연병장에서 줄지어 선 채로 팬티까지 벗고 나라에서 던져 주는 규격품들을 험한 소리 들어 가며 되는 대로 마구 갈아입고서는 집에서 입고 온 옷들은 도로 집으로 부쳐 준다기에 봉투에 넣어 넘겨주고 그 틈에도 꼬불쳐 둔 돈 몇 푼은 어렵사리 군복 주머니에 넣었는데 그것마저 잃어먹고 나서 원망 말고 지금 부대에 맡기라고 하는 것이었다.

거기서 한 사흘을 보냈는데 말도 낯설고 분위기도 생판 낯선데다가 어디 잠깐이라도 궁둥이 붙이고 있기가 힘겨운데 수시로 불러 모아서는 몇 사람씩 뽑아 일을 시키든가 몇 사람씩 불러내어 어딘가로 뽑아 가고는 우리는 계속 남겨지는데 어디로 팔려 가든 좋으니 뽑혀서 우선 이 자리를 떠나고 싶다고만 갈망하게 되었다.

그러던 중 한밤중에 군용 트럭이 몇 대 들이닥치더니 헌병들이 서슬 퍼렇게 막사를 둘러싸고는 호명이 시작되더니 드디어 나도 불려 나왔는데 헌병들은 이렇게 불려 나온 사람들을 무슨 죄수 취급하듯이 우선 신발끈과 허리끈부터 다 풀어 버렸다. 이것 참 된통 당하는구나 하고 앞으로 어떤 운명이 닥칠지 모르는 불안이 무겁게 마음을 짓눌렀지만 그래도 같이 가는 사람들이 있으니 지옥엔들 못 가랴, 괜찮겠지 하면서 트럭에 올랐다. 캄캄한 논산 기차역에 닿아서는 분위기가 더 강압적이 되면서 우리를 열찻간으로 짐승처럼 몰아넣는 것이었다. 가는 도중도 결코 순탄치가 않아서 긴장의 도를 높여 가면서 쥐잡기니 뭐니 하며 자리 밑으로 꿩새끼처럼 일시에 대가리를 처박게 만들든가 하는 온갖 유희를 가지고 겁주고 다스리며 다루는데 한두 사람의 말 한 마디, 손가락 하나로 그리 일사불란하게 무리가 움직여질 수 있는 것은 그들이 능란하게 갖고 노는 공포와 위압이라는 무기 때문이었다. 그러다 조금 한숨을 돌리는데 큰 선심이나 쓰듯 인솔 헌병이 뚜벅뚜벅 차갑게 말하되, 너희들은 이제 육군에서도 악명 높은 제삼 하사관학교로 차출이 되었으니 육개월 동안 죽었다 복창하면 살아남을 것이요, 살려고 요령 피우는 놈은 병신 되어 나올 것이라 하였다. 우리는 모두 침을 삼키고 숨을 죽였다.

아침에 도착한 곳은 강원도가 막 시작되기 직전인 경기도 가평이라는 곳이었는데 그 전에 학생 때 춘천에 놀러 다니며 지나치던 유유한 북한강 줄기라든지 시심을 일으키던 철교와 자갈밭들, 산기슭의 밤나무 숲들이 이어지는 그 그림 뒤편에 그런 매섭고 옴짝달싹 못할 군영이 있을 줄은 몰랐었다.

보통 육군 사병이 되기 위해 논산이나 다른 몇 군데 훈련소 중 하나에 들어가면 장교나 하사관이 아니더라도 병과라는 게 있어서 통신병이니 기갑병이니 뭐니 하지만 육군은 대다수가 보병이었고 논산 훈련소에서는 보통 4주 정도의 기초 훈련을 시킨 후 작대기 하나 계급장을 붙여 주면서 육군 보병 이등병으로 대량 생산해 내어서는 전국 각지의 육군 부대에 공급하였고 이렇게 배치되어 가게 된 부대를 자대라고 하였다. 그리고 군대에서 쓰는 말은 낯설고 거칠거나 불합리해 보이는 것도 많았는데 시멘트 바닥을 물로 씻어 내는 물청소는 미션아우스라고 했고 PX니 GP니 뭐니 영어 약자가 많은 것은 미군들 영향인 것 같았다. 총을 손질하는 것을 총을 수입한다고 하고 무엇을 줍는 것은 꼭 습득한다고 하고 한 장 두 장 하지 않고 꼭 일매 이매 한다든지 일본말 투의 한자어가 많아 괜히 생소하고 딱딱하게 들렸다. 그리고 사병은 이등병 일등병 상병 병장으로 차례로 계급이 오르는데 왜 작대기 하나는 이등병이고 작대기 둘은 일등병으로 헷갈리게 돼 있었는지는 지금껏 모르겠다. 하기야 군 계급에 대한 영어 명칭은 이보다 더 헷갈리더라만.

그런데 근대적인 군대란, 특히 육군은 보통 일반 병사, 즉 사병이 대다수를 차지하여 전투를 담당하고 장교는 이들의 전투를 지휘하도록 따로 교육받아 임관되며 이 두 계급의 사이에 있으면서 공간을 메우고 뒤치다꺼리를 하며 생활을 보살피는 어머니 같은 역할을 하는 것이 하사관인데 그 당시 국군의 문제점은 이러한 하사관들이 열악한 대우를 받으며 직업군인으로 생활하다 보니 질이 떨어져 있을 뿐만 아니라 무엇보다 숫적으로 매우 모자라는 것이었다. 사회에서 사관학교나 대학 ROTC 등을 거쳐 장교로 갈 실력이나 가정 형편은 되지 못하고 별다른 학력이나 특기가 없으니 마땅한 직업 전선에 나갈 수도 없는 어정쩡한 사람들 중에서 하사관에 지원한 이들이 많았는데 6개월 정도의 훈련을 받고는 직업 군인 하사로 군복무를 시작하여 중사 상사로 늙어 은퇴할 때까지 평생 복무하는 경우가 많았다.

이렇게 군대에 말뚝을 박아 나이가 들면 육사나 삼사관학교나 ROTC 출신의 새파란 아들 같은 신참 장교들이 해마다 부임해 오는데 위계상 이들의 아래이니, 나이 쉰이 넘은 상사가 갓 부임한 새파란 소위에게 경례를 붙이며 예, 예, 하며 지시를 받고 복종하며 부대 사정을 가르쳐 주고 대우해 주며 때로 비틀기도 하지만 이심전심으로 상부상조하거나 때로 야합도 하는 것이었다. 부대의 터줏대감으로 살림을 살고 쥐꼬리 월급과 짠 혜택, 때로는 부대에서 흘러나오는 조그만 자투리 물자를 빼돌리기도 하는 등 생활을 위해 분투도 하고 타락도 하고 자조도 하며 부대 변두리 허름한 셋방에서 사회적 지위가 그렇고 그런 여인을 만나 결혼하여 애들 키우며 대개 힘겨운 생활을 영위하는 분들이 많았는데 양희은이 부른 푸른 군인의 노래인가 하는 것이 아마 이러한 늙은 하사관을 두고 부른 노래인 것 같다. 하여튼 나라에서 대우를 잘 해 주면 당연히 우수하고 긍지 높은 사람들이 많이 몰릴 텐데 이들은 자신들의 이권을 챙겨 사회적 압력을 행사해 줄 아무 단체도 배경도 갖고 있지 못했다. 조선 시대로 치자면 중앙에서 부임해 온 원님 밑에서 궂은일을 맡아 하던 일종의 지방 아전이었다고나 할까! 지금은 사정이 많이 달라졌으리라 본다.

하여튼 군대의 세 계급 중 어느 하나 중요하지 않은 것은 없으니 전통적으로 독일군은 장교가 우수했고 미군은 사병이 괜찮았고 일본군은 하사관의 전투력이 막강했다는 얘기가 있지만 국군은 그 당시 군사적으로 여러 면에서 북한군에 밀렸다고 하는데 특히 하사관이 상대적으로 너무 열악한 것이었다. 일단은 바깥 사회에서 정식으로 모병하여 다수를 채우지만 우선 인원수를 채우기가 급급해서 임시 처방으로 땜질한 것이 상당한 인원을 사고 친 군인들로 채우는 것이었다. 즉, 사병으로 군대에서 복무 중 웬만한 사고를 치든가 하면 군사 재판을 거쳐 혹독하고 무서운 군 형무소에 복역하여 호적에도 좋지 않은 기록을 남기는 대신 소위 하사관으로 말뚝을 박아 직업 군인만 되겠다면 웬만한 기록은 지워 주고 형무소 복역을 면제시키거나 줄여 주겠다는 회유와 협상의 절차를 거친 후 본인이 동의하면 몇 개월의 필요한 훈련을 더 시켜 직업 군인인 장기 하사관으로 만들어 내는 것이었다.

그러고도 모자라는 인원은 할 수 없이 단기 하사라고 하여 일반 사병 후보자들 중에서 처음부터 차출하는데 이렇게 뽑힌 자들은 남들이 4주 정도 일반 훈련소에서 훈련받고 이병이 되고 점차 일병, 상병, 마지막으로 작대기 네 개 병장으로 진급하여 제대하는 과정을 거치는 데 반해 사병 입대자 중에서 차출하여 바로 6개월 정도의 혹독한 훈련을 시킨 다음 작대기 네 개 위에 갈매기 하나가 덧붙은 하사로 임관시켜 일반 병사와 같은 기간을 내내 하사로 복무하게 하고 일반 병사와 같은 시기에 제대시켜 주는 것이었다. 물론 이 중에서는 제대를 하지 않고 직업 군인으로 남는 사람도 간혹 있었다.

그러나 이 제도에는 큰 문제가 하나 있었으니, 일반 병사가 볼 때, 자기는 아직 작대기 하나 이등병 쫄따구로 박박 기고 있는데 같이 논산에 입소한 친구가 여섯 달 뒤에 하사가 되어 나타나서는 군댓밥, 즉 짠밥도 몇 그릇 안 먹은 것이 야, 자, 하며 하늘같은 병장보다도 더 높은 상급자로 행세하니 심사가 뒤틀리어 어둑한 데서 동기들을 모아 같이 입소했던 신임 하사를 붙잡아 몰매를 놓거나 병장, 상병 등이 합세하는 패싸움을 벌이니 이것이 노상 국군 전투 단위의 전력을 약화시키는 내부 트러블의 온상이 되는 것이었다. 하사는 하사대로 생각하기를, 4주밖에 훈련 안 받은 것들이 6개월 동안 죽도록 훈련받고 온 일당백

무적의 용사인 자기를 대접하기는커녕 엄연한 군율을 어기고 우습게 본다며 기회를 보아 깡다구를 부리더라도 이들을 휘어잡아 짓이겨 군기를 잡으려고 벼르곤 했다

하여튼 이러한 단기 하사 양성 코스에 나는 차출된 것이고 앞으로 6개월의 기나긴 훈련 코스가 남아 있는 것이다. 그 당시 수준으로 봐서 학력이 너무 낮지 않고 다른 데 써먹을 특출한 특기가 있는 것도 아니고, 어머니의 자식 사랑이 너무 넘쳐 열심히 연줄을 찾아 병무청 어디 말단에 돈을 찔러 넣거나 하지도 않으며, 안경도 안 끼고 좀 모질고 단단하게 생겨먹은데다가 마침 훈련소 입소와 하사관학교 입소 시기가 맞물리면서 이런 단기 하사 대상으로 뽑힌 것 같다. 눈이 좋고 키가 훤칠하면 의장대나 헌병으로 뽑히고 연예계 출신들은 군대에서도 노래 부르고 춤추며 쇼를 하는 문선대로 가려고 기를 쓰고, 아예 남의 나라 군대에 봉사하는 카투사는 선망과 동시에 더러 이죽거림의 대상이기도 했다. 하기야 삼년 내내 돼지 여물만 주다 온 사람, 부대장 아이 가정교사만 한 사람, 사단장 바둑 상대만 하다 온 사람 등 그 사회에서의 직업과 직책도 생각보단 상당히 다양하고 독특하다.

지금 이러한 한국 군대의 얘기를 하는 것이 고국의 보안상 여태 문제가 되는지는 모르겠으나 내 개인의 판단으로는 하등 비밀로서의 가치가 없는 공개된 빛바랜 옛 얘기들이므로 그냥 계속하겠다.

하사관 학교에서 보낸 한여름을 포함한 이 육개월의 훈련에 대해서 다 얘기할 수는 없고 몇 가지만 말하겠다.

우선 너무 배가 고팠다고 하면 좀 의아해할 분들도 계시겠다. 하여튼 거의 늘 배가 몹시 고팠는데 부대에 PX라고 하여 매점이 있었지만

일주일에 한두 번 줄지어 잠시 급히 들리는 것 외에는 도대체가 뭘 사먹을 시간도 없고 돈도 없는 데다 그쪽 동네는 무조건 가까이 가지 못하게 하는 것이었다. 부대의 급식량은 지금 기준으로 보면 결코 적은 양은 아니었고 반찬도 대개 세 가지는 되었으니 아주 포시랍게 자란 아이가 아니라면 먹을 만은 했다. 그런데 문제는 아무 때고 먹고 싶을 때 찾아먹을 수가 없는 데다가 너무나 운동량은 많은데 먹는 것은 주는 대로만 먹어야 하고 그것도 급히 먹어야 하기 때문이었다. 우리는 배가 고파 밤에 보초 교대를 하며 취사장을 지나다 무우를 깎고 버린 껍데기가 바닥에 흩어져 있는 것을 주워 먹기도 했고 들판에서 훈련하다 갑자기 공습경보가 내리면 후다닥 고추밭에 뛰어들어 이랑에 엎드려 숨을 돌리면서도 한 손으로는 총을 잡고 한 손으로는 풋고추를 훑어 따서 열기가 올라오는 가슴 품에 급히 쑤셔 넣었다. 하여튼 뭐든 먹을 것이 보이고 기회만 되면 배가 터지도록 많이 먹어 두었다. 훈련이나 생활 중 벌점을 많이 받은 사람은 주말 쉬는 시간에도 변소의 똥을 펐는데 몰래 매점에 가다 들켜 뺏긴 바람개비 곰보빵이라든가 하는 것들을 장교가 변소간에 처넣어 버린 것을 똥을 푸다가 건져 내어서는 들여다보며 비닐봉지에 똥물이 들어갔네 안 들어갔네 하며 아주 아까워하기도 하였다.

그 다음으로는 너무나 신체적인 운동량이 많고 잠은 모자라 고달팠다. 세 걸음 이상은 늘 뛰게 하였으며 아침에도 구보, 저녁에도 구보, 야간 행군에 산악 행군에 기고 뛰고 구르고 맞고……. 무릎의 관절과 발등에는 바둑알처럼 동그랗게 군데군데 가맣게 죽은피가 올라와 점들이 생겼으며 얼굴은 벗겨지고 또 벗겨져서 깜둥이가 되었다. 꼭 밤중에 곤한 잠을 자다가는 깨워서 한 시간씩 보초를 서든가, 변소 뒤로 몇몇이 불려 나가서 상급자들에게 불손했다는 이유로 얻어터지든가 모기가 뜯는 연병장에서 팬티만 입고 팔을 벌리고 서서 단체로 기합을 받았다. 한 번은 완전 군장으로 사흘 밤낮을 걸어 줄지어 부대로 돌아오는데 하얀 교복 윗도리에 까만 치마를 입고 하교하는 시골 여중학생 둘이 바쁠 것 하나 없는 걸음으로 한 손엔 감색 책가방을 들고 다른 팔은 뻗어 길가에 줄지어 피어난 코스모스를 쓰다듬으며 도란도란 얘기하며 걸어가는 것을 보고는 입술이 바싹 타들어가고 눈의 초점이 흐물흐물해지는 속에서도 혹시 다음 생이 있거든 저런 여학생으로 태어나 한가히 코스모스 길을 걸어가게 하소서 하고 빈 적도 있었다.

다음은 정신적인 압박과 긴장감이었다. 우선은 상급자들로부터였는데 아무 때고 들이닥쳐 잡도리하는 위험성과 위협과 기합과 모멸이었고 그 다음은 동료들과의 짜증나는 부대낌이었다. 가슴을 훈훈하게 하는 동료애도 있었지만, 좁은 공간에서 부대끼다 보니 그랬던지 물건을 서로 훔치고 잔돈은 몰래 숨겨야 하며 항상 무슨 거지새끼처럼 하찮은 물건을 잃어버릴까 봐 끼고 챙겨야 하고 여분을 꼬불쳐 두어야 하며 사내새끼들이 때로는 아무 짝에 쓸모없는 쪼잔한 물건이나 일거리, 숟가락 하나 구두끈 하나 양말짝 하나를 가지고 치사하게 악다구니를 해야 하고 시샘하고 서로 할퀴어야 하는 구조였다. 이는 훈련소보다는 여러 계급이 섞여 있는 자대에서 훨씬 심했는데 옛날의 층층시하 시집살이, 동기간 시샘이 이런 것이었나 상상이 가는 것 같았다. 역시 남자들만 한 군데 모여 산다는 것이 자연스런 건 아니었다.

먼저 기들은 차례차례로 떠나가고 다음 기들이 몇 주를 간격으로 계속 들이닥쳐서 거기서 훈련받던 인원이 모두 얼마였는지는 잊어먹었지만 내가 기억하는 것만으로도 내가 있는 동안 세 명의 후보생이 자살을 했다. 한 명은 화장실에서 우리가 통일화라고 부르던 농구화처럼 생긴 녹색 훈련화의 끈으로 목을 매었고 하나는 사격 연습을 하다 엎드린 채로 그냥 총부리를 제 목에다 대고 당겨 버렸다. 다른 한 명은 훈련 나가서 자폭해 버렸다. 내가 몸소 겪은 것 외에 무엇이 이들을 얼마나 괴롭혔는지는 모르나 참 미리도 마감해 버린 청춘들이다.

특별한 야외 훈련이 없으면 일요일 낮 몇 시간은 자유시간이라고 하여 그때 다들 양말도 빨아 널고 하는 시간이 두세 시간씩 주어지기도 했는데 하루는 중위인 담당 장교가 훈련병들 중에 교회에 갈 사람은 모이라고, 군대말로는 교회 사역 병력 집합을 시키는 것이었다. 그냥 남아서 쉴 수도 있었지만 금방 무슨 일이 있을지, 쉬라고 한대서 쉬는 게 늘 보장된 것도 아니었고 또 무슨 일을 느닷없이 시킬지 무슨 싸움이 벌어질지 하여튼 숨을 곳 없는 새댁처럼 몸과 마음이 편치 못하니 차라리 교회에 가서 좀 앉아 있다 오자 하고 집합했더니 좌향좌! 줄지어 뛰어 갓! 하며 구령을 붙여 구보를 시키는데 부대 한 쪽 끝으로 내쳐 뛰어가니 제법 큰 교회 건물이 숲속에 서 있는 것이었다.

민간인인 듯한 목사와 몇몇 사람들과 직업 군인과 가족들이 있고 나머지는 다 주로 훈련 중인 하사관 후보생들이었는데 몇 가지 찬송가와 기도가 끝나자 목사는 설교를 하는데 대뜸 사람들을 죽 둘러보며, 얼마나 배가 고프냐, 얼마나 먹고 싶은 게 많으냐, 얼마나 마음이 답답하고 억울하고 힘드냐고 하면서 참 내 동생들 같고 고생이 많다고 축축한 목소리로 말을 던지며 내려다보고는 한동안 말을 멈추니 병사들이 한두 명 훌쩍거리기 시작하고 마침내 눈물 콧물에 울음바다가 되었다. 이런 일에 익숙한 듯 목사는 한참을 울게 내버려 두더니 하느님이 다

돌봐 주신다며 걱정 마라, 하느님이 계신데 무슨 걱정이냐, 단지 내가 받아들이기만 하면 만사형통이라며 요령 있게 마무리를 하는 것인데, 나도 얼떨결에 콧등이 좀 찡하기는 하였지만 사나이 지조가 이건 아닌데 하며 마음을 다잡고 훑어보니 나쁜 짓 하는 장면은 아니었지만 일면 얼치기 장난에다 설움풀이 굿마당 같아도 보였다.

그다음 주에도 이 중위님은 교회 사역병을 모집하여 보내고서는 남아 있는 우리 소대 후보생들에게는 연병장의 풀을 뽑으라고 하고 어떤 소대는 그냥 내버려 두기도 하였다. 나는 연병장에서 풀을 뽑으며 옆 사람에게 왜 교회에 안 가느냐고 물어보니 자기는 안 간다면서 본래 불교라고 하는 것이었다. 그럼 왜 절에 안 가느냐고 하니 여기도 절이 있느냐고 되레 내게 물었다. 그런 소리를 엿듣고 다른 사람들이 주섬주섬 서너 명 앉은걸음으로 가까이 모여들어 같이 풀을 뽑는데 자기들도 다 불교라는 것이었다. 그러면서 우리도 절에 보내 달라고 하자는 얘기까지 나왔다. 그러면서 나더러 불교냐고 했다. 얼떨결에 그렇다고 해 버렸는데 그 순간 이전까지 나는 감히 불교도라고 남에게 공공연히 자처해 본 적이 없었다. 그럼 왜 부대장에게 가서 절에도 보내 달라고 안 그러느냐고 내가 말하니 다들 가만히 입을 다물고 풀만 뽑는 것이었다. 그래서 내가 말했다. 야, 가서 말하자. 교회만 종교냐? 내가 알기로는 군대에서 종교는 다 평등이다. 이렇게 가고 싶어 하는 사람 숫자가 되면 보내 줘야 할 꺼다.

내가 일어서자 이여덟 명이 같이 일어서서 나를 따랐다. 연병장을 가로질러 본부 앞으로 가니 그 중위는 바깥에 의자를 내 놓고 앉아 신문을 보며 쉬다가 우리가 나타나자 좀 눈살을 찌푸리며 쳐다봤다. 내가 경례를 붙이니 '뭐야?' 하고 고개를 들었다.

- 부중대장님, 보고 드릴 게 있습니다!

다들 긴장한 속에 나는 이왕 내친 김에 큰 소리로 말하니 중위는 물 끄러미 쳐다보다가 '들어와!' 하고 안으로 자리를 옮겼다. 나만 안으로 들어가고 나머지는 바깥에서 기다렸다.

- 그래, 무슨 일이야?

- 우리도 절에 보내 주십시오!

그 순간 중위는 피식 웃었다. 긴장을 풀며,

- 절? 절이라고 했나?

- 예, 저희는 불교 믿습니다. 기독교 후보생들이 교회 갈 때 불교 후보생들은 절에 가고 싶습니다.

중위는 난감한 듯 말했다.

- 불교라고? 불교를 한다고? 야, 절 같은 데를 가겠다고?

중위는 별난 친구들 다 본다는 식으로, 말은 안 했지만 요즘 세상에 교회 안 가고 절에 간다는 멀쩡한 젊은 놈들이 다 있네 하고 눈을 가늘게 뜨는 것이었다.

- 절이 없잖아. 절이 어디 있는데?

- 찾아봐 주십시오.

- 임마, 절이 어딨냐?

- 없으면 저희끼리 모여서 하겠습니다.

- 어디서 하겠다는 건가?

그 순간 나도 난감했지만 얼핏 떠오르는 장소가 빨래를 너는 빨래터의 콘크리트 바닥이었다.

- 빨래터에서 하겠습니다.

- 빨래터? 잘들 한 번 해 봐!

둘째 가름: 기억으로

중위는 못마땅한 듯이 입맛을 다시고는 회전의자를 돌려 뒤돌아 앉았다.

그날 오후 우리는 빨래터에 모였다.

교실 크기만큼 울퉁불퉁한 시멘트 바닥이 깔려 있는 빨래터엔 작은 전봇대마냥 몇 줄로 말뚝이 꽂혀 있고 거기에 철사줄이 두 줄씩 걸려 있었으며 낮은 돌담이 둘러져 있고 한 쪽에는 수도꼭지가 몇 개 나란히 있는 빨래하는 높은 부뚜막이 만들어져 있는 곳이었다. 널려 있는 남의 양말짝이나 속옷 빨래를 누가 걷어 가지 못하게 각 소대별로 한두 명씩 돌담에 걸터앉아 담배를 피우거나 그저 멍하니 쉬고 있다가 우리가 나타나자 무슨 일인지 눈빛을 반짝이며 다가왔다. 소문을 듣고 왔는지 열댓 명의 불자 병사들이 모여들었고 호기심에 주위를 둘러 싼 사람들도 여럿이었다.

막상 현장에 도착하여 자리를 잡으니 다들 나를 무슨 경험이라도 상당히 있는 불자인 줄 알고 쳐다보는데 실로 난감한 것이었다. 나는 그때까지 지적인 관심으로 불교에 관한 책을 몇 권 읽었고 강의는 몇 번 들었지만 불자로서 정식으로 법회에 참석하여 불교의식을 한 적은 없었다. 어릴 때 어머니가 마음이나 몸이 괴로우시면 할머니에게서 들은 거라며 '정구업진언 수리수리 마하 수리' 하며 몇 마디 천수경 구절을 되풀이 읊으시는 소리는 들었고 어릴 때 절에 소풍 가거나 하면 스님이 염불하는 소리를 듣기도 했고 대학에서는 교양 선택 과목으로 반야심경을 가지고 한 학기 강의를 듣고 학점까지 잘 받은 적은 있지만 막상 그 자리에서는 도대체 뭣부터 시작해야 할지를 몰라 양반다리를 하고 앉아 눈만 감고 잠시 있었다. 그러자 그중 한 사람이 눈치를 챈 건지 나에게 검은 꺼풀에 세로로 병풍처럼 된 조그만 책자를 내미는데 눈을 떠 보니 겉장에 천수경이라고 금박으로 찍혀 있고 안쪽은 한문과 한글 큰 글자로 경전이 내리 인쇄되어 있었는데 갈피는 나달나달하여 찢어지려 했고 땀에 젖었었는지 소금꽃이 피어 있었다. 나는 살았구나 하며 근엄하게 그 천수경을 읽어 내려갔는데 불자들은 나를 따라 다들 합장을 하고 앉은 채로 반배를 했다.

정구업진언 수리수리 마하 수리 수수리 사바하…….

내가 생각해도 너무 느리게 시조 읊듯 읽어 갔는데 좀 이상하다 싶었겠지만 다들 땡볕 시멘트 바닥에 앉아 중얼중얼 따라 읊거나 그냥 눈을 감고 있었다. 이리하여 그 역사적인 그날의 빨래터 법회는 천수경을 읽는 것 하나로 마무리를 지었는데 아까 내게 책자를 건넸던 그 병사가 내게 따라오며 조용히 물었다.

– 느그 절에서는 천수경을 그래 천천히 외우나?

– 아이다, 내가 좀 긴장이 됐는 갑다. 니는 절에 마이 댕겠나?

– 그래, 쫌. 부산에서 댕겠다. 우리 집이 운수업 한다 아이가.

– 다음부터는 니가 경 외아라.

– 아무나 개얀타. 사람은 니가 모아라.

그리하여 그다음 주부터는 빨래터에서 이 친구의 구성진 천수경 염불 소리며 반야심경이 울려 퍼져 제법 격을 갖추었고 나는 행동대장 겸 대외부장쯤으로 야, 앉아라, 시작하자, 뭐 하고 있노? 니도 구경만 하지 말고 이리 온나, 노는 입에 염불한다고 무사히 제대 마치고 애인 하고 짝짜꿍할라믄 공짜로는 안 된다, 공덕을 쌓아야 된다, 일로 와서 앉아 보거라 하면서 다그치고 자르고 밀고 나갔다.

둘째 가름: 기억으로

서너 주를 그리 했더니 드디어 하루는 그 중위보다 높은 대위 한 사람이 사복차림에 자전거를 타고 빨래터를 지나다 둘러보더니 그다음 주 일요일에 기독교 사역병과 함께 불교 사역병도 따로 불러 줄을 세우는 것이었다. 영내에 있는 군인 교회가 아니라 저쪽 산 너머 어디에 있는 절로 차를 타고 간다 하여 떡 얻어먹는 기대에 부풀어선지 어중이떠중이 다 합쳐서 교회 사역병만큼이나 많은 숫자가 다들 트럭 뒤에 울멍줄멍 줄을 섰다. 그런데 나는 마침 그 앞 주에 제식훈련을 받다 훈련화에 발뒤꿈치가 까진 것을 땀에 젖고 먼지가 긴 채로 그냥 뒀더니 곪아서 발목이 부어올랐었다. 의무실에 갈 시간도 형편도 안 되어 내버려 뒀었는데 그게 덧이 나서 종아리까지 퉁퉁 부어오르고 열이 났다. 그래서 마지못해 보고하여 훈련을 하루 빠질 수 있게 되었고 항생제도 몇 알 얻어먹게 되었으나 중대장으로부터 무조건 주말 내로 다리를 고치기를 명령받았으므로 절뚝거리며 절에 가겠다고 나설 수도 없는 형편이라 나의 정식 법회 참석은 미루어졌다. 그런데 그다음 주에도 또 무슨 일이 있어 못 가고 또 못 가고 하다가 결국은 산 너머 절에는 못 가보고 가평에서의 내 하사관 후보생 생활은 끝나 버렸다.

　여섯 달 동안의 훈련을 마치고 작대기 네 개에 갈매기 하나를 얹은 육군하사 계급장을 붙이고는 더블빽을 메고 배치된 자대라는 곳이 경기도 포천군 영북면, 산정호수 근처의 탱크 여단에서 좀 떨어진 말단 부대였다.
　이 여단 본부의 별 하나짜리 여단장은 한 술 더 뜨는 열혈 십자군이었는데 틈만 나면 서울에서 유명 부흥사를 모셔와서는 넓은 연병장에 병사들을 앉혀 놓고 한꺼번에 수십 명씩 수백 명씩 눈물 속에서 손을 들거나 일어서 걸어 나와 하나님 앞으로 인도케 하는 국군 복음화의 첨병이었다. 나도 두어 번쯤 이런 장소에 거의 강제로 동원되었는데 한 번은 젊은 날의 방탕으로 어머니를 핍박하다 그 돌아가신 어머니의 간절한 평생 기도로 결국 하느님을 되찾아 전도 목사가 된 돌아온 탕아와, 한때 대중 가수로서 화려한 몸차림으로 무대를 뛰어다니다 이제는 다소곳이 기타를 안고 남편을 따라 온 나라 구석구석 병영을 찾아다니며 찬송가를 부르며 구름 같은 병사들 앞에서 좀 수줍어하기도 하는 그의 자그마한 아내가 간절한 기도와 찬송을 하며 내려다보는 넓은 연병장에 줄지어 앉아서는 정말 이러다 교회에라도 가야 하는 건가고, 하긴 모양이 좀 우습겠다는 생각이 얼핏 들었다.

그러다 어느 일요일 무슨 일을 하고 있다가, 탱크 진지만이 구석구석 몸을 숨기고 있는 거친 이 여단 본부 병영의 한 쪽 끝 한적한 곳에, 누구의 배려였는지는 모르나 새로 지은 기와집이 있고 놀랍게도 그것이 방금 단청을 끝낸 불당이며, 지금 거기에 차출되어 가서 마무리 작업도 하고 법회에도 참석할 불교 사역병 약간 명을 급히 집합시킨다는 것을 알았다. 하던 일을 놓고 무조건 줄을 섰다.

고린내가 나는 군화를 어렵사리 벗어 마루 밑에 두고 법당에 들어서선 처음으로 마룻바닥에서 남 따라 삼배를 하고 천수경을 따라 읽었다. 그리고 계급이 중사인 그 여단의 법사가 하는 법문을 들었는데 가부좌를 흉내 내어 틀고 앉자 무슨 영문인지 갑자기 눈꺼풀엔 잠이 쏟아지고 억지로 눈을 뜨면 어디선가 떡 냄새가 코를 찔러 배에서는 꼬르륵 소리가 민망스러울 정도로 크게 나는 것이었다.

그 후로도 몇 번 법회에 갔는데 검은 법복으로 갈아입은 중키의 그 중사님은 그래도 우리들에게 부처님의 말씀을 전하려고 무진 애를 썼다. "지금이 중요한 땝니다. 불교를 일으켜야 합니다. 한국 불교 이렇게 해서는 안 됩니다. 젊은 사람들을 모아 젊은 사람들이 나서야 합니다. 젊은 사람들이 알아듣는 불교, 한글로 된 불교, 우리말, 쉬운 말로 된 불교를 해야 합니다. 군인도 부처님 아들입니다. 불교를 잘못 알면 염세주의에 빠집니다. 부처님의 가르침은 절대 염세주의가 아닙니다. 이 세상 무엇보다도 희망에 찬 힘찬 가르침입니다. 군인을 나약하게 만드는 가르침이 절대 아닙니다. 우리 마음에서 지면 우리는 지는 것이고 마음에서 이기면 이기는 것입니다. 불교는 절대 약하고 시시한 패배자가 아닙니다." 법복만 갈아입으면 그는 딴사람이 된 양 힘에 넘쳐 강조했다. 그 중사님은 아직도 정정하실까? 살아는 계시겠지.

거기서 처음으로 보살들이란 아주머니들로부터 떡을 얻어먹었는데 큰 다라에 서울에서 흰 백설기를 해서 보자기를 덮어서는 새벽 일찍 시외버스에 실어 온 것이었다. 법사님이 요령을 흔드는 모습도 곁에서 지켜보았고 손수 향에 불을 붙이고 코끝으로 향냄새를 맡아 보았다. 어쩌다 법사님께 질문을 던지기도 했다.

초파일엔가 어느 열혈 병사가 우리를 불러 모아서는 어떻게 준비했는지 연등을 하나씩 손에 들려주고는 자기를 따르라 했다. 우리는 긴 풀잎이 나부끼고 바위가 흩어져 있는 여단의 야산 울타리 옆 좁은 길을 따라 줄지어 갔다. 요소요소에 반쯤 땅속에 감추어져 있는 탱크 진지 곁, 초병이 위장복을 입고 실탄을 장전한 채 보초를 서고 있는 산머리를 돌며 우리는 몇 번이고 같은 노래를 함께 불렀다. 둥글고 또한 높은 덕은 만물을 길러……, 하는 찬불가를 금방 배워 큰 소리로 불렀으며 맨 앞의 인도자는 마음이 들떴는지 '불교 세상이 온다.' '미륵불이 온다.' 하며 손나팔을 만들어 산마루를 향해 불며 외치기도 했고 제대할 때가 다 된 어떤 병사는 '예수쟁이들한테 주눅 들면 안 돼, 걔들 별 것 아니야! 우리나라 불교는 우리가 지킨다. 와, 정말 기분 째지게 좋다!' 하고 떠들다가 목이 메어 훌쩍거리기도 하는 것이었다. 이리하여 한 오륙십 개 되는 연등의 행렬은 어둑어둑해지고 좀 으스스한 병영의 끝 산기슭을 돌아나갔다.

그때만 해도 내 주위에는 감히 우리보고 야유를 퍼붓는 초병도 없었으며 예수천국 불신지옥 하며 막무가내로 가로막고 나서는 친구들도 많지 않았다. 떡 주는 날은 절에 가고 빵 주는 날은 교회에 가며 아무것도 안 주는 날은 아무데도 안 가고 배 깔고 엎드려 없는 문구를 총동원하여 연애편지나 끄적이는, 말은 상스럽고 거칠지만 마음은 순박한 많은 병사들이 곳곳에서 전방을 지키며 각자의 젊은 날의 한 토막을 매만져 나가고 있었다.

여느 군대 사회와 마찬가지로 그 부대에서도 계절과 일정 따라 훈련과 일, 그리고 계획에도 없던 사건과 사고는 이어졌고, 의식과 행군, 분열과 사열, 보급과 정비, 표창과 징벌, 여흥과 기합 속에 더러 사람은 다치고 죽어 나가고 잊혀지고, 겁먹어 눈을 크게 뜬 긴장한 앳된 병사들은 날마다 어디에선가 와서 보충되고 내무반에서는 언제나 비슷한 장면, 비슷한 질문이 되풀이되었다.

- 야, 너 임마, 신병!
- 넷! 이병 김! 말! 뚱!
- 됐다, 앉아라, 앉아, 느그 집 어데고?
- 넷! 서울입니다!

- 서울이 다 느그 집이가? 서울 어데고? 큰 소리로 안 해도 된다.

- 넷! 성북동입니다!

- 성북동이라꼬? 그라머 김철모 아나?

- 에? 모릅니다!

- 박모포는 아나? 이야삽은?

- 야삽이라면……?

- 임마, 야전삽도 모리나! 그라고 니 누나 있나?

- 없습니다!

- 누나도 없는 놈이 말라꼬 군대 왔노? 됐다. 절로 가라. 간다. 실시! 어, 동작 봐라?

- ……!?

그리도 싱싱했던 젊은 날을 토막 내어 이렇게 쓰잘데기 없는 흰소리로 시간을 죽이기도 하는 속에서 누누이 사람 해치고 속이고 죽이는 법을 훈련받고, 그렇게 나를 죽이려는 자들로부터 도망가는 법을 몸에 익히고, 끝까지 살아남는 법을 되풀이 배우고 가르쳤건만 그중 하나라도 나 자신 써먹을 일이 그 후 내가 살아 있는 동안엔 다행히 아직 일어나지 않았다.

자비로우신 부처님 덕분이 아닌가 한다.

10 갑판에서

80년대 초 나는 어느 한국 배 회사의 미국 롱비치 파견 주재원이었다.

그 회사는 서울 중심가에, 그 당시로는 하늘을 찌를 것 같다는 겨우 31층의 초고층 빌딩을 지어 놓고는 장안의 명물 대접을 받았는데 그 건물에 본사를 둔 채 몇 개 자회사를 거느린 중간치 재벌 회사로서 당시로는 전국에서 한 스무 번째쯤 가는 크기라고들 했었다.

내가 속한 선박회사는 주로 원목, 고철, 곡물 따위를 한국으로 실어 오는 것으로 주업을 삼았는데 몇 만 톤 되는 크고 낡은 벌크 선들을 여남은 대 사들이거나 그때그때 외국 선사들로부터 계약을 하고 배를 빌려 와서 날짜와 시간을 따져 가며 쥐어짜 부리고 있었다.

원래 배라고 한다면 댓잎을 따서 잎자루를 구부려 몸통 잎맥에 고리 만들듯 끼워 돛을 삼은 홑 이파리의 풀잎 배에서부터 공책을 찢어 만든 종이배, 소나무 껍질을 낫으로 깎아 만든 장난감 돛단배에까지 내 어린 날의 한 부분에 반드시 등장하는 소재였다. 그러다 홍도에 가서 실제로 바다에서 노를 저어 본 토박이 조선배에서부터 작은 미국 군함을 개조한 해양 조사선도 타 보았고 비록 움직이는 것은 아니었지만 롱비치 부두에 영구 정박시킨 이전의 호화 유람선인 퀸 매리호도 둘러

　　　　　　　　　　둘째 가름: 기억으로

보았다.

하지만 이때도록 못 타 본 배들도 많으니 잠수함은 물론이고 원자력으로 대양을 헤쳐 나가는 최신식 항공모함쯤 되면 이생에서는 나하고는 아직 인연이 없나 보다 하고 있다. 군대를 마치고 회사원이 갓 된 내 젊은 날에는 그래도 배라고 하면 낭만과 선망이 잔뜩 묻어나는 번쩍번쩍한 상상만 하고 있었는데 그 모든 환상이, 그 회사의 신입사원 교육으로 인천에 가서 처음으로 벌크선이라는 배로 몇 발자국 다가갔을 때 아차차 하고 완전히 깨어졌다.

우선에 모든 게 녹슬었다는 것이다. 그리고 구멍에서는 오줌 누듯 물이 질질 흐른다는 것이었다. 배로 올라가는 비스듬한 뜬사다리 난간에서부터, 무식하게 쇳덩어리를 녹여 붙여 만든 갑판의 모든 시설, 둥근 창문에다 선실 안의 화장실 고리, 귀가 멍멍할 정도로 시끄러운 기관실의 계단 쇠그물 발판에 이르기까지, 모든 게 다 두껍게 칠해진 페인트의 막을 비집고 바닷바람 속에서 묵묵히 녹이 슬고 있었다. 아, 쇠는 녹이 스는구나! 쇠라는 것은 녹이 슬기 전 잠시 머문 상태일 뿐이로구나 하고 인식의 틀을 바꾸면서.

다음은 냄새였다. 아주 싫지도 좋지도 않은 지릿한 기름 냄새. 바다의 갯냄새와 섞인 미지근한 그 냄새는 그 배를 둘러싼 모든 언저리에 너무나 흔해서 마치 바람의 냄새와도 같이, 달의 얼굴이 천의 강물에 비치듯 온 군데에 배어 있었다. 난간의 밧줄에도, 선실에 던져진 잡지의 갈피에도, 낮은 담을 둘러친 식탁의 젓가락에도, 고물에 비끼는 저녁 햇발 속에도.

그 다음은 낯선 사람들이었다. 흔히들 뱃사람이라고도 하지만. 선장은 잘 아실 테고 초사라는 사람이 있었는데 중요하고도 일이 많아 보였다. 알고 보니 갑판장을 영어로 치프 오피서(Chief Officer)라고 하는데 외국어 발음에 특히 뛰어나고 말마디 줄이는데 선수인 일본 사람들이 이들을 쪼사, 쪼사 하고 불러댔고 일본 사람 따라 하기에는 누구에게도 지기 싫어하고 이에 자긍심마저 갖고 있던 한국 사람들이 이 소리를 한자음까지 연상하여 좀 더 품위 있게 바꾸다 보니 초사라고 불렀던 것 같다.

하여튼 계급 없는 세상은 없다고, 다 합해 봤자 서른 남짓한 작은 세상에도 무수한 계급과 직함이 있어서 기관장도 있고 통신사도 있고 항해사도 1등 항해사, 2등 항해사 하며 두세 명은 있는 등 한 순간에 파악하기가 쉽지 않았다. 이른바 장교에 해당하는 간부급 선원들이, 큰 배라면 열 명 남짓 했는데 이들은 대개 해양 대학이라든가 하는 상급 학교나 기관에서 선원 교육을 받은 사람들이었다.

그러나 내가 더 흥미를 느끼고 끌린 것은 여러 가지 잡일에서부터 힘든 작업을 하면서 사연도 갖가지인 하급 선원들이었다. 이들은 대개 말수가 적었고 적당히 눈치를 봤으며, 좀 늙수그레한 데다 학교물이 덜 든 대신 세상물이 많이 들어 보이는 외로운 존재들이었다. 그리고 내가 생판 모르는 세계와 내면을 갖고 있어 보였다.

하지만 서른도 안 된 새파란 나를 대하는 태도도 일단 방어적이었고 속을 감추었으며 늘 뒷일을 염려하며 말을 꺼냈다. 스물네 시간 지겹고 흉측한 포르노 테이프만 걸어 놓고 시간 죽이지 말고 인생의 벗이 되고 길잡이 되려 얘기 좀 해 보자고, 무엇보다도 틈틈이 흘린 사연들이 참말인지 꾸밈말인지 분간이 가도록 당신들의 개인사 얘기 좀 털어 놓자고 어리광부리고 꼬셨지만 결국 허사였다. 시간도 넉넉하고 객기도 동하여 온갖 수작을 붙였는데도 불구하고, 아깝다, 그 수많은 다 채로운 소재들이 다만 배고플 때 식품점에서 맛보기 한 점씩 집어먹어 보듯 입맛만 버리고는 죄다 뒤척이는 파도머리에 쓸려 묻혀 버렸다. 이들은 이미 새파란 애송이 응석에는 웬만해서는 걸려들지 않는 연륜을 쌓아 놓고 있었으니 어쨌겠는가!

그들 중에는 살롱이라고 부르는 장가 안 간 좀 젊은 주방장도 있었는데 식도락가와는 거리가 먼 내가 맛보기에도 멋들어진 음식 솜씨였다. 응응거리는 배의 어느 구석에서 꺼내오는지 싱싱하고 잎 넓은 상추며 시퍼렇게 성이 난 풋고추며 생선회며 쌈장이며……, 찌개랑 튀김이랑 참 맛있었던 기억이 난다.

이리하여 나는 입사한 지 두 해를 넘기기도 전에 신혼살림을 싸서 부치고 미국이라는 나라의 롱비치 주재원으로 보내졌는데 뭣보다 가장 힘든 일이 한국에서 뭣도 모르고 깝죽대던 영어 회화가 여기선 거의 통하지를 않는다는 것이었다.

혼자 앉아 있는 사무실에서 제일 겁나는 것이 전화통 울리는 것이고 전화기 속에서 노골거리는 미국 사람의 목소리가 참 이 세상에 없었으면 편해 빠질 순서 1번지에 매기고 싶은 심정이었다. 일이십 불도 아니고 한마디에 수만 불, 수십 만 불이 왔다 갔다 할지도 모르는 물음에 예스까 노까, 건성으로 대답하는 일이란 참으로 등줄기에 진땀이 나는 일이었다. 알고 보니 아무것도 아닌 안부 전화일 뿐이었는데 모르면 병신이고 잘못 알면 지옥이라고, 그래서 부처님도 모르고 지은 죄가 알고 지은 죄보다 더 크다고 하셨는지 모르겠다.

몇 번 그러다 내가 깨친 가장 안심되는 방안이, 그 사람이 한 말을 내 나름으로 다시 이해, 요약해서 숭산 스님처럼(?) 엉터리 단답식 영어로 곧바로 되묻는 것이다. 네가 한 말이 이 말인 것 같은데 맞나? 틀리나? 예스? 노? 처음엔 맞는 게 반쯤 되더니 시간이 좀 흐르자 더 많이 맞아떨어졌고 마침내 거의 틀림이 없게 된 이후엔 일일이 그러지 않아도 걱정이 덜 되었다.

내가 회사의 롱비치 지점에서 맡아 하는 일은 몇 가지 되는데 그중에는 우리 회사 배가 가까운 항구에 들어오면 배에 찾아가서 선원들을 만나보고 물건이나 편지를 전해주고 요구사항들을 챙기는 일도 있었다. 롱비치에서 꼭 물건을 실을 일이 없더라도 배는 자주 들렀는데 그건 배에 벙커 씨(Bunker C)라는 연료 기름을 채우는 일이라든지 필요한 물품을 공급받거나 배의 수리를 하거나 선원을 교체하는 등 선박과 인원과 정보의 보급 기지로서 롱비치는 대양의 십자로에 해당하고 있어 편리하기 때문이었다.

배라는 것은 밤낮이든 주중 주말이든 시도 때도 없이 들이닥치므로 내가 배에 찾아가는 일이 시간이 정해진 것도 아니었다. 한 번은 새벽에 롱비치 항구 묘박지에 떠 있는 회사의 화물선에 통통배를 타고 찾아간 적이 있다. 선원들이 가장 좋아하는 것이 가족에게서 온 편지들이므로 회사 사무실로 전해진 편지 뭉치를 끈으로 잘 묶어 허리에 차고 갔다. 바다가 겉보기에는 잔잔하더라도 가까이서 보면 항상 흔들리는 것이다. 통통배가 본선에 다가가 배 옆에 붙어 신호를 보내자 선원이 줄사다리를 드리워 주는데 아닌 게 아니라 군대에서 유격훈련을 받지 않았다면 심히 겁날 뻔했다. 힘들게 배에 올라 편지 뭉치를 풀어 놓으니 다들 그리 좋아할 수가! 그리고 편지가 없는 선원은 참 풀이 죽어 보여서 나도 이제부터는 편지 인심만은 박하게 하지 않으리라 마음먹기도 했었는데 그나마 요즘은 잘 지키지 못하고 있다.

대충 볼일을 마치고 금방 돌아오려는데 선원들이 그동안 쓴 편지를

　　　　　　　　　　　　　　　　둘째 가름: 기억으로

부쳐 달라고 또 한 뭉텅이 안겨주는 것이 아닌가! 끈으로 묶어 다시 허리에 차고 줄사다리를 타고 기다리는 통통배 쪽으로 내려오는데 아까보다 물결은 더 흔들리고 자세는 불편한 데다 아래를 내려다보니 짙푸르게 출렁이는 바닷물이 까마득한 것이었다. 그런데 어느 순간 줄사다리의 발판을 고정시킨 철사 매듭에 내 양복 허리끈 고리가 걸리더니 내가 내려감에 따라 저절로 허리띠가 풀려 빠져나가는 것이었다. 그러다 허리띠를 다시 잡으려 하면 편지 뭉치를 놓쳐야 하고 편지 뭉치를 챙기려면 허리띠는 버려야 하는 상황이 되었다. 나는 많은 이들을 위하여 후자를 택하고 끝까지 줄사다리를 잡고 내려와 가까스로 통통배에 발이 닿았다. 일단 위험은 피했지만 이제부터는 집에 가서, 새벽같이 집을 나서 어디서 허리띠를 잊어먹고 온 사연을 어떻게 변명하나, 곧이곧대로 말하면 믿어 줄까 하고 골몰해야 했다.

이런 곤경에도 불구하고 나는 배에 찾아가서 선원들을 만나는 것을 좋아했다. 처음에는 한국 선사의 배는 사관이든 일반 선원이든 거의 한국 사람 일색이었는데 차차 한국 회사의 선박에는 사관들만 한국 사람으로 남고 하급 선원들은 버마, 인도네시아, 필리핀, 중동 등 동남아시아나 서남아시아 사람들로 바뀌더니 나중에는 사관들도 외국 사람으로 많이 바뀌고 한국 사람이 드물어졌다.

그리고 회사에서는 외국 선사의 배를 선원까지 몽땅 일정 기간 빌리는 용선도 많이 행했는데 이 바람에 나는 외국 선박이나 선원도 제법 접하게 되었다. 그리스 선장, 핀란드 선장, 일본 사람, 중국 사람, 스페인 사람, 칠레 사람, 이태리 사람, 덴마크 사람, 터키 사람, 사모아 사람 등등.

이들에게도 대개 영어가 외국어인지라 나는 마음 놓고 떠들며 물건 좀 잘 내리고 작업 빨리 끝내라며 이삼백 불씩 회사의 가이드라인에 따라 현금을 질러주면 입이 함지박 만하게 벌어지면서 금세 미스터리, 마이 베스트 프렌드 어쩌고 하며 분위기가 좋아졌다. 참으로 돈 싫어하는 사람 없고 파란 달러 마다하는 사람 없구나, 그리고 세상에는 보기보다 다들 짠돌이에다 힘들게 사는 사람들이 많구나, 이 돈을 받은 선장은 자기 선원들 보기엔 낯간지럽겠지만 좀 꿍쳐 두었다가 몇 달 뒤 아테네든 로마든 집에 들를 땐 어린 딸내미 선물이라도 한 가지 싸들고들 가겠지 하고 나는 흐뭇해하였다. 작업이야 빨리 못 마치더라도 그 이름 모를 지구촌의 가족들을 우선 생각하고 모든 게 부드럽고 잘 되기를 빌었다.

그런데 내 인상에 특히 남는 것은 버마 사람들이었다. 이들은 대개 막일꾼 하급 선원들인데 같은 동양 사람들인데도 인도 피가 섞였는지 얼굴빛이 좀 거무튀튀한 사람이 많았고 중키에 둥근 얼굴에 대개 쌍꺼풀을 하고 있었다. 이들은 일과가 끝나면 하나같이 아랫도리 바지는 벗어 버리고 전통적인 치마를 입었다. 격자무늬가 있는 주황색 포대기 비슷한 천이 치마인데 능숙한 솜씨로 이 천을 두르고서는 옆구리 어디엔가 묶어 매듭을 짓는다. 그리곤 더운 나라 출신답게 딸딸이를 신는다. 그러니 평소에 남자들이 즐겨 치마를 입고 사는 나라가 버마요 요새 이름으로는 미얀마다. 그리고는 뱃그늘에 줄지어 모여 앉아 갈고리 모양의 신기한 글자가 박힌 잡지나 책을 읽거나 가만가만 이야기를 나눈다.

조용하고 차분하며 깊은 내면을 안고 사는 사람들 같았다. 이들을 이렇게 만든 것은 부처님이었을 테고 다른 한편 무지막지한 군사 독재정권인 것 같다는 생각이 든 것은 얼마 후다. 그리고 이들이 다 같은 버마 사람들이긴 하지만 문자 그대로 버마족만 있는 게 아니라 카렌족도 있고 몽족도 있는 등 그 안에서 또 얽히고설킨 한스런 역사와 현실이 있다는 것도 알았다. 다만 그들은 이 모든 걸 삼킨 채 묻는 말에 조용히 웃음 지으며 짧게 대답한 후 다시 책으로 눈을 돌리는 것이었다.

일본 사람들은 깔끔했지만 언제나 예의바른 고객과 손님맞이가 몸에 밴 업주와의 관계 이상은 아니었다. 그리고 거래가 끝나면 깨끗이 잊었다. 그들은 항상 웃으며 자동적으로 고개를 숙이며 실수 없이 내면의 긴장을 덮고자 했다.

그런데 중국 사람은 달랐다. 한 번은 내가 음식점에서 선장을 대접했는데 그는 유학 온 아들을 핑계 삼아 데려와 인사를 시켰으며 내 얄팍한 한자 실력을 칭찬해 주었고 자기의 근거지인 홍콩 생활의 답답함을 얘기했다. 어쨌든 나는 기분이 나쁘지 않았고 잘 생긴 그 부자의 인상도 오래도록 남았다.

내가 대한 것은 거의 모두 벌크선의 선원들이었는데 이런 벌크 배들은 대개 며칠이나 일주일 이상 머무는 등 시간 여유가 있었으므로 선원들은 육지 나들이를 하고 싶어들 했다. 배가 닿자마자 커다란 하역 장비가 미끄러져 들어와 몇 시간 만에 바지런히 화물 상자들을 내리고 실어 버리는 컨테이너 배들은 선원들도 시간 여유가 없어 항구 구경도 제대로 못하게 마련이다. 말하자면 좋은 게 다 좋은 게 아니고 나쁜 게 다 나쁜 게 아니다.

대개 난바다를 헤쳐 온 배가 목적지 항구 근처에 이르러 멈추면 그 항구 물밑바닥을 손바닥 보듯 훤하게 꿰뚫는 도선사, 즉 파일로트가 미리 연락을 받고 통통배를 타고 마중 나간다. 이들은 배에 올라 선장으로부터 조종간을 넘겨받아 그때부터 자기 책임과 지시 하에 배를 몰아 지정된 부두에까지 갖다 붙인다.

　부두 근처는 물이 얕고 여러 가지 부딪칠 일이 많으므로 배 자체의 동력으로 배를 움직이는 것이 아니라 두 세 대의 작은 밀배, 즉 터그보트 혹은 예인선이라고 할까, 몸집은 작고 힘 좋고 뱃전에 완충 장치로 타이어 같은 것들을 잔뜩 늘어 붙인 배들이 돕는다. 이들은 본선의 도선사와 무선으로 주고받으며 덩치 큰 배를 요리 밀고 조리 밀고 하면서 정해진 부두의 자리에 살살 갖다 붙이면 부두에서 기다리던 줄꾼들이 재빨리 배의 앞뒤로 줄을 걸어 부두에 박혀 있는 큰 쇠고리에 걸어 묶는다. 이 줄들을 타고 뭍의 쥐들이 배로 오르지 못하도록 둥근 함석 원반을 줄의 중간에 끼워 세우는 일을 맡은 사람도 있다. 이 모든 것이 기술이고 시간이고 돈이며 노동조합이고 독과점이며 연줄과 역사가 얽힌 생활의 한 단면이다. 이 모든 것이 물리고 어울려 항구라는 풍경을 만들고 우리 인생의 한 모퉁이를 꾸민다.

　정박해 놓은 배의 갑판에 서서 부두 쪽을 보면 한 무리의 남자들이 배로 다가오거나 배에서 내려 바깥으로 차를 타러 나가는데 쌍안경을 쓰지 않고 맨눈으로 멀리서 보아도 동양 사람들인지 서양 사람들인지, 흑인들인지 남미 사람들인지 한눈에 분간이 간다.

　그런데 같은 동양 사람들끼리는 처음엔 참 분간이 힘들었다. 무리가 아니라 한두 사람뿐일 때는 당연히 헷갈리기도 한다. 한국, 중국, 일본 등 동북아 사람들과 필리핀, 인도네시아, 캄보디아 등 동남아 사람들과는 체격이나 피부색 등 차이가 좀 두드러졌다. 한국, 중국, 일본 사람들은 처음에는 서로를 구분해 내기가 힘들었지만 좀 지나자 나도 모르게 구분이 갔고 거의 늘 맞아떨어졌다. 특히 무리지어 갈 때 그들은 걸음걸이가 다른 것이다. 대열을 이루는 것도 좀 다르다. 옷차림, 몸차림이 다르고 행동거지가 다르고 웃고 떠드는 모습이 다르다. 그중 한국 사람들이 가장 무질서하고 활달하며 자연스러운 데다 대충 봐서 가장 잘 생겼다고 하면 에라이, 팔이 안으로 굽는다더니 하고 허허 웃으실 분도 계시겠다.

그런데 배가 도착했다면 어김없이 찾아오는 사람들이 몇 있었는데 그중에 하나는 여자였다. 그때에도 벌써 네덜란드 등 유럽 배에는 백인 선장 부인이 함께 배에 타서 바다 생활을 하는 이색진 풍경도 봤다. 저러다 사고 안 나나 하고 괜한 걱정을 했더니 누군가가 그런 배에서는 여자도 항상 권총을 차고 다닌다고 귀띔해 주었다.

하지만 그런 배는 아직 예외적인 경우였고 거의 늘 남자뿐인 배에 여자만이 한둘 찾아오는 것은 틀림없이 몸 팔러 오는 이들이었다. 시애틀에 가면 한국 선원들이라면 누구나 아는 인디안 원주민 여자도 있다고 누가 말해 주기도 했다.

그때만 해도 9.11이 있기 한참 전이라 항구의 배에는 누구나 자연스레 드나들었으며 작업도 없는 한가한 시간, 낡은 밴을 몰고 온 백인이나 멕시칸 같이 생긴 이런 좀 나이든 여인들은 간단한 손짓 한번으로 배에 올랐다. 자질구레한 물건도 팔고 몸도 팔면서 잠깐 사이에 푼돈을 챙기고는 내가 이들을 캐는 수사관도 아닐진대 갈매기들처럼 뒤도 안 보고 미련 없이 다른 해안을 찾아 서둘러 떠나갔다. 그들이 어느 해안을 찾아가 보금자리를 틀었든 아직도 살아 있다면 이미 백발의 흰 갈매기가 되어 쓸쓸히 갯바람을 쐬고 있을 것이다. 아니면 다음 생에는 더 멀리 하늘을 나는 신천옹들처럼 그들의 삶이 질곡의 해안을 벗어나 좀 더 넓고 자유스러웠으면 한다.

그리고 그 다음으로 잽싸게 찾아오는 사람은 한국 사람 선식 업자였다. 쌀이나 된장, 김치 등 그때는 혼치 않았던 한국 음식 재료에서부터 선박에 필요한 기계 부품, 게임기나 카세트, 비디오테이프 같은 오락물들, 각종 서적이나 읽을거리, 숨기고 싶은 개인적인 병을 치료하는 약이나 은밀한 진료의 주선 등 없는 게 없고 안 해 주는 게 없는 전방위 보호자였다. 단, 돈을 주고 지속적으로 거래만 터 준다면 말이다.

하지만 이들도 세월이 흘러 한국 선원들이 뜸해지고 한국 식품이 싸면서 흔해지고 통신은 날로 발달하여 바다 건너에서 시간을 다투어야 할 아쉬운 일도 줄어들자 식품 가게 주인이 되거나 무역업자가 되거나 아예 전업하여 부동산 브로커가 되거나 어느 날 홱까닥 하더니 신학교로 가기도 했다.

하기야 그때부터 창녀나 선식업자들과 앞서거니 뒤서거니 꼭 나타나는 밴 차량들이 있었으니 바로 개척교회 목사님들이었다. 이들은 머리를 빗어 넘기고 쉬는 날에도 정장을 한 채 시종일관 만면에 미소를 띠고는 흔들리는 사다리를 잡고 배에 올랐다. 그리고는 선장을 잡고 얘기하고 초사도 잡고 얘기하고, 기관장도 살롱도 선식업자도 주재원도, 심지어 핸드백을 챙겨 떠나가는 금발의 창녀도 잡고 얘기했다. 그리고 알록달록 목걸이나 야한 잡지 대신 십자가가 찍힌 팜플렛을 나눠 주고 언제든지 연락할 수 있는 개인 명함을 나눠 주었다. 누구든지 언제든지 어디에든지, 병원에든 디즈니랜드든 한인상가든 경기장이든 교회든 무조건 공짜로 태워다 주고 태워 오겠다고 차문을 열어 놓고 몇 시간이고 기다렸다.

이리하여 한둘이 선심 쓰듯 그 차에 올라타 주고, 일년이 가고 삼년이 가고 십년이 가고, 마침내 은혜의 교회니 사랑의 교회니 무슨 선교교회니 하는, 한 해 예산이 수백만 불이나 되는 대형 교회들만이 한인

사회 여기저기에 불쑥불쑥 솟아나고 구부러진 만자든 연꽃 잎사귀는 좀처럼 찾아보기 힘든 세상이 되었다. 그리고 내가 알기에는 그동안 염주를 손에 든 이나 목탁을 치는 이는 한 번도 이른 아침 비린내 나는 뱃머리를 찾아와 갯바람을 쐰 적이 없어 보인다. 왜냐면 그것은 차마 그리 못다한 나 자신의 얘기이기도 하기 때문이다.

이제 세월의 그림자가 어느덧 서른 해를 비껴가자 옛날 그 부두의 모습도 많이 바뀌었다. 이차 대전 때 군함을 지었던 조선소 자리는 오래 전에 확 밀리어 중국 선사들의 컨테이너 부두로 바뀌었고 실질적으로 미국 국적의 외항 선박회사라고 할 만한 것은 이제 지구상에서 사라졌다. 보안은 강화되어 이제 어딜 가나 증명을 확인해야 하고 수색대를 거쳐야 하며 더 많은 서류, 더 복잡한 절차를 요구받는다.

하지만 하나도 변하지 않은 게 있으니, 아직도 저 파도머리에 묻어 버리지 못하고 남아 있는 오래 된 이야기다. 겉모양에 상관없이 누구나를 똑같이 좋아하고, 서로의 아픔을 이해하며, 조용히 그늘에 앉아 긴 사연을 풀어 들으며 벗이 되고 서로에게 길잡이가 되는 불법의 세상, 가장 누추하고 냄새 나는 밑바닥에서부터 그 세상이 조금씩 이루어져 나가리라는 나의 바램이다.

셋째 가름: 느낌으로

- 수필 -

1 달 뜨는 공원

대륙의 동쪽 끝에서는 몇 십 년만의 폭설이 쏟아져 공항마다 비행기도 잘 못 뜨고 있다는 뉴스가 풀밭머리에 놓인 라디오에서 흘러나오는데 남가주의 너르고 평평한 동네 공원에는 스러지는 햇살의 발뒤꿈치를 따라 밤안개처럼 땅거미가 스민다.

백혈병의 아이마냥 핼쑥하던 둥근 달의 얼굴엔 노르발그레 핏기가 돌고, 이월의 첫 일요일 저녁, 덜 닦인 자동차의 앞유리인가, 옅은 구름은 하늘 군데군데에 손자국을 남겼다.

반소매 차림으로 때 이른 더위를 피해 소풍 나왔던 갖가지 사람들은, 많이는 이미 없어졌고 더러는 이제 짐을 거두기 시작하지만 굼뜬 이들은 내쳐 얘기꽃을 피우거나 아랑곳 않고 그저 잔디밭에 나뒹굴거나 서성이는데, 햇볕이 식는 나뭇잎 사이로 여기저기 전등이 밝아 온다.

한 바퀴 돌고 올 거야. 보통 걸음으로 반시간이 더 걸리는 공원의 전두리 거님길을 따라 천천히 걷는다.

여기저기 모여 여태 모꼬지하는 사람들의 한 무리를 눈으로 떠와 머릿속에 내려놓고 색깔을 지운 다음 형태를 조금 일그러뜨리면 이들은 민화 속에 모여 앉은 익살스런 도깨비 떼가 된다. 도깨비들은 어둑어둑해지는 초저녁에 개울목이나 산기슭 갈림길 언저리에 잘 모인다지? 장터에서 늦은 막걸리 한 잔 걸치고 혼자 돌아가는 징검다리께, 희끄무레한 달빛 아래 오르르 모여 앉아 쑥덕궁리하며 떠드는 도깨비들은 사람을 골탕 먹이기도 하고 놀래기도 하지만 때로는 사람에게 속기도 하고 잘 해 주면 은혜를 갚기도 한다지. 이 얘기를 언제 들었던가? 이마에 짧은 뿔을 돋우고 그 무리 속을 찾아든다.

그러다 타박타박 금세 다가와 조깅하며 앞질러 지나치는 젊은이의 숨소리에 도깨비들은 흩어지고 벚꽃 가지가 뻗쳐 나온 길굽이를 돌자 저만치 앞쪽에 한 쌍의 남녀가 천천히 드러난다. 돛단배가 노 젓는 배를 지나치듯 이들을 지나친다. 인도 사람이다. 올이 굵어 보이는 검고 긴 머리 타래가 짙은 사리 위에 드리워져 천천히 흔들리는 젊은 여자는 어스름 속에서도 눈의 테두리가 뚜렷하다. 목도 허리도 좀 짧은 듯하지만 곧은 다리 위에 엉덩이가 조금 치올려진 중키의 남자는 달빛마저 눈부신 양 꿈꾸듯 두 눈을 가늘게 뜨고 말없이 나란히 흘러간다.

어느 지방의 중국말인가, 개울 건너에 박장대소하며 떠드는 한 무리의 동양 노인들이 있다. 처음으로 떼지어 서로를 만난 들뜬 중학생들처럼 벤치와 탁자에 걸터앉은 할머니 할아버지들이 지어내는 구르는 듯한 저 소리는, 하늘 속지붕을 뜯어서 나온 얇은 철판을 마구 구부리는 소리인가? 그 철판 위에 극락조의 알들이 뽀그닥거리며 튀어 오르는 소리인가? 촉촉해지는 저녁 공기에 저만치서 실려 오는 마디마디 비트는 저 억양과 웃음소리는 반주가 없어도 그대로 중국 음악이다.

한 무리의 흑인 젊은이들이 내려앉은 새떼처럼 한쪽 길과 주차장 한 자락을 덮고 있다. 헐렁한 옷 속에 공처럼 상체가 부푼 몸집 큰 청년이 영양처럼 날씬한 짙은 갈색 소녀와 랩 춤을 춘다. 앉거나 서 있는 당당한 줄루족 전사들의 숲을 헤치고 그 사이를 천천히 지나간다.

이쪽 편에는 고만고만하고 적당히 명랑해 보이는 필리핀 가족들이 어린 아이 생일잔치를 마무리한다. 그 옆에는 여태 흥얼거리는 멕시코 사람들 판이다. 애수를 띠지만 심각하지는 않고 뭔가 한껏 즐겁고 빠르고 가볍지만 타락해 보이지는 않는 목청 좋은 남자의 목소리를 짠짜 짠짜 양념 치듯 손풍금 소리가 뒤따라 받쳐 주는 이들의 음악은 언제나 쉬 알아챌 수 있을 만치 모두가 비슷하게도 들린다. 하기야 노상 사랑 타령, 이별 타령에 고향 타령이던 우리네 동네 가락도 저들에겐 왠지 늘 서글프고 쳐지게만 들리겠지.

소프트볼을 하던 활달한 백인 소녀들이 키 큰 코치를 앞세우고 한 아름씩 짐을 안고 가로지른다. 그 아이들의 얼굴에는 복선이 없어 보인다. 땀이면 땀, 눈물이면 눈물, 웃음이면 웃음, 맑음이면 맑음. 노랗고 짙푸름이 선명한 그들의 유니폼처럼 눈물이면서 웃음인 듯한 것은 없고 웃음이면서 어두움인 것도 없어 보인다.

한참을 더 가니 챙모자를 쓴 닮은 두 동양 여인이 마주 지나친다. 나를 쳐다보는 듯 마는 듯 안다는 듯 모른다는 듯, 하던 말을 머금은 채 멀어져 가는 저들은 언니를 보러 서울에서 온 동생인가, 동생을 보러 제주도에서 온 언닌가. 나는 그들을 모르지만 나는 그들을 안다. 맑으면서 어딘가 자주 흐리고, 앞뒤가 맞지 않는 막무가내이지만 무시 못할 기품이 서려 있고, 깊은 불안의 골짜기에 떠 있으면서도 잊은 듯 한없이 쾌활하며 끈질긴 자태. 겹겹이 복잡하지만 간단히 금방 알아볼 수 있는 그 얼굴은, 나의 어머니요 누이요 아내, 그리고 나 자신의 얼굴이던가! 저 얼굴을 빌어 보채고 찡그리고 비웃고 반기고, 애면글면 목숨을 구걸하고 남의 싸움터에 끼어들어 환호하고, 남 몰래 눈물을 훔치고 모른척 하고, 달빛 아래 여러 시간 참선을 하였다.

그렇군. 늦은 낚시꾼 하나가 얕은 물에 낚싯대를 드리운 채 연못 가장자리 작은 의자에 참선하듯 고요히 앉아 있다. 달은 즈믄 가람 즈믄 수풀을 건너 여기에도 내려와 그 사람의 가만한 어깨 너머 물풀 사이에 흔들리고, 나는 그 달을 남겨 두고 발걸음을 옮기니 이제는 좀 더 떠오른 달이 작은 구름에 턱을 괴고 건너다본다.

조금 팽팽하게 얼굴을 당긴 그 달은 이제 흰 빛을 띠고 자꾸 번지며 반들거리니 내 눈으로 그 테두리를 깨끗이 잡을 수 없다. 빙글빙글 웃는 아이의 마음 테두리를 말끔히 그려낼 수 없는 것처럼. 지나간 서글픔의 마음자리를 산뜻하게 도려낼 수 없는 것처럼.

그렇지. 달이 저리 둥그니 어젠가 오늘인가가 정월 대보름.

갑자기 산꼭대기에서 청솔가지를 꺾어 연기를 피우고 싶다.

이제 집에 가요.

손을 뻗쳐 길섶 솔가지를 잡자 어스레한 달그림자 아래에서 귀 익은 목소리가 일깨운다.

2 얕은 물

나는 얕은 물을 좋아한다.

얕은 물이 갇히거나 고여 있는 곳을 가만히 들여다보면 거기엔 아기자기한 한 세상이 들어 있다. 뭉게뭉게 피어오르는 흰 구름쪽을 마구 들쑤시며 물방개는 뱅글뱅글 맴돌고, 따스해진 물 바닥, 콩고물처럼 모래와 물때가 발라진 자갈돌 사이에서는 잠꼬대하듯 이따금 바람방울이 올라온다. 허섭쓰레기 티끌들이 쌓인 물밑 가장자리에서부터 찌그러진 빈 깡통이 반쯤 묻힌 물풀 더미에까지, 갖가지 모양의 조그만 목숨들이 한나절이 다 가도록 같은 모양으로 꼼지락거리거나 오르락내리락 하거나 지그재그로 움직인다.

하지만 얕은 물이 숨통을 터서 실핏줄처럼 맑게 흐르는 것은 더욱 좋다. 그 흐르는 소리는 잘 잡을 수 없지만, 별일 아닌데도 자꾸 같은 말을 하는 아이처럼, 생각을 멈추고 귀 기울여 들어 보노라면 정말 그 속에는 무슨 하고 싶었던 가락이 배어 있었던 듯하다. 그래, 그런데 하고 발 벗고 곁에 쪼그려 앉아 듣노라면, 얕은 물은 돌돌돌 돌틈 새로 흐르며 속삭인다. 그래, 그래서, 그런데, 그렇지만, 그리고, 그랬다가,

그렇더라도, 그렇다마다…… 수많은 '그'자로 엮어진 실 다발이 풀어져 오래 된 영사막에서처럼 잔금들이 되어 화면을 흘러 지나간다. 그 매트릭스의 시냇물 가운데에 내가 앉아, 이제 듣는 것도 없어지고, 귀도 없어지고, 나도 없어지고, 시내도 사라진다. 그저 그렇게 장소도 사라지고 시간만 흐를 뿐인데, 이윽고 그 시간마저도 사라져 버린 듯한 순간, 얕은 물은 방긋 쳐다보다 짐짓 아무런 일도 없었던 듯 다시 눈앞에서 처음처럼 흐를 뿐이다. 정말 할 얘기는 원래부터 별로 없었다는 듯이.

나는 그런 얕은 물이 흘러가다 잦아진 자취마저 좋아한다. 조그만 모래톱에 깎아 놓은 저 기암절벽, 일생을 몸 바친 어느 우두머리 미장이도, 어느 최고 연봉의 컴퓨터 그래픽 디자이너도 흉내 내지 못하게, 기막히게 평평하면서도 조금 기울어지게 골라 놓은 잔모래의 조그만 처녀지. 정해진 원색의 물감들을 쓰지 않은 이 무정형의 만다라는 하지만 다음 비 때면 여느 만다라처럼 미련 없이 흩뜨려지고, 하루, 이틀, 사흘, 잦아드는 개울의 물줄기는 숨을 골라 가면서 다시 조금 다른 새로운 만다라의 처녀지를 그려 놓으리라.

깊고 검푸른 커다란 물은 웅숭깊고 장엄하기도 하지만 조금 위압적이기도 하고 때로는 음험해 보이기도 한다. 거기엔 너무 오랜 역사, 너무 복잡한 제도, 주체할 수 없는 수많은 슬픔과 배신, 풀기 어려운 갖가지 원한이 함께 잠겨 있다. 하지만 그런 물이 넘쳐나 얇게 시멘트 무넘기를 넘는 곳에는 발가숭이 아이들이 물맞이를 하며 까르르거리고 하다못해 보랏빛 들국화 몇 송이라도 둔덕에 고개를 내밀고 있지 않았던가.

 인적이 드문 남가주의 메마른 뒤안길, 발목적심 얕은 물이 굽이굽이 갈래 개울로 흐르다가 비포장도로를 만난다. 하루에도 몇 차례 우악스런 사륜 구동 타이어들이 주저 없이 물줄기를 짓이겨 버리지만 얕은 물은 금세 흐름을 도로 고치고 줄기는 금방 다시 이어진다. 잠시 물은 흐려지고 고요는 깨어졌지만, 아랑곳 않고 하고 싶은 얘기만 하는 아이처럼, 얕은 물은 아무 일도 아니라는 듯 오히려 덤으로 흙바퀴를 씻어 주기까지 한다.

3 안개 속에서

술집을 나서는데 밖은 안개였다.

　손님보다 먼저 취한 민속 주점의 여주인은 따라 나오며 우리보다 더 감격해했다.

　- 하아! 안개가 좋네요. 아이 멋져라!

　그녀는 어린아이처럼 갑자기 팔을 쳐들고 혀 꼬부라진 소리로 만세를 부르는데 여원 다리를 감싼 바지의 앞섶을 단추 대신 꽂아 여민 큰 삔침이 외등 밑에서 하얗게 빛났다.

　- 아이, 뭘 보세요. 장사는, 이제 시마이에요, 이래 가지구선…… 속초에도 안개가 끼었다구요. 아빠 따라 바닷가로 갔다구요. 울 아버진 헌병 대장이었다구요. 찝차에 날 태우고 바닷가로 달렸지요. 안개 낀 밤에. 담배 하나 줘요. 에이, 담배도 없어요? 이런 밤에 담배 피면 연기가 안개 속에 촉촉이…… 후후 얼마나 멋져요. 까짓거 장사 안 하면 어때요? 그냥 가는 거야, 안개 속으로, 아빠 따라서……

　- 아버지가 어디 계시는데?

　- 정선에요, 산골짜기…… 거기서 목회 했어요…… 군대 그만하구설랑, 나도 몇 번 갔죠.

　　　　　　　　　　　　　셋째 가름: 느낌으로

오클라호마에서 목사를 하다 지금은 서울에서 신학 교수가 된 내 친구가 반가운 목소리로 어린 양을 돌아봤다.

- 그으래? 목회를 하셨다고? 그게 언제요?

- 내가…… 그땐 너무했지요. 거기 가서 아무나 무조건 차 버렸죠. 교회 것들, 말도 잘 못 붙이는 촌놈들이죠. 다 눈 아래로 봤죠. 한참이나…… 이럴 줄 모르고…… 받아 줄 수도 있었는데, 받아 줘야 하는 거에요. 나쁜 짓이에요.

- 야, 인자 좀 깼나? 운전 괜찮겠나? 멫 시고? 가자. 우리가 마지막 손님인가 보네. 한 대 피우고 갈까? 안개가 멋있기는 하네. 보소, 문 안 닫소? 장사 안 하요?

다른 친구가 나를 돌아봤다. 재혼을 해서 얻은 새 아내 등쌀에 할 수 없이 교회에 불려 다니다 이제는 더러 교회에서 하는 방식도 괜찮더라면서, 이왕 피할 수 없을 바엔 좀 적응이라도 해 보자는 건지는 몰라도 요즘은 그 일 때문에는 덜 시무룩해 보이는 이 친구가 오늘은 한결 환해진 얼굴로 집에 갈 걱정을 했다.

- 아이, 아자씨두. 이 아자씬 아까버텀 술 안 마셨잖아요. 운전한다고. 셋이서 달랑 맥주 몇 병 시켜 놓구선…… 몇 시간이나…… 괜찮아요. 얘기 재밌었어요. 한국 얘기. 대리 운전 불러도 되는데…… 불러 줄까여? 근대 서울 아자씬 직업이 뭐죠? 줄줄줄줄, 무슨 책 읽어요? 웃기셔. 어쩜 목사 같애. 울 아빠처럼. 근데 아자씨, 울 아빠 없어요.

- 어디 갔는데?

- 어디긴 어디죠, 하늘나라죠…… 한참 됐어요. 난 미국으로 와서…… 요 모양 요 꼴……

- 하늘나라 따라가지 와 왔소? 하늘나라 가기 싫으면 이 친구 따라

극락 가라꼬. 이 친군 도사, 아니 법사요 법사. 법사가 뭔지 또 모르제? 나무아미타불…… 관세음보살……

그 사이 안개는 더 아래로 내려와 저만치 대어 놓은 자동차와 우리 사이를 채우며 점점 짙게 흐려 놓더니 그 테두리마저 묻어 버렸다. 노래방이며 전당포며 비데오샵이며 핸드폰 가게며 기역자로 죽 늘어선 상가의 보안등도, 주차장의 외등도 다 묻히고 남자 셋과 여자 하나만 남아 옅은 빛 속에서 서로의 차림새를 알아볼 수 있었다. 그리고 말을 할 때마다, 멀리서 기적을 울리며 달리는 새벽 기차처럼, 몰래 지구에 내려온 외계인들의 신호처럼, 각자의 입에서 하얗게 김이 피어올랐다.

– 이거 운전이나 할 수 있겠나! 니 내일 몇 시 비행기고?

– 아자씨, 담배 하나 더. 좀 있다 가세요. 요새 자주 이래요. 좀 있으면 걷히기도 해요. 아자씬 내일 비행기 타고…… 난 안 갈래. 가고 싶어도 안 갈래. 안개여 짙어져라, 짙어져라, 아자씨 한국 못 가게. 아 재밌다. 밤안개애애애가 쏘리 어어어어없이 쓸쓰으으을한……

– 안 되겠다. 이러다가 밤새겠죠. 오던 길이니 일단 가 보자. 야, 운전해라.

– 밤이 쌔애애도록 하이염 어어어어없는 쓸쓰으으란 바암안개애애애, 안 돼요 지금. 이러다 벗겨져요. 좀 더 있다 저 바다, 오션, 맞어, 퍼시픽 오션에서 바람이 올라오면……

우리가 짧은 처마 밑을 벗어나 얕은 시멘트 복도에서 내려서는데 그녀는 즉각 노래를 그치더니 몸을 잠시 추슬러 곧추 세우고 조금 정색하며 한 사람씩에게 차례로 손을 내밀었다.

– 조심해서 가세요. 안개 참 좋죠? 또 오시구요.

차 대어 둔 쪽을 어림잡아 찾아가 둘을 태우고 시동을 걸어 차를 돌려 나오는데 몇 발자국 앞 밖에 비추지 못하는 등댓불처럼 전조등 불빛이 선회하는 속에 짙은 안개는 그 사이에 는개가 되어 고운 가루 같이 본네트와 앞 유리에 내려앉는다.

눈을 크게 뜨고 방향을 짚어 가며 조심스레 출구를 찾아 한길로 나오는데 아무것도 보이지 않는다. 신호등도, 표지판도, 우리가 서 있던 자리도.

천천히 눈 앞 길바닥만 내려다보며 몸을 핸들에 바싹 붙이고 악셀레이터를 밟은 둥 마는 둥 한 지가 한참인데 아무도 말이 없는 어느 순간 문득 의심이 든다. 제대로 북쪽으로 찾아 가기는 가는 건가? 나침반이 틀릴 수는 없겠지.

얼마를 지나니 바로 눈앞에서 낮은 구름의 혓바닥이 바삐 아스팔트를 핥고 분리대의 잔디 둔덕을 넘으며 날리는 것이 보인다. 그밖에는 주위에 아무것도 가려서 보이지를 않고 움직이는 것도 없다. 차를 멈추었다. 네거리 한복판은 아니겠지. 꺾을 데를 지나치고 너무 멀리 온 건가? 뒷자리를 돌아보니 둘 다 고요하다. 혹시 저 친구들은 천국 쪽으로 가야 하는데 극락 쪽으로 실려 온 건가? 아님 거기가 거긴가? 쭉 뻗은 길거리가 어디서부턴가 이름이 저절로 바뀌어 있듯이. 아니지, 여긴 사바세계야. 마음이 촉촉이 젖어 드는 곳. 눈앞이 희뿌옇게 가려지는 곳. 그래서 이름을 달리 하고 분별을 주어야만 그나마 표지판을 챙겨 어둠 속에서 각자의 길을 찾는 곳. 그러다 때론 이처럼 한 배를 타고, 누구는 저만치 떨구어 놓기도 하고, 결국은 우리 모두가 죽음의 무풍지대 쪽으로, 알게 모르게 물결을 타고 조용히 흘러가고 있을지라도, 길동무를 믿고 창에 기대어, 고개를 떨군 채 잠시 잠들 수도 있는 곳. 짙은 밤의 안개 속에서.

4 석류 까기의 비밀

사흘째 밤마다 혼자서 석류를 깐다.

이 집으로 이사 올 때 뒷마당에 얻어 심은 석류 한 그루가 열 해를 넘기고 보니 그 사이 너무 자라 담을 넘어가기에 웬만큼 큰 가지마저 몇 개 잘라내 버렸는데도 어느새 잔가지들을 뻗어 올리더니 올해는 유난히 많이 열려 가지가 휘어졌다. 지난 주말에 사다리를 놓고 올라 헤집고 들어가 까치 몫만 두어 개 남기고 모조리 따 내는데 가지에 긴 가시가 있어 달리는 차창에 빗긴 몇 방울의 빗물 자국처럼 팔뚝에 흠집이 그어졌지만 과일은 먹는 재미보단 따는 재미가 아닌가 했다.

여러 바구니를 따서 아는 사람들에게 몇 봉지 나눠 주고 절에도 한 상자 갖다 드렸는데 미국 스님들도 대체로 석류는 좋아하시는 것 같다. 우리처럼 일일이 씨알을 발라내지 않고 과일 통째로 가로로 반을 뚝 잘라 압착기에 하나씩 얹어 지렛대를 당겨 눌러 즙을 짜서 드시었다.

아내는 어디서 들었는지 석류가 특히 여자들에게 좋다면서 개미가 달려들고 시들기 전에 빨리 까라고 성화다. 이런 건 여자들이 더 잘 하지 않느냐고 서슴없이 말하려다 아차! 주제를 알아야지 싶었고 실제

아내가 나보다도 이런 일에 능숙치도 않을 뿐더러 짚어 보니 안 그래도 집안에서 달리 손 놀릴 일도 많을 텐데 싶어 이번엔 군말 않고 손수 작업을 할 채비를 했다.

퇴근 후 저녁을 먹고 나서 평소에 하던 딴 일들은 제쳐두고 곁방으로 만든 패티오 한 쪽에 신문지를 깔고 바닥에 앉아 작심하고 석류를 깐다. 처음엔 좀 한심한 생각도 들고 지겹기도 했지만 몇 개 까다 보니 곧 상황에 적응하고 어느새 요령이 생긴다. 어차피 하나하나 다 까야 하는 거지만 그래도 먼저 손이 가는 것이 있다. 그리고 익어서 벌어진 것이 훨씬 까기가 쉬움을 깨친다. 마치 때밀이 앞에 드러누운 말 잘 듣는 아이처럼 조그만 기척에도 석류가 알아서 제 몸을 뒤집어 주고 들어주고 하면서 겨드랑이 속까지 끼고 있던 보석 같은 제 새끼들을 도르르 쏟아내어 내 손에 맡긴다. 그러니 뭐든지 때가 무르익어야 하는 법, 아직 껍질이 탱탱한 것들은 칼을 써서 갈라야 하는데 붉은 물이 지르르 배어 나오는 게 마치 남의 뱃살을 자르는 것 같다. 창자는 다치지 않아야 할 텐데.

어떤 것들은 새가 한 쪽 구석을 파먹었고 어떤 것들은 바닥에 떨어져 멍이 든 건지 벌써 삭아서 시큼한 술 냄새가 난다. 유난히 작은 것들은 버리려다 그래도 속을 벌려 보면 작아도 있을 건 다 갖추어 있는데 제대로 된 굵은 씨알이 숫자만 적게 들어 있든가 제대로 된 숫자가 크기만 잘게 다 들어 있다. 사람도 마찬가지다. 덩치가 크든 작든, 외형이 뻑적지근하든 초라하든 누구나 속에 들 것은 다 들어 있다. 기쁨도 슬픔도, 희망도 절망도……, 크기와 가짓수만 다를 뿐.

참선을 할 때를 빼고는 집에서 이렇게 방바닥에 장시간 앉아 보는 것도 오랜만이다. 그러고 보니 차갑고 딱딱한 바닥에 양반 다리를 하고 등받이도 없이 꼿꼿이 앉아 맨손으로 껍질을 벌리고 열 손가락을 놀려 낟알을 발라내고 껍질을 따로 담고 하는 짓이 참으로 단순한 몸놀림이면서도 한편 참으로 복잡한 움직임의 연속이라 내 몸의 기능이 이렇듯 조화무쌍한가 하는 생각이 든다. 이런 일은 말하자면 단순노동인데 가만히 보니 하나하나가 결코 단순하지가 않다. 눈은 가까이 손에 든 과일만 바라보거나 이 일로 늘어놓은 바구니들과 바케스가 놓인 언저리를 벗어나지 않고 그 테두리가 하나의 작은 세상을 이룬다. 몸과 마음은 어떤 상황과 주어진 조건에 수그러들어 아귀를 맞추어 가면서 어떤 항로를 저어 가는데 몸의 몇 군데 짓눌리는 작은 고통들은 조금 괴롭지만 지긋하고 나긋나긋한 쾌감으로 변해 가며 지겹다는 생각은 차차 사라지고 마음은 조금씩 복종의 감미로움에 젖어들며 조용히 흐르는 물속에서 단단한 바위의 그루터기를 잡아타고 앉은 듯한 안정을 찾는다.

이렇듯 안정을 찾은 내 마음은 붉은 보석같이 잔잔한 석류 알들이 눈 아래에서 모래시계처럼 쌓여 감에 따라 안으로는 제멋대로 시계를 거꾸로 뒤집어 놓고는 사르르르 시간을 거슬러 올라 지나온 먼 길을 찾아 나선다. 그렇지, 이렇게 무엇을 몇 시간이고 까는 일은 내가 늘 곁에서 보아 왔고 때로 함께 거들기도 했던 익숙했던 일이지. 그땐 내 두 손이 더 보들보들하고 훨씬 나긋나긋했을 테지만.

그때는 우리 어머니나 누나나 할머니나 마을의 아낙네들이나 처녀들이나 아저씨나 누구나 그랬었지. 그들은 혼자서든 모여 앉아서든 가만히 그냥 손 놓고 있는 것이 아니라 거의 늘상 무엇을 까거나 따거나 썰거나 무치거나 버무리거나 갈거나 빻거나 훑거나 감치거나 뜨거나……, 그밖에도 우리말의 많은 동사가 다 가름할 수 없는 갖가지의

274   셋째 가름: 느낌으로

수많은 손놀림, 몸놀림을 했었지. 콩을 까고 뽕잎을 따고, 무우를 썰고 나물을 무치고, 칼국수를 썰고 수틀을 들고 수를 뜨고, 뜨개질을 하고 새끼를 꼬고, 발을 엮고 수지침을 놓고 ·······.

이런 행위를 책에서는 노동이라고 썼던가? 그 가운데서도 이른바 단순노동. 하지만 세상에 꿈도 한숨도 사랑도 미움도 없이 단순히 노동만 있는 사람이 하는 단순노동이 어디 있으랴? 작은 아기를 옆구리에 매단 채 칡뿌리 캐는 칼라하리 사막의 부시맨 엄마, 미얀마의 초가집 마당에서 절구질 하는 여자, 티베트의 설산 기슭에서 종일 밀 베는 처녀, 시에라네바다의 서늘한 너럭바위에 걸터앉아 저녁 끼니로 이을 도토리 한 움큼을 갈던 사라진 인디안 소녀, YH 조립 라인의 여공들. 그런데 왜 이 순간 내게는 우선 이 세상 구석구석의 이름 모를 여성들의 영상만이 떠오르고 그 바탕 화면 위에는 지워도 다시 뜨는 팝메일처럼 노동이란 글자가 아니라 삶이란 낱말만이 연거푸 피어오르는 것일까? 그야 이들이 실은 우리 삶을 지탱시켜 온 밑바탕 거름이요, 그들의 꿈과 한숨, 사랑과 미움이 끊일 듯 끊일 듯한 역사를 잇게 해 준 무대 뒤의 담당자였기 때문이겠지. 그걸 일컬어 하찮은 단순노동이라 한다면, 하기야 내가 회사랍시고 왔다 갔다 하는 것에서부터 대양을 왔다 갔다 건너 날으는 항공기의 조종사들에게까지, 우리의 인생, 태어나 사랑하고 다투고 병들어 늙어 죽고, 심지어 뜨고 지는 저 해와 달, 우주의 운행마저도, 거기에 꿈과 한, 희망과 설움이 없다면 그것들이야말로 그 모두가 무미건조한 단순노동일 뿐이겠지.

내가 보아 온 바, 역사의 담당자들인 이들 여성들은 그들이 혼자 있을 때는 손 따로 마음 따로인 듯 때로는 무심한 듯 같은 일을 오래도록 되풀이하지만 저만의 세계에서 마치 눈앞의 누구와 얘기를 나누듯 무슨 소리를 중얼거리거나 때로 쉬이~ 하고 잇사이로 바람소리를 내거나 가끔 끄응~! 하거나 휴우…… 하고 한숨을 내쉬기도 하였다. 그러다 둘만 모여도 조분조분 끝없이 얘기가 이어졌지. 그 끝이 없는 설화와 작업의 머리맡에서 나는 몽당연필에 침을 발라 공책의 칸을 눌러 메우며 숙제를 하기도 하고 남폿불이 비치는 넘실대는 이야기 바다의 은빛 물결에 따라 휩쓸리다 주제넘게 고개를 들고 참견도 하였지. 그러다 따스한 방바닥에 볼을 대고 스르르 잠이 들고 말면 꿈결에서 내 고개가 바루어지고 베개가 고이거나, 아랫도리에 이부자리가 덮이거나, 서방정토를 직방으로 찾아가듯 온몸이 번쩍 들려 통째로 잠자리가 옮겨졌었지. 그래, 이젠 아무도 번쩍 들어 이 몸을 나를 수가 없구나.

내 마음에 구석구석 박혔던 짙붉은 추억과 그리움과 아픔의 적나라한 알갱이들이 그새 조그만 동산을 이룬 채 소쿠리 속에 오롯이 쌓였다. 다리가 저려 오고 허리가 꼬부라들고 어깨가 뻐근하다. 그렇지, 이제 고향열차 고만 타고 오늘도 스님들 법문을 좀 들어야지. 붉은 물이 든 젖은 손으로 카세트테이프를 고른다.

첫날에는 도림 스님의 법문 테이프를 들었었다. 법화경 사경의 공덕을 누누이 일러주신다. 아리랑 가락으로 법화경을 찬탄하는 찬불가를 부르고 게송을 우리말로 다 함께 읊으시며 끝머리엔 법화행자 대중들과 함께 조오타! 하며 뒷매김을 하시는데 언제 이 석류를 다 까고 저 많은 테이프 다 듣고 또 다시 사경 공덕을 이루나 싶었다.

다음날은 언제 어디서 받았는지도 모를 철웅 스님의 오래 된 테이프가 손에 잡히기에 틀고 앉았는데 얼마나 별난 스님이신지 경상도 사투리의 괴짜 법문이 하도 우스워서 포복절도하느라 기껏 까 놓은 석류 한 소쿠리를 바닥에 다 흩어 버릴 뻔했다. 이렇듯 느닷없이 혼자서 웃어 제키니 뜰에 웅크리고 있던 개는 놀라서 달을 보고 크응~! 짖고 황진이 연속극을 보던 아내가 무슨 일인가고 와 본다. 온 종아리랑 얼굴에 붉은 석류물이 튄 데다 한 손에 쪼개진 석류를 들고 다른 손엔 작은 칼을 들고 아닌 밤중에 실성한 듯 웃어 제켰으니 기괴하게도 보였으리라. 하여튼 스님들도 참 여러 스님들이 계심을 알겠다.

오늘은 지광 스님의 몇 년 된 법문을 들었는데 불교를 현대 물리학과 연관시켜 설명하시는 카랑카랑한 목소리를 들으니 참 알아야 할 것도 많고 깨쳐야 할 것도 많고 나서서 움직여야 할 일도 많은데 이렇게 석류나 까고 있으면 어떡하나 하는 생각마저 문득 스친다.

그러고 보니 바구니의 석류도 많이 줄었고 소쿠리 속에 쌓인 붉은 석류알의 더미도 수북해졌다. 바케스에 던져진 껍질은 수북이 쌓여 넘치고 시간은 흐르고……, 이 모든 것이 연관되어 있다. 이것이 있으니 저것이 있고 이것이 사라지니 저것이 사라진다. 까인 석류알이 있으니 까인 석류껍질이 있고 남은 석류가 줄어드니 남은 석류 깔 일이 줄어든다. 줄어들고 줄어들어 극한에 수렴하기 직전에 아직도 껍질이 윤택한 큼직한 놈 하나는 선반 위에 남겨 놓고 자리를 털고 일어서기로 했다. 내 그리움과 추억과 아픔과 애착을 마지막 한 알까지 에누리 없이 다 까발려 버리기엔 아직 이 밤이 조금 남아 있는 까닭이요, 새벽이 오지 않은 까닭이며, 새날이 활개치듯 아직 열리지 않은 까닭이라고나 해 둘까!

만해 스님이 허락하신다 치고 '수의 비밀'이라는 그분의 시를 가지고 어쭙잖게 이를 말바꿈 해 보자면 아래와 같다.

「석류 까기의 비밀」

나는 당신의 밥상을 다 차려 놓았습니다.
밥도 짓고 국도 끓이고 나물도 무쳤습니다.
차리지 않은 것은 후식으로 드실 과일 접시에 마지막 석류알을 까 놓는 것 뿐입니다.

그 접시에는 나의 손자욱이 많이 남았습니다.
차리다가 놓아 두고 차리다가 놓아 두고 한 까닭입니다.
다른 사람들은 나의 음식 차리는 솜씨가 없는 줄로 알지마는, 그러한 비밀은 나밖에는 아는 사람이 없습니다.
나의 마음이 스산하거나 애틋한 때에 석류를 까려면 나의 마음은 껍질의 벌어진 틈을 따라 들어가고 쪼개진 석류 속에서 짙붉은 피눈물의 얼음 조각이 발라져 나와 나의 마음이 됩니다.
그리고 이 세상에는 아직 그 알갱이를 집어 맛볼 만한 무슨 수저가 없습니다.
이 작은 접시는 차리지 못하여 차리지 않는 것이 아니라 차리기 아쉬워 다 차리지 않는 것입니다.

5 차고에서

연휴를 앞두고 오랜만에 야영을 떠나 보려고 일 마친 후 밤늦게 혼자 차고에서 짐을 챙긴다.

천막이며 침낭이며 취사도구며 응급처리 가방이며…… 이틀 밤 사흘거리의 짧은 길 떠남에 앞서 어쩌다 필요할지도 모를 물건들까지 챙기다 보니 가짓수도 많아지고 부피도 작지 않다.

게다가 아내가 따로 챙길 물건은 좀 많은가? 그러고 보니 어느덧 집 안이 조용하다. 아이들도 다 떠난 휑한 방들에 환히 불을 켜 놓은 채 종이 조각에 메모를 해 가며 이 구석 저 구석, 옷가지며 음식을 혼자서 챙기느라 바스락거리더니 어느새 잠잠해졌다. 새벽 길나섬을 생각해 먼저 잠자리에 들었나 보다.

이것저것 떠오르고 잡히는 대로 찾아내어 와 차고 가운데에 모아 두고 그 짐 더미 옆에 또 하나의 짐이 된 양 퍼지고 앉아 잠시 넋을 놓아 본다. 이미 자정을 넘긴 건가, 불은 환한데 온 둘레는 고요하다. 서운함도 조바심도 떡가래 뽑히듯 밋밋하게 훑어 버린 긴 형광등 알들이 차양을 쓰고 들보에 매달린 채 고즈넉한 밤의 한 칸을 밝히고 있다.

바닥엔 벽을 빙 둘러 세탁기, 건조기, 온수기, 연수기, 가스 온풍기

겸 냉방기들이 오래전부터 자리를 잡고 있다. 서로 간의 헤살을 가만 두고 보지 못하는 작은 나라들처럼 각자의 존재를 쉴 새 없이 연방에 주지시킴과 동시에 그 자리에 있어 온 나름대로의 고만고만한 역사들을 머금고 되새기며 각자의 밤을 보내고 있다. 주로 한국에서 온 마른 먹거리나 된장 통 따위를 쟁여 넣는, 문을 잘 눌러 꼭 닫아야 하는 오래된 냉장고는 이 자리로 옮겨온 지 그리 오래 되지를 않았는데 이웃들과의 조화와 생존을 위해 지긋이 외교적인 자태를 하고 서 있다. 두 사람이 중심 국가가 되어 살아가는 데에 정말 이러한 소국들을 죄다 거느려 데리고 있어야 하는 건지, 아마 다음 생에 갈 때까지는 더불어 끼고 있어야 할 것 같은 이 군식구들을 실눈으로 훑어본다.

그런데 이들은 귀에 단추를 꽂고 동시통역을 듣고 있는 유엔 본부의 총회의장처럼 모두들 줄과 대롱으로 집이라는 더 큰 몸체에 신경과 핏줄을 대고 있다. 어쩌면 탯줄을 대고 있는 자궁 속의 아기처럼, 겨울잠을 자고 있는 짐승들과 같다. 때가 되고 잠이 깨면 언제라도 헤집고 나와 웅크렸던 몸을 트랜스포머처럼 뻗쳐 가며 기지개를 켤지도 모른다. 이들은 모두 제 몸통 속 깊이 호롱불 같은 작은 불씨들을 살려 놓고들 있는데 우리가 사흘을 비운 사이 설마 이들 중 어느 놈이 일을 저지르는 건 아니겠지. 그러고 보니 아침에 나갔다 저녁에 들어왔다 하면서 먹이도 통 주지 않고 살갑게 쓰다듬어 주지도 않으면서 참으로 무심하게 이러한 집짐승들을 길러 왔다.

이들의 머리 위에는 선반 가득 잡동사니들이 빼곡하고 이것들의 사이사이와 나머지 옆 공간에는 갖가지 단조로운 모양의 헌 가구며 물건들이 채워져 있다. 신발장, 연장통, 80년대 시사 월간지들이 남아 있는 헌 책꽂이, 서류 상자들, 운동기구, 자전거, 골프 가방, 페인트 바케

쓰…… 언젠가 한두 번 쓰였다가 언젠가 누군가에 또 쓰일지 몰라 놓아 둔 채 시나브로 낡아 가고 잊혀 가는 물건들이다. 이 많은 자질구레한 삶의 부스러기들이 삼면을 채운 스산하고 처연한 이 밤, 이를 바라보고, 바라본 대로 그와 같이 기억하고 저장하는 내 뇌의 한가운데에 다시 내가 들어가 그 장면 그 바닥에 퍼지고 앉아 있다.

옛날식 가라지 문을 반쯤 비스듬히 열어 멈추어 놓았다. 바깥에 세워 둔 자동차의 두 눈이 '나 예 있수, 신경 쓰지 말고 할 일이나 하셔!' 하고 당달봉사처럼 멀뚱히 버티고 있다. 날마다 몇 번씩이나 오르내리며 여닫히는 차고문은 태고에 떠밀려 뭍에 기어오른 허파물고기의 불그레한 아가미와 같다. 껌벅껌벅 길거리를 향해 그 아가미를 들썩이며 숨을 쉬어 온 지 이제 스무 해, 대지를 박차고 창공을 휘덮을 봉새로 진화할 세월은 아직 억겁이나 남은 것인가?

일어나 가구 사이에 박힌 중국산의 알루미늄 야외 접걸상을 꺼내 펴 본다. 아이들이 축구를 한다고 이 공원 저 공원 찾아다닐 때 잔디밭을 가로질러 들고 다니던 그것이다. 빛바랜 마대 천의 앉을자리에 궁둥이를 담그고 조용히 앉아 들으니 어디선가 귀뚜라미 소리가 난다. 열어 놓은 옆문으로 휘영청 달빛이 푸르렇다. 나들이고 짐 꾸리고 그냥 손 놓은 채 하염없이 밤의 강물을 흘려보낸다.

이윽고 시간의 조각들이 좀 더 떠내려가자 짐짓 고요 속에서 숨을 죽였던 온갖 소리들이 물위에 떠오르며 조금씩 고개를 든다. 부화하는 애벌레처럼 멀리서 옴지락거리는 자동차 소리는 이제 망망한 먼 바다에서 튀어 올랐다 사라지는 날치가 되었다. 잇달아 몇 마리의 날치들이 지느러미를 펴고 수면을 낮게 떠가다 파도머리에 묻힌다. 멀리서 가까이서 해파리가 떠가듯 오물거리며 낮게 붕붕거리는 희미하고도 투명한 소리들은 밤 비행기들인가? 아니면 그 비행기의 궤적들이 지나가며 헝클어 놓은 하늘나라의 소용돌이들인가? 입맛을 다시는 냉장고의 쩝쩝거리는 소리, 벽시계의 맥박, 아스팔트 아래 짓이겨진 영가들의 아우성, 잔치의 길놀이 패와 엇갈려 겹쳐지는 상여의 행렬.

사무쳐 가는 온갖 소리와 영상 속에서 형광등이 다시 조용히 운다. 아주 조용한 날개의 떨림, 아주 먼 세월 저편에서 전해오는 남은 진동처럼, 무엇이 그토록 사무치게 아름다웠고 무엇이 그토록 속이 아리게 한이 서리었단 말인가! 그렇군, 만물은 지금 떨고 있군. 떨면서 말을 전하려 하고 있군. 들썩 달싹, 옴직 움직, 곰비임비 임비곰비, 하르르…… 차르르…… 그런데 그 순간 느닷없는 큰 떨림이 하늘에서 울려왔다.

하늘에 낮게 헬리콥터가 돌고 있다. 멀지 않은 곳으로 사이렌 소리가 다급하게 지나가고 개가 짖는다. 한 다발 눈부신 내리불빛이 재빨리 담벼락을 스쳐 간다. 그러면서 뭐라고 하늘의 말이 웅웅거린다. 누구의 뒤를 바싹 밟아 쫓는 것 같다. 그 누가 설마 이 차고로 지금 쫓겨들어오는 건 아니겠지. 그렇다면 어떡하나? 날아든 새는 내치지 않는다는 게 저 구석 케케묵은 어느 책에 쓰여 있을 텐데. 하지만 한참이나 공중에서 시끄럽게 맴도는 것을 보니 차고문은 내리는 것이 좋겠군. 이제 그만 불을 끄고 방으로 들어가야 하나?

태고의 거대한 잠자리 벌레는 보름달을 검게 가려 가며 여태 어지러이 공중에서 맴을 돈다. 멸종을 모면한 작은 짐승 하나가 지금 어느 나무 등걸 밑에서 숨죽이고 있는 것일까? 그 마지막 짐승까지 기어코 낚아 채이고 말면 이 밤은 그로 인해 고요 속에 잠들고 아침은 무균질의 햇발 속에서 그들만의 신생대로 시작되는 것일까? 그리하여 새로이 뻗어 나간 그 세기의 어느 끝날, 알지 못할 다른 종의 낯선 사나이는 저 잡동사니들을 꾸려 남녘 땅 물가로 이틀 밤 사흘 날의 나들이를 떠날 테고…….

헬리콥터의 맴돌이가 마침내 멀어져 간다. 흩어지는 향연처럼 소리며 상념도 따라 이끌려 퍼지며 사라져 간다. 그리고 그 작은 더운피 짐승은 내 가슴 어느 인연의 그늘에 몸을 숨겨 목숨을 건진 듯하다. 어마어마한 파충류와 곤충의 시대가 다 저물도록 지워지지 않고 살아남은 그 하나의 씨앗은 이제 불어나 수많은 진화의 갈래로 번져 나갈 것이다. 눈물과 한숨 없인 서로를 뗄 수 없는 젖빨이동물의 새 세상에서, 그 셀 수 없는 갖가지 중생들, 그 눈망울 하나하나 발자국 하나하나마다 삶과 죽음, 열락과 단말마의 고통이 무수히 열매 맺힐 것이다. 기쁨도 한숨도 아픔으로 둘러쌀 그 모든 인연의 열매들을 열매 맺으며 거대하게 막무가내로 뻗쳐 자라날 그 갈래나무를 위해 달빛은 이 밤 관세음보살의 푸른 자비를 그 가지마다에 미리 골고루 흩뿌렸다.

6 기러기 울어 예는

"누부야, 와 우노?"

누나가 좀 이상해졌다. 시골 초가집 어스름한 사택의 방에서 단둘이, 나더러 딴 데 쳐다보지 말고 꼼짝 말고 고대로 자기를 마주 바라보며 줄곧 앉아 있으라면서 앉은뱅이 밥상에 공책을 펼쳐 놓고 펜으로 잉크를 찍어 내 얼굴을 그리던 누나가 갑자기 훌쩍이며 울기 시작한 것이다. 아니다. 갑자기는 아니고 그림이 거진 다 돼 가던 그 어름에서부터 누나는 어느 결에 콧노래를 흥얼거리고 있었고 나는 그게 무슨 노래인 줄도 몰랐다. 그러면서 이제는 누나가 잠깐씩 나를 빤히, 혹은 힐끗 바라봤다 고개를 숙이고 하던 그 잦기가 줄고 더 그림에만 쏠리어 싹싹 철필을 그으며 혼자 잔손질을 하는구나 했는데, 그러다 어느 대목에선가 얼굴을 감싸고 흐느끼더니 숫제 밥상에 엎어져 목 놓아 울고 마는 것이다. 그때가 내가 아마 네댓 살 아니면 대여섯 살? 누나는 열네댓 살, 중학생이었을 테다.

그 후로도 누나는 가끔 그 노래를 흥얼거리거나 소리 내어 부르며 분위기가 좀 야릇해지고 때로는 내가 아주 조금 염려스러워지기도 했는데 차차 귀에 익은 바 그 노랫말은 '기러기 울어 예는 하늘 구만리~

바람은 싸늘 불어 가을은 깊었네~ 아아~ 아아~'로 흐르고 있었다. 아는 말도 있고 모르는 말도 있어 '우는 것'은 알겠는데…, '예는 것'은 뭐며 '구만리'는 혹시 '그 멀리' 아닌가? '바람이 산에 불어~' 해야 될 낀데 '바람은 산을 불어~'는 뭐지? 이리 갸웃거리면서 한창 낱말 곳간이 늘고 있었을 어린 귀에도 이런 건 왠지 말의 아귀가 잘 안 맞는 것 같았다. 하기야 우리 동네에서는 시옷과 쌍시옷 발음을 구별 안했으니까, 아니 못했으니까 '싸늘'이 '싸늘하다'의 말토막임은 꿈에도 생각 못했고, 누나나 나나 그걸 '산을'으로 부르고 들어 뜻이 그리 헷갈렸을 것임은 내가 중학생이 되어서야 어느 순간 알아차릴 수 있었다.

그리고 여자가, 소녀가 왜 갑자기 아무 까닭도 없이 혼자서 울음을 터뜨릴 수 있겠는지도 곧 알게 되었는데 그것은 머슴애도 남 보기에 아무 이유 없이 혼자서 울먹일 수 있음을 스스로 겪을 즈음이었다. 그나저나 아깝다, 내 생애 최초의 작은 초상화여! 원통하다, 시계의 분침이 돌아가듯 너무나 완벽하게 저물고 있던 잃어버린 그 화실의 저녁이여! 좁은 어깨에 멜빵을 하고 누나를 바라보던 공책장 속의 그 성긴 숱의 어린 얼굴이며 희미하게 비추던 벽지 위의 어스름 빛이며 단발머리 누부야의 흥얼거림이며…, 잔영만 남긴 채 쓰레기통으로 훨훨 날아 들어가 버린 컴퓨터 파일처럼 이제 영영 되살릴 수가 없게 되었구나!

그런데 어릴 때 들은 이 노래 가사를 박목월이 지었다는 것은 중학교에 들어가서 교과서에서 〈윤사월〉인가 하는 시를 접하고 난 이후다. 그리고 아마 고등학교에서였지? 〈나그네〉라는 시를 국어책에서 읽는 등 이 시인의 몇몇 시는 보편적 의무교육 덕분에 거의 국민 시가처럼 널리 우리 세대 청소년들의 머릿속에 박혀 버린 셈인데 이 「이별의 노래」의 진짜 배후를 알게 된 것은 그로부터도 한참 후, 미국에 건너와서다. 언젠가부터 목월의 행보가 권력에 줄을 대며 남의 전기나 꾸미는 등 좀 마뜩찮은 면이 있어 내 관심에서는 좀 멀어져 있었는데 우연찮게 알게 된 그의 젊은 날 사연으로 말미암아 다시 그를 찾은 셈이다. 사연은 이러하다. 우선에 잠시 고등학교 국어 시간으로 되돌아가 보자. 그걸로 시험 칠 일은 더 이상 없겠지만.

경남 고성에서 태어나 경북 경주에서 자란 목월(木月 朴泳鍾, 1916~1978)은 본래 동시 작가로 시작했는데('송아지 송아지 얼룩송아지'도 그의 작품이다) 1939년에 정식으로 문단에 이름을 알렸다. 1945년 대구 계성고등학교에서 교편을 잡고는 이듬해 조지훈, 박두진과 함께 『청록집 靑鹿集』을 발간하여 토속적인 정서를 잘 표현한 시인으로 널리 알려지게 되었다. 납북인지 월북인지 애매하단 구실로 1988년에 해금될 때까지 남한에서 금지된 작가였던 정지용(鄭芝溶, 1902~1950)은 그의 시를 높이 평가하여 북에는 소월(素月 金廷湜, 1902~1934)이 있고 남에는 목월이 있다고까지 한 바가 있다.

여기까지야 참고서에도 나와 있는 이야기이고 오늘 본론은 이 다음이다.

목월은 1950년에 이화여고로 자리를 옮겼으나(영화배우 윤여정이 그의 제자란다) 곧 6·25가 터져서 공군 문인 종군단에 들어가 문관으로 군복무를 마친다. 이후 홍익대, 서라벌예대, 중앙대 등에서 강의를 하였다. 1959년 한양대 조교가 되어 근무하였고 은퇴 후 1978년, 63세에 고혈압으로 죽었다. 당시 그보다 못한 직장 없는 사람들도 흔했는데 목월은 그래도 차례로 교편이라도 잡았지만 다섯 자녀를 둔 가장으로서 그는 한평생 가난에 쪼들린 것 같다. 말년에는 순수 시인답지 않게

셋째 가름: 느낌으로

대통령 찬가를 짓는 따위로 어용작가로 치부되기도 하여 핀잔도 들었지만 무슨 일 때문에 물어물어 그의 집에 찾아가 본 소설가 이호철(李浩哲, 1932~2016)이 목월의 딱한 형편을 눈으로 보고는 다소 지조 없이 흐릿한 그의 행태를 이때까지와는 달리 좀 봐 줄 마음의 틈이 생겼다고 한다. 아무튼 가난이란 호랑이보다 무서운 것인데 그래도 아이들에겐 넉넉하고 자상한 아버지였다는 것이 서울대 국문과 교수를 지낸 맏아들 박동규(朴東奎, 1939~)의 회상이다.

이렇게 자상하지만 버겁게 버텨 오던 목월이 한국전쟁이 끝나갈 무렵인 1952년, 그러니까 30대 후반이네, 피난지인 대구의 교회에서 대형 사고를 친다. 그 교회에는 목월을 따르던 홍가 자매가 있었는데 그중 언니가 목월에게 깊은 감정으로 다가온 것이다. 목월은 모범 가장답게 이를 단호히 뿌리친 후 상경하고 마니 언니는 결국 단념하고 혼처를 찾아 시집을 간다. 그런데 여우굴 피하니 범굴이라고 이번에는 서울에서 명문 여대를 다니던 동생이 목월에게 착 달라붙어 자신의 감정을 맞대놓고 고백하였고 마침내 목월도 피하지 못하고, 아니 아마도 자신이 더 열정적으로 이 여대생과 사랑에 빠져서는 에라 모르겠다, 모든 것을 다 팽개치고 당시만 해도 저 먼 나라 같던 제주도로 사랑의 도피를 하여 둘이서 꽁꽁 숨어 지낸다.

하지만 평소에도 이재에 별 재간이 없던 목월이 만날 둘이서 붙어 앉았는데다 아는 사람 거의 없는 제주도에서 무슨 용빼는 재주가 생겼으랴? 돈도 없고 도와주는 사람도 없으니 이른바 사는 꼬라지가 말이 아니었는데 얼마 후 목월의 아내인 유익순 여사가 이들의 종적과 거처를 알게 돼 섬을 찾아온다. 하지만 막상 이들을 찾고 보니 그 둘의 몰골이 인간적으로 말이 아니게 너무 처량하여 '힘들고 어렵지 않느냐'며 도리어 갖고 간 여비를 발라내어 두 사람의 겨울옷부터 사다 주고 나머지는 쓸 돈으로 다 쥐어 준 채 몸만 되돌아간다.

그런 얼마 후 홍 양의 아버지가 그 소식을 듣고는 대구에서 딸을 데리러 물 건너 온다. 딸은 굶어 죽어도 내 사랑과 같이 죽겠다며 완강히 버틴다. 그 양반 그래도 피붙이 딸이라 이 애물단지를 바다에 던져 버릴 수도 없고…, 자식 앞에 장사 없다지만 달래고 일깨우고 타이르고 참고 기다리고 으르고 왈기고 맞서다 자물시고…, 다시 가누고 뉘우치고 잡다루고 다잡고 머라카고 시루고 겨루고 다독이다 빌고 받아주고 추어주고 새겨듣고 접어듣고…, 보채고 뒤채고 꼬시고 챙기고 앵기고 호리고 추스르고 눙치고 꾀고 이끌어 먹이고 갈아입히고…, 쓰다듬고 일받치고 공구고 지둥쿠고 부추기고 다그치고 잡아끌어세우고 잡도리하고 보듬어 다지고 또 달래고…, 이러기를 밤낮 사흘이 꼬박 지나서야 마침내 딸은 설득이 되어 아비를 따라 나서기로 한다.

때는 아직 전쟁 중이라 배가 흔치 않아 부두에 대어 놓은 연락선에 때 맞춰 곧장 올라타야 하는데 딸은 뒤꿈치에 진드기가 붙었는지 도저히 발걸음이 떨어지지 않아 가다가 서고, 가다가는 서고…, 이윽고 뱃전에 올랐어도 고개만 떨구고 있는 그 모습을 더 이상 애타게 지켜보기 어려웠던 목월은 이제는 식어 버린 보금자리로 돌아와 일필휘지 시 한 수를 갈겼것다. 곧 이어 작곡가 김성태(金聖泰, 1910~2012)가 이에 곡을 붙이니 이렇듯 「이별의 노래」가 탄생하여 그림 그리던 열다섯 어름의 우리 누나까지 울린다.

기러기 울어 예는 하늘 구만리

셋째 가름: 느낌으로

바람이 싸늘 불어 가을은 깊었네
아아 너도 가고 나도 가야지

한낮이 끝나면 밤이 오듯이
우리의 사랑도 저물었네
아아 너도 가고 나도 가야지

산촌에 눈이 쌓인 어느 날 밤에
촛불을 밝혀 두고 홀로 울리라
아아 너도 가고 나도 가야지

한편 제주 제일중학에는 그때 목월의 글 친구인 양중해(梁重海, 1927~2007)가 국어 선생을 하고 있었는데 그도 발걸음을 못 떼던 이 홍 양의 이별 장면을 지켜본지라 친구의 일이지만 가슴이 너무 아려 집에 돌아와 대뜸 시 한 수를 쓴다. 세상이 참 너무 평화롭고 만사가 순조로우면 그게 바로 도대체 시다운 시가 안 나오는 문예의 암흑시대라는 건가? 그래서 웬만큼 제대로 된 작품이 나오려면 얼마간의 비극이란 필요악인 모양이다. 「떠나가는 배」가 그리하여 나온 시인데 음악 선생인 변훈(邊焄, 1926~2000)이 왔구나 하고 곡을 붙이니 또 하나의 명시에다 명곡의 탄생이다. 당사자야 괴로웠겠지만 홍 양은 후세를 위해 참 큰일을 한 셈이다.

저 푸른 물결 외치는 거센 바다로 떠나는 배
내 영원히 잊지 못할 님 실은 저 배는 야속하리

날 바닷가에 홀 남겨 두고 기어이 가고야 마느냐

터져 나오라 애슬픔, 물결 위로 한 된 바다
아담한 꿈이 푸른 물에 애끓이 사라져, 내 홀로
외로운 등대와 더불어 수심 뜬 바다를 지키련다

저 수평선을 향하여 떠나가는 배, 오 설움이여
임 보내는 바닷가를 덧없이 거닐던, 미친 듯이
울부짖는 고동소리, 님이여 가고야 마느냐

전통적이고 완고한 관점으로 보아 이런 난리굿을 고상하게 말해 순수한 사랑이라 해야 하나? 아니면 불장난? 치기나 사련, 다시 말해 불륜이라고 해야 하나? 아무튼 내가 이 나이에 철 지난 사춘기가 도래한 것도 아닌데다 짧지도 길지도 않은 한살이를 새삼 돌이켜볼 때 짚히는 것은 있다. 프로이트(Sigmund Freud, 1856~1939)라서 하는 말이 아니라 남녀간의 이러한 정서와 밑바탕 에너지는 가히 삶의 큰 원천이요 온갖 예술의 끊임없는 새암임에는 틀림없어 보여 그런다. 그런데 부처님의 가르침으로는 이게 모든 번뇌의 시발점이기도 하다. 맞다. 등불에 뛰어드는 나방같이 한 번 타오른 번뇌의 불꽃은 아름답고도 잔인하게 사람을 그러잡아 깡그리 불태우고 그 재마저 흩어 버린다. 정지용이 감히 목월을 위해 모셔와 빗댄 대상이었던 북쪽의 소월도 그 희생에서 예외가 아니다. 그는 서른 줄에 들어서 얼마 못 살고 삶을 마감한다. 그 번뇌 때문이었을까?

평안북도 구성에서 태어난 소월은 세 살 때 아버지가 일본 사람들에게 두들겨 맞아 미치광이가 돼 버렸다. 소월은 아버지 없이, 어쩌면 없는 것보다 못하게 자란 셈이다. 이어 정주의 오산학교에 들어간 그는 세 살 많은 '오순'이란 소녀를 알게 돼 사귀면서 연인으로 발전하였다. 조숙하기도 했겠지만 이런 가정환경도 이 천재의 감수성을 일찌감치 건드린 것 같다. 그러다 소월이 열네 살 때인데 할아버지가 자기 친구의 손녀인 '홍단실'이라는 처녀와 자기 손자를 강제로 혼인시켰고 소월은 아무 말도 못하고 이에 따를 수밖에 없었다. 그러다 오순이도 열아홉 살 때 다른 데로 시집을 갔다. 그런데 그런 오순이가 의처증이 있는 남편에게 3년 뒤에 맞아 죽고 만다. 한없이 아픈 마음을 안고 오순이의 장례에 갔던 소월이 지은 시가 「초혼招魂」이다.

산산이 부서진 이름이여!
허공 중에 헤어진 이름이여!
불러도 주인 없는 이름이여!
부르다가 내가 죽을 이름이여!

심중에 남아 있는 말 한 마디는
끝끝내 마저 하지 못하였구나
사랑하던 그 사람이여!
사랑하던 그 사람이여!

붉은 해는 서산마루에 걸리었다
사슴의 무리도 슬피 운다
떨어져 나가 앉은 산 위에서

나는 그대의 이름을 부르노라

설움에 겹도록 부르노라
설움에 겹도록 부르노라
부르는 소리는 비껴가지만
하늘과 땅 사이가 너무 넓구나

선 채로 이 자리에 돌이 되어도
부르다가 내가 죽을 이름이여!
사랑하던 그 사람이여!
사랑하던 그 사람이여!

　물론 이렇듯 애끓는 얽히고설킨 사연들이 현대문학이든 고전문학이든 국문학에만 있는 것은 아니다. 한국 사람들은 오랜 세월 한문을 즐겨 읊고 지었으니 한국의 한문학에도 연심을 울리는 작품들이 제법 있으련만 불행히도 실상은 그렇지가 못해 보인다. 웬만한 내용은 남녀상열지사男女相悅之詞로 여겨 아예 소재 선택에서부터 걸러진지라 남은 것은 거의 천편일률적인 음풍농월에다 도덕군자 타령이라 예외가 오히려 드물다. 물론 그런 좁혀진 범주 안에서도 놀랄 만치 세련된 표현과 깊이 있는 작품들이 많지만 근본적으로 작품의 소재나 초점이 너무 치우친 점은 부정할 수 없어 보인다. 그런 각도에서 볼 작시에 이 동쪽 나라의 선비들은 수백 년, 수천 년간 남의 글 가지고 헛기침하며 헛고생만 한 게 아닌가 의구심이 든다면 너무 지나침일까?
　그런 면에서는 본고장인 중국에 있어서도 비슷한 점이 있다. 다만 나라가 엄청 큰 데다 기록된 역사가 좀 더 길고 푸지다 보니 더 다양성이 있다는 점은 인정하더라도. 중국 고전문학에서 시라면 당시唐詩를 먼저 치는데 하고많은 시인들 중에서 그래도 내 눈에 좀 색다르게 띄어서 이건 참 보배다 싶은 작가가 이하(李賀 791~817)이고 그의 시 중에서도 「나는 성성이(猩猩이) 입술을 먹고(원제: 大提曲)」라는 상당히 희한한 작품이 있다. 아래는 원시와 이원섭(李元燮, 1924~2007) 선생의 번역이다.

妾家住橫塘 첩가주횡당
紅絲滿桂香 홍사만계향
靑雲敎綰頭上髻 청운교관두상계
明月與作耳邊璫 명월여작이변당

蓮風起 연풍기
江畔春 강반춘
大堤上 대제상
留北人 유북인

郎食鯉魚尾 낭식이어미
妾食猩猩脣 첩식성성순
莫指襄陽道 막지양양도
綠浦歸帆少 녹포귀범소
今日菖蒲花 금일창포화
明朝風樹老 명조풍수로

제 집은 횡당이구요, 창에는
계수 향이 풍기는 붉은 사가 쳐 있지요
푸른 구름을 시켜 머리를 틀어 올리게 하고
둥근 달이 내 귀고리 된답니다

연꽃에 바람 일어
강은 봄인데
긴 둑 여기에
내사 임 못 놓겠어요

당신은 잉어의 꼬리를 잡수세요
나는 성성이 입술을 먹고
이렁성 여기서 지내시되
아예 양양에 갈 생각은 마세요
다시 돌아오기 어려우니까
보세요, 오늘 창포꽃이 향기롭지만
내일이면 단풍이 벌써 시들어 버릴 걸요

'대제'라는 색향에 사는 창녀가 떠나가려는 정부의 소매를 붙잡으면서 자기는 원숭이 입술을 씹을 테니까 당신은 파닥이는 잉어 꼬리를 깨물어 먹으라는 농염한 노래다. 이하도 서른이 되기 전에 요절했는데 내가 대학생 때 이 시를 비롯한 그의 시를 몇 편 처음 읽으면서 수묵화 같이 담담한 한시의 세계에도 이런 게 다 있나 싶어 몸이 다 떨렸었다. 요즘은 뭐가 다 너무 많아서 그런지, 웬만큼 색다를 것을 대해도 그저 그러려니 하니 어느새 나이 들어 모든 게 웬만큼은 다 그렇고 그런 지나간 얘기일 뿐이라 여겨져 그런 건가!

그리고 보니 서양의 여러 시인들의 발췌된 문고판 시집 시리즈에서 하나씩 뽑아 사다 하숙집 방바닥에 널어 놓고 이것저것 집어 골라 읽으며 한참 달리는 외국어 실력임에도 영어, 불어, 독일어로 된 원시와 우리말 번역시를 견주어 보며 시간을 보내던 좀 무모하면서도 뿌듯하고 겨르롭던 오래 전의 순간들이 떠오른다. 그러던 나날들도 한 나절의 해 그림자처럼 이미 다 스쳐 지나가 버린 지난날의 얘기일 따름이던가. 「로렐라이(Die Lorelei)」를 비롯하여, 가장 익숙해서 그나마 좀 쉬웠던 것이 독일의 서정시인 하이네(Heinrich Heine, 1797~1856)의 작품들이었다는 기억이다.

Im wunderschönen Monat Mai

Im wunderschönen Monat Mai,
Als alle Knospen sprangen,
Da ist in meinem Herzen
Die Liebe aufgegangen.

Im wunderschönen Monat Mai,
Als alle Vögel sangen,
Da hab ich ihr gestanden
Mein Sehnen und Verlangen.

「눈부시게 아름다운 오월에」

눈부시게 아름다운 오월에
모든 꽃봉오리 벌어질 때
내 마음속에서도
사랑이 싹텄어라

눈부시게 아름다운 오월에
온갖 새들 노래할 때
나의 불타는 마음을
그대에게 고백했어라

이런 시는 아주 순수하며 서정적이고 얼핏 소녀 취향이지만 실상 하이네는 프랑스 7월 혁명에 감동받아 독일의 민주화에 투신한 굳건하고 과격한 반정부 운동권 투사였다. 혁명정신이란 본래 순수한 피끓음에서 비롯되기 때문이겠지. 어쨌든 하이네는 그러다 결국 고국에 못 돌아오고 파리에서 병들어 죽는다.

파리에서 좀 더 남쪽으로 내려가면 이탈리아에 단테(Durante degli Alighieri, 1265~1321)가 있고 웬만하면 이름은 들었을 법한 베아트리체(Beatrice)와의 짝사랑이 있다. 그리고 이 소녀가 모티브를 준 서사시 「신곡(神曲, La Divina Commedia)」이 있지만 길기도 하고…, 다 읽어 보지는 못했다.

남쪽이 아니라 파리에서 위쪽으로 가면 북해 바다 동쪽에 남북으로 길쭉한 노르웨이가 있다. 이 나라의 유명한 작품으로는 희곡 「페르 귄트(Peer Gynt)」를 꼽는데 극작가 입센(Henrik Johan Ibsen, 1828~1906)이 글을 쓰고 그리이그(Edvard Hagerup Grieg, 1843~1907)가 곡을 붙였다. 거기 실린 노래 가운데 널리 우리 귀에 익은 것이 「솔베이지의 노래(Solveigs Sang)」다. 내가 중학생 때 점심시간이면 교무실 옆 조그맣고 볕 드는 방송실에서 일찍 도시락을 까먹은 방송반 계집아이들이, 착각은 자유라고 꼭 날 들으라고 한 건 아니었겠지만, 옥상에 달린 스피커로 운동장 저 끝 현사시나무 그늘에까지 들리도록 노상 틀어 주던 그 곡이다.

솔베이지는 북구에 흔한 여자 이름인데 Sol이 보통 태양을 뜻하니까 우리말로는 얼추 '해순이'쯤 되겠다. 나도 그랬지만 그 아이들도 노랫말의 뜻은 모르고 들었을 것이다. 여러 번역 버전이 있지만 이 희곡의 원어는 당시에 덴마크에서 노르웨이까지 글말로 두루 통하던 덴마크어(Dano-Norwegian)였으니까 말이다(사실 노르웨이어나 덴마크어나 서로 금방 알아듣기는 힘든 좀 심한 사투리 수준이다. 이들의 요샛말도 글말은 한 눈에 엇비슷하다). 나도 아래에서 보이듯 덴마크어는 잘 모르는데 한 다리 영어를 거쳐 대략 말뜻을 풀자면 이러하다.

Kanske vil der gå både Vinter og Vår,

og neste Sommer med, og det hele År,

men engang vil du komme, det ved jeg vist,

og jeg skal nok vente, for det lovte jeg sidst.

Gud styrke dig, hvor du i Verden går,

Gud glæde dig, hvis du for hans Fodskam mel står.

Her skal jeg vente til du kommer igjen;

og venter du hist oppe, vi træffes der, min Ven!

그 겨울도 봄도 가고

여름도 가고 한 해도 가리

하지만 믿노니 그대 다시 돌아오리라

그리고 내 언약한 대로 난 그대를 기다리리

신이여 도우소서, 늘 홀로 가는 그대의 길

무릎 꿇은 그대에게 힘을 주소서

만약 그대 이미 하늘에서 날 기다리고 있다면

거기서 다시 만나리, 언제까지나 둘이서 사랑 나누며

이 가사에는 안 나와 있지만 「페르 귄트」의 이야기는 일종의 해피엔
딩이다. 완전한 허구는 아니고 노르웨이의 오랜 민담에서 아주 엉성하
게 줄거리를 따왔다. 신혼에 아내 해순이를 위해 돈 벌러 집 나간 남편
페르 귄트가 여러 나라를 돌아다니며 고생 끝에 큰돈을 벌고 귀향길에
올랐으나 도적에게 몽땅 털리고 빈털터리가 되어 노구를 이끌고 천신
만고 끝에 집을 찾아온다. 마침내 다 쓰러져 가는 오두막에 다다랐는
데 희미한 불빛이 새어나오는지라. 들여다보니 백발 노파가 홀로 바느
질을 하고 있는데 다가가 보니 그게 바로 수십 년 전에 헤어진 아내가
수절하며 여태 자기를 기다리고 있는 장면이 아닌가! 아무튼 둘 다 장
수했으니 그나마 살아생전 다시 볼 수 있어서 다행이었다. 그렇더라도
무턱대고 죽을 때까지 서로 찾고 기다렸다니 요즘 같으면 참 보기 드

문 이야기다. 동서양을 막론하고 그렇다. 그리고 이런 이야기에 금발 벽안의 서양 사람들도 감동을 한다니 이로 미루어 우리가 인종을 뛰어 넘어 심사에 공통부분을 가진 하나의 종족(Homo Sapiens)이 맞긴 맞나 보다.

하기야 우리 모두가 본래 하나의 종족이라면 갈라져 나간 어느 나라, 어느 겨레, 어느 세대에선들 가슴 아리는 사랑의 이야기가 없으랴? 밤비행기에서 내려다보는 나성의 불빛보다도 많고 구름 없는 남가주의 산꼭대기에서 올려다보는 밤하늘의 별빛보다도 많으리라. 청천하늘에 잔별도 많고 우리 가슴에 수심도 많듯이 그 모든 불빛과 별빛은 아름답고 아픈 번뇌의 씨앗이며 짧은 기쁨과 긴 괴로움의 샘물이다. 그 가운데 내 희미한 별들이 몇이라도 파묻혔는지 모르겠지만 그리워 살뜰히 못 잊는데 어쩌면 생각이 떠지는 건지 이제는 괴롭고 아팠던 기억조차 터 오는 먼동을 따라 마저 빛을 잃으려 하누나. 이는 다 얄궂고 모진 세월의 잔인함이요 늘 그러함이란 본래 없는 그림자일 뿐임을 다시금 일깨움이다. 그 빛바램과 망각의 그늘에 홀로 앉아 미국에까지 따라온 몇 안 되는 오래 된 공책을 펼쳐 본다. 국민학교 4~5학년 때부터 대학 초년생 때까지, 많이 흩어지고도 운 좋게도 한 곳에 오롯이 살아남아 모여 있는 여러 편의 치기 어린 글귀 중에 이런 것이 보인다.

「노을처럼」

하늘은 아무 일도
하지 않고

두 머리 묶은
강 너머 소녀

해 질 무렵
나루 건널 때

물 아래 붉게
타고 있다

*고1

피만 못 속이는 게 아니라 사람이 제가 보고 듣고 자란 건 못 속인다. 이 한 편에도 확실히 목월의 그림자가 어려 있다. 그 목월도, 어쩌면 그의 어위큰 아내나 홍 양까지도 이미 저 세상에 있을지니 나도 이제부터는 이호철이 그랬던 것처럼 무얼 너무 그리 빡빡하게 챙기지는 말기로 하자.

아 그리고 이 졸시를 새삼 보니 그때, 객지에서 하라는 공부에는 손 놓고 책상 앞에서 이 생각 저 생각, 누구였을까? 한 가지 번뇌의 대상을 가운데에 놓고서는 수백 번 주위를 맴돌며 공상으로만 하염없이 어느 시골 출신의 소년은 시간을 때웠나 보다. 코로나 핑계 대며 벌라는 돈은 안 벌고, 하라는 집구석 일도 제쳐두고, 목청 해맑고 높은 「해순이의 노래」 작게 틀어 가늘게 배경에 깔아 둔 채 이 나라 시편에서 저 나라 노래가사로 너울너울, 해가 저물도록 넘나들기만 한 어느 이민자의 오늘 하루처럼.

　　　　　　　　　　　　　　　셋째 가름: 느낌으로

7 모멘또

한의원의 좁은 대기실에는 작은 철제 의자가 몇 개 한 줄로 벽에 바싹 붙여져 놓여 있다. 젊은 멕시코 여자는 그 끄트머리 의자에 앉은 채로 한 발을 플라스틱 디딤대에 올려놓고 그 발에 침을 맞고 있다.

가무스름하고 조금 뭉툭한 그 발의 발등이며 발허리에는 몇 군데 생채기가 보인다. 하나하나마다 얘깃거리와 아픈 사연을 지녔을 법도 한 그 이정표들은 오래 전에 아문 듯 주위보다 조금 밝고 맨질거리는 홈집으로 남아 있다. 많이 걸어 다닌 발이다. 시베리아에서 베링 해를 거쳐 유카탄 반도까지 걸어갔던 그 발일까? 아마 어릴 때부터 한참 동안은 맨발로 어저귀 선인장 밭이나 따가운 자갈길을 돌아다녔을지도 모른다.

그런데 남자가 따라온 이 여자는 실은 지금 침을 맞고 있는 발보다는 손을 크게 삔 것 같다. 등이 부어오른 왼손을 검은 바지의 무릎 위에 올려놓고 처연한 표정을 짓고 있다. 어쩌면 저 다침 덕분에 이 도시에 와서 처음으로 이 토요일 오후를 마지못해 일에서 놓여나게 된 것일지도 모른다.

나란히 칸막이를 한 몇 개의 진료실을 바쁘게 드나들던 흰 가운의 한의사가 다시 다가왔다. 주머니에서 라면 스프 같이 생긴 조그마한 플라스틱 봉지를 꺼내어 찢더니 옆 의자의 한국 신문지 위에 놓는다. 여러개들이 바늘 쌈지다. 봉지에서 침들을 하나씩 꺼내면서 그 여자의 발등이며 종아리 여기저기에 빠른 솜씨로 꽂는다. 그러고선 모멘또, 좀 기다리라고 하고선 다른 진료실로 들어간다. 손은 놔두고 발에부터 침을 놓다니, 손만 아니라 오른발도 다친 건가?

같이 온 홀쭉한 멕시코 남자는 가만히 있질 못하고 앉았다 일어섰다, 나갔다 들어왔다 하는데 유럽 피가 조금 섞인 것 같다. 검은 머리칼에 키도 큰 편이고 눈이 좀 더 꺼졌다. 그러고 보니 이들의 나이를 잘알 수 없다. 이십대일까 삼십대 초반일까? 사십대까진 아닌 것 같다. 여자의 옆얼굴을 얼핏 보니 아마도 이십대 중반인 것 같다. 내가 이십년 전이라면 이들을 아마 사십대 초반으로 판단했을지도 모르겠다. 하기야 그때는 유럽계 백인과 히스패닉도 헷갈려 서로 얼른 구별이 안 갔으니까. 어쨌든 이들의 얼굴과 몸은 이들이 거의 일주일 내내 쉬지 않고 일을 해 온 것임을 알린다. 한식당 주방에서 쪼그리고 내내 그릇을 씻었을까? 밤마다 인적 없는 높은 빌딩을 돌며 카트를 끌고 화장실 청소를 했을까?

다시 한의사가 다가왔다. 이제야 그 여자의 부어오른 왼손을 천천히 잡아당기더니 가늘고 긴 베개처럼 생긴 받침대에 올려놓고 조금 살피고는 다시 손과 팔의 여러 군데에 가는 침을 꽂았다. 여자는 팔이 당겨질 때마다 조금 아픈 표정을 지었다. 한의사는 집게손가락으로 여자의 손등이며 손가락의 맥을 훑어가며 익숙한 솜씨로 금방 여러 개의 침을 꽂았다. 그러고선 또 모멘또, 다른 진료실로 사라졌다. 여자의 손이 갯바람에 흰 솜털이 뽑혀져 나가는 벼랑 위의 독수리 새끼같이 웅크려졌

셋째 가름: 느낌으로

다. 어찌 보면 은빛 물줄기를 내뿜는 호텔 앞의 작은 장식용 분수대와도 같았다.

남자의 핸드폰이 울렸다. 재빠른 스페인 말이 조개껍질 같이 납작한 물건 하나를 매개로 눈앞에 보이지 않는 상대와의 사이를 오간다. 여자는 멍하니 앞만 바라본다. 접수대 유리상자 위에는 반질반질 손때가 묻은 발가벗은 동양 남자의 조그만 입상이 놓여 있고 그 몸엔 경락을 따라 온몸을 세로로 흐르는 몇 줄기의 선이 그려져 있다. 그 선들은 애자를 따라 걸쳐진 전선처럼 점들을 따라 차례로 맥을 이루며 그어졌다. 그 까맣고 붉은 각각의 점들은 어떤 자리를 표시하고 그 자리마다엔 작은 한자로 이름이 붙어 있다. 가늠하기 어려운 우리의 갖가지 기쁨과 아픔도 그것들이 생겨 나오는 자리가 있고, 치유할 수 있는 누름자리가 있으며, 이처럼 맥을 타고 흐르면서 서로 영향을 주고받는 것일까? 그에 앞서, 그 아롱진 갖가지 기쁨과 아픔들에게는 그러기 위한 각각의 고유한 이름이라도 먼저 매겨져 있는 것일까?

전화기를 든 남자가 여자에게 빠른 말로 동의를 구하며 얼굴을 들여다본다. 여자는 고개를 겨우 끄덕이는 듯 다시 앞만 바라본다. 맞은편 벽 가득히 칸칸이 한자 이름이 쓰인 약장이 붙어 있다. 그 서랍마다엔 우리의 짓눌림과 쓰라림을 가시게 할 각각의 해답들이 들어 있는 것일까?

의사가 몇 개의 색다른 침을 가지고 다시 나타났다. 그 침의 대가리에는 담배 필터보다 굵은 둥근 섬유 토막이 붙어 있고 의사는 이 솜대가리 침들을 여러 개 그 여자의 부어 오른 손등에 꽂는다. 그리고는 주머니에서 작고 납작한 플라스틱 물건을 몇 개 꺼내더니 섬유 토막이 붙은 침의 그루터기마다 이들을 간다. 바늘이 가운데로 끼어들 수 있도록 이 물건은 중간에 반쯤 칼질이 돼 있나 보다. 그러더니 의사는 꽂힌 침의 섬유 토막마다 라이터로 불을 붙였다. 그러고는 모멘또, 다시 끄트머리 진료실로 들어간다.

매캐하면서 그리 싫지 않은 냄새와 함께 손등에서 퍼진 연기가 대기실을 돌아 열어 놓은 출입문 바깥으로 흘러나가고 여자의 손은 불에 그은 고슴도치가 되었다. 그러다 뜨거운 열기가 바늘을 따라 전해지는 듯 조금 눈살을 찌푸린 그 여자는 짓궂은 아이들에 쫓겨 논두렁을 따라 도망치다 막다른 곳에 몰린 불 맞은 들쥐처럼 어깨를 움츠렸다.

남자가 어디론가 전화를 건다. 통화가 잘 안 되는 모양이다. 바깥으로 나가 난간에 기대어 열심히 전화기를 들여다보며 자판을 누른다. 그 남자의 어깨 너머, 이층 난간 위에 나성의 회색 지붕들과 파란 하늘이 보인다. 목을 뺀 긴 야자수들이 한 쪽으로 바람에 나부끼고 웬만한 건물보다 실하게 지은 간판대의 뒷면, 찢어진 술 광고 조각이 남아 있는 계단에는 덕지덕지 비둘기 똥의 흰 자국들이 남아 있다. 남자가 드디어 통화가 되나 보다. 뽀르 빠보르, 뽀르 빠보르. 제발, 제발…. 마침내 언성을 높이더니 전화가 그만 끊기나 보다. 비둘기 한 마리가 날아오른다.

의사가 침을 모조리 뽑아 쓰레기통에 쓸어 넣는다. 손등에랑 무슨 소독약을 문지르는 것 같다. 그리고 만년필처럼 생긴 기구를 꺼내더니 느닷없이 팍팍팍, 손등이며 엄지 손바닥 여러 군데를 마구 찌른다. 그러고는 부항을 뜨는데 작은 기구를 꺼내어 엎어 놓은 부항 종지에 대고 펌프질을 하자 불그스름하게 솟아오른 유리 종지 속의 살갗을 뚫고 몇 군데 검붉은 핏방울이 빨려 나온다. 의사는 가제로 피를 훔쳐 가며 몇 번 더 부항에 펌프질을 하다가 여자를 올려다본다. 부에노? 좋아요? 여자는 씁쓰레하게 웃는다. 부에노.

의사는 이제 환자에게 영어에 스페인어 낱말에 한국말까지, 손짓, 몸짓, 웃는 표정을 섞어서 좀 더 복잡한 의사를 전달한다. 일주일 후에 다시 오라고. 여자는 안다는 듯 모른다는 듯 허탈한 낯으로 웃기만 한다. 남자에게 다시 다짐한다. 언더스탠드? 예스? 노? 남자가 알아들었다고 예스, 예스, 고개를 끄덕이고는 말아 쥐고 있던 지폐를 내민다. 그러고선 조금 절뚝이는 여자를 부축하여 조심스레 바깥으로 나간다.

바깥 계단을 내려간 남자와 여자는 멈칫멈칫 붐비는 주차장을 가로지른다. 모멘또, 빈 곳을 찾던 고급 승용차의 앞대가리가 이들을 비켜 기다려 주고 있다. 모멘또, 주차장 너머 한길 정류장에 가운데를 이은 이중 버스가 도착하고 자동문이 열린다. 모멘또, 차는 이내 떠나고 해는 설핏한데, 후두두둑, 간판대에 한 떼의 비둘기가 내려앉는다.

넷째 가름: 꿈으로
- 단편소설 -

1 수미단 아래에서

아직도 시차가 풀리지 않은 것 같다.

지난밤에는 초저녁에 잠깐 눈이 붙는가 하여 자리에 누웠더니 반시간 동안이나 되었을까? 괭이잠처럼 들었다 깨었다 하더니 그마저 달아나 버리고 그 다음은 내내 멀뚱멀뚱 건밤이었다. 이러기를 이미 일주일째다.

멀지 않은 곳에서 들짐승 우는 소리가 들린다. 하기야 나도 이 미국 땅의 이름 모를 산골짜기로 들어온 지 한 주일째, 타일이 깔린 낯선 절방에서 뒤척이며 밤마다 한 마리의 잠 못 드는 짐승이 되었다. 그리하여 어제는 잠깐잠깐 조는 노루잠, 그저께는 개처럼 웅크리며 조금 눈을 붙이다 바스락 소리에 영영 잠을 놓친 개잠, 그끄저께는 초저녁에 조금 잠들고 늦은 새벽에 다시 잠깐 잠에 빠진 두벌잠…, 이젠 정말 몸이 녹초가 되어도 좋으니 뼈 빠지게 무슨 일을 하다 아무데서나 피식 쓰러져 달고 긴 멍석잠이라도 자고 싶다.

그래서 오늘은 아예 갓밝이에 대웅전으로 올라갔다. 동살이 트는 하늘 아래 절집은 다 지어져 있고 안꾸밈 일들이 한창인 다섯 칸 창살의 대웅전은 제법 규모가 있다. 채색 작업을 기다리는 불단에 덩그마니 모셔진 부처님께 삼배를 올리고는 연모를 하나하나 챙기는데 어느덧 덜 닫힌 옆문을 비집고 햇귀가 뻗쳐 들어온다.

이리하여 아침 햇살이 완연히 대웅전 마룻바닥을 건너 덮을 때가 되자 이제야 잠이 쏟아진다. 하마터면 물감을 찍은 붓을 든 채로 깜빡 졸며 붓자루를 놓칠 뻔하였다. 정신을 차려 눈을 부릅뜨는데 상단의 부처님이 미소를 머금고 내려다보신다.

이곳 미국은 내 평생의 첫 나들이이지만 나이 탓도 있을 것이다. 비껴 들어오는 햇살에 어느 순간 침침하게 눈의 초점이 흐려진다. 구부려 구석구석 칠하는 손놀림도 어느덧 작년과 다르고 이태 전과는 또 다름을 알린다. 하기야 미국에도 한국식 절이 지어지고 있고 거기에 가서 불단이며 안팎 단청이며 창살 작업을 도울 수 있다는 말을 들었을 때는 내 생에 이것이 마지막 기회인 것 같았다. 나보다 어린 도편수에게 함께 보내 달라고 달라붙었을 때만 해도 자신과 사명감, 그리고 호기심도 작지 않았다. 대단도 하시지, 미국 스님이 미국 땅에 한국식 절을 지으신다니!

열두 시간도 넘는 긴 비행 끝에 다시 길고 복잡한 입국 절차를 거쳐서 어딘지 모를 머나먼 길을 따라 한없이 달려 도착한 곳에는 정말 예상보다 그럴듯한 기와집 한 채가 언덕 위에 덩그렇게 서 있었다. 대웅전이었다. 서둘러 들어가 본 절집엔 이미 바다를 건너온 부처님이 불단에 모셔져 있었다. 온 우주의 중심 되는 높디높은 깨달음의 수미산, 그 위에 자리를 잡으신 부처님의 무릎 아래는 세 단으로 짜인 가로로 긴 네모꼴의 불단이었다. 내가 우선 일하기로 된 것은 한국에서 나무를 깎고 새겨 와 이곳에서 짜맞추어진 이 알몸의 수미단에 갖가지 색깔을 입혀 부처님 앉으신 자리를 장엄하는 것이었다.

아직 마무리 덧칠을 하지 않은 법당의 마룻바닥에 갖가지 채색 접시며 붓들을 종이 위에 늘어놓고는 아침나절 내내 쪼그리고 붙어앉아 붓질을 하였었다. 세 칸으로 이루어진 불단의 긴 앞면이랑 짧은 옆면의 칸칸에는 꼼꼼히 갖가지 형상들이 깊은 돋을새김으로 도드라져 있다.

이 형상들이 하나씩 내 붓끝을 빌려 조금씩 본래의 색깔을 찍어 입으며 살아 있는 듯 불단을 감싸기 시작한다. 맨 아래칸에는 연꽃이며 수련 잎사귀들이 우거지고 그 사이사이에 잉어가 뛰논다. 그런가 하면 개구리가 연잎 위에 앉아 있고 남생이가 물속에서 고개를 내민다. 게도 가재도 한 편이라더니 여기서도 둘이 같은 물에서 논다. 그리고 저 넓은 연잎 사이로 고개를 내민 동그란 사람의 얼굴, 몸은 커다란 물고기다. 바로 인어가 아닌가!

보아하니 이 모든 것들이 물에서 살며 물과 친한 것들이다. 나무 불단에 파노라마처럼 둘러쳐진 이것들이야말로 거룩한 부처님의 자리인 수미단을 불로부터 지켜 주는 영물들이 아니던가. 나는 마룻바닥에서 되비치는 햇살에 가는 눈을 뜨며 조심스레 하나하나 흰 수련의 잎사귀를 짚어 붓질을 해 나갔다.

흰 수련은 물낯바닥에 일렁이는 밝은 햇살 사이에서 영롱하였다. 나는 늪 사이로 난 덜 무른 땅을 골라 밟으며 사원의 *끄*트머리를 돌아나갔다. 온종일 숨 막히는 더위와 습기 속에서 쪼아 대고 긁어 댄 비시누의 석상은 거의 완성 단계다. 나까지 일곱 명이 무려 석 달 동안이나 커다란 바위 덩어리를 쪼고 깎아 나갔다. 일곱 명 중에서 나만 저 북쪽 눈 덮인 히말라야에서 왔다. 나만 구레나룻이 없는 둥근 얼굴이고 광대뼈가 나왔으며 나만이 찢어진 외까풀 눈을 하고 있다.

친척을 따라 장삿길을 나선 첫 걸음의 낯선 여행지에서 우리 일행은 어느 날 저녁 텁석부리 강도들에게 순식간에 가진 것을 약탈당하며 무참하게 횡사하고 나만 바위 뒤에 가까스로 몸을 숨겨 살아남았다. 그곳은 채석장이었고 석수장이의 뒤뜰이었다. 석수장이는 겁먹은 나를 거두어 석공으로 키웠고 나는 몇 해를 흐르고 흘러 마침내 브라만에게 불려가 비시누의 신상을 만드는 일에 끼워 넣어졌다.

지지난 달에는 그 브라만의 식구들이 거의 마무리가 되어 가는 사원에 미리 경배를 하러 왔었다. 늙은이 젊은이 어린아이, 남자 여자에다가 종까지 거느린 스무 남은 명의 무리가 땀흘려 돌을 쪼고 있는 우리 곁을 지나치다 다같이 멈추어 섰다. 아직 이곳 말을 완벽하게 알아들을 수는 없었지만 아무래도 우리가 만드는 신상에 대해 이것저것 트집을 잡거나 요구를 하는 것 같았다. 먼 서쪽에서 온 동료 왈하이두가 돌가루가 보얗게 앉은 제 매부리코를 슬쩍 손바닥으로 쓰다듬으며 잠자코 일만 하고 있으라는 눈짓을 보냈다.

나는 하던 대로 왼손으로 정을 움켜잡고 오른손으로 콩콩 망치질을 했다. 그러다 이제는 다 갔겠거니 하고 고개를 드는데 몇 발자국 앞에 얇은 사리의 자락이 흔들렸다. 거기엔 좁은 얼굴에 큰 눈을 한 호리호리한 젊은 여자가 나를 내려다보고 서 있었다. 고르게 둥근 이마 아래 짙은 두 눈썹 사이, 세로로 가늘게 짧은 두 주름이 찡그림을 따라 나타났다 사라졌다. 흠칫 무엇이 잘못 되었는가고 순간적으로 걱정이 되었는데 아가씨는 다음 순간 얼굴을 풀며 살짝 미소를 짓고는 두 손으로 사리 자락을 걷어잡으며 서둘러 일행을 좇아 돌기둥 뒤로 사라졌다.

이리하여 샨티는 틈틈이 우리를 찾아왔다. 그러다 시종을 따돌리고 혼자 들렀으며 마침내 나 혼자 있는 곳을 숨어들어 왔다. 내 팔뚝을 꼬집으며 무슨 남자가 이렇게 털이 없어요? 하고 비웃는 척하기도 하고 북쪽의 산속에도 나 같은 아가씨들이 있나요 하며 자못 진지한 눈빛으로 묻기도 했다.

그러다 어느 날 작업장에 들른 브라만이 나를 건너다보았다. 보는 눈길이 섬찟함을 느꼈다. 일이 손에 잡히지를 않았다. 신분이 다른 자는 감히 범접을 할 수 없다. 브라만의 경전 암송을 몰래 엿들은 수드라에게는 귀에 뜨거운 쇳물이 부어지는 곳이다. 그 브라만의 딸이 다가와 곁을 주었다. 바이샤라기보다는 수드라에 더 가까운 천한 신분인 나에게…. 거기에 생각이 이른 순간 감히 내가 살아남을 수 있을까, 모골이 송연해지고 눈앞이 어지러웠다. 그날 일이 가까스로 끝나자 나는 저녁 햇살을 받으며 몰래 브라만의 집 뒤꼍으로 숨어들었다.

샨티와 약속한 사흘 동안은 내가 이 세상에서 보낸 가장 초조하고 지루하며 안절부절 못한 시간이었다. 어느 순간에라도 말 탄 크샤트리야들이 우르르 몰려들어 내 목덜미를 낚아챌 것만 같았다.

마침내 사흘이 지나 그믐밤이 되자 나는 사라나무 숲에서 가만히 휘파람 소리를 냈다. 바로 나무 뒤에서 나타난 샨티는 완전히 딴 모습이었다. 남루한 시종의 옷에 짧게 자른 머리, 그리고 껴안은 보따리 하나였다. 우리는 밤을 새워 북쪽을 향해 걸었다. 밤새가 끼룩끼룩 숲에서 떠올랐다 다시 가지 위로 내려앉았다.

며칠을 걸어가자 마침내 험준한 바위산이 눈앞에 다가왔다. 깊게 파인 골짜기엔 흰 물살이 용트림하며 내리꽂혔다. 가지고 온 먹을 것도 동이 나자 우리는 지친 걸음을 멈추고 바위 그늘에서 몸을 쉬었다. 바쁜 마음에 다시 길을 재촉하며 팔을 잡았을 때 샨티가 나를 올려다보며 힘없이 웃었다. 나도 이제 한 몸이 아니에요. 그때 머리 위의 설산은 우레 같은 울음을 우는 것 같았다.

그러나 그 산울림도 금방 얼어붙고 말았다. 내가 무심코 눈을 돌려 골짜기를 내려다본 순간, 한 떼의 말 탄 사람들이 우리가 지나온 벼랑길을 타고 오르는 것이 까맣게 보였다. 그리고 그 경중대는 모습으로 보건대 맨 앞에 고삐를 잡은 사람은 내 동료 왈하이두였다.

나는 샨티를 이끌고 허겁지겁 고갯길을 치올라갔다. 샨티는 더욱 숨가빠 하였다. 생전에 이런 높은 곳에서 숨을 쉬어 보기는 처음일 테니까. 게다가 지치고 무거운 몸에서 늘어진 가는 팔다리는 야속하게도 시원스레 움직여 주지를 않았다. 무엇보다도 샨티의 마음은 이미 얼어붙어 버린 것 같았다. 나는 몸에 지닌 것을 다 바닥에 놓아 버리고 샨티를 들쳐 업었다. 벼랑 아래의 흰 물줄기가 눈에 빙글빙글 돌았다.

마침내 저들이 우리를 본 모양이다. 고함을 지르며 내쳐 거슬러 따라붙는다. 샨티가 등에서 미끄러져 내리며 애원했다. 제발 혼자 가세요, 나를 두고 가세요. 팔을 끌어당길수록 그녀의 몸은 뒤로 젖혀졌다. 마침내 내가 울며 애원했다. 샨티여, 왜 이러는가 샨티여! 저 고개만 넘으면 되는데 여기서 왜 더 못 가고 이러는가! 저 산마루의 기도깃발, 저기만 넘으면 내가 아는 내리막길, 샨티여 왜 이러는가!

씩씩거리는 왈하이두의 얼굴이 마침내 바위 그늘로부터 다가왔다. 샨티는 벼랑 쪽으로 몸을 젖히며 크고 검은 눈망울로 망연히 나를 바라보았다. 그대, 내 사랑 잠포앙, 다음 생에…. 그리고는 몇 발자국 미끄러지더니 곧 삐죽삐죽한 바위들이 솟아 있는 벼랑 너머 물떨어지 속으로 사라져 갔다. 내가 벼랑끝 바위에 두 팔을 짚고 윗몸을 부르르 떠는 순간 찌르르한 아픔이 등줄기를 타고 내렸다. 몸이 굳으며 눈앞이 몽롱해졌다. 흐릿한 시야 사이로 내 두 손이 바위 끝을 움켜쥐었다. 그 손등 위로 붉은 피가 쏟아지고 한 줄기 핏방울이 타고 내려 끝에 맺혀 떨어지는 희고 뾰죽한 창날이 내 가슴을 비집고 나와서 내가 엎드린 돌의 가장자리에까지 닿으려 하고 있었다.

바위 위로 이내 퍼져 나가는 핏물 속에서 어렴풋이 다시 눈을 뜨자 몸은 이상하게도 가볍게 둥둥 뜨며 이제 아무런 아픔도 느낄 수 없었다. 눈앞은 온통 흰 구름과 안개의 바다일 뿐 왈하이두도 말들도 골짜기도 보이지 않았다. 그대로 얼마간 구름바다 위를 날았는데 조금 땅 위로 내려앉는가 싶더니 불단의 둘째 칸이 눈앞에 어리었다. 용과 봉황, 기린과 공작에다 가릉빙가까지, 아직 나무의 맨살 그대로인 채 눈앞을 스치는가 하더니 다시 뿌옇게 흐려지며 정신이 아뜩해졌다. 그러다 한참 만에 다시 조금씩 정신이 드나 하는데 이윽고 안개가 걷히며 눈앞에 둥그런 세 발 놋쇠의 큰 향그릇이 나타났다.

거기엔 커다란 용 두 마리가 몸을 얽은 채 그릇을 휘돌아 감싸고 있었다. 나는 그 앞에 서 있고 걷혀 가는 안개 사이로 사원의 누런 기와 지붕이 차례로 드러났다. 그 지붕의 흘러내린 귀마루에는 잔나비와 도깨비 모양의 갖가지 조그만 줏개들이 조르르 걸터앉아 무심한 이국의 구경꾼들처럼 말없이 우리를 내려다보고 있었다.

찬핑! 저리 가서 쇠망치 냉큼 가져와! 이 따위를 거룩한 불전에 올릴 제기랍시고 만들어 바치다니! 절의 화주승인 선무 화상은 정말 무척 화를 내었기 때문에 누구라도 스님이 일부러 그런다고는 상상조차 할 수 없었다. 그는 정말로 무거운 쇠망치를 손에 들더니 뜰에 놓아둔 갓 만든 큰 향로를 향해 내리쳤다. 쨍그랑 하고 한 조각이 떨어져 튀어나가며 그릇은 통째로 마당에 뒹굴었다.

이곳 송나라의 서울 카이펑에서도 큰 절인 백련사의 젊은 화주승인 선무는 이재의 귀재였다. 북쪽 오랑캐의 침입으로 나라는 기울고 흉흉한 민심 속에서 절은 더욱 피폐하여 폐사 직전이었지만 선무는 온갖 수단으로 백련사를 다시 일으켰다. 단 삼년 만에 눈이 휘둥그레질 정도의 엄청난 불사를 마무리하자 화주승 선무의 수완은 덕 높은 조실 스님을 따돌리고 부처님의 원력과 가피를 마음먹은 대로 불러 모시는 자로서 이미 황실에까지 알려졌다. 이 난세에 그보다 더 덕 높고 유능한 승려가 어디 있으랴?

그때 나는 가업을 이어받아 서울의 한쪽 변두리에서 주물을 만들고 있었다. 유교나 도교식 제사에 쓰이는 온갖 제기며 절에서 쓰는 범종이며 향로며, 남들처럼 눈속임으로 다른 부스러기를 녹여 넣지 않고 배운 대로 알고 있는 대로 성실히 만들었다. 그리고 반드시 제값을 받고 넘겼으며 여의치 않으면 다시 깨어 녹일지언정 헐값에는 넘기지 않았다. 그리하여 백련사에서도 지난 병화로 잃은 부속 전각들을 다시 지음에 상당한 물량의 불구들을 일시로 주문하기에 이르렀다.

이리하여 나는 여러 번 선무 스님을 뵙게 되었고 스님도 가끔씩 우리 작업장으로 찾아와 물품을 점검하곤 하였다. 그때 홀로된 나의 누이 샤오칭은 오라비인 나에 기대어 안에서 일을 돕고 회계를 하고 있었다.

어느덧 나는 그 소문이 소문이기를 바랄 수만은 없음을 알게 되었

넷째 가름: 꿈으로

다. 언제부턴가 선무는 자신의 넘치는 능력을 세속에까지 뻗쳐 절의 재산으로 돈놀이를 하는가 하면 도박으로 큰돈을 땄다고도 하고 심지어 홍루에까지 드나든다는 소문이었다. 그러더니 마침내 자신의 목적을 위하여 소문을 잠재우거나 누구를 겁박할 양으로 돈으로 산 왈패들까지 부린다는 것이었다. 조정도 사찰도 저잣거리도 함께 썩어가 천지에 군등내가 풍기는 시절이라 사람들은 그저 그러려니 하였다. 본래 그의 출신이 불문이 아니라 양생과 방중술을 기리는 패망한 황로의 한 파벌이었다는 소문은 진작부터 있었다.

마침내 오늘 아침나절, 회계 장부를 뒤적이다 선무 스님은 내게 정색하며 말했다. 이건 거룩한 승가를 욕보이고자 꾸민 숫자요, 사부대중의 이름으로 이를 징치하지 않을 수 없소. 자네 누이 샤오칭이 조실 스님께 직접 해명을 올리든가 찬핑 자네가 옥살이를 하든가 둘 중 하나요. 쯧쯧, 말법시대가 다다르니 일개 장사치가 승가를 능멸하기가 이 정도인 줄은 내 미처 깨닫지 못했구면….

물론 이는 내 누이 때문이었다. 지난달에는 나를 찾아와 샤오칭을 못 잊어 하는 자기의 진정만 알아준다면 비록 승려의 신분일지언정 내 누이를 끝까지 보살필 것이며 결코 이 은혜를 잊지 않을 것이라고 하였다. 말로만이 아니라 절의 모든 불사에 무조건 입찰시켜 준다는 거래를 제시하기를 잊지 않았다. 나는 이 황망한 사태 앞에서 정신을 겨우 가다듬고, 스님, 그러시려면 왜 스님이 되셨습니까? 지금이라도 환속하시겠다면 달리 생각하여 내 누이를 설득이라도 할 수 있지 않겠습니까? 조용하고도 단호하게 내 뜻을 전하며 이 마장에서 벗어나기를 간절히 빌었었다. 그런데 오늘 최후통첩이 온 것이다.

이때 옆방의 발이 걷히며 누이가 걸어 들어왔다. 선무 스님, 사흘 후에 조실 스님을 뵈러 백련사로 올라가겠나이다. 어안이 벙벙해진 선무가 꿈인지 생신지 사태를 알아차리고는 입이 함지박 만하게 벌어지더니 마구 내 팔을 잡고 흔들었다. 고마우이, 찬핑, 아니 내 처남, 정말 고마우이! 누이는 고개를 숙인 채 뒷걸음치며 물러났다. 두 눈썹 사이에 잔주름이 진 고요한 얼굴이 다시 드리워진 성긴 발 너머로 사라졌다.

나는 이제 운명의 날이 다가왔음을 알았다. 누이 대신 나 자신이 정말 조실 스님을 만나 이실직고할까도 생각해 보았으나 결과를 헤아려 보건대 무망이었다. 차라리 사흘 안에 모든 것을 정리하고 누이를 데리고 북쪽으로 달아나자. 거긴 지금 금나라 오랑캐의 말발굽 아래이지만 그건 수십 번도 더 되풀이된 왕조와 왕조와의 문제이지 우리 같은 시정인에겐 또 다른 문제다.

나는 은밀히 내 친구 화이쩌를 불러들여 조속한 환전을 부탁했다. 이튿날 새벽, 화이쩌는 얼마간의 은화를 바꿔다 주며 내일 밤 이 도시를 빠져나갈 안전한 뒷길을 일러주었다. 그리고 마당에 선 채로 하늘을 우러르며 친구의 기약 없는 앞날을 위해 짧은 기원을 올려 주기를 잊지 않았다. 나는 사양하는 화이쩌에게 한 봉지의 은화를 안겨주었다.

이튿날 새벽닭이 울자 나는 이미 잠에서 깨어 채비를 마친 누이를 손잡고 솟물이 끓고 있는 작업장을 돌아 쪽문으로 나아갔다. 남들이 의심하지 않도록 평소처럼 작업장엔 불을 때어 놓았다. 어둠 속에서 조심스레 쪽문을 미는데 그만 소스라쳐 발이 얼어붙고 말았다. 양편 담밑 그늘에서 검은 그림자들이 나타났다. 맨 앞이 화이쩌였다. 다 끝났네, 한심한 친구…. 그러자 다른 얼굴도 눈앞에 나타났다. 선무였다.

그는 말이 없었다. 그가 턱을 들어 지시하자 누군가가 새파랗게 질린 누이를 들쳐 업고 보자기를 씌웠다.

화이쩌의 무리들이 나를 칼끝으로 밀며 작업장 안으로 몰아갔다. 그 중에 한 놈이 긴 칼을 뻗쳐 주춤거리는 나를 푹 쑤시며 시뻘건 쇳물 도가니 속으로 빠뜨려 넣었다. 뜨거움도 아픔도 느낄 새가 없이 나의 몸과 넋은 한 줄기 뿌연 김이 되어 사라져 갔다.

나는 이글거리는 쇳물이 뿜어내는 하얀 김의 방울들이 되어 흩어졌다. 하지만 그 방울들은 그저 아무 일도 없었던 양 그렇게 그냥 흩어질 순 없었다. 그 기운은 못내 아쉬운 듯 살별의 꼬리처럼 무리를 이루어 어느 허물어져 가는 버려진 절의 처마에 이르렀다. 다 낡아 매미의 허물같이 단청이 벗겨져 나간 불단에 이르니 그 셋째 칸에는 호랑이가 새겨져 있었다. 그 옆엔 까치가 있고 작약이 흐드러지고 노란 국화가 피었음을 알아볼 수 있었다. 그러자 국화는 이내 수천수만 송이의 보랏빛 들국화로 불어나 온 들판을 넘쳐흐르며 바람에 나부끼고 그 들판의 한 모퉁이, 거기엔 저 멀리 줄지어 들길을 걸어가는 한 무리의 흰옷 걸친 식구들이 가랑잎에 조금씩 미끄러지는 물방울처럼 보인다.

조금 전 저 아래 서덜바위를 돌 때 굶주린 이리 떼가 뒤쳐진 물방울인 막내를 기어이 물고 갔다. 이리들은 몇 걸음 더 가지도 않고 대가리를 쑤셔 박은 채 그 자리에서 떼 지어 막내를 파먹었지만 너무나 지친 식구들은 남의 일인 양 멀거니 바라만 보았다. 그러고는 또 한참 만에 어딘가로 힘겨운 발걸음을 느릿느릿 옮기고 있었다.

가시버시 영감 할멈에다 아들딸 일곱, 그 가운데 하나를 내어주고 이제 여섯이 남았다. 모두가 기진맥진에다 정해진 목적지도 없다. 가

뭄은 세 해나 내리 이어져 온 들판에 성한 풀포기 하나 없다. 사람들은 흩어져 마을은 비었고 역병마저 돌아 그나마 사람이 남아 있는 마을에는 입구에서부터 돌팔매질을 당하며 쫓겨났다.

기울어진 당집이 남아 있는 동네 어귀를 돌다 마침내 모두 늙은 회나무 밑에 쓰러졌다. 너무 기운이 빠져 움직이지를 못한다. 하늘에는 검은 구름이 몰려오는데 피할 생각조차 못한다. 이리하여 초가을 찬비가 뿌리는 속에 여덟 식구는 차례로 바닥으로 허물어져 마지막 안간힘으로 가는 숨을 몰아쉴 뿐이다.

새벽 찬 기운에 푸르르 몸서리를 치며 잠에서 깨어났다. 하늘에 구름이 날리며 그 사이로 별들도 따라 날리는 것이 보인다. 주위는 고요하다. 뻣뻣하게 굳은 다리를 짓누르는 것이 있어 밀쳐 보니 차갑게 식은 누이의 몸이었다. 발치에는 형이랑 동생들이 엉켜 있고 식은 몸을 피해 하얀 이들이 기어 나와 이들의 머리채를 덮었다. 천천히 고개를 돌리니 먼동이 트는 것이 보인다. 몸을 일으켜 주위를 더듬는데 다 차갑게 식은 식구들의 주검뿐이다. 몇 발자국 아래 논도랑에는 아버지가 엎디어 있다. 처연히 한참을 앉아 있는데 어깨 너머에서 가는 숨소리가 난다. 어머니다. 몸을 돌려 얼굴을 만지니 조금 숨이 붙어 있는 것 같다. 앉은 자리가 마침 돋을양지라 햇발이 가슴팍에 곧바로 닿을 때까지 나는 오도카니 앉아 있었다.

해가 중천에 올랐을 때에야 겨우 다리를 움직여 자리에서 일어설 수 있었다. 나는 아홉 살이었다. 그날 느지막이 겨우 몸을 일으킨 어머니는 식구들의 주검을 그대로 남겨둔 채 나와 함께 땅바닥을 기다시피 하며 길의 흔적을 따라 몸을 움직여 갔다. 그러다 다시 차례로 널브러졌는데 눈을 뜨자 어느 암자의 방이었다.

비구니 둘이 있는 비좁은 암자에서 어머니와 나는 조금씩 기운을 차려 갔다. 해포가 되어 가던 어느 날 저녁, 어머니는 머리를 깎고 나이든 비구니한테서 법명을 받았다. 그리고 그 얼마 후, 이제는 성채 스님이 된 어머님을 뒤로 하고 나는 진불사의 노스님에 이끌려 재를 넘었다. 어머님은 가는 몸을 겨우 추슬러 암자의 어귀로 걸어 나와 합장을 하며 관세음보살을 연거푸 읊었다. 나는 진불사의 불목하니 행자가 되어 나뭇짐을 하러 간 고개 위에서 저 멀리 있을 송지암을 헤아려 보려 손 갓을 하기가 일쑤였다. 하지만 병약한 어머님의 소식은 간간이 바람결에나 들려올 뿐이었다.

노스님은 마침내 내게 단청 칠하는 것을 거들게 했다. 그리고 내 나이 열넷이 되어 서둘러 진평이란 이름의 사미승이 되었을 때에야 나는 어머니 성채 스님을 반보기로 어느 늙은 소나무 아래서 잠깐 뵐 수 있었다. 합장하며 숙이는 어머니의 미간에는 그 사이 전보다 더 깊어진 주름이 두 줄 흘러내리고 있었다.

엄마라는 말이 나오려다 나는 다시 고쳐 말했다. 성채 스님, 공양은 잘 드시나요? 왜 이리 여위셨나요?

진평 스님, 날 걱정 말고 공부 잘 해서 큰 스님 되셔야지요. 나무아미타불 관세음보살….

그 길이 성채 스님의 마지막이었다. 바로 이듬해, 왜적은 저 남쪽에서부터 뭍으로 올라와 한 달이 채 지나지 않아 이 황해도까지 밀고 왔다. 나약한 조정은 도망가기에 바빴지만 우리는 대선사의 밀지를 받고 적을 맞을 대오를 갖추기 시작했다.

잿빛 옷을 입은 대중들이 산중턱 묵은 쑥대밭에 모여 큰스님들의 갖가지 병술 논의가 얼른 마무리되기를 기다렸지만 이는 적을 너무도 모른 오판이었다. 적은 불을 뿜는 긴 막대기를 하나씩 메고 있었다. 두 팔로 이 막대기를 들고 저쪽 산마루에서 이쪽을 향해, 옹기종기 모여선 쉬운 과녁을 대강 한 번 견주기만 해도 이편에서는 한 사람씩 가슴을 부둥켜안고 피를 뿜으며 무리 속에서 스르르 자지러지고 마는 것이었다. 그리고 그 뒤를 따라 반드시 뽀캉…, 뽀캉…, 화약 터지는 소리가 골짜기를 메아리쳤다.

하여튼 우리는 다시 산등성이에 모여 죽창을 들고 머리띠를 고쳐 매었다. 그러다 갑자기 콩 볶는 듯한 뽀캉 소리가 등 뒤에서 터지자 대오를 추스를 사이도 없이 냅다 아래쪽을 향해 뛰었다. 정신없이 뛰는 중에도 몇 사람이 길바닥으로 가뭇없이 허물어져 갔다.

한참을 뛰다 보니 나도 모르게 다다른 곳이 송지암이었다. 하지만 터만 남아 있을 뿐, 아직도 연기가 나는 기둥뿌리 둘레에는 타다 남은 재만 소복하였다.

성채 스님! 성채 스님을 부르다가 이내 어머니, 어머니를 부르며 불탄 암자 터를 헤매는데 발밑에 걸리는 게 있다. 하얀 뼈무덤이다. 두세 사람 몫은 됨직한 사람의 하얀 뼈였다. 아이고 어머니…, 하며 잿바닥을 치는데 갑자기 목이 콱 메고 눈앞이 캄캄해졌다. 무언가 세차게 내 허리께를 차고 나간 것 같았다. 왜 이러지? 하고 고개를 돌리는데 이번엔 정말 뜨거운 것이 목덜미를 뚫고 나간다. 나는 핑그르르 돌며 잿더미 속으로 풀썩 쓰러졌다.

재는 부드럽고 따뜻했지만 숨이 막히기도 했다. 쓰러진 나를 내려다보며 나는 천천히 공중으로 떠올랐다. 그러다 처참하게 쓰러진 나의 모습이 안쓰러워 도로 아래로 내려가려는데, 하지만 물속에서처럼 자꾸 위로 떠밀려 올려졌다. 가까스로 힘을 주어 아래로 내려가 내 몸을 만지려는 순간, 이제는 자꾸 옆으로 비껴갔다. 그러다 문득 부드러운 잿바닥을 짚었는데 손에 잡히는 게 있어 바라보니 타다 남은 납작한 그림붓이다. 이런 게 왜 여기에? 진불사에서 내가 쓰던 것 같은데…? 하여튼 나는 이 붓을 움켜쥐고는 더 이상의 미련을 떨치고 두둥실 위쪽으로 떠올라 갔다.

더 높이 하늘로 밀려 올려지자 주위가 뿌옇게 흐려지고 정신도 몽롱해졌다. 까만 어둠이 아니라 하얀 어둠 속을 굉장한 속도로 빠져나온 것 같다. 그러다 갑자기 늦줄이 주어지면서 나는 어느새 내 방의 책상 앞에 스르르 내려앉아 있었다.

차차 주위가 드러나 보이자 방안의 옹색한 살림살이가 드러났다. 서울의 사글셋방인 것 같다. 검은 교복이 못에 걸려 있는 걸 보니 아직 고등학생인가 보다.

말라붙은 붓통과 팔레트를 앞에 놓고 나는 속이 상해 있었다. 계속 그림공부를 하고 싶은데 더 이상의 진학을 포기해야 하다니! 화가 송준표는 이루지 못할 꿈이런가? 그까짓 대학도 못 보내 줄 집구석에 남아 있으면 무얼 해. 차라리 군대나 가야지.

제대를 한 이후에도 나는 늘 그림 근처를 맴돌았다. 하지만 한 번 정식으로 배울 기회도, 제대로 그린 적도 없었고 발표할 기회는 더욱 없었다. 그리고 이렇듯 마음이 늘 콩밭에 가 있으니 사업이든 직장 생활이든 제대로 되는 게 없었다. 그러다 마침내 조그만 출판사에서 삽화도 그리고 허드렛일도 하며 입에 풀칠을 했는데 어느 날 아이엠에프라는 걸 만났다.

이 나마의 직장도 날아가니 집안 꼴도 말이 아니었다. 마누라는 제 밥벌이한답시고 떠나 버리고 딸년은 학업을 중단하고 직업전선에 뛰어들었단다. 아비 용돈이라면서 가끔 돈을 부쳐 주는데 무슨 일 하느냐고 물어도 절대 말을 않아 야속했지만 이제는 내 쪽에서 오히려 묻지 않게 되었다.

이렁저렁 산에나 다니며 속을 삭이는데 어느 날 하산 길에 소백산 아래 청림사에 들렀다. 노스님이 처마 밑에서 힘겹게 단청을 하시는데 보고 있다가 조금 거들어 드리니 아예 나더러 해 보라고 맡겨 버리시곤 그늘대 아래에 드러누우신다.

이리하여 단청공이 되어 이 절 저 절을 다닌 지 여러 해다. 그러다 지난 가을, 같이 일하던 동료가 어디서 주워듣고 와서는 함께 미국을 가잰다. 거기도 단청일이 있다고라? 처음엔 믿기지 않았으나 나름대로 알아본 바 정말 그런 절이 있긴 있는 모양이라 여권 신청부터 들어갔다. 그런데 나를 부추겼던 그 친구에게는 정작 무슨 이유에선지 비자가 안 나오고 나만 이렇게 비행기를 탄 것이다.

그런데 그 비행기 여행이란 것이 생각보단 참 지독했다. 며칠째 잠도 못 자고 입맛도 없다. 가슴은 괜히 들떠서 쿵덕거리고 안정이 되지 않아 마무리 안 된 대웅전에서 백팔배도 해 보았지만 마음이 어수선하긴 마찬가지였다.

부처님 일 하면서 이래서는 안 되는데 하며 정신을 가다듬어 붓자루를 바투 잡았다. 맨 아래 연꽃 한 송이를 마무리하고 이제 수선화 꽃잎사귀에 공들여 붓질을 하는데 눈앞이 어질어질하다. 그 순간 아직도

칠을 하지 않은 모퉁이의 사천왕이 금강저를 들고 내 머리통을 후려친다. 이놈! 일하다 말고 뭣하고 자빠진 게여!

고함소리에 놀라 정신을 가다듬고 다시 수련 잎사귀에 붓질을 하려는데, 웬걸, 붓끝이 잎사귀에 다가가는가 하면 같은 극의 자석을 댄 것처럼 자꾸 퉁겨내어 차 버린다. 오늘은 왜 이러나? 제발…! 그러다 저 바깥세상으로부터 뭐가 날아와 내 머리를 툭툭 치는 것 같다. 웅얼거리는 소리가 들리며 주위가 차분해지고 귀가 트인다.

한 번 더 머리에 뭔가 툭 부딪치는 서슬에 가늘게 눈이 떠진다. 가만히 보니 아까 일하던 그 대웅전 불단 앞 바닥이다. 물감 접시들이 흩어진 사이, 마룻바닥에 볼을 대고 쓰러져 있는 바로 내 눈앞에 한 아이가 퍼질러 앉아 내가 쓰던 그림붓을 손에 들고 있다.

너댓 살 되는 옥수수 머리의 계집아이다. 내가 쓰러진 채로 눈을 뜨고 올려다보자 이 아이는 파란 눈망울을 굴리며 또 팔을 뻗어 붓대가리로 내 머리통을 툭툭 친다. 아이의 얼굴엔 여기저기 파란 물감, 빨간 물감이 묻어 있고 눈썹 사이엔 세로로 연두색 물감이 두 줄기, 비둘기의 깃같이 내리 그어졌다.

아기가 갑자기 소리친다. 웨이 컵! 웨이 컵!

잠 깨라는 소리 같다. 그러자 저만치, 긴 무릎을 굽혀 양반다리를 한 채 참선을 하고 있었던 듯한 제 어미의 실루엣이 아기를 돌아다보며 조용히 타이른다.

씬디~, 돈 두 댓 씬디~, 카몬 플리이즈….

2 도꼬마리

남북으로 뻗은 605번 프리웨이의 북쪽 방면이 조금 전부터 밀리기 시작했다. 깜빡이를 켜고 속도를 조금 늦추어 이차선의 가지를 뻗어 내는 오른쪽 가장자리 차선으로 삐져나왔다. 갈라진 길의 오금이 저만치 보이는 데서부터는 차량들이 빽빽한 조청 양푼 속에 들어선 것처럼 발놀림이 지척거리며 소걸음을 하고 있다. 이제 완전히 갈림길에 접어들어 연결로에 몸이 실리자 소걸음은 염소걸음이 되었다가 이내 나무늘보가 되나 했더니 곧 퇴화하여 땅바닥을 기는 파충류가 되었다. 악어걸음이긴 하지만 가속판을 밟았다 제동발판을 밟았다 하면서 어쨌든 머리 쪽을 향해 조금씩 몸이 움직여 가기는 했었는데 어느덧 뒤집어진 거북이처럼 좀체 나아가지를 않는다. 5번 프리웨이가 내려다보이는 연결로 길굽이의 마루를 가까스로 지나 차선이 하나로 줄어드는 내리막길 언저리에 이르자 아예 아스팔트 바닥에 딱 눌어붙은 이끼류가 되어 멈춰 섰다.

이리하여 두 개의 넓은 강물을 이어주며 활처럼 왼편으로 휘돌아드는 길고 가는 회색의 연결 배수로는 동맥경화를 일으킨 채 좀체 흐르지를 못하고 북서쪽으로 뻗은 5번 프리웨이에 대어 놓은 물꼬가 트

넷째 가름: 꿈으로

일 때만을 하염없이 기다리는 신세가 되었다. 저 앞에 무슨 일이 있구먼……. LA 다운타운으로 올라가는 다섯 차선이 차량 꽁무니들로 가득차 있다. 뒤에서 보는 학교 운동장의 조회 시간 같다. 잘 들리지도 않는 교장 선생님의 훈화는 언제 끝나시려나?

오 분이 지나고 십 분이 지난다. 하지만 일 분만 지나면 나는 가요 할 수도 없게시리 여태 앞뒤로 옴짝달싹도 할 수 없다. 안 그래도 좀 빠듯하게 집을 나왔었는데……, 5번 프리웨이는 대책이 없어, 일요일 오후고 뭐고 시도 때도 없다니까…… 모임에 늦겠는데…… 너무 늦으면 안되지만 할 수 없지 뭐. 근데 참말로 꼼짝도 않네, 큰 사고라도 났나?

군데군데 검은 범퍼 자국이 문지르고 간 길가 보호대의 주름진 긴 철판들이 희게 휘어져 있다. 그 아래, 아스팔트와 시멘트가 만나는 바닥 틈서리를 비집고는 줄지어 풀이 돋아 올랐다. 미리 돋았던 풀들은 이미 열매를 맺고 전신이 갈색으로 말라 고개가 부러져 있고 그 발치를 비집고 다시 푸른 싹이 고개를 내민다. 그런데 저것들도 하나하나 이름이 있었지? 하지만 이 순간 그 이름들 가운데 무엇 하나 떠올릴 수 없다. 꼭 필요하다면 이제라도 다시 지어 붙일 수밖에. 하지만 다시 붙이는 그 이름은 첫사랑은 아니다. 땜질이요 노리개다. 차라리 그대로 두자, 잊어버리자. 시간을 흘려보내면서…….

왼편 보호대 울타리 너머 반건조 식물이 짙게 그늘을 이룬 쪽으로 턱을 고인다. 거기엔 고개를 내민 스프링클러 꼭지가 하얀 비닐봉지며 찢긴 타이어 조각이며 대지의 마른 때처럼 켜켜이 쌓인 부스러기 나뭇잎들에 반쯤 묻혀 있다. 이때 누가 오른쪽 옆문 유리를 두드렸다.

얼른 고개를 돌려 보니 경찰이 아니라서 다행이다. 이런 데서 티켓 떼일 만한 건덕지라도 있었나? 바쁘게 계산하며 쳐다보는데 동양 남자다. 손으로 창문을 좀 내리라는 시늉을 한다.

- 여기 5번 프리웨이 타는 데 맞지요?

얼핏 한국 사람인 것 같더라니.

- 코리아타운까지 얼마나 걸리나요? 빨리 가야 되는데……, 거참 가는 날이 장날이라고, 하자세월이네. 컨벤션 센터 잘 알아요?

그러더니 차문을 당겨 열고 들어와 털썩 옆자리에 앉는다. 내 차는 시동을 끄고 있었나 보다. 문이 잠겨 있지를 않았었나? 의아스러워 슬쩍 훔쳐보니 턱의 테두리에 삐죽삐죽 흰 수염이 짧게 돋아 있다. 마치 잘 아는 사람 같다. 나이가 상당히 들었구나.

- 아이고마……, 길이 이래 갈수록 막히니까네 몬해 묵겠네. 안 그러요?

아저씨의 말투가 갑자기 토박이 경상도다.

- 내가 이 길로 참 마이 댕겼는 기라요. 그것도 한밤중이나 새벽에, 우리 마누라하고……. 이 5번 프리웨이를 타고 저 아래 상 클라멘떼, 오션 사이드꺼정 밤청소를 안 댕겠능교. 일주일에 하루만 쉬고, 오년도 넘더럭…….

그리 다녔다면서 코리아타운도 잘 몰랐나? 하여튼 내가 고개를 끄덕여 잠자코 듣고 있음을 알리었다. 아저씨의 목소리가 갑자기 명랑해졌다.

- 그때 참 열심히 댕겼지요. 밤이면 밤마다……. 그 바람에 한 육칠년, 집도 사고 애들도 키우고……. 그래도 그 고상 말도 몬해요. 그 빌딩 세 개를 다 돌멘시로 카트 끌고 댕기면서……, 어떤 땐 동이 다 터요……. 우리 마누라, 우리 장모 돌아가신 밤에도 울면서 변기를 닦았지요. 한국에도 못 나가고 바닥에 앉아 변기를 안고 목 놓아 울었지요.

넷째 가름: 꿈으로

내가 달래다 달래다 하도 황당해서 소리쳤지요. 이년아! 그게 니 신주단지냐? 청소질 삼년에 머리가 돌아삤나, 약품에 취해삤나! 뒈질라면 일찌감치 뒈져 삐리든지 아니라면 얼릉 일어서거라! 경보기라도 울리면 폴리스 쫓아오고 이 짓거리도 더 이상은 몬해 묵는다. 퍼떡!

끝에 가서 다시 축축한 목소리로 잦아드는 아저씨의 희고 때 묻은 옷자락이 눈에 들어온다. 페인트를 하다 왔나? 그러고 보니 역시 희끗희끗 페인트가 묻은 흰 모자를 쓰고 있다. 내 마음을 읽었는지 아저씨가 다시 얘기를 시작했다.

─ 그나마 일도 잘라져 나가서 마누라만 계속 청소 다니고 나는 그 근방에 가정집 뻥끼질 하러 다녔지요. 페인트 잡 없는 날에는 같이 가서 청소 일 거들어 주고……. 마누라는 그 담부터는 푸념도 끊고 이 악다물고 버텼지요. 그러다 딱 삼년 만에 또 한 번 울보가 터졌지요. 이 5번 프리웨이 타다가…….

아저씨는 슬쩍 바깥 하늘을 올려다보았다. 하늘은 어느새 옅은 구름으로 덮이며 검기울어 있었다.

─ 그날은 페인트 일도 없어서 오션 사이드 마누라 도와줬지요. 마침 마누라 생일이라서 포도주를 한 병 안 숨카 갔능교. 얼릉얼릉 변기도 닦고 세면대도 잽싸게 다 훔치고 갈아 낄 것 한 무데기 후닥닥 갈아 끼고 나서 우리는 저 멀리 항구 불빛이 내려다보이는 빌딩 꼭대기 화장실 세면대에서 둘이서 생일 파티를 했지요. 멋쩍어 하는 마누라를 달래어 포도주를 따라 주고 당신 고생한다며 생전 안 하던 말까지 해 주고 어깨를 감싸 주기까지 했지요. 병에 남은 붉은 포도주를 변기에 따라 부으면서 조상님이든 하느님이든 부처님이든 정말로 저 마누라 내 손으로 호강 한 번 시키게 해 주십사고 내가 정말로 속으로 빌었어요.

거짓말 아임다. 엘리베이타 속에서 걸레 물로 젖은 마누라 조그만 어깨를 내려다보며 정말로 그런 날이 있을 끼라고 믿었지요, 믿었고말고요!

나는 앞만 바라보았다. 바닥에 붙은 다른 차들도 모두 이 얘기를 듣고 있는 건지 꼼짝들을 않았다.

─ 그런데 짐을 챙겨 싣고 콧소리까지 흥얼거리는 마누라를 태워 한참 오는데, 상 클라멘뗀가, 어딘지 모르겠는데 하여간에 그땐 집도 별로 없었어요. 마누라가 오줌이 마렵다고……, 좀 더 가는데 더는 못 참겠다고……. 깜깜해서 어디가 어딘지 한밤중인데 무조건 프리웨이서 길가에 차를 대고, 비탈진 언덕에 마누라를 손잡고 내려가 오줌을 뉘었지요. 저 위에는 차들이 불을 비추며 쒸익 쒸익 지나가고……, 파도 소리는 들리고……, 한참을 누더만요.

그 얘기를 듣고 보니 나도 오줌이 좀 마려워 오는 것도 같다.

─ 아, 그란디 바지를 추켜올리던 마누라가 비명을 지르는 기라요. 나는 뱀에라도 물렸는가 싶어 비탈을 도로 미끄러져 내려갔지요. 다행히 그런 것 같지는 않고 뭐가 아랫도리 전신에 엉겨 붙고 따끔거려 옷을 못 입겠다는 겁니다. 마침 간 곳이 무슨 마른 풀밭에 들어가 갈고리가 달린 풀씨들이 속옷에 쫙 달라붙은 기라요. 캄캄한 데서 일일이 다 뜯어낼 수도 없고 뜯어내도 잘 안 되고……, 할 수 없이 가시가 벌떼처럼 잔뜩 덮인 속옷이며 바지를 그대로 입혀 엉거주춤, 가까스로 언덕을 오르게 해서 차에 태웠지요. 누가 쫓아오고 무슨 죄지은 것 같기도 해서 나는 빨리 자리 뜰 생각만 했지요.

아저씨는 손가락 마디를 뚝뚝 꺾으며 말의 속도를 줄였다.

─ 끙끙 앓는 마누라를 뒷자리에 싣고 아파트에 도착하니 새벽 두 시

에요. 이층 계단도 못 올라가는 것을 억지로 댕겨 올려 방에 들였지요. 살살 바지를 벗기니 온 다리며 엉덩이며 허리며 풀씨 갈고리가 박히거나 긁혀 상처투성이였지요. 옷은 말할 것도 없고요. 무슨 팥알 같은 풀씨가 가맣게 열렸더라고요. 아프다고 비명을 지르는 마누라를 달래 가며 살에 박힌 가시를 일일이 손톱으로 뽑아 주는데 마누라가 이윽고 추적추적 훌쩍이기 시작하는 거라요. 와 우노? 좋은 날에……, 핀잔을 주는데 나도 목이 메이는 거라요. 하나 더 뽑고 또 울고, 하나 더 뽑다가 울고……, 에라 모르겠다, 둘이서 부둥켜안고 밤새껏 실컷 울어 버렸지요. 옆집에서 문 안 두드린 게 다행이지요. 저기 저것, 바로 저 도꼬마리 풀씨라요.

아저씨는 고개를 내 쪽으로 돌리며 운전석 바깥을 가리켰다. 거기엔 갈라진 아스팔트 틈새를 따라 키가 허리춤에 오는 잎 떨어진 마른 풀이 몇 포기 나 있었고 타원형의 작은 갈색 열매가 무리를 이루며 꽃대 끝마다 몇 개씩 남아 있었는데 열매마다 찍찍이 같은 가시 갈고리가 고슴도치 새끼처럼 빽빽이 돋아난 것이었다. 내가 어릴 때 고향의 들녘에서 보던 것과 비슷하다.

– 그란디 다 소용없어 부러라.

말투가 갑자기 전라도다. 충청돈가?

– 호강은 고사하고 다 헛일이 되야 부렀소. 풀씨라도 더 잘 뜯어 줄걸. 딱 일년만 더 하고 나는 페인트 회사 차리고 마누라는 회계 봐 주기로 했는디 다 허사가 되야 부렀소. 나도 애 새끼고 뭐고 다 팽개쳐 버리고 낚시나 댕겼지요.

오른손을 주먹으로 만들어 왼손 바닥에 토닥토닥 두드리며 얘기하는 품이 딴 사람이 된 것 같다.

- 욕심 부린 게 탈이지……, 일년만 더 그러고 나서 하자고……. 마누란 그날이 일요일인데도 지난밤에 빌딩에 두고 온 게 있다면서 혼자 일터로 갔지요. 그리고 돌아오다가 바로 조 앞에서……, 차가 막혀 서행하는데……, 이 나들목을 돌아 나온 8톤짜리 트럭이 오던 속력대로 디립다 덮쳐 버렸시유. 히히히, 그러니 어찌 됐갔시유? 옷도 못 갈아입힐 지경이었지유, 오늘이 그날이 아닌가봬유……. 참말로 그리 되아 부렸시유……, 흐흐흐…….

울음인지 웃음인지 낮은 소리를 흘리는 아저씨를 천천히 돌아다봤다. 아저씨는 고개를 오른편 바깥으로 돌리고 있었다. 반백의 머리카락이 캡을 쓴 뒤통수 밑으로 몇 무더기 삐져나와 있었다. 그리고는 유리창에 대고 웅웅거리는 목소리로 내쳐 말을 이어 갔다.

- 아, 인차 차가 쪼까 움직이남유? 우리 마누라 다 잊아 부리고 다들 푸리웨이 쌩쌩 잘도 달리남유? 그래야지유……, 암, 그래야지유……, 나도 다 잊고 맨날 다나 포인트 바위에서 갯낚시나 했으니꺼네……. 그란디 하루는 파도가 밀려오는데, 큰 파도랬시유, 보통 때보다 큰 파도가 천천히 다가오더니 눈앞에서 활짝 펴지며 그 속에 마누라가 서 있지 않갔소! 놀라 눈을 크게 뜨고 바라보는데 나를 담쑥 안고 파도 속으로 들어가 버리지 않갔소. 그게 삼년 전이요……. 이제 삼년이나 되얐으니 이곳 나들이도 이제 고만 혀야겠소. 자 시동 거시요. 움직이네들. 난 갈라요.

그 순간 잠에서 깬 듯 정말 여기저기서 부릉부릉 시동 거는 소리가 났다. 나도 허겁지겁 열쇠를 돌리는데 왠지 푸시식거리며 자꾸 꺼진다. 당혹스러워 옆을 쳐다보는데 아저씨는 없고 언제 나갔는지 이미 바깥에 서 있는 야윈 등어리가 보인다. 그러더니 아저씨는 서둘러 왼편으로 본네트 앞 좁은 틈새를 빠져 갓길을 따라 아래쪽으로 흘러간다. 왜 저리로 가지? 그런데 그 순간 내 마음을 읽었는지 멈칫 하다가 갑자기 몸을 왼편으로 튼다. 거기 길이 합쳐지는 오금에는 겨드랑이처럼 잡목이 우거져 있다. 내가 어, 어, 하는 사이에 아저씨의 모습이 몇 발자국 그 숲에 겹쳐져 스며드는데 마치 변기 속의 던져진 화장지가 이내 풀어져 소용돌이 속에 가뭇없이 잦아드는 모양새였다.

3 에스컬레이터

혹시나 했더니 역시나였다. 요즘 같은 어려운 시기에 이 친구라고 여유가 있을 리 만무했다. 코리아타운에 얼마 전 새로 연 대형 몰의 이층한 구석, 간이 빵 가게의 앞쪽에 내어 놓은 알루미늄 테이블에 잠시 마주 앉아 몇 마디 이야기를 나누던 친구는 계산서가 오기도 전에 일어서 서둘러 계산대로 갔었다. 미안하다. 요새는 쓰던 사람도 다 내보낸다. 도대체 사람들이 인테리어든 뭐든 돈을 써야 말이지. 조금만 견뎌봐라. 그래도 기술이 있으니까 어찌 안 되겠나. 나도 사정 좀 풀리면 한자리 만들어 볼 테니….

그러면서 조 위층에 견적 받을 일이 있다면서 바삐 돌아서는 친구와 헤어지고 나니 이젠 전혀 바쁠 것도 없다. 천천히 걸어 나오니 아래층의 로비가 보이고 그리로 내려가고 올라오는 두 가닥 에스컬레이터가 마치 먹다 남은 커다란 중국집 접시에 걸쳐 놓은 긴 젓가락 같다.

어디로 가지? 젓가락의 끝이 닿은 아래층 로비에서 곧장 스무 걸음쯤 가면 커다란 유리문이 보이고 그 바깥 길에 차들이 다니는 게 보인다.

그러나 우선은 망설일 필요도 없었다. 사람들은 주섬주섬 내 앞뒤로

넷째 가름: 꿈으로

뭉쳐져 흘러가고 그 무리에 휩쓸려 나도 자연스레 두 가닥 안내 레일에 손을 얹고 아래로 내려가는 에스컬레이터에 몸을 실을 수밖에 없었다. 별 볼 일 없지만 화려한 천상으로부터 역시 별 볼 일 없지만 알록달록하며 복잡다단할 지상의 세계로 나는 천천히 하강을 시작하였다. 그리고 적어도 저 바닥에 닿을 때까지만은 아무런 불확실성도 없다. 고도도 시간도 일정하게 줄어들며 흘러갈 것이고 나는 그 사실을 인정하고 잠시 그 궤도 안에 갇혀 있기만 하면 된다. 하강하는 하늘의 중간에는 떠다니는 오색구름도 없고 줄지어 날아가는 두루미 떼도 없다. 모든 것이 잠시 지극히 평범하고 평온하다. 그저 한 계단 아래에 선 사람의 어깨와 목덜미만 내려다보면 된다.

그런데 바로 옆, 엇갈려 올라오는 레일에 걸쳐진 누군가의 한쪽 팔이었지 아마, 내리간 내 눈길 한쪽 끝자락을 잠시 스쳐 지나간 것이 있다. 노랗고 두터운 외투 소매 끝에 주홍색 굵은 단추던가? 저게 뭐랬지? 그래! 고개를 돌려 그쪽을 올려다보는데 상대적으로 재빨리 멀어져 가는 두 레일 속에 얼핏 그 여자의 등어리와 뒷머리가 사람들 틈에 나타났다 묻혀 사라진다. 내려가면서 계속 고개를 돌려 위쪽을 살피기도 다른 사람들 눈에 민망하다. 다시 그 여자를 따라가야 하는데, 이때는 왜 이리 에스컬레이터가 느린지, 하여튼 바쁠 땐 천천히, 천천히 가야 할 때는 너무나도 바짝바짝 조여 오는 것이 내게 다가오는 모든 시간이긴 했지만.

이윽고 내 발바닥이 지상의 면과 평행으로 맞추어지며 접어들자 나는 재빨리 몸을 틀어 다시 위로 올라가는 에스컬레이터를 탔다. 칸칸이 사람들이 서 있어 앞지를 수도 없으므로 마냥 참고 서 있는 수밖에 없다. 놓치지 않아야 하는데….

　다시 2층의 홀 바닥에 올라서서 그 여자가 갔음직한 쪽으로 눈을 돌리는데 저쪽 엘리베이터의 문이 닫히면서 그 속에 노란 외투의 모습이 보이는가 했지만 순식간에 사라지고 잔영만 남는다. 그리로 바삐 걸어갔다. 가면서도 내가 왜 여태 이러지? 항상 놓치거나 어쩌다 기껏 따라잡았으면서도 변변히 말도 못 붙이고는…, 아주 민망하고 당혹스런 장면만 스스로 연출을 해 놓고서는…. 하지만 오래 전에 늘 그랬듯이, 일단은 따라붙어야 하는 것이 숙명인 것처럼 몇 발자국 만에 나는 그 여자가 탄 엘리베이터 앞에 섰다. 의아스럽게도 그건 내려가는 중이다. 옆의 다른 엘리베이터는 지금 저만치 위로 올라가고 있다. 그 여자는 나를 눈치 채고 지금 아래로 도망가는 걸까? 어쨌든 나도 손가락을 뻗어 그 엘리베이터의 아래로 내려가는 버튼을 눌렀다.

　그 여자가 탄 엘리베이터는 지금 1층을 서지 않고 지나간다. 그러더니 지하 1층, 2층 모두 통과, 그러더니 지하 3층 주차장에서 멈추고는 뜸을 들이다 다시 나의 부름에 응하여 위로 올라온다. 이윽고 문이 열리는데 아무도 없다. 나는 성큼 안으로 들어서자마자 지하 3층의 단추를 눌렀다. 잠깐 흔들리는 느낌이 오더니 엘리베이터는 스르르 땅속으로 빠져 잠겨 내려갔다. 다행히 중간에 아무도 내가 탄 엘리베이터를 세우거나 타지 않았다.

　그런데 내려 꺼지는 엘리베이터의 움직임에 대한 감각이 없어지는 무중력 상태에 이르자 뭐가 뭔지 모르게 잠시 혼돈이 왔다. 그 여자가 누구지? 내가 애타게 찾아다녔던 그 여자? 늘 타박만 받고, 언제 제대로 한번 응대도 받아보지 못한 채 어떨 땐 치한을 대하는 듯한 눈길에 가슴이 답답해지기도 했던 그런 사람이 내 생애에 정말 있기나 했

　　　　　　　　　　　　넷째 가름: 꿈으로

던가? 도대체 누구였단 말인가? 이번 생이 아니란 말인가? 노란색 외
투를 입기나 했던가? 노란색이 아니라 하늘색의 얇은 코트를 입고 내
가 자리를 옮겨 옆에 다가가 앉았을 때도 조금 긴장한 듯, 하지만 다소
곳이 기다리기만 했던 그 여자, 지금은 그 여자를 만나러 가는 것이 혹
시 아닌지? 맞아, 로비에 와서 기다리겠다고 조금 전에 전화 온 건 뭐
야? 왜 이렇게 엘리베이터는 더디기만 한지, 단추가 어디 있지? 맞아,
1층에 눌러져 있구나. 아까 탔을 때 좁은 엘리베이터의 벽면에 붙어 있
던 이곳 코리아타운의 식당 선전이며 헤어 살롱 광고들은 다 어디 갔
지? 어느 결에 스르르 옮아진 서울의 70년대식 격실이네. 넓어진 공간
의 한 구석에 등을 돌리고 서 있던 엘리베이터 걸이 흰 장갑 낀 손으로
열림 단추를 누르자 앞문이 갈라지며 번들거리는 빌딩의 현관 로비 바
닥이 비쳐온다. 나는 그 번들거림 위에 반짝이는 신입사원의 구둣발을
질러 내딛었다.

　여느 때처럼 나는 꼿꼿이 앞을 보며 현관 쪽으로 걸어 나갔다. 비가
오고 있어요, 그리로 갈게요 하고 약혼녀는 전화기 속에서 말했었지.
그래요. 빌딩 유리창 바깥에 어두워 오는 시가지도 빗속에 묻혀 있네
요. 나도 목소리를 낮추어 수화기에 대고 말했었지. 현관에서 기다릴
게요, 우산 가지고.
　커다란 현관 회전문 옆자리, 제복을 입은 수위 아저씨의 책상 앞에
하늘색 바바리코트를 입고 우산을 접어 든 그 여자가 서 있다. 나는 멀
찌감치서 한 팔을 들어 손인사를 했다. 먼빛에 그녀도 웃는 듯했다. 나
는 걸으며 바닥을 내려다본 후 다시 고개를 들었다. 이번엔 그녀가 한
팔을 들어 나를 불렀다. 가고 있잖아. 그런데 그녀는 여기에요, 여기에

요, 계속해서 손짓을 했다. 이제 몇 걸음 남지 않았는데도 그녀는 나와 눈을 마주치지 않고 내 뒤의 누군가를 불렀다. 왜 이러는 거야?

그 순간 덩치가 큰 다른 사내가 불쑥, 옆에서 추월하는 대형 수송기처럼 나를 앞질러 그녀에게 먼저 다가갔다. 그러더니 둘이 함께 속절없이 회전문의 한 칸으로 들어섰다. 어어? 이게 뭐야! 어이없어 하면서 나도 돌고 있는 문의 칸으로 따라 들어갔다. 옆칸의 둘은 마주 보고 웃으며 얘기를 하는 것 같았으나 더 이상 아무 소리도 들리지 않았다. 내가 유리벽을 두드렸으나 잠깐 눈길을 돌리는가 하더니 신경도 쓰지 않고서는 금방 토해 내는 회전문을 빠져나갔다.

아니! 나야 나! 나도 회전문을 빠져나와 그들을 따라나섰다. 팔짱을 끼고 우산을 편 채 그들은 이미 굽 낮고 폭 넓은 바깥 계단을 다 내려가 실비가 오는 보도를 걸어 신호등 앞으로 다가가 있다. 빨간 테두리의 동심원 색동 우산이다. 놓치지 말아야지. 나도 미끄러지듯 길바닥으로 내려가는데 자꾸 뒤뚱대며 몸을 가눌 수가 없을 뿐더러 거리마저 따라잡을 수가 없다. 겨우 보도에 내려서는데 그들은 이제 파란불로 바뀐 사거리를 건너가고 있었다. 내가 혼란 속에서 가쁜 숨을 몰아쉬며 겨우 사거리 신호등 앞으로 오자 그 전에 신호는 이미 빨간 불로 바뀌었고 조바심 많은 택시들이 쌩쌩 앞을 가로지르고 있었다.

어둠과 불빛과 빗소리에 묻힌 채 우산 속 그 두 사람은 군중 속으로 사라져 갔다. 길로 마구 뛰어들 수도 없어 꾹꾹 마음을 누른 채 기다리다 다시 파란 불로 바뀌자 나는 사람들을 앞질러 길을 건넜다. 신호의 마지막 자락을 놓치지 않으려던 택시 하나가 끼익, 겨우 나를 건드리지 않고 횡단보도 가장자리에 멈춰 섰다.

나는 조바심 속에서 그들이 사라진 길거리를 바삐 따라붙었다. 발바

넷째 가름: 꿈으로

닥에 껌이 붙은 듯 걸음이 잘 옮겨지지 않았지만 마침내 조만치 앞, 길거리를 떠내려가는 우산의 강물을 재빨리 훑는다. 옳거니, 주로 검거나 칙칙한 우산 지붕들 사이에서 오르락내리락하는 그들의 색동 우산 꼭대기가 다시 보인다.

그들은 곧 멈추어 서더니 우산을 접고서는 좁은 지하의 계단으로 빨려 내려간다. 처음 만나서 약혼을 한 이후에도 나와 그녀가 자주 들르던 '동굴 다방'이었다. 이제는 안심이다. 너무나 잘 아는 곳이니까. 그런데 난처한 일이다. 달리 해 볼 수도 없이 너무나 명백하게, 이 말도 안 되는 일을 가지고 맞닥뜨리게 될 테니까. 어쨌든 나도 비에 젖은 몸으로 깊은 계단을 내려섰다. 널빤지 조각에 새긴 '동굴 다방'이란 글씨도 빗물에 젖은 채 길거리에 오고 가는 불빛을 반사하며 번들거리고 있었다.

나는 익숙해진 다방 문의 손잡이를 잡고 밀었다. 며칠 전에도 함께 들렀던 곳, 거의 늘 우리 자리는 정해져 있었다. 입구의 바로 왼편에는 계산대가 있고 오른편 구석은 긴 빗자루가 세워져 있는 작은 화장실, 그리고 어깨 높이의 얇은 휘장으로 대충 칸막이 지워진 자리들이 여남은 개. 계산대 앞에서 곧장 가다 흰 장미의 그림이 걸린 벽 앞에서 오른쪽으로 틀어 첫 번째가 우리 자리. 그런데 거기엔 아무도 없다. 그다음 칸엔 혼자 앉아 있는 남자의 윗머리가 보인다. 없다. 그런데 그 골목은 계속 이어진다. 그새 배치를 새로 했나? 칸칸이 살피며 조금 더 가니 벽이다. 벽에는 아치형의 문이 뚫려 있고 아치의 가운데 꼭대기에 '동굴의 집'이라는 목각 간판이 걸려 있다. 왜 여태 이 귀퉁이를 몰랐었지? 이리로 들어갔나? 나는 아치를 통과하여 그 복도를 살펴보았다.

그런데 상당히 어슴푸레한 그 길이 끝나는 언저리, 차차 바닥이 좀 아래로 꺼지며 어디선가 물소리가 들린다. 어떡하나? 내려가긴 가야 할 것 같은데….

어둠에 익숙해진 눈에 아래로 내려가는 줄사다리가 회색 바윗돌 위에 걸쳐져 있는 것이 보인다. 나는 손으로 동앗줄의 튼튼함을 가늠해 보고는 조금 망설이다 줄을 잡고 몸을 돌려 한 칸 한 칸 줄사다리를 타고 내려갔다. 바위에 물기는 없었고 내 손과 팔뚝에는 언제 생겼는지 크고 작게 긁힌 자국이며 말라붙은 피떡이 보였다. 무엇보다도 내 한쪽 다리가 잘 움직여지지 않았다. 한 칸 한 칸 차례로 발을 옮겨 내려가야 하는데 왼발을 옮길 때마다 다리를 빼내어 움직이기가 아주 힘들었다. 이리하여 한참만에야 나는 동굴의 바닥에 내려섰다. 저쪽 구석에는 사위지 않은 모닥불이 얼마간의 불꽃을 일렁이며 붉은 빛과 함께 따뜻함과 매캐한 불의 냄새를 공기 속에 퍼뜨리고 있었다. 이마에 땀방울이 맺혔다. 나는 우선 불쪽으로 걸어갔다.

그런데 나는 왼발을 저는 절름발이였다. 이제는 어느 정도 익숙해진 발걸음이지만 처음 내 왼쪽 발목이 부러졌을 때는 정말 몸을 바수는 아픔이었다. '웅크린 암늑대'가 밤새 읊어 주는 주문도 별무소용, 대장장이가 대짜 망치를 휘둘러 힘껏 못대가리를 내려치듯 시간의 어떤 점에 정통으로 내리쳐진 몸의 아픔은 단지 시간이 흘러감으로만 조금씩 덜어질 수 있었다. 지금도 이따금 그 주위가 시큰거리지만 거동이 불편할 뿐 못 견디게 아프진 않다.

하지만 이 모든 건 '구름을 쫓는 소' 그 계집아이 때문이었다. 어쩌다 눈만 뜨면 그 아이 생각에만 사로잡히게 되었는지, 그 아이가 동굴의

넷째 가름: 꿈으로

무리 속에서 자꾸만 나에게 눈길을 주며 귀찮을 만치 살갑게 챙겨 주던 그때만 하더라도 그 아이는 그저 머릿수 합해서 이백이 넘지 않는 이 골짜기의 동굴 겨레에서 어린아이 티를 벗은 몇몇 계집애들 가운데 하나일 뿐이었다. 그런데 간밤에 무서리가 내린 어느 날 부족의 우두머리인 '푸른 태양의 파수꾼' 할머니가 웬일로 나를 따로 불렀다.

'독수리를 겁내는 사내'야! 너는 올봄에 홀로 저 산마루의 검은 동굴에 열흘간 들어가 굶으며 치성을 드리면 '해와 달의 정령님'으로부터 어떤 목소리를 들을 것이다. 만약 그 목소리를 들으면 너는 우리 씨족의 '지킴이'로서 정령님의 남자 속심부름꾼이 된다. 이때까진 사내가 아니라 계집이 지킴이가 되어 왔고 '구름을 쫓는 소'가 뒤를 이을 것이라고 점지되었지만 당사자인 그 여자아이가 오래된 부족의 금기를 깨트렸기 때문에 그 과보는 네가 대신 받아야 한다. 그 아이는 열흘 동안의 묵언과 기도 끝에 마침내 정령님의 목소리를 듣는 대신 당돌하게도 금기를 깨고 너와 함께 살게 해 달라고 섣불리 빌고 말았다. 어쩔 수 없는 일이다. 너는 그 아이 대신 '지킴이'가 되든지 만약 치성 끝에도 정령님의 목소리를 못 듣는다면 그 아이와 함께 그 길로 곧장 이 골짜기를 떠나야 한다.

이 말을 듣는 순간 나는 적의에 피가 솟구쳤다. 요망한 계집애! 이 골짜기를 떠나는 것은 바로 죽는 길이다. 저 산마루만 넘으면 '가래를 삼키는 여우' 종족들의 땅이다. 그들은 노루 사슴을 쫓다가도 자기들이 아닌 종족과 마주치면 어떻게 해서든지 그 땅에서 내몰거나 죽여 버린다는 소문이다.

그런데 부족의 지킴이가 되는 것도 대단한 일이겠지만 어쨌든 지킴이는 남자든 여자든 짝을 짓지 않고 평생을 홀로 살아야 한다. 괜찮을까? 비밀의 동굴 깊숙이 횃불을 들고 들어가 금식을 하고 벽화를 그리고 주문을 외며 정령님의 예언과 지시를 듣고 부족에게 전하는 막중한 임무다. 내가 그 일을 해 낼 수 있을까?

그러다 어느 순간, 만약 내년 봄 검은 동굴로 올라가기 전에 그 여자 아이와 함께 곧바로 이 골짜기에서 도망 나간다면 그건 어떨까 하는 희한한 생각이 내게 찾아왔다. 바깥세상은 알 수가 없다. 여러 흉흉한 소문도 있지만 누구도 직접 가보지 않았으니 알 수 없는 일이다. 내가 '구름을 쫓는 소'를 손잡고 둘이서 새 세상을 찾아갈까나!

한번 이런 생각이 들자 이내 상상의 꽃구름이 피어올라 이윽고 온 마음을 앗아갔다. 그리하여 숨을 쉬는 것과 마찬가지로 틈만 나면 오직 들락날락 하는 것은 그 아이 생각뿐이었다. 어쩌다 먼발치에서 눈에 뜨일지라도 화들짝 마음을 들킨 것처럼 가슴이 뛰며 이전과 같이 대할 수가 없어 영 당황스럽고 어색하였다. 봄이 다가올수록 나는 차차 초췌하여 가고 말이 없어졌다.

그건 그날도 마찬가지였다. 우리 부족의 겨울맞이 곰사냥 날이었다.

나는 곰몰이 파수꾼으로 뿔바위 아래에서 곰이 나타나기를 기다리고 있었다. 저 위쪽에서 부족의 남자들이 옆으로 늘어서 소리를 지르며 아래쪽으로 곰을 몰면 곰은 내가 기다리는 뿔바위 쪽으로 도망쳐 올 것이었다. 그러면 발 빠른 나는 곰과 적당한 거리를 두면서 약을 올리며 우리가 파놓은 덫 쪽으로 꾀어내기로 돼 있었다. 그런데 저 산마루 쪽에서 우우 하는 곰 쫓는 소리가 한참 전에 들렸는데도 곰은 여태 보이지가 않았다. 이제나 저제나 하고 기다리던 잠깐, 그 틈을 비집고 '구름을 쫓는 소'가 떠올랐다. 지금이야! 지금 도망 가! 그러다 그녀는 홀연히 내 머릿속을 빠져나와 바위 그늘에 모습을 나타냈다. 주위에 아무도 없는 이곳에서 그녀는 대담하게도 내게 다가와 내가 수그리어 엎드린 바위에 나란히 같이 엎드렸다. 이럴 때 저 불룩한 앞가슴이 눌리면 어쩌지? 향긋하고 야릇하면서 따뜻한 내음새가 코끝에 어려왔다.

하지만 덜컥 가슴이 내려앉으면서 그 순간에 실제로 바위 그늘에 나타난 것은 상처 입은 성난 붉은 곰이었다. 어안이 벙벙한 것도 한 순간, 나는 반사적으로 바위를 타넘어 아래쪽으로 굴러갔고 곰도 으르렁거리며 함께 굴렀다. 몇 발자국 간발의 차이로 숨 가쁘게 쫓고 쫓기던 끝에 이제야 겨우 간격을 좀 벌렸다고 느끼는 찰나 나는 깊은 구렁텅이로 떨어졌다. 우리가 파 놓은 함정이었다. 바닥에 떨어져 숨을 가누는가 하는데 한쪽 발이 바위에 깔린 듯 저려 왔다. 손을 더듬어 만지는데 내 왼쪽 발이 덜렁덜렁, 앞뒤로 마구 돌아가고 있었다.

이리하여 나는 이제부터는 본이름 대신 '덫을 찾아간 사나이'로 불리게 되었다. 부족의 지킴이인 '웅크린 암늑대' 할머니가 여러 달 동안 주문을 외며 뼈를 맞추어 끈으로 매고 풀고 한 끝에 내 왼발은 어쨌든 내 몸에 붙어 있게 되었다. 제대로 갖추지 못한 몸인 내가 지킴이의 후계자가 되지 못함은 당연했다. 살아남을 수 있는 길은 오직 지킴이의 잔심부름을 하며 동굴 깊숙한 곳에서 벽에 그림을 그리고 주문을 외는 그녀를 수발하는 일밖에 없었다. 무엇보다도 괴로운 일은 이러한 처지에 떨어진 나 자신의 비참함이었지만 그만큼이나 더한 괴로움은 '구름을 쫓는 소'의 외면이었다. 발의 치료가 끝나가던 어느 날, 나를 대면한 그녀가 눈길을 내 왼발로 옮기더니 간단히 실망하고 단념하는 기색이 완연했다. 입술도 달싹 하지 않았지만 온몸의 자태로 명확한 말을 던진 그 아이가 발자국 소리를 끌며 동굴 밖으로 멀어져 가는 동안에도 나는 묵묵히 흙바닥만 내려다보는 수밖에 없었다.

나는 날이면 날마다 '웅크린 암늑대'를 따라 동굴 깊숙한 곳에서 햇불을 받쳐 들거나 그림 그리는 붉고 푸른 흙덩이를 이겨서 뭉쳐 주거나 하며 그림 그리기를 도왔다. 그리고 어떤 그림을 그려야 들소며 사슴 사냥이 잘 되며 어떤 그림 앞에서 어떤 주문을 외워야 우리를 괴롭히는 이웃 부족들을 헷갈리게 만들 것이지도 어깨너머로 배웠다. 그리고 어느 날 '웅크린 암늑대'가 몸살이 나서 하루를 쉴 때, 나는 몰래 물감 흙을 한 덩이 훔쳐 나만 아는 동굴의 후미진 구석에 기어 들어갔다.

작은 햇불을 그늘진 돌 틈에 꽂은 다음 나는 훔쳐 배운 대로 주문을 흥얼거리기 시작했다. 구름을 쫓는 소, 뒈져라. 구름을 쫓는 소 뒈지고, 홀라당 벗고, 구름에 쫓기는 소 내게 오라, 허우이 슈라 슈라 찹찹…. 그리고 붉은 흙덩이로 동그라미를 그렸다. 손바닥을 문질러 가운데에 점을 찍었다. 그 점에 화살을 박았다. 구름을 쫓는 소 화살 맞아 뒈져라. 눈에 화살 맞고 뒈져라. 봉긋한 젖가슴 두 곳에도 맞아라. 뒈지고 훨훨, 구름에 쫓기는 소 되어 내 품에 훨훨 날아든다. 내 품에 안고 훨훨 도망가자. 내 품에 안고 훨훨…. 나는 다시 손바닥에 흙을 뭉쳐 화살 맞은 그녀의 눈망울을 짓뭉갰다. 허우이 슈라 슈라 찹찹, 허우이 슈라 슈라….

그때 불꽃의 그림자가 뭉개진 그녀의 눈망울 위에서 크게 일렁였다. 동시에 너무나 빡세면서도 메마르고 차가운 늙은 여자의 손아귀가 등 뒤에서 느닷없이 내 목덜미를 움켜 조르면서 엄청난 힘으로 내 머리통을 마구 앞뒤로 흔들었다. 이눔의 피도 안 마른 자슥이! 신령님 천벌 받을라꼬 함부로 벽에다가! 니가 뒈져라 이넘아!

넷째 가름: 꿈으로

고막이 찢어져 나갈 만큼 앙칼지면서도 쩡쩡 울리는 목소리의 '웅크린 암늑대'가 어떻게 알고 여기에 나타났는지는 생각할 겨를도 없이 나는 방금 내가 뭉갠 그녀의 붉은 눈망울에 내 이마를 세차게 박으면서 정신이 아득해졌다.

아니…? '유리 조심'이라고 이렇게 크게 써붙여 놨는데도 이러시네!

상가 몰의 수위 아저씨는 좀 한심하다는 듯이 비틀거리는 나의 안색을 살폈다.

괜찮으시죠? 이 문은 아직 안 써요. 홈리스들이 함부로 들어와서…, 나가는 문은 저쪽 왼편으로 돌아가면 있고요 주차장은…, 엘리베이터 타시죠.

두터운 유리문 바깥의 차도에는 몇 대의 차들이 오가고 있었고 비가 오려는지 흐릿해지는 보도를 건드렁거리며 지나가던 남루한 흑인 아저씨 하나가 흘낏 내 쪽을 훔쳐보았다.

4 안젤리카의 만가

창밖 가지런한 시멘트 건물 위로 저만치 뾰족탑이 보인다. 나는 카페의 창가에 앉아 있다. 이층이다. 창 아래 주차장엔 아직 그의 검은색 벤츠가 보이지 않는다. 브루스, 네가 타고 오는 그 차는 너의 주검을 싣고 나가는 장의차가 될 것이다. 네가 이 안젤리카에게 요구한 마지막 서명, 그 합의 서명을 위한 서류를 네가 내게 내밀 때, 너는 그런 순간에도 예의를 갖춰 두껍을 뽑아 위에 꼽고 황금빛의 펜촉을 자기 쪽으로 향하게 백팔십도 방향을 돌려 내게 건넬 그 고급 만년필을 받는 대신 나는 내 핸드백을 당겨 자연스런 동작으로 지퍼를 열겠지. 그리고 그 속에 든 스미스 앤 웨슨 반자동 소형 권총을 순식간에 두 손으로 감싸 들고 똑바로 너의 가슴팍을 향해 대놓고 서너 발 불을 뿜을까 한다. 실내 사격장에 가서 연습도 다 마쳤다. 처음에는 좀 조용하고 은근하며 일면 세련된 다른 방법을 택할까도 했다가 생각을 바꿨다. 어차피 저지르는 것, 준비도 간단히, 실행도 단순하게. 근데 온다는 너는 아직 안 나타나는구나. 시계는 정확히 오후 세 시를 가리키는데….

안젤리카, 안젤리카 세바스치안. 이름에 어울리지 않는 내 둥그런 얼굴이 유리창에 어린다. 눈까풀은 꺼지고 그새 많이 야위었구나. 노랗게 물들인 긴 생머리가 가린 내 이마, 그 아래 지금 너를 바라보는 두 눈동자, 얼마나 많은 길거리를 훑으며, 오래 된 필름이 돌리는 파노라마처럼 낡고 시달리며 지쳐 가는 세상을 달려왔던가. 그 흐릿하게 되비치는 얼굴의 너, 그 먼 옛날, 언제부터였던가, 너의 이름이 안젤리카가 된 날이.

생각난다. 급해서 아무렇게나 지은 이름이지. 막상 영주권 신청은 해야 되는데 이왕이면 영어 이름을 아예 지어서 쓰자고 했지. 그래도 본래 이름과 조금은 닮게들 짓는다는데…, 내 인생행로처럼 내 본래의 이름도 여자이름으로선 좀 별났었지. 그것도 유명하다는 작명가에게서 돈 주고 지은 이름이랬는데, 장고 끝에 악수라고, 안재림, 지금 이런 순간에도 생뚱맞게 쿠쿡, 웃음이 난다.

근데 재림이 다 뭐니? 내가 무슨 예수니? 아버지도 참, 여자 이름이 재림이 될 수나 있나요? 그땐 예수쟁이라면 손꼽을 만치 드물 때니까 그랬는지 몰라도, 그래, 경상도 땅에서도 한층 후미지고 완고한 영양 땅 시골 선비인 내 아버지가 예수 재림에 대해서는 제대로 들어본 적도 없었을지 몰라. 그래서 미국에 와서 영주권을 신청할 때 아예 새 이름을 쓰기로 한 거지. 아 참 그때는 성도 바뀌었지. 안재림이 독고 재림이 되었다가 서류상으로 안젤리카 제이 독고가 되었지. 근데 왜 지금은 안젤리카 제이 세바스치안인가? 물론 사연이 있지. 근데 이 브루슨지 세바스치안 변호사인지는 왜 아직 안 나타나나? 3시 5분.

하 참, 이름 하나 짓는 것도 만만치가 않더군. 아무 이름이나 부르기 좋고 듣기 좋으면 되잖아? 이왕이면 좀 고상턱하고…. 이러다 마침 미

스터 독고가 켜 놓고 간 컴퓨터 앞에 앉았는데 화면에 유튜브가 정지
돼 있더군. 그냥 생각 없이 클릭을 해서 화면을 소생시키는데 예쁘장
한 서양 여자애가, 초등학생 같아 보였는데 곧잘 한국말을 잘도 지껄
이는 거야. 비디오 찍는 남자가, 그도 서양사람 말투던데 한국말로 묻
더군. 안젤리카! 뭐 먹어요? 짜장면. 맛있어요? 맛있어요. 오늘 뭐 했
어요? 놀았어요.

노란 생머리의 안젤리카는 카메라를 쳐다보며 검은 짜장이 묻은 입
술을 벌리지도 않고 수줍게 웃었지. 서양 애라도 한국에서 살면 한국
애들처럼 좀 수줍게 웃는 걸까? 안젤리카 이뻐요. 남자가 추켜 주었다.
고맙습니다아. 안젤리카는 카메라를 향해 가볍게 고개를 숙였다. 미
국 아이인가? 소련 아이? 하여튼 내가 그 순간 속으로 무릎을 쳤다. 안
젤리카 하지 뭐. 이름 좋은데? 저 애가 한국말을 자연스레 익혔듯 나도
영어를 익혀야지.

근데 왜 브루스 놈은 코빼기가 안 보이나? 이미 죽음의 냄새를 맡은
건가? 제발 오지 마라, 다른 한편으론 빌고 싶은 마음이다. 나라고 살
생이 썩 내키기야 하겠냐만 경우가 그렇지 않지. 너는 마땅히 죽어야
할 놈이야. 창 비스듬히 건너, 마치 중세의 성가퀴처럼 모양을 낸 시멘
트 건물의 널따란 벽 상단에 페인트칠로 절 이름이 큼지막하게 한글로
쓰여 있다. 동국사, 동쪽 나라의 절? 조금 기울어지는 햇살이 옥상 뾰
족탑의 타일에 반사된다. 본래는 절 건물이 아니었나 보다.

눈을 가늘게 뜬다. 내 버릇이다. 서울의 중곡동, 아침마다 자전거를
타고 그 삼층짜리 상가 건물이 되어 가는 꼴을 살피며 참견을 할 때도
그랬었지. 내가 눈을 가늘게 뜨고 세세히 이곳저곳을 살피면 따라 나
선 현장 소장은 안절부절이었지. 하지만 내가 누군가. 우습게보면 안

되지. 집이, 건물이 그냥 지어지는 건가? 나는 한다면 하는 사나이, 아니 계집이다. 도대체 사나이가 할 노릇을 왜 내가 하나? 사내가 사내노릇을 아니하니 내가 하는 거지.

근데 너무 이상하게 생각하지 마. 나의 첫 남자, 소피아와 멜라니의 아빠, 아니 얘들도 본래는 주영이와 신영이었지만, 주영이 아빠 구중세는 하고한날 비올라 통만 메고 다녔지. 그게 직업이었으니까. 그는 기악 전공에다 나는 미술 전공. 말이 좋아 예술가 커플이지 신혼이고 뭐고 외식 한 번 맘 놓고 해 볼 처지가 못 됐었지. 그래도 남편이란 작자는 돈이 없건 배가 고프건, 자존심이 상하고 배알이 꼴리건 어쨌건 특효약이 하나 있었지. 바이올린보다 조금 큰 비올라의 딱딱하고 낡은 검은 통을 열어 악기를 꺼내 턱에 괴고 지긋이 활로 켜는 순간 만사태평에다 백결 선생이지. 이웃에서는 떡방아를 찧든 말든, 마당의 널어 놓은 우케가 소낙비에 쓸려 가든 말든 다 잊어버리는 거야. 처음엔 비장하면서 멋있게도 보이더군. 근데 그것뿐이고 맨날 그 타령이야. 그래서 내가 딱 알아봤어. 더 이상을 바라서는 안 될 사람이라고. 그러니 천생 내가 해야지.

하루는 밀린 사글세를 일주일만 더 미루자고 부탁하러 갔다가 못된 주인 년한테 정말 온갖 쌍소리를 실컷 들었지. 하도 어이가 없는 끝에 내가 똑바로 그년을 쳐다보면서 내뱉었지. 네가 내 집에 세들 날이 있으리라고. 흥, 콧방귀도 안 뀌더군. 아무튼 그때 발길을 돌려 첫 발을 내딛는 순간 나는 딴 사람이 되었지. 나는 뭐든지 한다. 그리고 뭐든지 부탁한다. 혼자서 꽁꽁 앓다 죽지 말고 서슴없이 손을 내밀어라. 세상에는 도움의 손길을 우아하게 내밀고 싶어 하는 팔자 좋은 이들이 곳곳에 숨어있다.

그러면서 골목길을 걸어 나오는데 마침 전파상에서 이미 한물 지난 포크송을 크게 틀어 놓았더군. '어서 말을 해, 어서 말을 해, 말 안 하면 무슨 소용 있나, 말 안 하면 무슨 소용 있나……'

곧바로 집으로 가는 대신 시장바닥으로 갔지. 콩나물, 멸치 사러 자주 들렀던 수더분한 어물전 주인에게 다짜고짜 말했지. 아주머니, 너무 힘드니까 나 아무 일이든 일자리 하나 주세요. 아이들은 어이 하고? 어찌 되겠지요.

그때 주영이는 세 살, 신영이는 뱃속에 금방 들었지만 아랑곳하지 않았지. 주영이를 데리고 나와 시장 바닥에서 놀리며 가게 잡일을 도운 지 일주일도 안 돼 아니 이리 고운 새댁이 이래서야 되나 하며 방 빌려줄 테니 미술 학원이라도 하라는 이가 나타났지. 미안해 하지도 않고 넙죽 받아들여 아무것도 준비된 게 없었지만 무조건 시작했지. 그리고 필요한 건 아무나 잡고 무조건 부탁했지. 나 이거 없어요, 이거 좀 도와줘요, 이거 안 쓰시면 날 줘요….

처음 생각으로는 열 가지 부탁하면 하나쯤 될까 말까일 거라고 기대했었는데 뜻밖에도 둘 중 하나는 어떻든 되는 거야. 너무 신기한 거 있지. 착한 사람이 많아서 그랬나 아니면 세상이 보기보담 좀 어수룩한 걸까? 아니면 어린애 딸린 젊은 여자라면 누구든, 특히 남자들은 넓은 가슴으로, 본능적으로 도와주고 싶어지는 걸까? 개중엔 조금 흑심을 품고 작업 들어온 사람도 한둘 있었지만 크게 신경 쓰지 않았어. 오히려 내가 그 점을 좀 이용까지 하여 도움 받고 나선 그대로 미련 없이 잊어버렸지.

넷째 가름: 꿈으로

아무튼 삼년 만에 우리는 전세 집으로 옮겨 갔었지. 그리고 다시 두 해만에 '새동네 미술학원'을 열었는데, 나중에 '뉴타운 아트 아카데미'로 이름을 바꾸었지만, 이 미술학원은 서울을 벗어나 인천에까지 뻗친, 분점이 일곱 군데나 되는 프렌차이즈로 자랐지. 그러는 사이 나는 미리미리 앞날을 내다보았지. 그냥 미술학원 총수로 만족할 건가? 아니지. 만들려면 큰돈을 만들어야지 무슨 애들 코 묻은 푼돈으로는 한계가 있지 않겠나!

은행 지점장에게 대출을 부탁했지. 뭐가 있다고 그리 큰돈을 내게 빌려주나? 다들 그렇게 생각했지만 내가 누군가! 목표가 중요하지. 일단 정해지면 나머지는 억척같이 해 밀어붙인다. 거절당하면 당연히 여기고 숨도 안 돌리고 또 다른 데 부탁한다. 자고로 부탁해서 손해 볼 건 없단 말이다. 결과가 궁금한가? 당연하지. 만반의 계획 끝에 나는 중곡동 500평 대지에 삼층짜리 사무실 건물을 짓기로 하고 공사 시작 자금부터 기간 안에 거뜬히 대출받았지. 바로 우리 동네 은행에서 말이야. 누구 힘으로? 순전히 내 힘이지. 남편은? 말도 마. 그냥 옛날 그대로 비올라 통만 안고 다녔지. 대신 자가용에 싣고 말이야. 구두도 이전보다 좀 반짝거리게 닦고.

헌데 그것뿐이야. 처음에는 내 일에, 물론 내 바깥 사업 일 말이지, 좀 참견도 하며 거들기도 해 보려던 남편이 금방 혀를 내두르고는 좀 불안해하며 지켜보기만 하다가 염려했던 바와는 달리 일이 척척 성사돼 나가자 엄두도 못 내고 완전히 손을 놓는 거야. 어떤 때는 내가 꼭 필요해서 부탁하는 일마저 두려워하거나 건성으로 남의 일처럼 쓱싹, 대충 하거나 미뤄 버리고는 또 비올라 통만 찾는 거야. 그래도 그렇지, 남자가 좀 해 줘야 할 일도 있는데 속이 상하더군. 하지만 내가 누군가! 내가 두 몫을 하지 뭐. 나는 무조건 몸소 챙기는 사람이라니깐.

날마다 공사판을 가서 현장에서 미주알고주알 챙겼지. 차타고 갈 것도 없어. 자전거 하나 마련해서 아침 일찍 둘러보면서 현장 소장에게 꼬치꼬치 지시했지. 처음엔 노가다 출신 곤조가 있어서 그런지 되게 싫어하더군. 그래서 내가 자전거에 삐딱하게 기대어 서서 대놓고 이야기했어. 이 건물 짓기 싫으냐고. 그랬더니 그 담부터는 고분고분, 내 맘에 안 드는 부분은 설계를 바꾸더라도 알아서 뜯어고쳤지. 반쯤은 미친년으로 악명이 높아진 건 당연하고. 그럼 어때? 내 집이고 내 건물인데.

어쨌든 건물은 앞당겨 완성되었지. 내가 날마다 자전거 타고 가서 감독하는 바람에 아마 수천만 원은 허투루 새나가는 걸 막았을 거야. 곧바로 각종 학원들이 들어와 두세 유닛을 빼고는 거의 학원 건물이 되었지. 미술학원, 음악학원, 외국어학원, 웅변학원, 요리학원에다 유치원…. 이름이 나고 자리가 좋은지 서로 들어오려는 거야. 임대료 수입만 해도 톡톡했지. 그런데 그게 다 내 수고라고. 특히 중심에 자리한 내 직영의 미술학원은 특히 신경을 써서 인테리어든 뭐든 최고 수준으로 그럴듯하게 가다듬었지. 그래도 명색이 미술, 예술학원이잖아.

내가 미술 전공이라지만 한계가 있더군. 고백하건대 내가 실은 제대로 배우지 않고 적당히 졸업한 땡땡이, 날라리 학생이었지. 그래서 건설회사 소개로 이태리 유학파 출신 마리오 킴, 김창택을 알게 된 건 이때지.

첫눈에 사람 참 사근사근하더군. 허우대도 이목구비도 멀쩡한 사내가 어찌나 봄바람 같은지, 좀 무심하고 소심한 남편이나 거칠고 무뚝

뚝하기만 한 우리 친정 쪽 형제들만 보다가 대하니 참 별일이다 싶어 한동안은 혹시 게이가 아닐까 하는 생각도 들더군. 하지만 전문적인 최신의 지식과 첨단의 정보로 입맛에 싹 들게 들이미는 따끈따끈한 제안과 조언은 정말 시의적절하고 뛰어나서 사람이 달리 보이더군. 그냥 부드럽기만 한 건 아냐. 봄바람 속의 칼날이랄까, 아지랑이 속의 짙은 향기랄까. 외유내강, 뼈대가 분명한 거야. 한마디로 스스럼없이 친근감을 주면서도 존경스러운 거지.

그때 새로 마련한 한남동 우리 집, 지하 1층 지상 2층의 집 안팎을 모조리 뜯어 고쳐 으리으리하고 우아한 저택답게 만드는 데도 실상 내 의견은 별로 쓸모도 없었어. 마리오가 이러자면 이러고 저러자면 저러고, 아무 문제 없었어. 어쨌든 가장 뛰어나고 적절했으니까. 아, 사람이 억척같이 돈만 모은다고 되는 게 아니구나, 새삼 되돌아봐지는 거 있지.

어느 날 유명 화가에게서 특별히 받아온 마지막 값비싼 유화를 둘이서 우리 침실 벽에 거는데 문득 망측한 영상이 떠오르더군. 저 그림 아래 멋지게 놓아진 커다랗고 폭신한 저 침대, 저기에 내 지치고 공허한 몸을 누인들 누가 이 저녁에도 따뜻한 팔베개를 해 줄까? 마리오라면?

그 순간 이상한 떨림이 왔고 내 목소리는 흔들렸지. 마리오가 조용히 나를 바라보며 물었지. 이제 다 됐습니다. 제가 커피 한 잔 살게요. 나가서.

긴 이야기를 짧게 할게. 나는 이 날부터 마리오와 사랑에 빠졌어. 영양 출신 문디 가시나 안재림, 이날 부로 완전히 다른 세상으로 빠져든 거야. 그 후로 얼추 한 해 동안, 나는 그와 사귀며 알게 되었지, 그동안

나 자신 완전히 허깨비로 살아왔었다고.

그가 아내와 아이가 있다는 걸 알면서도 어느 날 망설임 없이, 그가 오라는 한적한 강변의 모텔을 향해 차를 몰았지. 나는 오늘 밤 부활하리라고, 그리하여 새로운 여자로 재림하리라고. 재림한 다음은? 걱정할 것 없다. 새 세상이 열리는 거지. 나는 그의 여자며, 비로소 진정하게 거듭난 여자며, 그 결과 모든 것을 희생하면서도 결국 이겨내 눈에 힘주며 빳빳이 고개를 쳐들 여자이니까.

그런데 올 것은 차례대로 때늦지 않게 오더군. 어느 아침, 남편이 드물게 침착하면서도 가라앉은 어조로 나를 불러 앉히더군. 모든 것은 나, 이 재림이의 잘못이라고 말하며, 소송을 통해 정리될 것이라고 뇌까리며 주섬주섬 증거랍시고 두툼한 사진 봉투를 펼치려 할 때 나도 조용히 말했지. 인정할게. 됐어. 그까짓 빌딩, 은행잔고, 저택, 소장품, 차량, 프랜차이즈 회사, 다 필요 없다. 가져라. 대신 주영이 신영이는 내가 키운다.

너무 순순히, 말도 제대로 꺼내기도 전에 내가 먼저 다 포기한다고 나오니까 주영이 아빠가 뜻밖이라는 듯 주춤하더니 조금 있다 입술 꼬리에 웃음을 머금고 말하더군. 한 푼도 네게 줄 생각이 진작부터 없었다고, 주영이 신영이 데려 가고 싶으면 데려가라고, 그건 원하는 대로 해 주겠다고.

이 순간, 이 인간은 벌써 큰 재산 챙겨서 처녀장가 들 생각이나 하는가 하고 비웃어졌으나 그게 이제 나와 무슨 상관이랍. 그런데 아무리 딸자식들이라지만 자기네 핏줄도 거두어 챙기지 않으려는 걸 보니 평소에 걸핏하면 무슨 구씨 뼈대가 어떻고 하며 오금을 박거나 말을 거들던 당신 어멈, 조금 전까지의 내 시어머니였던 그 여자의 허락이나 받고 지금 내게 하시는 말인가, 구중세 씨?

나는 그 길로 입은 옷, 신은 신 그대로, 끄는 옷가방 달랑 하나에, 오늘 밤은 우선 아무 여관방에서나 묵기로 하고 집앞 길거리에서 택시를 잡기 전에 마리오에게 전화부터 걸었지. 이제야 시원하게 굴레를 벗었구나, 기지개를 켜며.

그런데 이상하게도 핸드폰으로 신호는 가는데 통화가 안 되는 거 있지. 설마 뭐가 틀어질 리야 일을라구. 마리오는 그저께도 내게 속삭이면서 아이 엄마와 갈라서기로 서로 합의가 다 됐다고 했잖아.

여관을 잡고 가방을 푸는데 주영이가 중얼대더군. 숙제 해 놓은 걸 안 가져왔다고, 아빠한테 갖다 달라고 할까보다고. 신영이는 두고 온 해피 밥 줘야 된다고 훌쩍이고.

마리오에게 전화를 두 번이나 더 걸었는데 아예 신호가 가지 않더군. 스산한 예감에 여관방에 쪼그리고 앉아 뜬 눈으로 밤을 새웠지. 이튿날 출근 시간을 기다려 마리오의 사무실로 전화를 걸까 하는데 다행히 먼저 연락이 오더군.

그 후로 벌어진 긴 이야기를 다시 줄이자면 마리오가 그냥 돌아선 거야. 자기 마누라와 이혼 소송으로 가는 대신 법원의 화해 조정을 받아들여 다시 본래대로 살기로 했다는 거야. 자기는 마누라와 자식을 버릴 수 없다면서. 마누라는 한술 더 떠 자기는 이전보다 애 아빠를 한없이 더 사랑하고 용서한다는 둥…, 아이고 신파극에 순애보 터졌네. 미친놈아, 그런데 전화는 왜 잘 안 받니? 그렇더라도 한 번은 만나서 얘기를 해얄 거 아냐? 나하고 말이다!

그런데 일이 일단 그렇게 틀어지자 그동안의 봄바람은 간데없고 어렵사리 만났는데도 말투부터 싹 바뀌어 이건 뭐 한겨울 돌개바람보다 더했다. 그러다 한참 만에 본래의 제 목소리로 돌아와서는 한다는 말이, 돌이켜보니 자기는 한때의 불장난이었다나 어쨌다나. 그럼 내가 하찮은 불쏘시개였단 말인가!

그래 좋다. 그럼 됐다. 염려 놓아라 쪼잔한 봄바람아, 내 가슴을 사르르 녹이던 아지랭이야, 철부지 오줌싸개야. 아무튼 잊어 줄게. 나는 다시 본래대로 일어선다. 혼자서. 익히 해 온 대로 나의 공약 삼장, 먼저 목표를 정한다, 직접 몸으로 챙긴다, 무조건 부탁한다. 그리고…, 틀림없이 일어선다.

나는 여관에 놓인 신문 광고판부터 훑었다. 이 지경에 덮어놓고 화냥년 취급하는 영양 근처에는 얼씬도 못하겠고, 일단 서울에 남아 어쨌든 부딪힌다.

그 후로 어느덧 두 해, 어느 정도 예상은 했었지만 결코 만만치가 않았다. 두 아이를 데리고, 날마다 내가 누구냐며 공약삼장을 되뇌며 헤매고 헤매었지만 정말 이 좁은 나라에는 내 굴레를 완전히 벗겨줄 곳이 없었다. 아니 조금씩 더 숨통을 조여 왔다. 그 심난한 이년이 지났을 때 나는 아이들을 데리고 어느 중국집 식당 뒤편 좁은 단칸방에 주인을 붙이며 고단한 몸을 누이기 전 자정이 넘은 이 시간, 하루 종일 물에 담갔던 손가락을 주물러 다시 펴며 주영이의 컴퓨터를 켰다. 물 건너 크리스와의 채팅 시간이다. 이 누더기 방에서도 컴퓨터가 없이는 못 살고 어쨌든 바깥과 연결이 된 것은 참 세상이 많이 변한 까닭이다.

크리스와 알게 된 건 반년이 넘었다. 물론 온라인으로다. 한국 이름 박길수, 교포 1.5세. 그런데도 곧잘 한글로 메시지를 보내왔고 내가 쓰는 문장도 거의 오해 없이 읽었다. 캘리포니아에는 한국 사람이 많다 더니 정말 대단하네. 여러 부모형제가 한 집에서 한국말 하면서 산다 지만.

하지만 자기는 미국식으로 오픈 마인드라고 하는 총각이다. 나이를 따져보니 여덟 살 아래다. 그런데도 그저께 처음으로 나를 사랑한다고 고백하였다. 내가 자판을 두드렸다. 미국 갈까? 어서 와요, 보고 싶어요. 가면 어떡할라구? 같이 살아요. 주영이 신영이도 있는데? 부모님이 싫어하실 텐데? 괜찮아요, 다 같이 살아요, 엄마 설득하면 돼요, 여기서 같이 얼마나 좋아요. 정말? 정말이에요, 날 믿어요. 보고 싶어요, 크리스, 외로워요. 보고 싶어요, Jailim, I Love You.

이때부터 나는 새로운 목표를 정했다. 미국 간다, 크리스 만나러. 백 프로 곧이곧대로 믿지는 않는다. 결혼하자면 그 총각하고 결혼한다. 아니라도 할 수 없다. 영어도 못하면서 간다고? 관계없다. 내 몸짓, 내 웃음, 백만 불짜리 내 눈빛이 있지 않나! 일단 간다. 내가 누군가? 목표를 세우고, 챙기고, 서슴없이 부탁하는 안재림과 그의 두 딸. 말귀를 잘 알아듣는 내 두 딸에게도 날마다 조금씩 시간을 쪼개서 미국에서 살아갈 주입식 정훈교육, 생존교육에다 몰래교육이다, 장궤 주인 눈치 채지 못하게.

이민 브로커, 정확하게 말하면 밀입국 브로커를 만났다. 청계천 허름한 이층 사무실에서 미스터 함이 말했다. 아무리 깎아도 셋이니까 백오십 씩, 사백 오십은 받아야 착수할 수 있어요.

막판이었다. 내가 탁 깨놓고 말했다. 나 그 돈 없어요. 나 여기서 못 살아요, 시들어 죽어요. 나 이백 밖에 없어요. 파 다듬어 모았어요. 이 손톱을 보세요. 도와주세요. 뭘 더 드릴 수 있을까요?

물끄러미 한참을 내려보던 미스터 함이 기다리라며 어딘가로 전화를 걸었다. 그러더니 밝아진 목소리로 나를 돌아보며 말했다. 아주머니, 나도 좋은 일 한 번 합시다. 떠나려면 아직 석 달이 남았으니 그동안 이백은 꼭 채우세요. 그리고 가욋돈도 좀 필요할 것 아니에요?

실상 지금 내게 그동안 먹고 쓰고 근근이 모인 돈은 백오십 남짓했다.

아무튼 그 해 추석 다음날, 우리 셋은 어쨌든 손잡고 비행기에 올랐다. 바람에 불려 가다 어느 바다, 어느 물결 위에 떨어질 낙엽 같은 신세인 줄도 모른 채.

세 번을 갈아타고 내린 곳은 캐나다의 서쪽 뱅쿠버였다. 여기까지의 자세한 경로는 물론 그 후의 루트와 침투 절차는 밝힐 수가 없다. 내가 내 목적을 위해서는 못 할 일이 없고 내어 줄 수 있는 것은 다 내어 줄 수 있다손 치더라도 아무리 그래도 지켜야 할 것은 지켜야 하는 인간이기 때문이고, 그 지킴 중에는 다른 인간에 대한 최소한의 도리라는 게 있지 않겠는가. 이 경우 도리를 지켜야 할 상대 인간이란 구체적으로는 미스터 함인데 그는 중간중간 절체절명의 고비마다, 정말 친 누님의 일처럼, 친동생의 일처럼 잠 안 자고 그 멀리서, 온갖 수단을 동원해 챙겨 주고 발 벗고 나서 준 것임을 나는 안다. 그리고 이제는 더욱 확실히 안다. 자기 돈도 꽤나 나를 위해 썼다는 것을. 왜 그랬을까?

하여튼 나는 천신만고 끝에 온전히 두 아이를 손잡고 로스앤젤레스 한인촌 대로변에 있는 한국 식품점의 큰 주차장 입구에 우뚝 들어섰다. 눈앞에 빽빽이 차들이 대어져 있고 굼실굼실 드나드는 차량과 사람의 무리들이 꿈속의 한 장면 같았다. 거의가 머리 까만 한국 사람들이다. 여기가 미국 맞나?

내가 왜 하필 이리로 왔냐면 캐나다에서 만난 같은 패거리 중 한 사람이 일러주길, LA로 가서 아무 연고가 없으면 무조건 이 그로서리 마켓, 그때는 그로서리란 말도 낯설었다, 그 마켓 앞으로 가면 신문 가판대가 있는데 거기에 공짜 신문들이 놓여 있을 테니 그걸 보고 일자리를 찾고, 사정이 급하면 아무 한국 사람이나 붙잡고 물어보고 부탁하면 될 것이라고 했기 때문이다.

그래서 그 말대로 마켓 앞 신문 가판대로 가니까 정말로 공짜 신문인지 인쇄물들이 아무나 가져가게 놓여 있었다. 하나를 집어 넘겨보니 구인 광고란이 수두룩하게 있는데 무슨 조화인지 하필이면 숙식제공, 공양주 구함이라고 돼 있는 게 얼핏 눈에 들었다. 공양주가 뭐야? 양공주? 아니겠지. 자세히 보니 절 같은데? 절에도 사람을 쓰나? 우선 숙식이 급하다. 그런데 전화기도 없고 전화 걸 줄도 모르는데?

모른다고 망설이면 뭐 하나! 한 가득 카트를 밀고 나오는 아저씨에게 다가가 말을 붙였다. 그는 성가셨는지 손을 내저어 무조건 피하였다. 몇 사람에게 같은 시도를 하는데 중간에 스쳐 지나던 할머니가 듣고 반색을 했다. 내가 그 절에 댕긴다꼬. 내캉 가 보자꼬.

그리하여 그 할머니의 호의로 버스를 갈아타 가며 절이라는 데를 따라갔는데 도무지 내가 생각했던 절 같지가 않아 보여서, 하기야 평생에 일부러 절을 찾아간 것은 이때가 처음이었으니 그럴 만도 하겠지만, 혹시 속는 건 아닌가 싶기도 했다. 하지만 크리스에게 연락을 하자면 어디든 일단 짐부터 풀어야 할 게 아닌가. 짐이래야 각자 둘러멘 등 가방 하나씩뿐이었지만.

한문으로 세로로 새긴 작은 나무 간판을 건 동국사라는 데의 현관을
들어서니 비로소 내부의 모습이 보이고 불상이나 여러 가지 불교 냄새
가 났다. 주지 스님이라는 분이 나와 얘기를 들어 보더니 쯧쯧, 우리는
보살 한 사람이면 되는데…, 딱하지만 애들까지 있어서 있을 자리가
없는데 어떡하나, 다 인연이지만 하고 혀를 찼다. 내가 순발력 있게, 어
색하게 합장을 흉내 내며 매달렸다. 주지 스님, 사정이 그러시면 며칠
만 여기 머무르게 봐 주세요. 저도 곧 연고를 찾아보겠습니다. 절대 폐
끼치지 않겠습니다.

이리하여 일단 내쫓기지는 않고 절에 머무르게 되었는데 스님께 물
어서 전화 거는 법을 설익히고 전화기를 빌려 어렵사리 크리스에게 전
화를 걸었다.

띠리리링…, 헬로우! 어린 남자의 목소리가 흘러나왔다. 여보세요,
크리스 박씨 있어요? 전데요, 누구시죠? 저요, 안재림. 재림? 한국? 아
니요, 여기 미국. 미국? 정말? 정말 왔다고요? 네, 맞아요, 여기 LA. ….
그래요? 정말 왔다고요? 정말이에요. 빨리 봐요. 크리스, 듣고 있어요?
예, 그럼…, 어디서 만날까요?

크리스는 충격을 먹은 것 같았다. 예상대로군. 아마도 내가 아이들
을 우르르 몰고 정말 제 앞에 나타날 줄은 몰랐겠지. 그런데 아까 그
목소리는 반갑다는 걸까, 겁난다는 걸까?

그럼 그렇지, 미리 한 자락을 깔기를 잘 했었지. 이 안재림도 이젠 산
전수전 다 겪어 웬만한 일엔 흔들리지 않는다니깐. 그래서, 초라한 겉
모습이지만 한결 능란해 보이는 성숙한 여인 앞에서 눈이 휘둥그레진
크리스에게 내 처지를 잠시 잊고 도리어 짠한 생각마저 들었다. 내가
웃으며 단도직입적으로 말했지. 바쁘고 쪼들릴 때는 시간을 절약해야

하지 않겠어?

크리스 총각, 걱정 말아요. 그동안 위로해 주고 격려해 줘서 진심으로 고마워요. 짐스러워 마세요. 덕분에 미국까지 오게 됐으니 아무 염려 말고 하던 대학원 공부 잘 마치세요. 부모님께는 우리 얘기 알린 적 없죠?

불쌍하고 귀엽고 순진하고 아까운 박총각. 서둘러 계산대로 향하는 그의 옆모습을 멀거니 바라보다 다시 숨을 골랐다. 다음은 누구에게 부탁하나?

포기할 건 빨리 포기하고 절에 돌아온 나는 딱 닷새를 법당에서 머물렀다. 나이 드신 스님은 점잖았지만 그래서 오히려 좀 바늘방석이었다. 할 일이 딱히 없었다. 신영이는 법당 구석, 바닥의 방석 위에서 자는 것이 무섭다고 울었다. 그 사이 한 번 일요일이 끼어 법회가 있었는데, 작은 부엌에서 밥을 푸면서도 법당의 설법이라는 것에 귀를 기울여 보았다. 불교도의 계에 대한 말씀 같았다. 살생의 업을 짓지 마라, 도적질하지 마라, 뭐 이런 내용들인 것 같았다. 당연하고 상식적인 말씀 같긴 하군. 근데 미국에선 살생이 더 잦은가 보지?

며칠을 두고 스님과 간간히 주고받고 신도들과 말을 나누며 도대체 절이란 곳은, 이 LA 한인사회라는 곳은 어떻게 돌아가고 어떻게 발을 붙여야 할 것인가 하고 촉각을 곤두세웠다. 그리고 재빨리 내린 결론, 절은 가난하고 여유가 별로 없다. 여긴 기독교가 성한 곳이다. 뭘 얻어먹고 도움을 받으려면 차라리 그리로 가는 게 낫다.

서울에서도 언젠가 그런 얘기를 들은 것도 같다. 미국 교포 사회는 기독교 천지라고. 코리아타운을 지나오면서도 교회 간판이 몇 개 눈에 띄었던 것 같다. 이왕이면 그리로 가서 부탁하자.

결론을 내렸으면 즉시 행동, 등가방을 메고 주지 스님께 나란히 인사를 드렸다. 스님 그동안 돌봐 주셔서 감사합니다, 가겠습니다. 갈 데는 있는고? 예, 염려 마세요. 다행이로군, 가만 보자, 좀 기다리게. 스님은 몸을 돌려 안에서 봉투를 하나 들고 왔다. 이거 적지만 차비에라도 보태게. 그 봉투를 내게 건넨 다음 합장을 했다. 성불하세요, 애들도 몸조심하고. 나도 아이들도 어색한 합장으로 답례를 했다. 지금 수중엔 땡전 한 푼 없는데 길거리에 나오는 길로 열어 보니 고맙게도 그 봉투엔 20불짜리가 다섯 장 들어 있었다.

우리 셋은 절을 나와 무조건 큰길을 따라 걸었다. 몇 구역만 걸어가면 되겠지. 실은 신호등 두 개를 안 지나서 한글로 된 교회 간판이 나왔다. 하지만 상가 건물 이층에 있어 보이는 그 교회를 올려보다가 단안을 내렸다. 아니야, 좀 더 가보자. 그런데 거기서 정말 한 블록을 더 가자 생각보다 어마어마한 대형 교회가 길가에 길게 뻗어 있었다. 즉각 단안을 내렸다. 들어가자.

다시 긴 이야기를 줄여야겠다. 이리하여 우리는 그 교회의 어느 전도사를 거쳐 다음 날 부목사에게 인도되었다. 내가 부목사님께 숨김없이 깨놓고 말했다. 나 이러이러한 사람이니 살 수 있게 도와주시라고.

그리하여 그날부터 한 열흘 동안 우리는 교회에서 잡일도 거들면서 교회에 딸린 침대방에서 자누웠다. 그리고 일요일, 신도들에게 소개되고 며칠이 지나지 않아 교회를 떠나 바깥의 일자리, 여기 말로 잡을 얻었다.

내 전력을 살려 식당 뒤편에서 그릇 썻고 파 다듬는 일이었다. 하여

넷째 가름: 꿈으로

튼 그 뒤로 여기저기, 채소란 채소는 다 다듬어 보고 생선이란 생선은 다 썰어 보고, 이루 말할 수 없이 여러 일자리에서 쓰였다가 잘렸다가, 온갖 일을 하게 되었지만 근본적인 신분상의 제약으로 늘 빠듯하고 위태롭고 힘겨운 건 마찬가지였다. 부당하게 당할 뻔한 경우도 여러 번이었다. 하지만 언제나 마지막 끈과 보금자리는 교회였다. 최소한의 보호막과 기회는 그곳에 있었다.

아무튼 이렇게 폭폭하게 지내면서 세월을 보냈으면서도 어쨌든 아이들을 학교에 집어넣을 수가 있었고 셋 중 아무도 크게 병들거나 굶어 죽지는 않게 되었다. 그러다 언제부턴가 교인들 사이에 내게 남자를 소개해 주겠다는 사람들이 생기기 시작했다. 이젠 좀 지겹기도 하지만 아쉬운 건 사실이야. 더 늦기 전에 정신 가다듬어 잘 골라야지, 애들을 생각해서도 말이야. 그러는데 정말 생각지도 못한 희한한 일이 일어났다.

어느 날 피곤한 하루 일을 마치고 올림픽 가에서 아이들이 있는 원베드룸의 내 아파트에 가려고 버스를 기다리는데 어느 남자가 내가 타고 갈 버스에서 내렸다. 버스에 올라서 밖을 내다보는데 밖에 내린 그 남자가 바로 독고 씨가 아닌가! 어머머! 나는 떠나려는 버스에서 황급히 도로 내렸다.

독고 씨가 누군가? 다시 옛날로 돌아가야겠네. 뉴타운 아트 센터 1층 끝에 세 들었던 오퍼상 사장이지. 장사가 안 돼 죽을 쑤는 학원들도 돈 잘 버는 학원들도 함께 있는 건물이지만 사람 좋고 성실한 수입상인 독고 씨는 은근히 알부자로 소문이 났었지. 그러면서도 늘 겸손하게 뒷머리를 긁으며, 아니에요 괜히들 그래요, 별로 못 벌어요 하며 웃던 독고 씨와 그의 아내, 금슬이 좋아 보였는데 글쎄 그 새 이혼을 하고 혼자 LA에 와서 산단다. 아이엠에프 때 말아먹고 그로 인해 이혼할 수밖에 없었다고, 그래서 LA에 날아와 어찌어찌해서 지금은 전자기기 수출상이라고, 영주권도 땄다고, 시민권도 곧 나온다고.

그래, 그 구석도 돈이 원수였구나. 아무튼 그보다도 신분이 확실한 성실한 독신남, 좌고우면할 것 있나? 안 그래도 몇 군데 답을 재촉 받고 있었는데.

이리하여 나는 몇 달 뒤 독고 씨와 결혼하였다. 둘 다 재혼이지만, 내가 좀 철이 없이 한 첫 번째 것을 제하면 내게 있어 진정한 첫 결혼이었다. 맨날 비올라 통을 먼저 챙긴 애들 친아빠보다 더 우리 아이들을 챙기는 자상한 아빠가 되어 그도 우리도 오랜만에 안정을 찾은 것 같았다.

남편의 사업은 꽤 잘 되는 모양이었고 나도 이제 흔들리지 않는 여유를 찾는가 보다 하였다. 이만한 축복이 어디 있겠는가? 그는 우리 사이에 새 아이를 원했다. 그런데 그게 맘대로 빨리 잘 안 되는 것, 그것만이 행복한 고민이었다.

어느 날 부목사님은 나에게 간증에 나서 줄 것을 부탁했다. 어떻게 하는 것이 간증인가요? 있는 그대로, 하느님 은혜 받은 것을 그대로 사람들에게 전하면 됩니다.

그래서 나는, 내가 생각해도 아직은 진정한 크리스천도 아닌데다가 자기 얘기를 대중에게 까발리는 것이 좀 쑥스러웠지만, 어쨌든 제안을 받아들였다. 심령 대부흥 주간에 나는 몇 사람과 함께 차례로 무대에 올라 간증이라는 것을 하기 시작했다. 그리고 나는 이내 다른 곳에서도 자주 불려 다니는 유명 간증 인사가 되었다. 그리고 알게 되었다. 사

넷째 가름: 꿈으로

람들은 내가 절에서 뛰쳐나온 대목에서 더욱 할렐루야를 외치고 박수를 치며 스님의 인자함에 대해 말할 때에는 대부분 반응이 좀 시큰둥하다는 것을. 그래서 내 나름으로 좀 보태기도 하고 빼기도 하고, 부풀리기도 하고 지어 넣기도 했는데 그게 무슨 대수며 큰 죄랴? 일종의 서비스고 예의지. 한참 그러다보니 나 자신도 어느 것이 정확한 진짜였는지 기억이 헷갈리기조차 하였다. 아무튼 나에게는 좀 바쁘고 고되기는 해도 행복하고 걱정거리 없는 나날이었다.

남편은 사업차 한 해에 서너 차례 한국이며 일본 중국 등지로 장기출장을 다녀왔다. 일일이 말은 안 하지만 전처에게서 난 딸자식 하나를 보고 오는 것이 중요한 일정의 하나인 것 같았다. 더러는 생활이 어려워진 홀로 사는 전처에게 얼마간의 돈도 집어주는 것 같았다. 그러라지 뭐, 내가 누군가, 이제는 더욱 담대해진 여자, 안젤리카 제이 독고 아닌가.

그런데 어느 날, 우연찮게 발견한 열쇠말을 가지고 들어가 본 남편의 컴퓨터에는 제삼의 여인과 얽힌 많고도 많은 사연들이 한쪽 구석에 쌓여 지금도 진행 중에 있었다. 이상하게도 너무 크게 놀라지는 않았지만 한동안은 멍하니 벽에 기대어 있을 수밖에 없었다. 남자들은 다 이런가? 한국남자들은 다 그런가?

그는 수년째 중국 거래처가 있는 곳에 조선족인지 중국여자인지 모를 젊은 현지처를 두고 많은 돈을 쓰고 있었다. 아니 얼마를 어디에 빼돌려 놓고 있는지 짐작이 가지 않았다. 어떡해야지? 그가 출장에서 돌아오는 저녁까지 혼자서 곰곰이 생각하다 내린 결론은, 정말 귀찮고 싫지만 다시 단안이다. 챙기고 갈라서고 새로 시작하자. 조용히, 마지막 순간에도 쿨하게.

그리하여 나는 일부러 한인 타운을 피하여 베벌리 힐즈의 유명 로펌을 찾아갔다. 거기서 나를 맞은 이는 노련하고 인상 좋은 구레나룻의 브루스 세바스치안이었다. 그 누구에게도 알리지 않고, 아무도 눈치채지 못하게 접촉하며, 아직은 서투른 영어지만 차분히 내 형편과 속사정을 이야기하고 특별한 부탁을 하는 중에 그가 내밀며 설명하는 서류들에 여러 번 서명을 했다.

남편은 그즈음에도 뻔질나게 중국이며 한국을 드나들었지만 우리의 이 모든 작업을 전혀 눈치 채지 못하고 있었다. 드러나는 남편의 재산은 생각보다 쏠쏠했는데 살고 있는 미국에도 가까이 멀리 여러 군데 투자를 해 놓고 있었다. 어쩌다 묻는 내개는 건성으로만 귀띔했었고 나도 그저 모든 걸 믿고 맡겨 놓았었는데, 정말 야무지고 앙큼한 사람이었구먼.

브루스의 사무실을 자주 들락거리는데 언젠가부터는 사정이 있으면 바깥에서도 둘이 따로 만나 의견을 나누었다. 그는 정말 모든 것이 정리되어 있는 깔끔한 신사였다. 일에든 인간관계든 도대체 군더더기가 없고 신사적이며 향기가 배어 있고 인간에 대한 배려가 깊었다. 그러니 변호사를 하는 상류 사회의 인사겠지. 내가 겪어온 저 극동의 악바리 지저분한 동포 남자들과는 확실히 격조와 차원이 달랐다. 그런 그가 어느 날, 내가 교회에 일이 있어 지금 멀리 갈 수 없다고 하자 자기가 내가 있는 근처, 이 카페로 몸소 오겠다고 했다.

이제 그는 주로 이 카페로 나를 사사로이 불러내어 인간적인 말투로 조언을 해 주기를 즐겨했다. 그것도 자존심 상하지 않게, 굴러가는 듯한 아름다운 목소리의 쉬운 영어로. 나는 그가 말하는 내용보다도 구수하게 구르는 그 목소리의 감미로움에 잠깐씩 빠져들곤 했다.

여기서 또 한 번 긴 이야기를 줄이자. 외로움에 지친 데다가 그동안 참아 왔던 생의 가치와 믿음이 무너져 내린 아픔, 그리고 내게만 자꾸 찾아드는 불행에 대한 반발심이 서럽게 겹치면서 목울대 끝까지 복받친 어느 저녁, 브루스가 권하는 포도주 한 잔에 취해 그의 가슴팍에 그만 고개를 기대 버리고 말았다. 이야기는 뻔하지 않나. 이 천하의 안재림이 그의 꼬임에 넘어가, 아, 이제 생각하니 한국 여자들에게 흔한 치명적인 취약점이랄까, 한국 남자들의 거의 보편적이랄 수도 있는 잘못 때문이랄까, 서양 남자라면 쉽게 넘어가 버리는 그것, 다들 잘못 알고 있는 마냥 멋있게 보이는 그것이겠지. 나도 그가 던지는 매력의 그물, 애욕의 올가미에 걸려 어이없게 사로잡히는 한낱 물고기가 되고 말았다. 그로부터 며칠 후 어느 일요일 저녁, 교회에서 함께 기도를 하고 돌아오는 찻간에서, 운전대를 잡은 독고 장로에게 나는 남의 일인 양 조용하게 말했다. 우리 이혼 서류 준비됐어요. 변호사가 곧 연락할 거예요.

그로부터 한 해가 지나 나는 미세스 안젤리카 제이 세바스치안이 되었다.

해가 저녁이 가까우면 더 빨리 떨어지는 걸까? 이제 더 빠른 속도로 이야기를 줄여야겠다.

우리 세 식구가 브루스가 혼자 살고 있는 말리부의 저택으로 옮겨가 산 지 세 해도 지나지 않아서지. 함께 저 멀리 푸른 수평선을 바라보며 어느 날 그는 조용히 내게 말했다. 나 안젤리카에게 말해 줄 게 있어. 다른 여자 만나고 있어.

뭐? 또야? 아이구 두야!

나는 차마 고개를 돌려 수평선이 끝나고 뭍이 시작되는 이 세상을 되돌아볼 힘이 없었다. 그리고 그는 내쳐 말했다. 당신의 재산은 콘도 한 채야. 나머지는 다 로펌으로 들어갔어.

무슨 소리야! 그제야 나는 벌떡 일어섰다. 그러나 그뿐이었다. 그 후로 내 딴엔 남은 기력을 다해 챙기고 뒤지고 해 봤지만 아무리 그래봤자 이 날고 기는 전문가, 천재 변호사가 얽어 놓은 깨알 같고 거미줄 같은 서류의 정글 속에서는 오리무중이었다. 정말 내게 남은 것은 달랑 다운타운에서 멀지 않은 곳, 투 베드룸 콘도 한 채였다.

말은 어느 정도 하겠는데 이년의 미술학도는 정말이지 깨알 같은 영문 서류를 독해할 능력도 없었고 취미조차 없었다. 그런데 이 야차 같은 놈은, 내가 최종 승인만 해 준다면, 그래서 그 서류에, 최종적으로 합의했다고 서명만 쓱싹 해 준다면 그대로 조용히 끝내겠단다. 좀 더 시끄럽게 군다면 그 나마의 콘도마저 날아갈지도 모른단다.

이 댄디 젊은이 흉내 내는 능구렁이 영감탱이가 누굴 바보천치로 아나? 나의 장기는 확고한 결심과 몸으로 챙김, 그리고 서슴없는 부탁 아니었던가. 그리고 그 부탁, 이젠 더 이상 사람에게 하지 않는다. 이때까지의 방식으로는, 도대체 이 동네에선 먹히지 않기 때문이다. 그런다고 못 할 줄 알고? 영양 가시나 독한 맛을 못 봤구나! 좋다. 내가 누군가! 다 벗어던진다. 천하의 안재림. 이제부턴 양코백이 너보다 더욱 쿨하게.

그런데 지난 일요일 저녁, 정말 이성을 잃을 만치 피가 솟구쳤다. 멜라니 때문이었다. 브루스에게로 합쳐 온 이후 언제부터인가 가끔씩 우울증에 시달린 아이인데 너무 호젓하고 경치 좋은 주변 환경 때문인가도 하였다. 하지만 의사에게, 병원에 데려가도 호전이 잘 되지 않았다. 그런데 일요일, 지나다 제 방에서 흘러나온 잠꼬대 소리에 귀를 기울이는데, 놀랍게도 브루스에 당하지 않으려고 필사적인 거부 반응을 하는 소리였다. 그랬었구나! 은근히 다그치고 유도해도 말문을 열지 않더니만 그동안 의부와의 사이에 무슨 일이 있었던 게 틀림없다! 직감이며 확신이다. 그 짐승 같은 영감탱이가, 지속적으로 무슨 일을 이 아이에게 저지른 게 틀림없다!

빌어먹을 영감탱이, 너는 죽었다. 몇 번이나 찾아갈수록 여우같은 비서를 시켜 외출했다며 어디 갔다며 요리조리 갖은 핑계를 대고 피하며 아예 만나 주지를 않는 그에게 이메일로 짤막한 쪽지를 띄웠었지. 생각을 고쳐먹었으니 이제 최종 이혼 합의 서류에 동의를 하겠다고. 네 사무실에는 가기 싫으니 이리 나오라고. 우리 처음에 바깥에서 만났던 그 카페, 교회에서 가깝고 절의 지붕이 비스듬히 보이는 이층집 그곳.

해는 설핏 기울어, 언제부터 매달렸는지도 모를 저 절집 지붕의 연등들도 볕에 시든 듯 오후의 햇살 속에 쳐져 있다. 그런데 벌써 이십 분이나 지났는데, 약속과 달리 안 오기로 한 건가? 얼핏 의혹이 드리우는 그때, 나는 난데없이 문득 가슴에서 피어올라 눈망울에 고이는 한 가닥 즉흥의 노래를 저절로 흥얼거렸다. 이 노래가 끝나면 마지막으로 나는 일어서리라.

나 살고 싶어요 아버지
나 살고 싶어요 어머니
그런데 이제 더는 안 되겠어요

이제 여기서 그만 멈추려 해요

나 가고 싶어요 아버지
나 돌아가고 싶어요 어머니
그런데 갈 수 없어요, 갈 수 없어요 어머니
나 여기서 멈출래요
여기서 멈출래요 엄마, 엄마
영원히
이 자리에서 멈출래요

노래를 가까스로 추슬러 마치는데 어느덧 두 눈에 눈물이 아롱졌다.
그 아롱진 눈물방울이 이지러져 흘러내리며 창밖 풍경을 흐리는데
그때 저 아래 주차 공간에 검은 세단 한 대가 천천히 미끄러져 들어와
내 발 끝에 코를 박고 멈추었다.

5 모래섬

덮개를 씌운 군용 트럭이 몇 대 들판의 끝에 나란히 멈추어 섰다. 짐칸의 뒷막이 판이 젖혀지자 삽을 한 자루씩 챙겨 든 병사들이 우르르 뒤꽁무니로부터 바닥으로 뛰어내렸다. 병사들의 구둣발로부터 그리 멀지 않은 평평한 풀밭의 끝, 저만치 아래에는 거짓말같이 깎아지른 골짜기가 들판을 가로지르고 있고 그 골짜기 바닥엔 하얀 강물이 흐르고 있다. 뭔가 잘못된 촬영 세트 같았고 보기 드문 풍경이다.

고개를 돌려 바라보면 한 마장쯤 되는 강의 상류 오른쪽 저만치에는 멀리 떨어진 교각 사이에 두 개의 하얀 아치를 그린 좁고 긴 콘크리트 다리가 걸쳐져 있다. 굽이치는 강의 깊은 골짜기가 숨어버린 들판의 왼편 저 멀리 산자락에는 작은 마을이 흐릿한 이내 속에 눌어붙어 있다.

– 저게 승일교야, 김일성이가 만든 거지. 오른쪽 반하고 왼쪽 반이 생긴 모양이 좀 다르잖아? 육이오 때 빨간 마후라가 폭파했던 곳을 이승만이 후에 다시 만들어 붙이면서 모양이 좀 달라졌지.

뭐든지 아는 체를 잘 하는 손 하사가 다리에 얽힌 역사를 다 읊기도 전에 중대 선임하사의 고함이 들려왔다.

- 집하압! 소대별로 정렬! 에~ 또, 1소대 2소대 우측 세 시 방향 마사토 작업 실시, 오후 5시 작업 완료. 3, 4 소대는 좌측 아홉 시 방향, 뗏장 떠서 4개 장소 방카 보강 작업, 마찬가지로 5시 작업 완료! 경계조 잔류하고 나머지는 소대별로 각자 위치로 당가 들고 이동! 실시!

- 밥은 안 먹을랑가?

물병장으로 들어와 전역을 달포쯤 남겨 놓은 막가파 장 병장이 일부러 궁시렁거렸다.

- 언놈이야? 먹는 것부터 챙기는 놈이.

빽 하고 소리를 높인 선임하사는 하지만 금방 목소리의 진원지를 파악하고는 자신의 목소리를 좀 누그러뜨렸다.

- 중식은 12시에 배식조 차출한다. 이상!

- 삼중대~ 좌로 이보~ 갓! 분대별로 당가 하나씩 들고, 나머지는 좌로 어깨~삽! 좌측 열 시 방향 무명 계곡 제3 작업장으로 줄줄이 좌향 앞으로오 갓! 행군하며어 군가한다아, 군가느은 진짜 싸나이, 목소리느은 배째지게에, 피터지게에, 헌나 두을 세엣 넷, 싸나이로 태여나서 할 일도 많다만, 헌나 두을, 너와 나 나라 지키는 영광에 살았다, 목소리 봐라~, 전투와 전투 속에 맺어진 전우야, 서이 너이, 산뽕우리에 해애 뜨고 해가 질 때에, 얼싸 좋고, 부모 형제 우리 믿고 단잠을 이룬다, 다시 한 버언~군가느은~ 육군가~

- 제기럴, 힘 다 빼 버리고 언제 일하누?

역시나 장 병장이었다.

아닌 게 아니라 가마니를 터서 양쪽에 긴 막대를 붙인 담가에 삽자루를 얹고 두 사람이 앞뒤로 들고 벼랑에 난 좁은 길을 따라 줄지어 내려가 강바닥 작업장에 도착하니 벌써 맥이 풀리고 등이 촉촉해졌다.

그런데 이곳 풍광은 이색지고 아름다웠다. 우리나라에도 이런 곳이 있었나? 익숙했던 한국의 일반적인 지형이 아니다. 들판에서 멀리 바라보면 마치 강이나 계곡이 없는 것 같았다. 그런데 가까이 다가와 보니 바로 발밑에 칼로 자른 듯이 땅이 꺼져 있고 저 아래에 강물이 흐른다. 임꺽정이 설치던 한탄강이란다. 강바닥에 내려와 보니 좁은 하늘과 둘러선 검은 절벽만 보이고 들판은 보이지 않는다. 선반 위가 보이지 않듯이. 작은 그랜드캐년인가?

흰 모래와 자갈이 깔린 일정한 너비의 강바닥을 가르며 크지 않은 물줄기가 요리조리 갈라졌다 합해졌다 하며 벽에 부딪쳤다가는 검은 바위를 피해 돌며 여기저기 깊은 소를 이루기도 한다. 모래와 자갈로 이루어진 깨끗한 섬들은 금방 만들어진 듯 흠결이 없는데 군데군데 억새와 갯버들이 나 있다. 그런데 그 모래섬, 모래톱의 여기저기에 빨강 파랑의 작은 천막들이 숨어 있다.

– 제에길! 누구는 제대 말년에 삽자루 들고 뺑이 치고 연놈들은 대낮부터 자빠져서 팔자가 늘어졌구나. 야, 이것들아, 구멍 파기도 고만하면 됐다. 지겹지도 않냐!

강기슭에 여기저기 띠처럼 무더기진 잔디밭을 찾아 삽으로 떠서 들것에 싣고 절벽에 비스듬히 난 좁은 길을 따라 위로 날라 올린다. 이 뗏장들은 다시 트럭에 실려 강의 이쪽 편 벼랑 위를 따라 만들어진 몇 군데의 요새 작업장으로 옮겨진다.

일을 시작한 지 두 시간이 돼 가자 20분 정도의 첫 휴식 시간이 주어진다. 이제 제법 여유 있게 화랑 담배를 꺼내 문 사병들 한둘이 물 건너를 향해 야유를 퍼붓기 시작하자 너도나도 온갖 야한 소리로 킬킬거리며 스트레스를 푼다. 병사들이 하도 떠들어대니까 텐트들이 하나 둘

빠끔히 열리면서 밖을 내다본다. 여자도 있고 남자도 있다. 모두 어리거나 젊은 얼굴들이다. 그러더니 하나 둘 서둘러 텐트를 걷고 짐을 꾸려 이쪽은 쳐다보지도 않고 떠나 버린다. 거의 다 쌍쌍이다. 빌어먹을 군바리들 땜에 모처럼의 야영을 잡쳤지만 대거리해 봤자 건질 것 하나 없을 거란 표정과 몸짓들이다.

그런데 모래언덕 너머 갯버들 사이에 친 2인용 청색 삼각 텐트 하나만은 여태 전혀 기척이 없다. 죽었나, 살았나? 어디 갔나? 병사들은 이제 그 텐트를 향해 집중적으로 더욱 강도 높은 야유를 퍼부었다.

- 야, 고마 해라, 날 샜다~. 비 온다~.

그러고 보니 아까부터 흐려 오던 하늘이 북쪽에서부터 컴컴히 묻혀 오고 있다. 서늘한 비의 냄새가 코끝을 스치는 것 같다. 누군가가 텐트를 향해 돌팔매를 던졌다. 비로소 텐트의 문이 빼꼼히 열리더니 젊은 여자의 얼굴이 반쯤 나타났다. 하지만 휘파람을 불고 쑥떡을 먹이는 군인들의 모습에 질렸는지 금방 도로 닫히고 말았다. 안에 있기는 있었구먼. 공장에서 휴가를 받았나? 학원에서 땡땡이를 쳤나?

- 휴식 끝! 정위치로!

호각 소리가 나는데 손 하사가 다시 삽을 잡으며 걱정스런 표정으로 하늘을 올려다보았다.

- 여긴 괜찮아도 저 북한 쪽엔 큰 비가 오는 것 같은데……. 시커멓게 묻혀 있잖아……. 큰물 지면 안 되는데…….

조금씩 흐리고 어두워 오는 속에서 병사들은 꾸역꾸역 뗏장 떠 나르기를 계속했다. 힐끔거리며 텐트 있는 쪽을 훔쳐봐도 영 그대로였다. 몇 행비 더 담가를 들고 나르는데 발밑에 몇 방울 빗방울이 떨어졌다. 배가 고프다. 배식조는 어찌 됐나?

- 저 봐, 강물이 좀 불었잖아.

손 하사가 가리키는 대로 텐트가 있는 모래톱을 양편으로 갈라 흐르는 강의 가는 물줄기가 그 사이에 좀 더 굵어져 흐르고 있었다. 그때 급식 트럭과 배식조가 도착했다는 깃발 신호가 절벽 위에서 펄럭였다. 우리는 비탈길을 올라가 배식대 앞에 소대별로 줄을 섰다. 어깨에 밥풀 세 개를 단 중대장과 밥풀이 두 개나 한 개인 소대장들도 이미 임시 그늘막 밑에 모여 점심을 먹고 있었다. 조금 굵어진 빗방울이 드문드문 식판의 보리밥과 깍두기 사이에 떨어졌다. 우리는 트럭 주위에 아무렇게나 기대 앉아 빗방울로 간을 친 꿀맛 같은 짠밥을 삼켜 먹었다.

- 아니 저것들, 이제 깨워야 하지 않나? 이렇게 미련하게 밥이나 처먹고 앉아 있을 때가 아니지!

장 병장이 갑자기 먹던 식판을 바닥에 탁 놓더니 벌떡 일어나 서둘러 강기슭으로 내려갔다. 완장을 찬 선임하사가 불렀다.

- 장 병장, 장 병장! 돌아와! 동작 그만! 저 자식이?!

장 병장은 멈칫도 않았다. 손 하사가 말했다.

- 선임하사님, 이대로 두면 위험합니다. 북한에 큰비가 오면 금방 이곳을 덮칩니다. 저 텐트 사람들, 지금 조처를 취해 주십시오.

- 알았어. 근데 저 장 병장 뭐 하고 있는 거야?

그새 강바닥에 다다른 장 병장은 물이 넓게 퍼져 얕아진 곳을 골라 섬으로 건너가려는 듯 물줄기에 들어서고 있었다. 하지만 깊이가 만만치 않은지 도로 물가로 나와 아예 군복 바지를 벗고 있었다. 그때 어느 틈엔가 중대장이 절벽 끝에 다가가 서서 손 마이크를 들고 외쳤다.

- 장 병장! 명령한다! 행동중지! 나머지 병사들 동요 말고 그 자리에서 식사 계속한다! 선임하사, 장 병장 잡아와!

선임하사는 강기슭을 뛰어 내려갔다. 빗방울이 좀 더 굵어졌다. 병사들은 밥을 마저 삼키며 모두 아래쪽을 바라보았다.

- 중대장으로 중대원들에게 엄중히 지시한다! 고개를 절대 강 쪽으로 돌리지 말 것! 식사 계속할 것! 이탈하거나 떠드는 자는 바로 제재한다. 식사완료 5분전!

선임하사는 올라오지 않았다. 멀리서 봐도 강물이 확실히 조금 불어오른 것 같았다.

우리는 다시 조를 지어 담가와 삽을 들고 강기슭으로 내려왔다. 강물은 제법 물살이 빨라져 있었고 조금 흙탕으로 변해 있었다. 중대장과 소대장들도 강기슭으로 따라 내려왔다.

- 중대장 지시 없이 위험하고 허튼 행동 하지 않도록! 각 소대 작업장 별로 오늘 작업 목표 시간 내에 달성하도록!

지휘봉을 토닥이는 중대장을 따라 그들은 장병장과 선임하사가 승강이를 하고 있는 쪽으로 줄지어 사라졌다.

눈은 자꾸 텐트 쪽으로 가는데 연거푸 작업 재촉은 하달되었다. 그런데 어느덧 아까 뗏장을 떼어 낸 자국에까지 흙탕물이 찰랑이며 올라왔다. 빗방울도 더 자주 뿌리고 날도 더 어두워졌다. 어느 순간 담가를 들고 가던 병사가 갑자기 걷기를 멈추더니 텐트 쪽으로 고개를 돌려 목멘 소리로 크게 외쳤다.

- 야~~! 비 온다, 빨리 나와라~, 떠내려 간다아~~

그 소리에 다들 손을 놓고 함께 외쳤다. 삽을 든 병사도, 총을 든 병사도, 강기슭의 병사도, 벼랑 위의 병사도.

- 나와라! 나와라! 죽는다! 나와라!

넷째 가름: 꿈으로

마침내 텐트가 갈라지며 남자와 여자가 천천히 일어서 바깥으로 나왔다. 멀리서 보아도 20대 초반이거나 더 어린 것 같다. 잠에서 덜 깬 듯 겸연쩍어 하고 의아해하는 표정이 역력하더니 금세 주위를 둘러보고 당황해한다. 그 사이 텐트는 새로 가지를 친 물줄기로 더 둘러싸이고 마침내 텐트 자락까지 젖어 들고 있었다. 이때 중대장 일행이 무전기를 든 선임하사와 장병장과 더불어 우리가 있는 곳에 나타났다. 그새 저편에서 무슨 일이 있었는지 장 병장은 얼굴과 눈이 벌겋게 달아올라 있었다.

 - 작업 안 하고 뭣들 하는 거야?!

이에 어느 병사가 아랑곳 않고 벌떡 일어섰다.

 - 중대장님! 제가 저 위에서부터 헤엄쳐 건너가겠습니다. 허리에 밧줄을 매면 됩니다.

다른 병사가 대들 듯 말했다.

 - 중대장님! 구조대를 불러 주십시오. 헬리콥터가 아니면 안 됩니다.

 - 그런 건 지휘관이 알아서 하고 있다. 주제넘은 짓 말도록!

중대장의 목소리가 아까처럼 카랑카랑하지는 않았다. 병사들은 더 이상 귀담아듣지 않고 우르르 맨손으로 물가로 몰려갔다. 텐트가 있던 모래섬은 어느덧 눈앞에서 완전히 물속에 잠기고 있었고 미처 걷지 못한 텐트의 지붕만 보인다. 주위에는 흙탕물이 좀 더 세차게 흘러간다.

남자는 이미 무릎까지 물이 올라온 텐트를 나와 여자의 손을 잡고 있다. 여자는 손잡이가 달린 고동색 여행 가방을 들고 있다. 그러다 남자가 여자를 업더니 반대편 벼랑 쪽을 향해 물을 건너려 한다. 하지만 몇 발자국 못 가서 물이 허리에 차자 포기하고 다시 이쪽으로 건너오려 방향을 튼다. 하지만 이쪽도 마찬가지다. 물 흐름이 더 세찰 뿐이다. 포기하고 다시 텐트 쪽으로 간다. 여자가 등에 업힌 채 이편을 향해 외친다.

- 살려주세요~ 살려주세요~
- 힘내라~ 힘내라~ 버텨라~ 기다려라~

그새 가까운 마을에서 중년의 남자와 노인 하나가 긴 밧줄을 들고 왔다. 군인들 중에 덩치가 좋은 병사 몇이 줄에 돌멩이를 묶어 휘휘 돌리다가 힘껏 내던진다. 훨씬 못 미친다. 물 가운데의 여자는 가방을 작은 텐트 근처에 나 있는 갯버들의 줄기에 얹어 놓았다. 한 손으로는 나무줄기를 잡고 다른 손은 남자의 손을 잡았다. 남자는 다른 한 손을 물 가운데로 뻗어 병사들이 줄을 매어 던지는 돌을 잡으려 하지만 서너 발자국 앞에서 물속으로 떨어지고 떨어지고……, 끝내 닿지를 않는다. 그러는 사이에도 점점 물은 차올라 가슴께로 오니 마침내 포기하고 다시 갯버들 줄기를 잡으러 간다.

여자는 팔뚝만한 줄기에 겨우 몸을 의지하고는 어찌어찌 가방의 지퍼를 열더니 편지 뭉치 같은 것을 한 움큼 꺼내 찢기 시작한다. 종잇조각들이 빠르게 흙탕물에 떠내려간다. 그리곤 가방마저 떠내려 보낸다. 남자는 멍하니 위만 쳐다보는데 더 어두워진 하늘에는 낮고 짙은 구름이 몰려가고 서쪽 하늘엔 그 틈사이로 누런 노을이 비친다.

- 쯧쯧, 헬기가 아니면 가망 없어요. 올해도 저 강물에 여러 목숨 바치게 생겼구려.

노인이 밧줄을 거두어 감으며 중얼거렸다. 이제 물은 더욱 차올라 갯버들도 꼭대기만 남았고 두 남녀는 두 팔로 가는 가지를 부여잡고 물에 휩쓸리지 않으려고 안간힘을 쓰고 있다. 두 발은 이미 바닥에서 떠올라 물결 속에 나부끼는 것 같다.

- 중대장님, 저 다리로 가서 배를 묶어 띄웁시다. 동네에 나룻배 없어요? 배를 이어서 다리에서 떨굽시다.

눈이 시뻘게진 어느 병사가 팔을 걷고 앞으로 나섰다.

중대장은 고개를 돌리고 선임하사에게서 다시 무전기를 건네받았다. 무전기에서는 쒜에~ 하는 바람소리만 새어 나왔다. 가는 빗방울 속에 땅거미는 지기 시작하고 어디선가 물안개가 피어올라 스며들며 소용돌이치는 흙탕물 위로 덮이기 시작했다.

- 우라질 헬리콥터는 어디 처박혀 있는 거야? 연락을 하기는 한 거야?

- 날씨가 나빠 못 뜬대.

- 아니 태풍도 아니고 이 정도 날씨에, 경찰이 아니면, 육본은 뭐하는 거야?

- 우리가 뭐 미군인 줄 아나?

누군가 시큰둥하게 대꾸했다.

버드나무의 줄기 끝에 풍선처럼 매달린 여자의 허리가 토끼처럼 오그라졌다. 그러더니 몇 초 후, 어디선가 앗! 하는 소리와 함께 여자의 검은 머리가 떼어져 나간다. 어둠 속에서 아래쪽으로 빨리 쓸려가며 한두 번 짧게 용솟음치는 물결 속을 들락거리더니 이내 시각 속에서 놓쳐 버렸다. 남자는 일이 분 더 오래 버티었다. 하지만 마침내 버드나무의 마지막 남은 이파리들마저 물속으로 빨려 들자 얼어붙은 군중의 정적 속에서 한두 번 더 환영인 양 가뭇거리던 그 머리도 세찬 물결에 쓸려 아래쪽으로 사라져 버렸다.

- 제기럴, 엿이나 먹어라! 거꾸로 매달아도 국방부 시계는 돌아간다

이 말이지…, 나도 낼모레 제대만 하면 그 뿐이다 이 말이지…….

장 병장이었다. 하지만 중대장을 비롯하여 아무도 대꾸 없이 천천히 비탈길을 줄지어 되올라갈 뿐이었다.

벼랑 위 평지에 도착하자 초췌한 낯빛의 중대장은 문득 큰 결심이나 한 듯 전 병력을 트럭 앞 풀밭에 집합시켰다. 병사들은 마지못한 듯 느릿느릿 아무 말도 없이 움직였다. 주위는 더욱 어둑해졌다. 손 마이크를 통해 들리는 중대장의 목소리가 조금 떨리고 남의 나라 말 같았다.

— 에~~, 오늘 진지 작업 중 불행한 일이 있었다. 우리는 국방을 맡은 군인으로서 최선을 다했다. 군인은 나라의 보배요 소중한 존재다. 중대장으로서, 지휘관으로서 나는 우리 부대원의 안전에 최선을 다했다. 추후 외부에서 이 사건에 대해 탐문이 올 거다. 에~~, 우리 중대원은 똘똘 뭉쳐 오해받을 언사나 행동을 보여주는 일 없도록! 명심하기 바란다. 모른다고 하는 것이 제일 낫다. 민간인의 일로 나는 잘 모르는 일이라고 대답하길 바란다. 그게 자신과 부대, 나라를 위한 길이다. 오늘 병사들 모두 최선을 다해 주었다. 고맙게 생각한다. 즉시 승차하여 귀대 후 저녁 식사 하도록. 이상!

— 정말 최선을 다하기는 하는구먼……, 밥풀 떼고 말똥 하나 붙이기가 어디 그리 쉬운가?

트럭에 오르면서 누군가가 중얼거렸다.

덜커덩거리며 트럭이 부대 정문에 거의 다다랐는데 하늘의 터진 구름 사이로 얼핏 헬리콥터의 캐터필러 돌아가는 소리가 잠깐 들리는 듯하였다.

넷째 가름: 꿈으로

6 야자나무

동식은 오늘 아침 한껏 기분이 상기되었다. 이곳 멕시코시티에서 조금 떨어진 테포초틀란의 변두리 벌판에 터를 마련하여 어렵사리 멕시코에서 가장 크다는 티셔츠 공장을 세워 돌리기 시작한 지 어느덧 세 해가 지난 오늘 토요일 아침, 이를 기리어 그럴듯한 초청 골프 대회를 연 것이다. 현지인 공장장을 비롯한 몇몇 간부 직원들과 이곳 시장 및 상공회의소 소장, 세관 담당자, 경찰서장에다가 단골 고급식당인 에스메랄다의 여사장까지 모셔와 한 마흔 명으로 조를 짰다. 그런데 그 무엇보다 동식을 들뜨게 하고 속으로부터 무언가 뿌듯하게 차오름을 느끼게 한 것은 좀처럼 나서기를 싫어하며 도대체 속을 잘 알 수 없는 마누라가 이번에는 웬일로 시간을 내어 LA에서부터 이 멕시코 땅까지 날아온 일이다.

마누라 송진채는 골프를 치지 않았다. 미국에 오자마자 부부 함께 따라 나선 스왑밋 장사가 여러 해 계속되던 끝에 다운타운에 조그만 도매 가게를 사들이고 이렇저렁하다 한국과 중국에서 물품을 들여오면서 동식은 갑자기 바빠짐과 동시에 셈평이 폈다. 그와 함께 사업을 규모 있게, 국제적으로 키워 볼 수 있다는 가능성을 엿보게 되고 자신감을 얻었다. 좀 멀리, 큰 그림을 그려 보자. 쌓인 밑천을 만지작거리면서도 작은 돈에 더 이상 끄달리지 말고 꿈을 키우자. 그러면서 일부러 틈을 내어 골프도 치기 시작했다.

그런데 그 얼마 전부터 아는 사람 등쌀에 못 이겨 건성으로 따라가 본 교회를 마누라는 어느새 진정으로 열심히 다니기 시작하더니 오히려 동식에게도 이전과는 다른 각도에서 신앙적으로 다가오며 조금씩 짓누르기까지 하는 것이었다. 어느 면에서 마누라는 얼마 전까지의 어려웠던 나날은 잊은 듯했다. 아니 나몰라라 하는 듯했다. 내가 잔소리 하는 타입은 아니지만 신경이 쓰일 만치 평평 십일조를 내고도 아무렇지도 않아 했으며 당장 오늘내일의 걱정은 머릿속에서부터 떠나보낸 듯하였다. 그 바람에 동식도 사장이라는 호칭에 더불어 집사라는 직함을 하나 더 얻어 걸치기는 했지만.

반면에 동식은 교제상 필요할 것이라고 계산적으로 발을 담근 골프에 자신도 모르게 더 달라붙게 됨을 느꼈다. 그런데 만날 그렇고 그런 친구들과만 어울리면 뭣하나? 이젠 노후도 생각해야지. 그래도 함께 고생한 마누란데 하며 진채를 거의 떠다밀다시피 하여 레인지에도 데려가 보고 비싼 값에 혼마 골프 채 한 세트를 마련하여 선생까지 붙여 주었으나 역시나 골프에만은 전혀 열성이 없고 재미를 붙이지 못하더니 드디어 아예 발을 들여놓으려 하지 않았다. 하지만 교회 일에만은 일부러 짬을 내어서라도 나날이 열심이었다. 동식이 한 해의 거의 삼분의 이 이상을 멕시코에서 지내며 혼자서 끙끙댈 때도, 토박이 종업원들을 닦달하며 애간장을 다 태울 때도 진채는 가끔 들른 현장에서 동식을 남의 일처럼 물끄러미 바라보다가는 너무 심하게 군다는 듯 측은해 하는 눈빛일 뿐 여느 마누라들처럼 시시콜콜 알려 들지도 않았고

넷째 가름: 꿈으로

거들먹거리거나 간섭하려 들지도 않았다. 그러다 둘이 남게 되었을 때 지나가는 말로 '적당히 해요…, 몸 다치지 말고.' 하며 걱정인지 핀잔인지 모를 말마디를 가끔씩 흘릴 뿐이었다. 그리곤 교회 일이 바쁘다면서 곧장 혼자서 북으로 돌아가 버리는 것이었다.

그러던 마누라가 무슨 계시를 받았는지 황금 같은 연휴를 되물리고 한 주일이나 미리 멕시코로 내려온 것이다. 그리고 동식이 주최하는 골프 대회를 처음부터 거들며 기꺼이 힘을 보태주는 것이다. 옛날부터 웅숭깊고 차분한 사람인 줄은 알았지만 저렇게 활달하고 수완 있는 사람인 줄은 미처 깨닫지 못하였었다. 요사이 몇 해 동안 서로 뜸해진 사이에 얻어진 능력인가? 교회가 내려 준 선물인가? 마누라는 서슴없이 핸드폰을 들고 자유자재로 자판을 눌러 골프장 매니저를 불러내더니 시원시원하게 확인하고 똑 부러지게 지시하였다. 나보다도 더 매끄러워 보이는 영어는 물론이고 의사소통이 가능할 만치 스페인 말도 익혀 놓고 있었다. 내가 가끔 속이 상하거나 마음이 급해서 공장에서 내뱉는 외마디 현지어와는 차원이 달랐다.

물론 마누라는 골프를 치지 않았다. 대신 우아한 정장 차림으로 접수대에서 손님들을 안내하고 처음 보는 이들과 능란하게 악수를 나누는 동시에 전체 상황을 파악하는 레이더는 그녀의 차양 넓은 유럽풍 깃털 모자 둘레를 소리 없이 부드럽게 돌아가는 듯이 보였다. 옳다구나, 늘 혼자서 모든 걸 스스로 떠받치던 내 어깨가 오늘은 웬만큼 짐을 내려놓을 수 있게 되었다. 마누라만 믿고 나는 오늘 에티켓만 챙긴다. 언제나 얼굴엔 부드러운 웃음과 자신감, 선이 굵어 보이면서도 세심함과 인자함과 너그러움을 풍기는 하루, 아니 그보다도 오늘은 그동안에 쌓인 내공으로 마누라도 놀랄 만한 좋은 스코어를 내는 것도 나쁘지 않은 욕심이지. 그렇게 한번 해 볼까나! 누가 알아? 홀인원이라도 할지! 동식은 은근히 힘을 주어 골프채의 그립을 잡았다.

시장인 페르디난드 아로요, 경찰서장 후안 마르케스, 사교계의 큰손인 식당 주인 에스메랄다 오초아와 함께 제1조로 카를로스 3세 컨트리클럽 첫 번째 홀의 티 그린에 올라섰다. 골프장 여기저기에 솟아 있는 워싱토니아 팜트리 한 그루가 이 출발점 티 그린 뒤편에도 의젓이 서서 이미 몇 발 높이 떠오른 아침해를 등지고 파랗게 앞쪽으로 펼쳐진 드넓은 잔디밭에 긴 그림자를 긋고 있었다.

크시칸틀라는 살며시 나무 침대에서 미끄러져 내려왔다. 캄캄한 어둠 속에 엉성한 벽창 쪽, 두 그루의 야자수 줄기 사이로 희미한 달빛이 비쳐 왔다. 에두아르도는 깊이 잠든 것 같았다. 코를 고는 소리가 느끼하게 풍겨 오는 몸냄새 속에서 떨려 왔다. 침대의 발끝, 돌벽에 기대 세운 장검과 긴 창, 바닥에 놓인 말안장이 희미하게 빛을 내고 있었다. 크시칸틀라는 이를 건드리지 않으려 조심해 흙바닥을 밟고서는 벽을 더듬어 문고리를 땄다. 삐익 소리를 죽여 가며 빠져나갈 틈을 내자 바깥의 찬 기운이 틈새로 밀려들어 왔다. 마침 가까이 벽에 걸쳐져 있는 숄을 걷어 당겨 목에 두르고는 밖으로 나와 다시 조심스레 문을 밀어 닫았다. 저만치 모퉁이 처마 아래, 에두아르도의 암말이 킁킁 콧김을 내며 머리를 흔드는 게 보였다. 그리로 트인 하늘을 향해 얼마 전 후아레스 신부에게서 제대로 배운 대로 손가락을 모아 양어깨, 이마와 배꼽을 차례로 점찍어 가리키는 성호를 그었다.

나 크시칸틀라는 틀락스칼라 족의 스물네 살 난 여자다. 한 열 해 전까지만 해도, 그 마른하늘에 날벼락 같았던 흰 귀신 소용돌이가 있기 전만 해도 나는 이 틀락스칼라 겨레의 큰 마을인 젬사탈라에서 그런대로 남들처럼 하루하루를 살고 있었다. 하지만 틀락스칼라 종족 모두에게는 오래 된 무거운 슬픔과 감당하기 어려운 짐이 있었으니 얼마 떨어져 있지 않은 저 테노치티틀란, 거기에서 번성하는 아즈테카 겨레와의 이어지는 다툼과 억눌림 때문이었다.

우리의 한아비들은 너무나 큰 용기와 뭉침으로 이 땅위의 무적자들과 맞겨루었다. 그러나 한두 번의 작은 이김을 빼고는 늘 쓰라린 뒤끝이었다. 처음엔 키높이로 짠 백 개의 대광주리에 껍질 벗겨 말린 옥수수를 가득 채워야 했다. 그뿐인가! 생때같은 젊은 사내 전사 백 명, 이것이 싸움에 진 댓가로 바쳐야 할 공물의 품목이었다. 그 전사들은 끌려가 잘 먹여진 후 태양과 땅의 굴대가 일직선을 이룬 하짓날, 그들의 신전 까마득히 높은 섬돌 위 제단에서 산 채로 차례로 염통이 도려내어지는 희생물이 되었다. 겨레의 어른들은 이를 갈고서는 몰래 앙갚음의 한판 싸움을 꾀하였다.

그러나 그들의 신 케찰코아틀은 우리의 신 추마신테보다 한 수 위였나 보다. 아니면 혹시 비밀이 새어나갔는지 모르나 우리 싸울아비들은 제대로 한 번 겨뤄 보지도 못하고 무참하게 무찔러진 결과, 이번엔 옥수수 오백 광주리에 전사 오백이었다. 머잖아 심장이 도려내어질 그 인간 공물의 오랏줄을 채우려 오빠도 엮여 가고 두 삼촌도 굴비처럼 엮여 갔다. 눈물과 한숨과 가슴 오그라듦으로 끝없이 이어진 그 대열을 스쳐 보내며 어린 나는 계집으로 태어나 이 환난을 피할 수 있음을 다행으로 여김이 아니었다. 대신 이생에서는 여자로서, 다음 생에서는 더없이 용감하고 날쌘 틀락스칼라의 전사로 태어나 저 피에 굶주린 아즈테카 족의 씨를 말리기에 그 무슨 댓가라도 감수하리라 이를 악물고 맹세하며 여린 주먹을 꼬옥 쥐었다.

그런데 추마신테의 뒤늦은 돌보심인지 얼마 후 동쪽 토낙 겨레로부터 희한한 소식이 들려왔다. 드디어 하늘로부터 흰 태양의 신들이 내려왔다는 것이다. 처음 보는 날아다니는 짐승의 등을 타고 젬포알라의 바닷가에 무리지어 나투었다는 것이다. 그리고 얼마 뒤, 실제로 이 하늘의 신들은 토낙 겨레의 부하들과 함께 홀연히 우리 앞에 모습을 나타내었다.

이 신들과 졸개들은 나자빠질 만치 놀라움 그 자체였다. 이들을 바라보는 우리의 염통은 터질 것만 같았고 두려움과 경탄과 복종심이 어울린 경황없음 속에서 다른 모든 일은 다 하찮고 뜻없을 뿐이었다. 다행히 토낙 겨레의 한 종자가 이 신들의 기상천외한 말소리를 풀어 우리 틀락스칼라 말로 떠듬떠듬 일러주었다. 말인즉슨, 이 신들이 아즈테카를 간단없이 무찔러 주겠다는 것이다. 그 순간 겨레의 큰 어른들을 비롯하여 모든 이들의 가슴을 짓누르던 무거운 바위가 치워지고 저절로 경탄의 소리가 터져 나왔다. 이어서 그들은 우리에게 이르기를 피 빠는 귀신처럼 마을에 눌어붙어 있는 저 아즈테카의 곡물 구실아치를 먼저 잡아 죽이라고 하였다. 암, 그리하고 말고다. 벌써 줄행랑을 친 게 아닐까?

몇 사람이 고개를 돌려 구실아치가 머물던 마을의 신전 쪽을 바라보았다. 그러자 이 하늘신들의 대장은 신비롭게 꿈틀거리며 경중대는 하늘 짐승 위에서 긴 칼을 뽑아 허공을 짓찌르며 소리쳤다. '지금 당장 아즈테카를 무찌를 전사 일천 명이 모이라!' 그때 나는 비록 열네 살이었지만, 그리고 계집아이였지만 마을의 중늙은이도, 애티가 나는 아이들도 합쳐 죄다 모은 천 명가량의 싸울아비 집단에 섞이어 들어갔다. 죽은 오라비의 앙갚음을 위해, 죽은 아재비들의 복수를 위해……

　이리하여 테노치티틀란으로 향하는 행군이 시작되고 이틀이 지나지 않은 한낮이었다. 이 말 탄 신의 전사들 중 하나가 우리의 행렬을 지나치다 곧 내 행색을 눈여겨보더니 뭐라 소리치며 나를 세우곤 긴 창끝으로 내 허리춤을 걸어 올렸다. '이거 계집애잖아' 하는 것 같았다. 그러고는 잠깐 나를 노려보더니 다시 말머리를 돌렸다. 그러다 전군이 행군을 멈춰 서는 즈음에 그는 다시 말을 타고 나타나 나를 찾아내어서는 요모조모로 들춰 보며 다루더니 줄에서 나를 뜯어내어 사람들을 빗겨 한 쪽으로 몰고 가는 것이었다. 그가 눈앞에 쑥쑥 들이미는 흰 창날을 보며 이때 나는 처음으로, 이들이 나를 없애 버리려는 것이 아닐까, 바닥에서부터 깊은 두려움이 차올랐다. 어찌해야지? 하고 멈칫멈칫 밀려가는 찰나, 어디선가 말발굽 소리가 급히 남과 동시에 나는 머리채가 획 나뀐 채 달려오는 말등에 달랑 실려졌다. 그리고 왁자지껄 떠드는 소리, 웃음소리가 났다. 누군가가 나를 살리기로 하고 장난인 척 낚아챈 것 같았다. 하기야 함께 한 지 며칠 안 되었지만 이들은 사람을 너무 쉽게 죽이는 걸 보았다. 아즈테카의 반항자든 의심스런 지방민이든 단 한칼이었다. 몽둥이도 필요 없고 올가미도 필요 없었다. 이상한 어린 계집애 하나 지우는 건 장난도 못 될 일이었다. 어쨌든 이때부터 행군 내내 나는 주로 에두아르도의 말등 뒤에 올라타 있었다.
　그런데 신기하게도 그로부터 며칠이 지나지 않아, 우리가 먼발치에서 어마어마한 테노치티틀란의 호수 위의 신전들을 바라보기도 전에, 나는 이 말 위의 전사들이 지껄이는 말귀를 알아듣기 시작하였다. 에두아르도의 등에서 풍겨 오는 땀냄새와 이상한 노린내는 이 존재들이

신이 아니라 사람임을 어느 순간 일깨워 줌과 함께 몇 해 전에 잡혀가 죽은 오라비 참체틀리의 나툼이 아닌가도 여겨졌다. 그리고 도중에 잡히거나 투항해 온 아즈테카의 싸울아비들을 함께 끌고 가면서 나는 이들의 말도 훨씬 수월하게 금방 맥락을 잡아 알아들었다. 나는 어느새 천 명이 훨씬 넘는 그 무리 가운데에서 누구에게나 말귀가 통하는 귀중한 존재가 되었다. 그 신의 전사들이 더 이상 나의 목숨을 갖고 이러쿵저러쿵 할 수 없게 되었음은 물론이다.

나는 이 타고난 재주를 써서 저 원수들이 쌓아올린 어마어마한 케찰코아틀의 신전을 허무는 데 있어서 없어서는 안 될 노릇을 하게 됨이 너무나 기뻤다. 그리고 이를 남몰래 우리의 조상신 추마신테에게 감사드렸다. 그리고 며칠 후 이 감사의 장면을 에두아르도에 들킨 밤, 그는 내 목젖을 찌를 듯 들이밀던 칼을 도로 내려놓는가 하더니 나를 덤불 속으로 밀어붙여 자빠뜨리고는 미친 듯이 바지춤을 끌어내렸다. 나는 이 모든 일을 감수했고 점점 평온하게 받아들였으며 심장은 더욱 고르게 뛰면서 어느 순간에나 교활하리만치 내가 생각한 일거리에만 빈틈없어져 갔다. 그리고 무슨 중대한 일을 앞둘 때마다 그를 따라 나란히 무릎을 꿇고 성호를 흉내 내어 긋기 시작했다.

아즈테카 제국의 목테주마 황제는 완전히 우리에게 속았다. 우리의 대장 에르난 코르테스는 말 탄 하늘의 전사 삼백과 우리 틀락스칼라의 일천 싸울아비들이 주축이 된 정복군을 이끌고 테노치티틀란에 들이닥쳤다. 처음에 그 황금에 둘러싸인 아즈테카의 황제는 멋모르고 우리를 기꺼이 받아들여 대접을 하며 이야기를 나누고는 이른바 협상이라는 것에 이끌려 들어왔다.

　　　　　　　　　　　　　　　넷째 가름: 꿈으로

하지만 우리의 대장 코르테스는 그렇게 호락호락한 돌머리 전사가 아니었다. 무엇보다도 그는 재빠르고 단호하였으며 일단 행동에 나서면 거침이 없었다. 아즈테카의 수만 싸울아비들은 풀잎처럼 쓰러져 갔으며 마구 날뛰는 우리의 말들을 보고 겁을 먹었다. 그들의 흑요석 칼날 박힌 몽둥이 무기보다 몇 배나 날래게 휘둘리는 우리 전사들의 칼날 앞에 그저 꾸어다놓은 보릿자루였고 심심풀이 애호박이었다. 무엇보다도 그들의 마음은 지레 오그라져 기를 펴지 못하고 스스로 그 자리에 얼어붙어 버렸으며 한 번 고비를 넘어 반대쪽으로 물결이 덮치자 자기들끼리 휩쓸리고 짓밟히고 거꾸러지는 더 큰 물결이 되어 제풀에 허물어져 갔다.

우리는 아둔한 목테주마를 속여 짐짓 대화를 다시 하는 양 꼬드겨내었다. 어리석게도 그가 협상의 자리로 불려 나오자마자 우리 전사들은 다짜고짜 호위병들을 제압하여 멱을 따 버린 후 아직은 쓸모가 있는 이 멍텅구리를 골방에 가두었다. 그리고 그의 이름과 입을 빌려 칙령을 내어 제국에 쌓여 있던 모든 금은보화를 이곳 테노치티틀란으로 끌어오게 했다. 어느 정도 보화가 모이고 이제 그의 명령에도 약발이 제대로 먹히지 않게 되자 서슴없이 목을 내리쳤다. 삼십만이 넘게 우글대던 거대한 테노치티틀란이 며칠 사이에 잿더미로 변했다. 신의 전사들은 약탈물을 실어 나르느라 눈 돌릴 틈이 없었다. 그리고 이즈음부턴가 그들은 동맹군인 우리 틀락스칼라의 싸울아비들마저 눈에 뵈지 않는 듯하였다. 태양의 제단에서 굴러 떨어진 인신 공물의 수보다 몇 백 배 몇 천 배 많은 아즈테카의 목숨들이 팔다리가 잘려나가고 머리가 잘려나갔다. 나는 이제야 오라비의 원수, 아재비들의 원수를 제대로 갚는구나 하고 마치 들판의 메뚜기 떼가 불길에 떼죽음을 하는 모습을 보듯 애써 무심해 하였다.

그러나 아즈테카가 아닌 우리 틀락스칼라의 싸울아비들마저 휩쓸려 죽임을 당할 때는 눈을 치켜뜨고 한마디 거들지 않을 수 없었다. 하지만 그것은 착각이었다. 하마터면 내 목도 잘려 나갈 뻔했다. 이번에도 에두아르도가 칼날 앞에 막아섰다. '미친 새끼!' 하며 상대 전사는 높이 칼을 치켜든 팔을 가까스로 도로 내려놓았다. 그날 나는 처음으로 에두아르도를 사나이로서 사랑하였다. 그리고 그에 이끌려 먼 동쪽, 바다 건너에서 온 후아레스 신부를 만났고, 얼마 후 그의 세례를 받고 마침내 추마신테에게 바쳐 온 오래된 내 목걸이를 벗어 야자나무 밑에 묻었다.

그 이듬해 가을, 코르테스의 군단을 따라 동쪽 마야 겨레의 요새로 향하는 길목에서 나는 에두아르도의 아이를 낳았다. 나처럼 가무잡잡한 살갗에 그를 닮아 똘망똘망한 눈망울을 가진 알레한드로를. 하지만 이상하게도 그는 처음부터 잘 들여다보려 하지 않았다. 그리고는 그 자리에 함께 머무르기가 겸연쩍은 듯 채찍을 휘뿌리며 휭하니 말을 타고 어디론가 달려 나가 버리는 것이었다. 그는 언제부턴가 포로로 잡혀 온 아즈테카나 마야의 젊은 계집아이들을 끼고 밤을 보내곤 했다. 나는 짓눌리는 가슴을 어루만지며 더 이상 그런 일에 마음을 쓰지 않기로 한 대신 똘망이 알레한드로를 보살피는 일을 언제나 모든 것의 꼭대기에 두었다. 아기가 아파 울라치면 포로의 심문에 자리하는 일에도 손을 내저었다.

알레한드로가 세 살이 갓 된 지난여름, 우리는 다시 한번 망해 버린 테노치티틀란으로 향했다. 이번의 사령관은 새로 바다를 건너온 악명 높은 카를로스 장군이었다. 에두아르도는 물론 후아레스 신부도 이 마무리 부대와 함께하였다. 우리가 도달한 테노치티틀란은 몇 해 전의 그곳과는 딴판이었다. 그 기세등등하던 아즈테카의 싸울아비들도, 교만을 떨던 귀족들도 자취를 감추었다. 그 서슬에도 모질게 살아남은 나머지 아즈테카 종족들은 얼이 빠져나간 듯 풀린 눈동자에다 고개를 떨구고 몇 안 되는 신의 전사들에게 그저 개처럼 소처럼 복종하고 있었다. 그리고 무엇보다도 이 아즈테카 사람들만 골라 며칠 만에 죽여버리는 무서운 전염병 때문에 그들의 인구는 이미 반의반도 안 되게 줄어 있었다. 그야말로 텅 빈 느낌이었다.

그런데 먼 동쪽에서 신의 지령이 내려왔다고 한다. 내가 얼핏 주위들은 이 무시무시한 소문을 에두아르도에게 다그치자 그는 마지못해 입을 열었다. 이 살아남은 종족들마저 깡그리 씨를 남기지 말고 쓸어버리라는 사령관의 명령이라고 물끄러미 나를 바라보며 그답지 않게 말을 더듬었다.

– 그건 너무하지 않아요? 그건 그렇고, 혹시 이 크시칸틀라도 그 쓸어버릴 종족에 속하나요?

내가 미처 입을 닫기도 전에 내 마음을 읽은 듯이 에두아르도가 덧붙였다.

– 아니야, 애들만…, 여자들은…… 스페인 전사들에게 넘기고 남자들은 성전 건축에 강제노역이지……

– 우리 알레한드로는요?! 설마……?

나는 이 말을 입 밖에 낼 수 없었다. 그리고 아이를 힘주어 꼬옥 품에 안았다.

이때 바깥에서 누군가가 에두아르도를 급히 불렀고 그는 황급히 군장을 챙겨 밖으로 나갔다. 곧 말 달리는 소리가 처마를 돌아 나가는데 이번엔 앙칼진 미겔라가 문을 열어젖히며 나를 다그쳤다.

- 급히 통역관이 필요하대! 크시카! 빨리 나와!

- 아기는요?

- 내게 맡겨 두고 가! 빨리!

이리하여 나는 호위대장 볼사의 말등에 실린 채 이제는 멕시카로 이름이 바뀐 테노치티틀란을 지나갔다. 아수라장이었다. 죽은 붕어 떼처럼 호수엔 사람의 주검이 허옇게 무더기로 몰려 물결에 떠밀리고 있었다. 역겨운 냄새가 온 하늘땅을 흔들었다. 어느 군영의 움막에 불려가 이틀을 머물렀다. 굼벵이도 밟으면 꿈틀거린다고 마지막 반항을 하다 사로잡힌 아즈테카의 잔당들을 심문하는 자리였다. 하지만 나는 이전처럼 차분히 통역에 임할 수 없었다. 알레한드로에 대한 염려가 덜컥 눈앞에 드리웠다. 자꾸 가슴이 떨리고 말을 더듬었다. 카를로스 장군은 나를 못마땅한 듯 흘겨보았다. 사흘째 되는 날에야 나는 겨우 안절부절 못하던 이 포장 친 바오달에서 풀려나 주인 잃은 말을 하나 낚아채 황급히 숙소로 돌아왔다. 집은 텅 비어 있었다. 미겔라도 찾을 수 없었다. 너무나 큰 불안에 그 자리에 자지러져 주저앉았다. 그때 어느 녘인지도 알 수 없이 어디선가 알레한드로가 엄마를 부르며 우는 소리가 들려왔다. 나는 넋과 얼이 온통 뒤엉클어진 채 정신없이 뱅뱅 돌고 헤매며 알레한드로를 부르다 점점 멀어져가는 그 소리에 이끌려 다시 말등에 올라탔다. 말은 어느새 도로 테노치티틀란으로 향했다.

미친 듯이 저잣거리를 도는데 어느 순간 마음이 착 가라앉으며 온 세상이 고요와 말없음에 빠졌다. 한참이나 내 오감은 완전히 교신이 막혀 바깥세계와 먹통이었다. 그러다 조금씩 조금씩 무슨 소리가 다시 내 귀에 실낱처럼 들리기 시작하였다. 저쪽 너머에서 들려오는, 뭔가가 자지러지는 소리였다. 귀를 기울이니 먼 연못의 개구리 떼 소리 같기도 하고 가마솥에 물이 끓는 소리 같기도 하지만 그건 틀림없이 아이들의 울음소리였다. 말을 버리고 소리가 넘어오는 비스듬한 언덕을 허위허위 올라갔다. 마루에 올라서는 순간 눈 아래 펼쳐진 반대편 널찍한 기슭에는 끔찍한 광경이 벌어지고 있었다. 나는 언덕을 미끄러지다시피 내려갔다.

기슭의 끝자락 평평한 곳, 전사들이 에워싼 큰 동그라미의 안쪽에는 원주민의 아이들이 마른 연못의 피라미 떼 마냥, 바구니에 모아 둔 병아리 떼 마냥 수백 명씩 가두어진 채 자지러지게 울부짖고 있었다. 아이들은 본능적으로 바깥으로 기어나가려 하고 둘러선 전사들은 짐승새끼 다루듯 무지막지하게 이들을 도로 안쪽으로 몰아넣고 있었다. 그 아이들을 에워싼 한쪽 끝, 자루의 주둥이처럼 터진 쪽에서는 스페인의 전사 몇이 안쪽의 아이를 하나씩 차례로 잡아 입구 바깥쪽 전사에게 넘겨주고 있었다. 그리곤 맙소사! 팔뚝이 허벅지 만한 덩치 큰 전사 몇이 넘겨받은 이 어린아이의 두 발목을 잡아 보리타작하듯 힘껏 눈앞의 너럭바위에 퍽, 퍽, 패대기치고 있었다. 그러고는 쓰레기를 집어던지듯 죽은 아이를 휙, 휙, 장난치듯 집어던졌다. 터진 알베개처럼 마구 쌓이는 아이들의 주검 아래로 받아져 내린 핏물은 합쳐져 줄기를 이루고 그 검붉은 끄트머리가 어미 잃은 넋처럼 꿈트럭 꿈트럭 흙먼지 바닥 위에서 갈길을 더듬고 있었다.

- 안 돼!

나는 스프링이 튀듯 아이들 쪽으로 덤벼들었다. 그 순간 어느 병사가 내 팔을 낚아 잡고 칼날로 나의 목 앞을 가로막았다. 내가 스페인

말로 소리쳤다.

- 나는 알렉스를 찾아야 해! 내 아이야! 여기 틀림없이 있어!

강제로 칼날을 밀치고 아이들 사이로 들어가 정신없이 뒤지기 시작하는데 두 전사가 다시 앞을 막아섰다. 그런데 그중 하나는 에두아르도였다. 그는 울부짖는 어느 원주민 아이 하나를 아무렇게나 안고 있었다.

- 뭐 하는 짓이에요! 알렉스! 알렉스 어디 있어요!

- 하늘나라로 보내자면 세례라도 해 주어야 하지 않겠소?

멍하게 어이없어 하는 듯한 표정의 그는 다음 순간 안고 있던 아이를 놓아 버리고는 날쌔게 나의 팔을 꺾고 머리채를 낚아챘다. 몸부림쳐 봐도 소용없었다. 이리하여 허리를 둘러 오랏줄에 동동 묶인 채 강제로 말에 실려 에두아르도와 함께 숙소로 돌아왔다. '알렉스!' 하고 미친 듯이 날뛰는 나를 맨주먹으로 때려 기절시킨 후 침대에 누이고는 철커덕, 문을 잠그고 나갔다. 이렇게 열흘을 지내다 겨우 목숨만 유지한 나는 완전히 달라져 말도 표정도 없는 식물인간이 되다시피 하더니 또 한 달이 지난 어느 순간 정상으로 돌아온 딴 사람이 된 듯하였다. 그리고는 더 이상 알렉스에 대해 꺼내지 않았다. 그리고 아무 일도 없었던 듯 잠잠하게 다시 에두아르도와 석 달을 보낸 후 오늘 살그머니 방을 빠져나온 것이다.

나는 맨 먼저 미겔라의 방으로 갔다. 살며시 고리를 따고 미겔라의 침대로 다가갔다.

- 요망한 할망구! 내 아기 잡아먹은 년!

어둠 속에서 인기척에 눈을 뜬 귀 밝은 그녀의 입을 틀어막고서는 고개를 앞으로 꺾어 모가지를 분질렀다. 온몸이 늘어져 잠잠해진 것을

넷째 가름: 꿈으로

확인한 다음 다시 어둠을 타고 카를로스 장군의 집을 찾았다. 호위병이 문간에서 졸고 있었다. 등줄기에 짧은 칼을 찔러 주저앉힌 다음 이층의 계단을 올라갔다. 그러나 방문은 좀처럼 열리지 않았다. 그때 계단 아래에서 발자국 소리가 들렸다. 기둥 뒤에 몸을 숨겼다. 하녀였다. 그녀가 다른 쪽 복도로 사라지자 나는 포기하고 집을 빠져나왔다. 그때 현관 쪽에 앉아 있던 다른 호위병 하나가 인기척을 알아차리고 졸음에서 깨어 벌떡 일어나 주위를 살폈다. 내가 마당을 가로질러 문간에 매어 놓은 말에 올라타자 호위병이 다급하게 소리를 질렀다. 급히 말을 몰아 달아나는데 집안에서 떠드는 소리가 담을 넘어 뒤통수를 따라왔다.

나는 아기들을 패대기쳐 죽인 기슭으로 향했다. 달빛은 교교하게 내리비추고 있었다. 하지만 거기에는 아무것도 없었다. 정신없이 말에서 내려 알렉스를 부르는데 손에 잡히는 것도 발에 걸리는 것도 없었다. 허위허위 허공을 움키는 어느 순간 눈앞에 알렉스가 나타났다.

– 엄마, 이리와….

– 그래 알렉스! 엄마다.

나는 두 팔을 내밀었다. 그런데 아이는 또 저만치 물러나 서 있는 것이었다. 나는 몇 차례 아이를 안으려 다가서다 마침내 언덕 위에까지 이르렀다. 거기에 아이는 서서 엄마를 맞는데 어느새 우뚝 장성한 아들이었다.

– 어머니, 이제 오셨군요.

– 그래 나다. 알렉스야!

나는 마침내 나무등치처럼 튼튼한 아들의 허리를 안고 넓은 가슴팍에 볼을 비볐다. 안도의 눈물이 소나기 맞은 유리창처럼 내 두 눈에서 쏟아져 내렸다.

그때 뒤따라온 에두아르도가 용케도 언덕에 다다라 훌쩍 말에서 뛰어내렸다. 달빛 아래 야자수를 부둥켜안고 울부짖고 있는 나에게 에두아르도는 철거덕거리며 천천히 다가왔다.

- 크시카! 냐야! 에두아르도! 돌아가자!'

그러나 내게는 아무 소리도 들리지 않았다. 바락바락 소리를 지르며 울부짖는 나의 팔을 그가 뒤에서 낚아채려 했으나 알렉스를 끌어안은 내 팔은 칡뿌리보다 더 끈질기게 휘감고 있었다. 그러더니 어느 순간 나는 눈에 푸른 불빛을 내며 에두아르도를 돌아보며 이를 갈았다.

- 내 원수! 알렉스를 잡아먹은 원수! 내 부모, 내 친척, 우리 모두를 잡아먹은 이 스페인 원수야!

멈칫하던 에두아르도는 짧은 칼의 날로 내 턱을 들어올렸다. 한 줄기 붉은 핏줄이 은빛 칼날을 타고 내렸다.

- 죽을래? 돌아가자!

나는 요지부동이었다. 다시 천천히 알렉스의 품으로 고개를 돌리는데 이를 악문 내 눈빛은 핏물이 타고내리는 에두아르도의 칼날보다 더 퍼런 서슬이었다. 그러자 그는 갑자기 칼날을 땅에 떨어뜨렸다. 그러고는 느닷없이 내 긴 생머리 채를 억센 힘으로 움켜잡아 무지막지하게 잡아당기는 것이었다.

- 가잔 말이다! 이 더러운 원숭이 년아!

그도 이제 완전히 실성한 것 같았다. 큰 완력으로 당기는 힘을 버티며 야자수 기둥에 한사코 이마를 붙이고 있던 나의 머리가 어느 순간 우두둑 하고 소리를 내더니 뒤로 급히 젖혀졌다. 이리하여 간단없이 목이 부러진 나의 몸은 알렉스의 허리 기둥을 얽었던 팔을 풀어 훑으며 스르르 바닥으로 무너져 내렸다.

동식은 오늘 정말 모든 일이 거짓말같이 잘 풀리고 있었다. 아홉 홀을 마친 전반, 생애의 최고 점수인 단지 원 오버 파다. 후반에도 이처럼 잘만 추스르면 이븐파까지 하겠는데? 싱글만 유지해도 체면치렌데 이게 웬 행운이람!

이제 후반전을 위한 간단한 요기라도 해야지 하며 입치례가 자자한 조원들의 칭송을 받아넘기며 함께 오피스 쪽으로 향했다. 이제부턴 좀 달리 살아야지. 지난 일들은 다 지워 버리고…, 마음 하나 잘 다스리면 모든 일이 잘 되지 않겠나! 현지 멕시코 종업원들에게도 좀 후하게 대하고…, 매사에 너무 빡빡하게 굴지 말아야지. 향수 냄새를 풍기며 괜히 생글거리며 옆에서 걷고 있는 너 에스메랄다와의 관계도 당장 말끔히 정리해 놓고…, 그보다도 작년에 낙태시킨 마리아가 여태 마음에 걸리네. 일곱 달이 지난 아이를…, 살려고 뱃속에서 요리조리 도망치는 아이를 억지로 뜯어냈다니 악몽이야, 사내애랬는데…. 동식은 순간 고개를 절레절레 흔들었다. 경찰서장 후안 마르케스가 의아스런 듯 힐끗 곁눈질을 했다.

그래, 맞아…… 공장장을 시켜 석 달 치 월급을 쥐어 주어 시골로 강제로 내려 보내고서는 한 동안 잊어버렸지. 아니야, 한 삼년 치는 쥐어서 보내는 건데…, 할 수 없지 뭐, 실수였어! 마누라 핑계를 댈 수도 있지만…. 마누라가 늘 오늘만 같았어도….

다 퇴근한 밤늦은 시간, 마리아는 내 숙소 앞에서 기다리다 불쑥 나타나 울며 호소했었지. 제발 뱃속의 아이만 낳게 해 달라고. 조용히 고향인 치아파스에 가서 혼자서 살게 해 달라고….

- 세뇨르 빠르끄, 통식씨! 보고 싶어도 오지 않을 거에요. 나 앞으로 조르지 않을 거에요. 그냥 보내 주세요!

현장에서 현지인 중에 이만큼 한국말이 통하는 사람은 마리아밖에 없었다. 그것도 들어온 지 채 한 해가 되지 않아서 스스로 눈치로 깨쳤다니 신기할 따름이었다. 그 바람에 동식은 마리아를 더 자주 대하게 되었고 서로 말을 가르쳐 주고 정보도 얻으며 사적인 이야기도 하게 되었던 것이다.

- 노! 마리아. 이건 마리아를 위한 거야. 마리아의 앞날을 위해서란 말이야! 내 말 들어! 그러는 게 좋을 거야!

나는 왜 그랬는지 은근히 주먹을 쥐고 위협적인 눈빛을 쏘아붙였다. 이와 동시에 마주 쳐다보는 마리아의 눈빛도 차갑게 식어가는 것 같았다. 이윽고 경멸인지 저주인지 절망인지 모를, 아니면 이 모두가 뒤섞인 크고 검은 두 눈동자를 그동안 시달리고 지쳐서 더욱 얇아진 눈꺼풀로 천천히 내리덮으며 마리아는 가만히 검고 긴 생머리의 고개를 숙여 떨구었다. 그즈음 더 야위어진 듯 가무스름하고 깊숙한 솜털 난 목덜미가 지금 이 순간 발밑 푸른 잔디밭에 아른거렸다.

- 아니야, 웬 생뚱맞은 생각이야? 다 지나간 일인데…, 살아는 있겠지. 혹시 공장장이 주제넘은 짓을 한 건 아닌가? 여기서도 용케 애 떼는 의사를 찾아낸 걸 보면 보통친구는 아닌데…. 그래 잊자, 앞으로 잘해야지, 오늘처럼 말이야.

동식이네가 아침 일찍 출발했던 1번 홀 가까이로 돌아 나오는데 저만치 마누라가 보인다. 진채는 1번 홀 옆 야자수 아래, 카를로스 3세 컨트리클럽의 긴 가로 팻말 옆, 흰 보자기를 덮은 탁자 뒤에 서 있다. 탁자 위에 음료수며 주전부리 과자와 빵, 과일 따위를 늘어놓고 선수

넷째 가름: 꿈으로

들이 목을 축이거나 입가심을 하게 하려는 듯, 그러나 주위에 아무도 없고 지금은 웬일인지 혼자 나무 아래 그늘이다. 먼발치에도 이 순간 어딘가 어울리지 않게 쓸쓸하고 처연한 느낌을 준다. 아래위로 흰 차림에 흰 모자, 어깨 앞 쪽으로 걸쳐진 긴 생머리. 아침부터 본래 저런 모습이었나? 마치 처음 보는 사람 같군.

몇 걸음 더 가다 다시 고개를 드는데 이제는 진채가 천천히 동식을 바라보았다.

– 나 오늘 이븐파 할 거란 말이야.

동식은 이제까지의 생각들을 떨쳐 버리고 혼잣말을 하며 싱긋 미소를 보냈다. 진채도 엷게 웃는 듯했다.

– 잘 했어요. 당신 일 다 잘 알아요. 이제부턴 숨기지 말고, 그렇게 잘못하지 말아요. 눈감아 주고 잊어 줄게요.

정말 그렇게 말하는 듯 그녀는 한 눈을 가만히 찡그렸다. 그 순간 동식은 마음을 들킨 것처럼 목덜미가 붉어져 옴을 느꼈다. 다시 눈을 들어 그녀를 보며 걸음을 옮기는데 마치 옷 바꾸기 중국 요술을 보듯 그녀의 옷차림이 순간순간 겹쳐 바뀌었다. 티셔츠 공장의 푸른 제복, 그러다 어느새 어깨에 숄을 두르고 아기를 들쳐 업은 인디오 차림이더니 진채를 처음 만났을 때의 하얀 여고생 교복이었다. 그때 난 시골 출신 대학생 가정교사였고.

내가 좀 무리했었지. 귀하게 자란, 좀 살 만한 집 딸을 차지할 욕심으로…, 그래서 억지로 끌고 다니며 속이고 고생만 진탕 시키고…. 하기야 진채도 이젠 마음 좀 풀 때가 되었지. 세월이 얼마나 흘렀나? 내가 호강시켜 주면 될 거 아냐! 다 됐다니까! 그건 그렇고 내가 왜 이러지? 눈에 헛것이 다 보이고, 비현실적이야! 안 되겠다. 정신 차려야지.

동식은 다시 세차게 머리를 흔들었다. 그러면서 다시 진채에게 다가가는데 그때 다시 아까의 흰 모습으로 돌아온 그녀의 머리 위 높은 곳에서 뿌지직 소리가 나며 전봇대보다 높은 워싱토니아 야자수가 부르르 몸을 떠는 듯하였다. 동식은 턱을 들어 나무의 꼭대기를 쳐다보았다. 거기엔 먼지떨이처럼 사방으로 펼쳐져 늘어져 있던 푸르고 긴 잎사귀들이 정전기에 반응하는 머리카락같이 짙푸른 하늘을 향해 깃끝들을 들어 올리고 있었다. 그리고 그 목덜미 아래엔 겹겹이 늘어져 죽은 갈색의 잎사귀들이 마치 시험관을 청소하는 털수세미처럼, 인디오의 층층이 겹치마처럼 나무의 긴 목을 상당부분 감싸고 있었다.

이때 다시 한 번 부르르, 푸른 잎사귀들의 몸부림이 들렸다. 그러자 이번엔 이 죽은 잎사귀들이 마치 싸움닭의 목덜미처럼 겹겹이 깃을 쳐들고 일어섰다. 그 목덜미의 깊은 속살이 보이는가 하는데 바로 잇따라 이 층층이 깃털들이 한꺼번에 쿵! 큰 소리와 함께 홀라당 옷을 벗으며 외줄기 기둥을 타고 순식간에 훑어져 내렸다. 어, 할 새도 없이 이 갈색의 무겁고 날카로운 잎의 시체들이 진채를 머리에서부터 깡그리 덮쳤다. 이때 슬로우비디오처럼 붕붕 땅을 헛디디며 뛰어가는 동식이 왜 그랬는지 '목! 목!' 하며 외마디 소리를 질렀다. 하지만 물속 저편, 까마득한 저세상에서 외치는 소리 같았다. 그리곤 그 소리마저 잦아진 적막 속에서, 부서진 둥지에 날아 앉는 늙은 학처럼 너울너울 다가가, 느닷없이 눈앞에 무덤을 이룬 무겁고 긴 갈색 잎사귀의 더미를 헤쳐 나갔다.

7 붉은 무스탕

오늘은 정말 이대로 집구석에 처박혀 있지를 못하겠다. 결심했다. 아버지가 오기 전에 집을 떠나야지. 다 해서 사천 마리쯤 되는 젖소와 얼마간의 말, 양들을 키우는 중간급 크기의 목장주인인 아버지는 이곳화이트 홀 읍내에서 모임을 가지는 몇 가지 회합에도 열심인데 오늘은 집에서 이백 마일쯤 떨어진 주도 매디슨에 출타중이다. 무슨 중대한 결사가 있나 보다. 아마 내일 모레나 돌아올 걸? 아무튼 일단 마음을 먹었으면 서둘러 결행하는 것이 좋다. 책상에 앉아 종이와 펜을 찾아 엄마에게 짧은 메모를 썼다. 나는 이 길로 군대에 가겠다고. 가서 연락하겠다고. 찾지 말라고. 대학은 포기하겠다고.

미리 챙겨 둔 빨간색 내 야생마, 65년형 무스탕에 시동을 거는데 이층방의 커튼이 벌려지면서 엄마의 흰 얼굴이 내려다본다. 아마 놀러나가는 줄 알겠지. 적어도 한참 동안은 저 아름다우면서도 차가운 얼굴을 더 올려다볼 일이 없을 것이다. 나도 모르게 힘껏 악셀 페달을 밟았다. 끼익 하고 집앞 정원을 돌다가 하마터면 우편함을 들이받을 뻔했다. 그리고 몇 순간이 지나서야 백미러로 초원 위의 우리 집을 한 번더 힐끗 스쳐 볼 수 있었다. 나는 들판을 홀로 뛰쳐나가는 무스탕, 풋풋

한 야생마다. 갑갑하고 구질구질한 저 세계, 이젠 정말 안녕이다.

할아버지 때부터 이곳의 터줏대감인 아버지 그레고리 탐슨과 스웨덴 핏줄의 어머니 아그네스 린드그렌은 나와 내 두 여동생, 레베카와 캐롤린을 낳았다. 그리고 스톡홀름에서 뒤늦게 이민 온 엄마의 사촌누이 힐다와 함께 정말 모든 것이 정상적이고 평온하며 다른 것들로 인하여 방해받지 않는 나날을 이곳 화이트홀의 저택에서 꾸려 왔었다. 적어도 지난겨울, 위스컨신 주에서도 시골구석인 이곳, 인구 천 명 남짓의 읍내에서 하나뿐인 우리 고등학교로 그 가무스름한 모로코 출신 여학생 자밀라 벤젤룬이 전학 오기 전까지는 말이다.

거의가 금발이거나 갈색의 머리칼인 우리 학급에 검은 곱슬머리와 흰 눈자위, 검고 큰 눈망울의 자밀라가 선생님으로부터 소개받고 약간 서툰 영어로 하이! 하고 인사말을 했을 때 나도 다른 아이들처럼 이질감에 좀 뜨악하고 싫은 느낌이 있었지만 곧바로 호기심을 느꼈다. 또래 아이들이 은근히 왕따를 시키는 것이 내 눈에는 완연했지만 나는 며칠이 지나지 않아 자밀라와 금방 친해져서 단짝이 되었다. 그래서 하루는 내 생일이기도 해서 집에 데려가 조심스레 가족들에게 인사를 시켰더니 아버지 엄마는 당장 얼굴에서부터 싫은 표정을 내비쳤다. 그날 좀 어색하고 힘겨운 시간을 흘려보내고는 잘 참아낸 그 아이를 바래다주는데 자밀라가 말했다. 너희 부모님은 아마 백인 우월주의자일 거라고! 어찌 알았지? 그리고 나는 이 말까지 내뱉을 뻔했다. 사실은 말이야, 아직도 이 시골에서 명맥을 유지하고 있는 그 단체, 쿠 클럭스 클란의 일원이라고.

읍내에 새로 개업한 치과의사의 딸인 자밀라와의 관계는 그날로 끝이었다. 나의 거듭된 접근과 호소에도 연민하는 듯, 그리고 나중에는 냉소하는 듯한 그 아이의 얼굴이 이제야 바로 보이기 시작했다. 그리고 더욱 아름다워 보이고 여자로 보였다. 그럴수록 그 아이는 나를 더 피하고 둘 사이에 담을 쌓아서 맥이 빠지고 헝클어져서 그 후의 내 고등학교 시절은 엉망이 되어갔고 하루하루 제대로 추스르기가 쉽지 않았다. 촉망받던 우등생이 졸업장도 겨우 받을 정도가 되었으니, 그것도 엄마의 입김이 없었다면 어려웠을지도 모른다. 아이비리그나 하다 못해 시카고의 유명 사립대 법과 대학에 보내 지방 유지로 길러 내려던 아버지의 꿈과 부딪히기 시작한 건 당연하다. 내가 생각해도 공교로운 것이 그날 이후 이상하게도 아버지와는 무슨 일이든 꼬이기 시작하더니 끝내 생전 처음으로 아버지의 말에 대놓고 반박을 하다 식사 자리를 뛰쳐나간 참극이 사흘 전에 벌어졌다. 너는 결국 빌어먹을 것이다. 저 냄새 나는 칭칭총총 쿨리나 더블 디, 사막 깜둥이처럼 남의 짐꾼이나 되어 살아라! 아버지가 화가 나서 소리쳤다. 알았어요, 원하신다면 그렇게 살게요. 대신 더 이상 이러쿵저러쿵 간섭 마세요!

이리하여 열아홉 살의 나 티모시 탐슨이 찾아간 곳은 애틀랜타의 육군 입영소였다. 보세요, 아버지 말대로 씨가 말라 가는 거룩한 흰 종족을 지키는 위대한 첨병, 미합중국 육군에서도 어느 유색인종보다 훌륭하고 용감한 병사가 돼서 지는 꽃처럼 산화해 버리고 말면 될 거 아닙니까! 그러면 됐지요? 장교가 아니라서 불만이라고요? 까짓것 꽃잎처럼 지며 목숨 바치는 전사면 됐지 계급장이 무슨 의미가 있겠어요. 그게 아버지의 밥상머리 설교 아니에요? 그게 멸종돼 가는 하얀 종족을 구해야만 하는 하늘의 소명이라고 피터슨 목사님도 방문기도 때마다 읊조리셨잖아요.

아무튼 생각보단 엄청 빡세고 기가 찼지만 재미있기도 한 훈련과 내무반 생활을 거쳐 미국 내 몇 군데 자리를 옮겨 가며 배치되던 나는 1년 만에 육군 공병 병장에 진급되어 처음으로 해외에 배치되었다. 사실 나는 군대에 들어가기 전에는 태어난 위스컨신과 그 주위의 몇 개 주, 그리고 뉴욕밖에 가 본 적이 없었다. 그래서 외국으로 나간다기에 정말 흥분되고 속이 다 후련했는데 그것도 꿈에 그리던 일본이라니! 막연히 상상하던 사무라이의 나라, 하지만 낙담스럽게도 거긴 중간 기착지에 불과했다. 오키나와 기지에 머무른 지 단 48시간 만에 우리는 다시 비행기에 태워져 밤하늘을 날아올랐는데 다음에 곧 내릴 장소는, 제기랄! 사우스 코리아, 한국이란다. 거기도 중간 기착지면 좋겠는데 그게 아닌가 보다. 우리는 다시 기다리고 있던 트럭에 태워져 덜컹거리며 북쪽으로 향했다. 휴전선에 가까운 어느 외곽 도시, 도시라기보단 거대한 촌락이나 슬럼가처럼 생긴 곳, 이상한 인간들이 이상한 말을 지껄이며 북적대는 거주지, 발음도 어려운 동두천이란다. 통, 투, 천! 와우, 실망스럽지만 아무튼 일단은 견뎌 보자. 낄낄거리며 우리를 맞는 껌둥이 조지 상사가 한 마디 날린다, 헤이, 느그들 모르지? 사실은 여기가 천국이야 천국! 달러만 있으면 돼! 엔조이, 해브 어 펀! 조금만 내려가면 세울! 이타이원! 끝내 줘! 단지 지킬 건 지켜야 해, 죽기 싫으면 말야! 빨갱이 구크 새끼들이 몇 마일 밖에서 스물 네 시간 네 모가지를 노리고 있단 말야! 알간?

하지만 스무 살의 전입병 탐슨 병장에게는 그 말이 귀에 들어오기보단 이상하고 야릇한 무슨 냄새가 코끝으로 들어오는 것이 더 빨랐다. 도대체 이게 무슨 냄새지? 이 부대의 냄새? 아니면 한국의 냄새? 아시아의 냄새? 달러고 엔조이고 펀이고 뭣이고 이 냄새나는 여기서 하루

넷째 가름: 꿈으로

스물네 시간씩을 견뎌야 하다니! 잠이나 자고 밥이나 먹을 수 있을까? 다들 괜찮은가 보지? 지금 당장 내 고향으로 날 보내 주~ 심정이다. 아무튼 지금은 방법이 없잖나! 코리안도 사람이고 그 치들 한가운데 섬처럼 둘러싸여 남들도 견디니 일단 견뎌나 보자. 그런데 제발 이 퀴퀴하고 시금털털한 정체불명의 냄새는 언제 가시나?

참 세상일은 알 수 없는 게 그 후 서너 달 만에 몸으로 마음으로 깨친 게 저 껌둥이 조지 상사가 하나도 틀린 말 한 게 없었다는 점이다. 정말 엔조이고 편이었다. 그리고 내 코끝과 허파를 괴롭히던 그 냄새라는 것도 거짓말같이 사라졌다. 도리어 그 사이에 어디 가면 코리안 계집아이들이 오히려 나보고 냄새난다고 야단들이다. 노린내? 노랑내? 옐로우 스멜? 하여튼 내게서 그런 냄새가 진동한대. 나는 아무것도 맡을 수 없지만. 누구 냄새가 됐든 실은 참 재미있고 인간 냄새가 나는 동네가 여기 아닌가! 그리고 안다. 드럼통을 잘라 만든 맥주홀의 테이블에서나 어느 자리에서나 옆에 앉은 여자아이나 아줌마가 털이 난 내 팔뚝을 꼬집으며 아이 냄새나! 하고 눈을 흘기는 것은 작업을 계속해도 좋다는 신호임을.

와우! 지옥 같은 서울, 그중에서도 더욱 지옥 같은 이태원의 연기 자욱한 댄스홀은 내가 아직 어려서 그런지는 몰라도 적어도 저 한적한 위스컨신에는 없는 지상천국이요 환희의 소용돌이 그 한복판이다. 다음 외출은 또 언제지? 오늘도 지갑을 통통 털고 얼큰해진 얼굴로 다시 지프에 올랐다. 저 귀여운 사기꾼들! 작은 몸피의 꾀죄죄한 순종자들! 맞아! 정말 달러가 이리 좋은 줄은 몰랐네. 생각 같아서는 저 로터리에서 바람에 흩날리도록 저 불쌍한 군상들 머리 위로 마음껏 지폐를 뿌려 주고 싶다. 그리고 다른 한편 눈물이 난다. 이리저리 서툰 영어로 꿰어서 듣게 된 사연들. 주디, 샐리, 제니퍼 등 미국 이름을 갖고 있는 그 여자애들 가운데 말귀를 조금 더 잘 알아듣는 아이가 있어 서로 제 얘기를 하기 시작할 때면 어느 대목에서 멈칫, 가슴이 먹먹해지기 일쑤였다. 비극은 저 한국의 헐벗은 산등성이처럼 도처에서 출렁이더니 지금 이 순간 정지된 화면처럼 멈추어 있지만 그 영상에 너무 깊이 끌려들어서는 건 곤란하다. 화면이 정지되었을 때 무관심한 척 발을 빼는 편이 낫다. 나는 종종 그런 얘기를 들을 때면 내 머리와 가슴을 순간적으로 정지시켜 장면이탈을 하여 다른 장면에서 다시 스크린을 소생시켰다. 잘못 찾아간 집 대문간에서 발을 돌리듯이 그러한 비극의 문턱을 들어서다 멈추어 발길을 돌릴 때면 온 저녁 들이켠 술이 다 깨는 것 같았다. 그리고 종종, 그런 문턱 너머 얼핏 스쳐 보이는 안마당이나 툇마루 아래엔 내 나라, 내 동료 지아이들의 군화 짝이 아무렇게나 흩어져 있거나 했다.

그러던 어느 날 시간을 놓쳐 서울에는 못 가고 혼자 걸어서 동두천의 부대 끝 맥주 홀로 갔는데 홀마다 자리가 차서 골목을 좀 돌아 끝에 있는 어느 한적한 작은 집으로 갔다. 반색을 하며 맞는 아가씨와 시시껍절한 얘기나 주고받으며 목을 축이는데 음식을 내어 주는 벽구멍 너머의 어느 여인과 눈이 마주쳤다. 무안해 하는 주방의 그 여인에게 내가 찡긋 장난스레 윙크를 하고 계속 맥주를 마시는데 나를 상대하던 아가씨는 소변이 마려운지 밀창을 열고 나가더니 금방 오지를 않는다. 그런데 돌아보다가 또 주방의 그 여인과 눈을 마주치자 내가 장난스레 일어서 구멍을 들여다보며 말을 걸었다. 알아듣는지 아닌지 한참이나 무표정하던 그 여인은 어느 대목에서 대꾸를 하는데 생각보단 능숙한

넷째 가름: 꿈으로

영어였다.

안주가 왜 이래요? 괜한 시비쪼의 내 말에 당신이 맘에 안 들어서라고 그녀가 대답했다. 뭐가요? 했더니 당신 파트너가 삐져서 가버렸잖아요 했다. 잘 됐네요. 이리 나와요. 당신 것까지 내가 다 살 테니 한 잔 해요. 누굴 거진 줄 아나 봐. 그때 내 파트너가 비틀비틀 돌아와 빼꼼히 우리를 보더니, 둘이서 잘 노네? 나 오늘 컨디션이 엉망이야. 갈래, 언니 알아서 해! 그리곤 밀창을 다시 닫고 밖으로 사라졌다. 그래서 내가 그 동안 배운 한국말로 이번에는 좀 정중하게 말했다. 나는 티모시 탐슨 병장 입네다. 미쿡에서 왔습네다. 탕신에 이룸은 무엇입네카? 그녀가 쿡, 손으로 입을 가리며 웃었다. 알아서 무엇 하게요? 알몬드처럼 생긴 짙은 갈색의 두 눈이 초점을 모아 나를 바라보았다.

이리하여 이틀이 멀다하고 나는 이 콧구멍 같은 가게를 드나들었다. 내가 가면 정금이를 찾아 아예 주방으로 안내되기도 했다. 주방의 뒤에는 골방이었다. 온갖 싸구려 지아이 문명의 야한 장식이 덕지덕지 뒤덮인 이 골목의 앞면과는 딴판으로 어느 날 들어앉아 본 그 골방은 완전히 다른 세계, 아시아요 한국이요 전통적인 시골의 축소판이었다. 다리를 뻗어 누우면 내 머리는 옷장에 닿고 발바닥은 쪽문에 거의 닿았지만 따뜻한 장판과 앉은뱅이책상, 나는 읽을 수 없는 몇 권의 책들, 다리를 접는 밥상, 횃대, 벽장, 두툼한 이불…… 그리고 오래지 않아 어느 날 정금이가 나더러 아이 냄새나! 저리 가요 하고 짐짓 자리를 피하며 물러나 앉을 때 나도 모르게 두 팔을 벌려 뒤에서 그녀의 어깨를 싸안았다. 그리고 그때부터 그 자리는 우리 둘만의 진정한 보금자리가 되었다.

금이야, 나는 진정 금이를 사랑해! 쟈니도 내가 키울게. 그 대학생과의 상처는 이제 잊어버려. 나는 금이의 두 살배기 아들에게 미국 이름을 붙여 주었었다. 그리고 하는 김에 내쳐 고백했다. 금이야, 더 이상 불행이 금이를 괴롭히지 않도록, 나와 결혼해 줘! 내가 지켜 줄게. 금이가 생글거리며 대꾸했다. 정말? 내가 네 살이나 많은 누난데? 과거 있는 이 몸에다 쟈니까지, 탐슨 병장에게 너무 짐이 되지 않나요? 당신 부모님 허락하실까요? 그리고 장난끼를 거두고 낮은 목소리로 말했다. 난 결혼 안 해도 이대로 행복해요. 이것만으로 감사해요, 날마다 보기만 해도…… 부르기 쉽게 이제부턴 날 키미라고 해요. 키미 누나, 아니 당신의 키미.

날 믿어요, 키미. 바로 준비할게요. 부모님은 상관없어요. 우리들의 행복한 결혼식을 위해, 스무 살의 티모시 탐슨 병장과 스물네 살의 키미 정 신부의 멋진 결혼식. 이제부턴 미세스 탐슨이 되는 거에요. 그런데 키미, 우리 한국식으로 손가락을 걸어요. 이렇게. 그래요, 영원히. 우리 둘의 심장이 마지막 뛰는 그 순간까지.

그리고 몇 달이 지나지 않아 나는 키미가 아기를 밴 것을 알게 되었다. 부대에는 산부인과가 없어 서울에까지 나가 의사에게 보였더니 쌍둥이란다. 한국에서는 아이를 다 집에서 낳는다고 하였지만 이런 사정도 겹쳐서 우선 서울의 그 병원에 나가 아기를 낳게 되었고 그 결과 애송이 탐슨 병장은 1966년 가을, 스물한 살에 쌍둥이 남매, 에디와 캔디의 아빠가 되었다. 애들에게 한국식으로 돌상을 차려 주고 애들보다 두 살이 많은 쟈니와 함께 한복을 입혀 기념사진을 찍은 한 달 뒤 키미와 나는 동두천의 어느 교회에서 조촐한 결혼식을 올렸다. 내 군바리 동료 몇 명과 이런저런 인연의 한국 사람 열댓 명이었다. 그중에는 구태여 짬을 낸 그 골목의 아가씨들 몇몇도 끼어 있었는데 몇 푼의 달라

넷째 가름: 꿈으로

벌기를 마다하고 이렇게 자리를 함께 한 이유는 그들 각자가 품고 있는 일생일대의 꿈이 단지 환상이 아니라 눈앞에서 실현될 수도 있는 일임을 확인하기 위함이었을 것이다.

아무튼 졸지에 세 아이의 아빠가 된 나는 복무에 충실하면서 한편으론 열심히 돈을 모았다. 부대 안에서는 별 것 아니라 버려지는 물건일지라도 바깥에서는 적으나마 돈이 되는 것이라면 법에 걸리지 않는 한 뭐든지 집어다가 키미에게 주었다. 그 골목을 조금 벗어나 새로 얻은 조그만 슬레트 집 한 모퉁이 방은 이렇게 날마다 세 아이와 함께 천국이 되어 갔다. 아무리 누추하고 보잘것없는 곳이라도 내 아내와 내 아이들이 있는 곳이라면 그곳이 천국 아니고 무엇이랴! 그곳은 실로 저 위스컨신의 아버지 저택보다도 어마어마하게 크고 아름다운 우리들의 보금자리였다.

그런데 어느 아침 부대에서 급히 연락이 왔다. 서둘러 귀대했더니 곧 부대 이동이 있을 거란다. 그리고 나를 비롯한 몇몇 병사들은 캘리포니아로 전출이란다. 그것도 딱 일주일 후에. 막연했던 불안감이 현실로 닥치자 생전 처음, 눈앞을 무엇이 가리는 기분이었다. 아차, 키미는 어떻게 하나? 쟈니와 에디와 캔디는? 내 가족인데 당연히 함께 가야지. 이곳에서의 복무를 연기할 수는 없는지 상신해 보았으나 명령은 단호하였다. 단 며칠의 연기도 불가하단다. 이럴 수가! 태어나서 처음으로 당국의 처사를 원망하였다. 하지만 침착해야지. 그래, 미국에 가서 가족을 부르면 되지 뭐. 우리는 엄연히 법적으로 결혼한 한 쌍이 아닌가! 그리고 내 아이들이 아닌가!

함께 간 오산의 군사 비행장의 대형 수송기 앞에서 군장 차림의 나는 키미와 함께 이 사람 저 사람들과 짝짓거나 아이들을 데리고 몇 장의 사진을 찍었다. 키미는 웃는 낯이었지만 이마와 눈빛에 어린 수심의 그늘은 어쩔 수가 없었다. 걱정 말아요. 가자마자 바로 수속을 해서 부를 테니까. 정리하고 기다려요. 내가 서류 다 갖고 있으니 금방 될거요. 나는 힘주어 다시 한 번 확신시켰다. 그런데 아이들 셋이 무슨 본능적인 예감에 사로잡혔는지 내 팔에서 떨어지지 않으려고 매달리며 자지러지게 울기 시작했다. 떼어 놓기가 어려웠다. 하지만 한국말로 아빠, 아빠 하며 우는 소리는 결국 짙은 초록색의 수송기 엔진 소리에 묻혀 사라지고 활주로의 마른 풀들이 빨리 눈앞을 스쳐갔다.

캘리포니아도 중간 기착지였다. 며칠 후 다시 텍사스 주 킬린으로 배치되었다. 그런 바람에 수속 접수가 또 늦어졌지만 나는 모든 서류를 이민국 당국에 제출하여 접수를 시키고 날마다 결과를 확인하러 부대의 편지함을 살폈다. 답신은 오지 않았다. 그러다 거의 달포가 되어 내 앞으로 도착한 누런 봉투를 뜯는 순간 서류가 너무 얇다 싶었는데 이민국의 통보는 실로 간단한 것이었다. 내 아들 에디와 딸 캔디는 입국이 허락되었지만 키미와 쟈니는 거절한다는 것이다. 이유는 단 한 줄, 적합한 미국 시민이라고 증명할 수가 없다는 것이다. 아니 이게 무슨 소리야? 내가 키미와 결혼하였고 키미가 내 아내라는 건 수많은 증인이 있지 않나! 그리고 키미가 데려온 쟈니도 내가 아들로 받아들였으니 내 아들이 아닌가! 그 이상 무슨 증거가 필요하단 말인가! 누구 맘대로 내 가족을 찢어 놓는다는 말인가!

하지만 세상일은 내가 이렇게 황당해하고 분개한다고 쉽게 풀려 나가는 것이 아니었다. 부대는 또 이동하여 이번엔 플로리다의 탐파였고 이민국과의 몇 번의 서신 교환에는 또 몇 달이 걸렸다. 그렇게 질질 끌면서 이민국의 담당자는 바뀌었고 그렇게 바뀌었어도 결과는 또 마찬가지였다. 제대로 된 증거가 없다고! 야, 내 나라 미국도 참 한심하고 미개한 나라로구나! 답답하다 보니 한국 사람들이 잘 쓰던 빽이니 사바사바라는 단어마저 떠올랐다. 그때는 비웃었지만 지금은 그런 것도 아쉬웠다. 고지식한 이 나라의 공무원 체계, 빽도 안 통하고 사바사바도 없다. 오리무중 답답하고 막무가내인 그 절차에 나는 차차 절망해 갔다.

키미의 답신이 왔다. 당신의 사정은 알아들었는데, 하지만 에디와 캔디만 먼저 보낼 수는 없노라고. 자신과 쟈니가 몽땅 포함되지 않으면 한 아이도 자기에게서 떼어 보낼 수가 없겠노라는 선언이다. 그럼 어쩌란 말이야! 처음으로 키미한테 까닭 모를 화가 치밀었다. 내가 이렇게 애쓰고 있는데, 그걸 알아주지도 않으면서 모든 것을 완벽하게 마련해 주기만을 바라나! 하나하나 차례로 매듭을 풀어 나가야지 내가 무슨 전지전능한 신이야? 너무 제 생각만 하는 건 아냐? 한국 여자들은 이기주의자인가? 그러다 곧바로 반성을 했다. 아니지, 당연하지, 내가 잘못 생각하는 거지. 나는 다시 펜을 들어 최대한 차분한 어조로 편지를 써내려 갔다. 최선을 다하겠으니 조금만 더 참고 기다리라고. 그리고 바로 답신을 달라고. 아이들이 너무 보고 싶다고.

그런데 답신은 제 날짜에 오지 않았다. 두 주를 더 기다리다 받은 편지는 짤막하고 다소 사무적이었다. 살갑게 내 안부를 묻던 글귀도 사라졌다. 그 사이 무슨 진척이라도 있냐고. 떠난 지 벌써 한 해가 다 지나가고 있다고. 보내 주는 돈으론 살기 어려워 다시 이전의 그 주방으로 나가고 있다고. 아이들은 시골로 보냈는데 튀기라고 구박받는 것 같아 괴롭다고. 이 구절을 읽다 나는 주먹을 부르르 떨었다. 그리고 지갑을 꺼내 그동안 자제했던 바깥출입을 시작했다. 부대 밖 캬바레로 찾아갔다. 까짓것 오늘은 된통 취하고 말리라.

하지만 독한 술을 들이켰는데도 멀뚱멀뚱 취해지지가 않았다. 접대하는 여자의 말대꾸도 귀에 들어오지 않더니 어느 순간 퍼뜩 한 가지 생각이 나래를 치고 올라왔다. 맞아! 베트남으로 자원하자. 거기서는 석 달 만에 한 번씩 장기 휴가를 준다지 않아! 거기서는 한국이 그다지 멀지 않지. 공병도 필요할 거야. 수당도 많고, 설마 죽기야 하겠어?

이리하여 석 달 후 나는 수륙양용정을 타고 다낭의 해안에 상륙하였다. 바로 일선의 수색대나 전투병과는 아니었지만 거기에는 도대체 전선이라는 것이 없었다. 그리고 내가 보기에도 전쟁은 어떤 고비를 넘고 있는 것 같았다. 미국이 결국 이 땅에서 떠밀려 떠나가야 하는 고비? 어쨌든 모든 것이 예상보다 어수선하고 엉망이었다.

어느 날 야트막하지만 폭이 넓은 개울에 걸렸 있던 시멘트 다리가 간밤에 폭파되어 그 곁에 조립식 부교를 설치하는데 느닷없이 박격 포탄이 날아왔다. 그리고 바로 지척에서 베트콩의 공격이 시작되었다. 급히 늪에 몸을 숨겨 응사를 하다가 이윽고 양측의 총성이 잦아들었는데 눈앞에서 무슨 신음 소리가 났다. 총을 겨누며 기어서 다가가 보니 검은 아오자이를 입고 전통 삿갓인 논을 쓴 베트콩 여자가 하늘을 보며 나자빠져 있었다. 침투하다 유탄에 맞은 것 같았다. 그녀의 소총은 손닿을 만치 가까이 풀섶에 따로 걸쳐져 있었다. 위험하다. 저 총을 잡기 전에 내가 쏘아야지. 그러나 방아쇠를 당길 수 없었다. 가늠자 위에 얹힌 그녀의 턱이며 광대뼈가 바로 키미의 그것이었다. 초점이 흐려졌다. 그런데 그때 바로 옆에서 탕! 총소리가 났다. 뒤따라 다가온 월

리엄스 중사가 그녀를 쏜 것이다. 이마로 흘러내리는 검붉은 핏줄기와 함께 떨어지는 고개, 나는 몸을 숨기는 것도 잊은 채 멍하니 그 장면을 바라보았다. 뭐하고 있어! 이동해! 중사가 소리쳤다. 몸을 일으키는데 내 왼 팔뚝에서도 핏방울이 떨어졌다. 아까 어디서 파편이 스쳤나 보다.

이리하여 석 달 만의 휴가가 아니라 다섯 달이 지나서야 나는 겨우 두 주간의 휴가를 얻어 한국행 군용기를 탈 수 있었다. 거의 일 년 반 만의 재회인데 키미는 반기면서도 좀 뜨악하였다. 그리고 그 두 주 중에 마지막 한 주는 정말 없느니만 못했다. 생각지 못했던 뒤틀림과 불편한 시간의 연속이었고 관계를 복원시키려는 내 노력은 한계를 느꼈다. 왜 그래 키미? 내 약속을 믿어. 못 믿겠어요. 미국이 그럴 리는 없어요. 숱하게 보아 왔어요. 다른 사람이 생긴 거죠?

기가 찰 노릇이었다. 한국 여자들은 죄다 이리 의심이 많은 걸까? 아냐, 내가 여자에 대해 아는 게 뭐가 있담? 잘못은 내게 있을 거야. 이래서는 안 돼! 키미, 석 달 후에 다시 올게. 잘 좀 참아 줘. 그 주방으로 일하러 나가기도 해야 했었겠지만 이번에는 키미가 수송기 타는 데로 나오지를 않았다. 떠나기 며칠 전, 아이들을 보고 싶다고 내가 마구 화를 내니까 그제야 시외버스를 타고 충청도 어디로 나를 데려가 다방으로 아이들을 이끌고 왔었다. 아이들은 그새 커서 한국말을 곧잘 지껄이지만 내 영어는 거의 알아듣지를 못했고 좀 서먹해했다. 그러나 헤어질 때는 또다시 내 팔에 매달리며 울었고 키미는 서둘러 아이들을 다그치며 다방 문을 나섰다.

다시 돌아간 베트남에서 나는 그나마 또 한 번의 석 달을 채울 수 없었다. 패망의 날을 일주일쯤 앞두고 우리 부대는 허겁지겁, 웬만한 장비는 모두 바다에 밀어 넣은 채 수송선을 탔다. 괌을 거쳐 다시 대형 수송기에 올라 샌디에고에 내렸다. 그리고 바로 키미에게 편지를 썼다. 짤막한 답신은 또 한참 후에 도착했다. 한 달 후 유타에서 편지를 띄웠다. 그다음엔 매사추세츠, 인디애나…… 띄울 때마다 답신은 더 늘어져 늦게 왔고 마침내 두 해가 지나 내가 노스캐롤라이나에서 부친 편지는 한 달쯤 뒤에 되돌아왔다. 수취인 불명이라는 고무도장과 함께. 그리고 그 후로도 몇 번, 보내는 편지마다 마찬가지로 돌아왔다. 나와 키미, 그리고 쟈니, 에디, 캔디의 끈은 영영 놓쳐 버리고 만 것이다. 나는 자포자기했다. 괘씸한 것! 보고 싶은 아이들! 나는 또 술로 밤을 달랬다. 그래도 잠이 안 오면 마리화나…… 그리하여 이 군대라는 조직으로부터도 스스로 떠나가야 할 때가 되었는데 부대에서는 선수를 쳐서 미리 나에게 전역 조처를 통보했다.

얼마 되지 않는 연금을 술과 마약으로 탕진하던 어느 날 게슴츠레한 정신 속에서 뜻밖에도 비슷한 처지의 군대 동료가 전해준 편지 한 장을 받았다. 키미의 필적이었다. 한글로 된 성탄 카드에 영어로 쓴 그 엽서에는 이제 자기도 생각이 바뀌었으니 이젠 에디와 캔디를 미국으로 데려가라고 비스듬히 써 있었다. 데려가라고? 그래야지. 그런데 지금 돈이 없잖아, 이런 제기럴! 헤이, 여기 쟈니 워커 한 병 더!

나는 그야말로 빈털터리였다. 한 병 더 달라니깐! 나는 이미 인사불성이었다. 돈이 없으니 술이 더 나올 리도 없었다. 빈 벤치에 쓰러져 자다 일어나 가물가물 정신을 추스르니 어제 저녁 키미의 편지를 받은 것 같은데…… 한국어로 된 발신 주소는 평택 어디였던 것 같은데…… 그러나 아무리 주위를 뒤지고 살펴도 엽서 비슷한 것도 눈에 띄지 않았다. 이제는 정말 끈이 떨어졌나? 가슴이 메어졌지만 다음 순간 잔인하면서도 모진 마음이 솟구쳤다. 잊어야지. 잊어야지. 잊어야지. 그런데 정말 잊어야 한다고? 그럴 수 없음을 알게 된 새삼스런 순간에 나는 울부짖었다. 에디야! 캔디야! 쟈니야! 키미야! 너희를 잊어야 한다고? 아니야! 노우, 아니야, 노우! 노우, 노우, 노우!

그 후로 다시는 키미로부터 편지가 오지 않았다.

이제 중년의 막바지를 지나 초로가 된 빈털터리의 나는 발목을 삐고 비루를 먹은 야생마처럼 절름거리며 터덜터덜 걸어서 고향의 마을을 찾아갔다. 몸과 마음은 이미 깊은 병에 찌들어서 어쩌면 이 길이 마지막일지도 모른다는 절박감이었다. 아무도 나를 알아보는 사람은 없었다. 아버지의 집은 그대로 서 있었다. 하지만 아버지도 어머니도 연전에 돌아가시고 누이들도 타지로 떠난 지 오래인 것 같았다. 먼발치에서 이제는 백발이 다 된 힐다 아줌마의 모습만 언뜻 보고는 발길을 돌렸다. 아마 저 저택을 다 차지한 건 아니겠지. 내가 몰고 내달려 나오던 붉은 무스탕, 그 무스탕을 세워 두던 차고의 문도 사라졌고 어머니가 커튼을 벌리고 내려다보던 저 창문의 창틀도 바뀌었구나. 고개를 숙인 채 씁쓸해 하며 마을 어귀를 지나다 주유소 옆 편의점 벤치에 아무렇게나 앉아 다리를 쉬는데 옆 테이블을 행주로 훔치던 중년의 여인 하나가 천천히 다가오더니 말을 걸었다. 너, 티모시 맞지? 티모시 탐슨! 나 킴벌리야. 못 알아보겠어?

주유소를 겸한 그 편의점의 동업자인 킴벌리는 나보다 예닐곱 살 아래의 동네 여자아이였다. 한 학급의 제임스 맥마흔의 누이동생이고. 생각난다. 유치원부터 같이 다녔던 잡화점 집 제임스. 동생이 많았는데?

아무튼 이리하여 킴벌리로부터 우선 음료수를 한 컵 대접받고 간간히 손님 때문에 자리를 뜨면서도 금방 돌아와 이야기를 이어가는 그녀 덕분에 한 시간 안에 몇 십 년 동안의 흘러간 동네 사정은 브리핑이 되었다. 그래서, 넌 지금 뭐하는데? 킴벌리? 내가 예의상 물어주었다. 보다시피 기름 넣어 주며 시간 보내고 있지. 오빠, 갈 데 없으면 며칠 쉬었다 가. 뒤쪽 방도 비었어. 우선 좀 씻어야겠네. 멋있기는 하지만 그 수염도 좀 깎고. 이리 와 봐.

이리하여 될 대로 되라, 편안하게 마음먹고 그녀의 제안대로 씻고 깎고 천천히 갈아입고 슬슬 걸어 나왔더니 기다리던 그녀가 두 팔을 벌리며 환호했다. 야호! 오빠 멋있네…… 이제 궁상 그만 떨고 나와 얘기 좀 해. 어디 돌아다니다가 이제 온 거야? 지친 나는 얘기할 기운도 기분도 별로였지만 얻어먹은 값을 하느라고 그 동안의 인생 역정을 대충 있는 그대로 들려주었다. 가만히 듣고 있던 킴벌리는 조용히 나를 바라보다 결론부터 내렸다. 연금도 나오고…… 이제부턴 나하고 살면 되겠네! 저기 저 아이, 헤이 랄프, 그냥 두고 이리 와 봐! 인사해야지. 쟤가 내 하나뿐인 아들이야. 이제 오빠 아들 돼야지?

이렇게 속전속결로 제 멋대로 청혼하고 결론지어 버리고 행동에 옮기는 게 평소라면 말도 되지 않는 무리였겠지만 이때는 내가 너무 지쳤었는지 아무튼 남의 일처럼 되는 대로 버려두었더니 두 달 만에 결혼식이 올려지고, 거 참, 한 해 만에 덜렁, 늦둥이 아들까지 낳아 버렸다. 이제 나는 랄프의 아버지에다가 유진이 아빠가 됐다. 아기가 돌이 되었을 때 킴벌리가 꾸민 축하 테이블 위에서 나는 한국식으로, 두 다리를 가동거리는 아기의 양 겨드랑이에 두 손을 끼어 들어 올려 둥개

둥개 추어주며 흔들었다. 그러면서 아직은 목을 잘 못 가누고 초점을 잘 못 맞추는 유진이의 눈을 들여다보다 불현듯 목이 메었다. 에디야, 캔디야, 쟈니야 어디 있니? 너희들은 지금 몇 살이니?

지나고 보니 킴벌리는 기대 이상의 좋은 아내였다. 다소 수다스럽다가도 지긋한 일면이 있는 그녀의 일깨움과 격려로 나는 군대에서의 전직을 살려 중장비 기사가 되었다. 이렇듯 두세 해가 지나고 또 몇 해가 지나자 생활은 더욱 안정되었고 마음은 평온과 건강을 되찾았지만 한국의 가족에 대한 그리움도 더욱 또렷이 되살아나는 것이었다. 그런데 킴벌리가 언제 독심술이라도 익혔는지 조용히 다가와 말했다. 오빠, 이제 한국의 아이들도 찾아 봐야지요? 어떻게? 그야 주한 미국 대사관에 알아보는 게 순서겠지요? 그렇겠군. 희망을 가지세요. 꼭 만나게 될 거에요.

여러 절차와 수소문 끝에 놀랄 만한 소식이 대사관으로부터 왔다. 그 두 아이는 70년대 후반에 이곳 미국으로 입양이 돼 갔다는 것이다! 아마 걔들이 여덟아홉 살이었을 테지? 키미가 두 아이 기르기를 포기하고 미국으로 보냈다는 것이다. 미국 어디로? 하지만 이 대목에서 길이 막혔다. 그 이상은 진전이 없었다. 사생활을 보호하는 미국의 법 때문이었다. 아무리 해도 더 이상은 막다른 절벽이었다. 이러면서 또 몇 해가 흘렀다. 그런데 이번에도 돌파구를 연 것은 킴벌리의 아이디어였다. 오빠, 요새는 사회관계망이라는 게 생겼어요. 페이스북에 올려 보는 게 어때요? 페이스북? 그게 뭔데? 졸업 앨범? 아녜요, 그런 게 있어요. 내가 해 볼게요.

킴벌리는 내가 그때까지 사본을 얻을 수 있었던 두 아이의 출생증명

서랑 그동안 받아 둔 서신들을 조금이라도 도움이 될 만한 잡다한 이야기들과 함께 몽땅 페이스북에 올렸다. 그런데 그게 미국 어느 텔레비전 방송국 종사자의 눈에 띄었고 그 사람이 아이 찾아 주는 전문가에게 우리를 연결시켜 주었다. 하지만 역시 쉽지 않았다. 그 전문가는 다시 미국 정부 기관들을 접촉했지만 그 결과 우리가 손에 받아 쥔, 서울의 미 대사관이 서명한 짧은 편지는 이랬다. "두 아이는 몇 년 몇 월 며칠 미국으로 입양되었음. 생모가 친권을 포기했음. 그 이상의 관련 정보는 법적으로 누설 불가하며 이로써 내사 종결함."

그런데 이 방송국의 서울 지사에 근무하는 최희정이라는 한국 여자가 이 이야기를 접했나 보다. 페이스북으로 메시지가 왔다. 자기가 나서 보겠노라고. 그러면서 그 여자는 자기가 한국 경찰을 구워삶을 테니까 이쪽에선 미국 방송국에 좀 더 어필하고 노출을 시키라고. 호의나 용기는 가상했지만 솔직히 큰 기대는 하지 않았다. 내로라하는 베테랑 전문가가 나섰어도 그 정도로만 끝났는데 무슨 수로? 미스 최는 아마 미국의 자기 본사로부터 뭔가 해 보려는 무슨 프로젝트에 호출돼 있었나 보다. 그랬서였는지 실제로 송 아무개라는 한국 형사가 페이스북으로 우리에게 선을 대었다. 조금 기다리면 좋은 소식이 있을 거라면서. 그런데 정말로 소식이 왔다. 하지만 슬픈 소식과 좋은 소식 반반이었다. 쟈니를 찾았다고. 결혼하여 서울에 살고 있다고. 정진수라는 이름으로. 그런데, 그런데…… 정금이씨, 키미는…… 오 마이 갓, 세 해 전에 이미 병으로 세상을 떠났다는 소식이었다.

쟈니는 입양되어 간 에디와 캔디의 최초의 행방을 알고 있었지만 말을 하지 않으려 했다. 그리고 자기 어머니가 그 두 남매를 떠나보낸 것은 버린 것이 아니라 그 당시에는 미국으로 보내는 것이 마치 파라다

이스로 보내는 것처럼 여겨지던 시절이었기에 최선의 선택이었다고 쟈니의 아내가 돌아가신 시어머니를 변호하였다. 아무튼 최희정과 송 형사의 끈덕진 설득으로 마침내 쟈니는 최초 입양의 단서를 풀어 놓았 다. 두 남매는 보스턴의 학자 집안, 리차드슨 교수에게 입양이 되었다 고. 이것만 가지고도 방송국의 아이 찾기 전문가는 며칠 안으로 아이 들의 소재를 밝혀내었다.

그 아이들은 입양 이후 다른 이름으로 살고 있었다. 에디는 케네스 이 리차드슨으로 지금 미주리에서 중장비 트럭을 운전하고 있었다. 그 렇다면 이 애비와 동종업자 아닌가! 가정을 이루었는지는 말이 없네? 나중 물어보지 뭐. 캔디는? 제이미 씨 글로도브스키로 켄터키에서 초 등학교 교사 생활을 하며 아이 둘과 남편과 함께 행복한 소시민으로 살고 있었다. 일각이 여삼추, 하지만 방송국에서는 감동어린 만남의 이벤트로 방영을 할 테니 협조를 해 달라는 부탁이다. 일단 장거리 전 화 통화만으로 조바심을 달랠 수밖에.

오빠, 무스탕 좋아했었지? 빨간 무스탕, 기억나. 제임스 오빠 태워 노천극장 갈 때 나도 끼어 탔었어요. 옜다, 기분이다! 오빠 방송국 가 는 길 모시려고 새로 뽑은 앤티크 무스탕이야! 아내는 그 붉은 무스탕 의 앞자리에 나를 앉히고 손수 먼 길을 운전하여 뉴욕으로 갔다. 그리 고 마침내 맨해튼의 그 텔레비전 방송국 무대에서 감격 넘치는 만남의 장이 이루어졌다. 헤어진 지 50년 만이었다. 빽빽이 들어찬 방청객, 사 방에 카메라가 돌아가는 속에서 아들 에디, 아니 케네스는 멍하니 나 를 바라보았다. 그러다 와락 끌어안으며 흐느꼈다. 캔디도 달려와 내 품에 파고들었다.

아버지! 진짜 내 아버지세요? 내가 지금 아버지를 바라보고 부둥켜안는 것이 실감이 안 나요!

맞아! 내가 아버지 맞아! 에디야, 캔디야, 정말 오래 기다렸구나! 야생마 새끼들처럼, 어린 너희를 저 벌판에 버려두고 떠나온 내 상처도 이 순간에 다 아무는구나. 고맙다 에디야, 고맙다 캔디야, 이렇게 내 눈앞에 살아 있어서!

⁸ 코끼리여!

나, 코끼리여. 암컷이지, 그것도 늙은 암컷. 우리 일곱 식구, 새끼 셋에다 그나마 젊은 어미 암컷 셋, 이렇게 일곱이지. 남정네는 없냐고? 있지. 저 바깥에 떠돌아다니는 무리들, 개중엔 내 아들도 있는데 평소엔 저렇게 저들끼리 어울려 놀지. 단, 발정이 나서 양 귀 앞 광대뼈 언저리에 진물이 살갗으로 배어나올 때는 다르지. 마치 인간 사내 덜 된 것들처럼, 꼭 생각날 때만 기어들어 제 볼 일만 보고 나자빠지듯이 이것들도 그때만은 우리 무리에 다가와 마구 끼어들다 뜻대로 안 되면 정신 홰까닥 한 놈처럼 지랄용천을 떤다네. 그 서슬에 잘못 얼쩡거리다간 덩치 못 키운 어린 것들은 밟혀 죽기도 한다니 어쩌겠나!

하기야 그게 저들 잘못만은 아니지. 우리 이 코끼리란 중생들은 아득히 저 신생대 고제3기 팔레오 시절에 처음으로 남들보다 코가 조금 길어지기 시작한 이래, 아, 이렇게 말하니까 감이 잘 안 잡히시겠지. 그때가 언제인가? 까마득한 옛날이지. 대략 6천 6백만 년 전부터 5천 9백만 년 전까지 아닌가. 아, 그래도 감이 안 잡히신다고? 아무튼, 그때쯤 우리 먼 조상이랄까, 한 다리 건너 겨레랄까, 돼지 비슷하게 생긴 맥이랄까, 하여튼 그런 젖빨이 짐승들 중에 남들보다 코가 좀 긴 놈이 생겨나 코쟁이라고 비웃음을 받았다는데…, 그런 코가 그래도 때에 따라 살아남는 데에 도움이 된 거라. 코를 벌름거리다 보니 이게 마치 입술 이나 손처럼 상하좌우로 움직이며 먹이를 입구멍으로 가무려 넣는 데 에 일조를 한 거라. 아무튼 이게 비롯이야. 코가 별나게 길어진 숱한 별 종들이 생겨났다 사라졌지만 신생대 제3기 마이오세 때는 맘모스의 조상이 생겨났지. 언제냐고? 지금으로부터 대략 2천 3백만 년 전에서 5백만 년 사이지. 아따, 넓고도 후하게도 잡는다고? 아니야, 태곳적으 로 올라갈수록 몇 억년씩 우수리를 두는 건 당연해. 지구의 나이만 보 더라도 45억년 내지 46억년에다가 최초의 생명 발생이 언제더라? 41 억년에서 38억 년 전까지를 잡더군. 아니 거룩한 책에 쓰여 있는 말 씀으로는 이 세상의 창조가 6천 년 전인가 한다던데 이게 다 무슨 소 리요?

이야기가 좀 옆길로 샜네. 암튼 그리 묻는 당신은 방을 잘못 찾아든 것 같으니 조용히 듣고 있든가 여기서 나가 줬으면 좋겠네. 신화와 과 학은 드나드는 층이 다르다니깐 그러네. 그리고 우리는 하던 코끼리 이야기를 계속해야 하니까 말이야. 아까 어디까지 했더라? 수컷들 개 들 잘못만은 아니라고, 우리 암컷들 잘못도 있다고 했지. 맞아, 어쨌 든 우리도 남들처럼 새끼를 낳아 종족을 이어나가야 하는 절체절명의 사명이 있단 말이다. 지난 수천만 년 동안 그렇게도 목숨 바쳐 이 의무 에 충실하고자 했건만 끝내 우리 겨레들 가운데 160여 종족이 완전히 뒤가 끊겨 씨도 못 남겼단 말이다. 그래서 지금 남아 있는 우리 코끼리 가 도대체 몇 종인가?

누구는 둘이라 하고 누구는 셋이라 한다만 아프리카 코끼리와 아시 아 코끼리 두 종이라고 일단 보자. 아니 그럼 너희 두 종족만 남고 나머지 160여 종이 깡그리 사라졌다고? 그렇지, 사라졌지. 저 옛날에 사라진 것도 많고 인간과 부대끼다 잡아먹혀 없어진 것도 있지. 맘모스 말이야. 얘들은 어쩌다 저 추운 북쪽으로 가 살게 되었는데 날씨가 점점 추워지자 덩치를 키우고 두꺼운 털가죽을 덮어썼지. 이리하여 새끼도 낳고 이끼도 뜯어먹으면서 시베리아로 북아메리카로 잘 퍼져나갔는데 떼로 몰려오는 이 인간이라는 족속들의 창끝에는 당할 재간이 없더군. 순식간에 새끼까지 몽땅 잡아먹혔지. 가죽은 천막이 되고 긴 어금니는 천막 뼈대가 되고. 살아남은 일부는 북극 얼음바다 가운데 떨어진 랭글이라는 섬에 숨어들어 어찌어찌 목숨을 이어갔는데 4천 년 전쯤 어느 날 최후가 온 거야. 썰매를 타고 온 한 무리의 사냥꾼들에게 몽땅 소탕을 당하고 말았지. 그래서 우리 둘만 살아남았어. 이제 이 지구상에서 우리처럼 생긴 것들은 더 없어. 가장 가까운 친척? 그건 지금 물속에서 살아. 누구냐고? 인어야. 인어? 지금 말장난 하냐? 에라잇, 과학인 줄 알았더니 이 방이야 말로 옛날 이바구 하는 데네!

좀 참고 들어 보라고. 뱃사람들이 인어라고 착각했던 그 바다의 미녀들은 사실 바다소(해우)라고 불리던 듀공이나 매너티야. 물바닥의 물풀을 뜯어먹으며 주로 얕은 물에서 사는데 숨 쉬러 물밖으로 고개를 내밀 때는 몇 날 며칠 긴 항해에 여자가 그리웠던 갑판의 선원들이 얼핏 보기에는 둥그런 젖통을 가진 사람 같아도 보였겠지. 얘들이, 이 바다소들이 우리 친척이야. 우리 코끼리가 조상 때부터 본래 인간 아이들처럼 물가를 거닐거나 물에서 첨벙거리기를 좋아했는데 이 바다소 종족들은 아예 물속으로 들어가 버린 거지. 그러다 보니 몸꼴도 그에 맞게 달라진 거고. 아무튼 유전자 검사를 해 보면 아주 가까운 친척이란다. 놀랐지? 그러니 세상만사 겉만 보고 섣불리 판단하지 말라고. 불가사리 귀신같이 보여도 네 조상일 수 있고 악마같이 야차같이 설쳐도 그게 네 새끼일 수 있다니깐?

그건 그렇고 암컷들이 왜 책임이 있다는 거야? 그렇지. 우리는 새끼를 낳아야 하는데 그것도 네 해마다 하나쯤 낳지. 그러면 평생에 보통 대여섯 마리를 낳는데 스무 달 정도 뱃속에 안고 다니다가 낳지. 낳으면 우리 패거리 아줌마들이 다 둘러싸서 함께 보살피고 키운다니깐. 그래서 우리는 아기를 가져야 할 때쯤 되면 남들은 못 듣는 낮은 음파로 수컷들을 부르지. 그리고 발로 굴리는 땅의 떨림으로 저 멀리 있는 남정네들을 일깨우지. 걔들을 먼저 부른 건 우리라니깐. 그리고 우리는 보기보다 참 눈노릇이 나빠. 색맹인 데다 근시지. 대신에 귀와 코는 참 밝아서 개보다 훨씬 낫지. 그리고 빚어진 허우대하며 나무랄 데가 없지. 제 잘난 인간들이야 혼자 떼어내 발가벗겨 놓으면 우리한테 댈 것도 못 되지. 그놈의 신통방통한 대갈통만 빼면 말이야. 아무튼 이래서 세상은 공평한 게 아니겠어?

그런데 나도 그런 줄 알았어, 공평하다고. 아니야 말 잘못했어, 절대 아니야. 이 인간이라는 족속들은 공평을 몰라. 저 들판도 제 것이요 저 숲도 온통 제 차지. 흐르는 저 냇물도 웅덩이도 모조리 제 꺼래. 제 꺼면 아끼기라도 해야잖아? 그런 것도 없어. 포틀라치 하는 북서부 인디언만 그런 줄 알았더니 나 보란 듯이 과시해 쌓아 놓고는 금방 모조리 부숴 버리고 밟아 버리고 지워 버리고 묻어 버려. 그 허장성세의 품목에 우리 이 코끼리 종족까지도 들어 있단 말이지. 얼마 전까지는 그래도 우리 형편이 나아서 그렇게까진 안 그랬어. 나직이 수컷을 부를 수 있었고, 어렵긴 했지만 찾아드는 남정 무리도 있어서 어렵사리 씨를 받을 수 있었지. 낳아 키우기가 순탄치는 않았지만 누군가가 일부러 마실 물을 갖다 주기도 하고 건초 더미를 하늘에서 던져 주기도 했었지. 그때가 언제였더라 내 마지막 새끼를 낳은 해가? 내가 젖을 물리며 엿들은 인간들 얘기로는 그즈음 어떤 코리안이 무슨 실험을 했다고도 하고, 얄궂은 아메리칸이 크게 화를 냈다고도 하고 짐짓 그런 척을 했다고도 하고. 그런 것까지 어찌 알았냐고? 아까 그랬잖아. 내가 이 나이 들도록 귀는 참 밝다고.

그러고 나서 쭈욱 내가 태어났을 아이 여남은을 놓쳤다. 셈을 한 번 해 봐라, 그 사이에 세월이 얼마가 흘렀는지를. 이제 내 신세를 털어놔야겠구나, 시간이 얼마 남은 것 같지를 않으니. 이제 그 코리아라는 나라는 있는지 없어졌는지 이름조차 들리지를 않고 아메리카는 여러 개로 갈라졌는지 비슷하게 들려오는 여러 이름이 다 스산하거나 어지럽더라. 내가 살던 저 사바나의 들판은 더욱 메말라 지평선 까마득히 모래바람에 나부끼고 날씨는 더욱 더워져 내 두 귀를 진종일 펄럭여도 피를 식히기가 쉽지 않았다. 내가 스무 살 즈음, 마지막으로 낳은 아들을 데리고 몸을 추슬러 나서 보니 나이에 걸맞지 않게 무리를 이끄는 우두머리가 되어 헤맬 수밖에 없었어. 나이든 언니, 할머니들은 다 사냥 당하거나 굶어 죽은 뒤더라니까.

예전에 우리에겐 적이 없었다. 정신 나간 사자나 표범 무리가 덤벼봤자 자칫 밟혀 죽을 판이었지. 어쩌다 방심하여 우리 불행한 새끼를 한두 마리 내어준 적도 있지만. 우리 덩치는 컸고 우리 가죽은 두꺼웠다. 일만 오천 개의 힘살다발로 된 우리 코는 자유자재로 막대기를 감아쥐고 이들을 후려치고 수틀리면 긴 상아로 배때기를 콱 찔러 버렸지. 우리는 때로 말처럼 지축을 울리며 내달릴 수 있었고 아무렇지도 않게 하루 종일 서 있을 수도 있었다. 부드럽고 민감한 발바닥은 바닥에 떨어진 동전조차 밟지 않고 살그머니 피해 갈 수 있었지만 우리가 진정 가고자 한다면 물이든 뭍이든 늪이든 수풀이든 상관없었다. 우리가 지나가면 기린이든 도롱뇽이든 그게 모두가 따라 지나가는 길이 되었다.

우리 할머니는 굶어서 죽었다. 우리는 어른이 되면 하루에 300킬로가 넘는 먹이를 맷돌 같은 어금니로 갈아 씹어야 한다. 그러다 어금니가 닳으면 뒤쪽에서 새 어금니가 돋아나 헌니를 앞쪽으로 밀고 나온다. 평생에 이러기를 네 번, 마지막 어금니가 다 닳으면 그게 우리 한살이의 끝이다. 조용히 곡기를 끊고 명상하며 조상들의 무덤을 찾아간다. 거기서 뼈만 남은 조상들을 코끝으로 더듬으면서 그 뼈 하나하나가 누구의 것인지를 안다. 그러한 순례가 끝나면 끝자리에 앉아 숨을 죽이며 가만히 이 우주의 순환에 동참한다.

그런데 우리 어머니는 그러지를 못했다. 세 번째의 어금니를 방금 갈았는데도 씹어 먹을 것이 없었다. 전에는 안 먹던 마른 가지를 씹고 진흙을 씹고 했으나 곧 기력이 달렸다. 차마 떠나지 않으려는 우리를 한사코 손사래 치며 어머니는 마른 웅덩이 가에 비스듬히 누웠다. 주위에는 배고픈 하이에나들이 몰려들고 죽은 나무 위에는 독수리 떼가 내려앉았다.

우리는 물을 찾아 나섰다. 한 나절을 못 가 조카가 뒤쳐져 쓰러지자 들개가 몰려들었다. 서쪽으로 서쪽으로, 하루에 한둘씩 우리 무리의 주검을 남긴 채 높다란 언덕을 넘어 숲의 가장자리에 이르렀을 때 내 아들이 마지막 숨을 몰아쉬다 곧 흰자위를 드러내며 고개를 떨구었다. 이제 혼자다. 울부짖을 기력도 없이 우선 그늘을 찾아 드러누웠다. 바

넷째 가름: 꿈으로

닥은 등에 바를 진흙도 없이 메말랐다.

그 숲은 그래도 안으로 들어갈수록 제법 우거졌지만 내가 먹을 수 있는 것은 적었다. 잎은 너무 높다란 가지에만 있었고 바닥은 풀이나 이끼가 드물었다. 그나마 물이 흐르는 곳 언저리엔 인간들의 소리나 기척이 끼쳐 있었다. 그리고 화약 냄새도 났다. 어쩌다 하늘을 나는 새들만 빼면 다른 짐승들도 없고 적막하였다. 그러기를 근근이 몇 해를 지났을까, 그렇게 조심스레 다니던 어느 날 문득 어디서 우리 겨레의 땅울림이 가늘게 내 발바닥에 느껴졌다. 그런데 그 울림의 물결은 처음 보는 무늬였다. 아무튼 나는 조심스레 그 울림의 새암을 찾아 올라갔다. 내가 가까이 가자 그도 나를 느꼈나 보다. 경계 반 호기심 반으로 내가 그를 마주쳤을 때 그도 암컷임을 나는 알았다. 그는 우리와 종이 달라도 보였는데 언젠가 들어본 둥근 귀 아프리카 수풀 코끼리였다. 몸집도 귓바퀴도 좀 작았지만 그는 제 쪽에서 먼저 경계를 풀고 내 코에 제 코를 감아 비볐다. 그리고 그가 말했다. 네가 수컷이었다면 더욱 좋으련만…….

사돈 남말 하네. 하지만 옛날 코리아의 속담대로 이 대신 잇몸이라고, 아니면 꿩 대신 닭이라고, 바티칸의 어르신이 무어라 하든 아쉬운 대로 우리 살친구 하면서 외로움을 달래 보자꾸나. 내 삼년 수도 끝에 한 소식 하기를 이 천지에, 적어도 이 아프리카 한뭍에서는 우리 겨레에 남은 건 나와 나 둘뿐이다. 우리가 종이 같은지 다른지는 몰라도 분명한 것은 이렇게 둘 다 암컷이니 비록 새끼는 생산 못하지만 남은 한살이 허황한 꿈이라도, 추억이라도 재생산하며 하루하루를 동무하여 지내보자고! 안 그래, 둥근 귀?

그런데 마음 놓고 살친구 노릇도 못하던 그 세월도 몇 해를 가지 않았다. 손살을 타고 번져 오는 옴처럼 물길과 골짜기를 따라 갈수록 파고드는 인간들의 발자취가 이 숲의 한가운데까지 이르더니 이윽고 어느 아침, 물 마시러 저만치 앞서 걸어가던 둥근귀가 갑자기 멈칫하는가 하는데 적막을 뚫고 큰 폭음이 숲을 흔들었다. 그와 동시에 둥근귀는 비스듬히 쓰러지며 나를 뒤돌아보았다. 그때 양쪽 숲그늘에서 네댓 명의 검은 인간들이 소리를 지르며 튀어나왔다. 잡았다! 야호~!

아직도 숨을 헐떡이는 둥근귀에 다가간 그들 중 하나가 자루톱으로 어금닛빨을 썰어 자르기 시작했다. 써겅 꺼겅 써겅 써겅…. 그 소리와 울림이 내 머릿속을 뒤흔들었다. 가서 저들을 밟아 버려야지! 그런데 그때 더 많은 검은 사람들이, 아이와 여자들까지 저쪽 숲그늘에서 모습을 드러내며 환호작약하며 다가왔다. 그 서슬에 나도 모르게 도로 숲에 몸을 숨기고 더 깊이 좀 더 높은 쪽으로 올라갔다. 그 검은 사람들은 둥근귀의 가죽에 두부 자를 때처럼 죽죽 금을 긋더니 한 칸씩 포를 떴다. 그러고는 여기저기 살 뭉텅이를 내키는 대로 잘라 가지고 어깨에 얹고 머리에 이고들 날랐다. 그러나 처음에 총을 쏜 사내 무리들은 오로지 상아에만 관심이 있는 듯했다. 뚝! 하고 톱질 끝에 처음의 그 상아가 바닥에 떨어졌다. 그때 가늘게 이어지던 둥근귀의 심장 떨림도 멈추었음이 내 가슴에 전해졌다.

둥근귀가 발려 나간 후 이러구러 숨죽여 마음 졸이며 나날을 이어간 지도 어언 몇 해런가? 이제는 나도 때가 이르렀으니 무슨 미련을 남긴단 말인가! 마지막으로 조상들의 무덤이나 보러 가자고, 가다가 목말라 죽어도 좋고 굶어 죽어도 좋다고 마음을 정하고는 숲을 나와 다시 동쪽으로 향했다. 가다가 죽으리라. 저 극동의 옛날 여우처럼, 죽을지라도 그쪽 뼈무덤을 향해 머리를 흙땅 위에 얹고 죽으리라.

그런데 내 발걸음이 땡볕 속에 몇 시간도 이어지지 않았는데 문득 낮은 하늘에 우투투투 빙빙 잠자리비행기가 맴돌았다. 맘대로 하라구! 무시하면서 내 갈길을 갔다. 한동안 사라졌던 그 비행기가 다시 나타나더니 이번에는 아주 가까이 내 옆에 떠서 따라왔다. 로우터의 소용돌이에 흙먼지가 날려 짜증이 나는데 이내 따끔, 뭔가가 내 목덜미를 찔렀다. 그러거나 말거나 계속 먼지 속을 나아가는데 웬걸, 나의 네 발기둥이 휘청거렸다. 그리고 몇 걸음을 못 가 내 무릎이 푹 꺾이어 자갈밭에 엎어졌다. 가물거리는 시야에 그 비행기가 저만치 내려앉고 문이 열리더니 색안경을 낀 허연 사람들이 각자 무엇을 들고 땅을 내려딛는 것이 보였다.

눈을 떴을 때 나는 내가 어느 바닷가에 쓰러져 있음을 알았다. 커다란 밧줄 그물이 나를 안아 싸고 배에서 드리운 기중기가 나를 통째로 들어 올리려던 참이었다. 이리하여 나는 배의 큰 짐칸에 내려져 실리었고 여러 날의 항해 끝에 다시 뭍에 닿아 다시 비슷한 절차를 거쳐 땅바닥에 내려졌다. 생전 처음 맡은 바다냄새와 뱃멀미 끝이었지만 그 사이 어느 정도 기력을 회복했나 보다. 눈도 귀도 조금씩 트인 데다 정신을 모아 꿰뚫어 보니 여기가 인도라는 나라란다. 그 후의 이야기를 줄이자면 나는 이 지구상에서 단 하나 남은 아프리카 코끼리의 암컷으로서 역시 이 지구상에 지금 단 한 마리 남은 인도코끼리 수컷과 함께 지내도록 이리로 옮겨졌단다. 말하자면 멸종을 막기 위한 인간들의 마지막 몸부림으로 대단한 실험 재료가 된 신세란다.

처량하도다 인간들이여! 너희들이 진정 이 지경이 되어서야 이리 공을 들이며 마지막 발원을 한단 말이냐? 이미 사라진 저 많은 들짐승들! 늠름하던 지중해 세계의 오록스 소, 아메리카의 초원을 뒤덮던 들소 떼와 하늘을 가리던 나그네 비둘기, 중국의 사불상 사슴과 양자강의 돌고래, 인도양의 도도새, 타즈마니아 호랑이. 그 뿐인가! 수많은 곤충들, 물고기들, 꽃들, 식물들.

하기야 인간들 저들끼리도 모양이 좀 다르다고 멸종들을 시켰으니 더 이상 말을 해 무엇 하리! 그 하나 남았던 타즈마니아의 여인 트루가니니의 쓸쓸한 표정을 보라. 파리의 사창굴에서 숨을 거둔 이른바 호텐토트의 비너스 사라 바르트만. 끝까지 이름을 밝히지 않은 캘리포니아 야히 인디언 사나이 이시의 최후. 저 시베리아에서, 폴리네시아, 미크로네시아, 멜라네시아, 아프리카, 아메리카 등 오대양 육대주에서 너희가 지워 버리고 씨를 말려 버린 인간 종족이 몇이던가. 그랬던 너희가 이제사 몇 다리 건너인 우리를 살려내어 복제를 한다고?

나는 큰 쇠창살의 열차에 실려 내륙으로 들어갔다. 그리하여 높은 울타리로 에둘린 사파리에 풀려 마침내 그 수컷으로 이끌려 갔다. 이 땅에도 내 사촌? 아니지 팔촌쯤 되나? 인도코끼리들이 살았었단 말이지?

긴 쇠사슬에 목이 묶인 인도코끼리를 처음 보았을 때 나는 그가 아직 좀 덜 자란 청년인 줄 알았다. 하기야 우리 코끼리들은 죽을 때까지 몸이 자라니까 이미 내 나이 예순에 가까우니 내 덩치도 웬만하렷다. 하지만 그는 수줍어하며 숨을 몰아쉬며 몸을 덜렁거리는데, 내가 어느 나라 백성들처럼 외양 지상주의자는 아니지만 이 총각 얼굴이며 몸 생긴 꼴이 가관이었다. 양쪽 귀는 생기다 말았는지 어깨마저 덮지를 못했고 머리통은 양쪽 정수리에 혹이 났는지 부었는지 골통 가운데 앞뒤로 홈이 다 졌다. 그리고 등은 조금 솟아올라 곱사등이를 겨우 면했다.

넷째 가름: 꿈으로

그 주제에 덜렁거리는 그 꼴을 보던 내가 긴장이 풀렸는지 코를 말아 올리며 드르릉 웃고 말았다. 최소한의 에티켓은 지켰어야 하는데 말이 지. 아무튼 그러자 그 인도 군도 코를 말아올려 화답을 하는데 코끝이 좀 이상했다. 세상에! 내 눈이 좋기도 하지. 그의 코끝 살점이 아래위 두 쪽이 아니고 위쪽 하나밖에 없다니! 저 코로 어떻게 물건을 제대로 그러잡을까?

아무튼 인간들은 우리를 날마다 주의 깊게 관찰하며 조심스레 접근 시켰다. 그럴 것도 없어. 모양은 서로 좀 이상하지만 이리 된 판국에 뭐 시시콜콜 가리겠나! 한 세상 살다 가는 거지 뭐. 염려 붙들어 매시라 구. 우리 둘은 금방 서로 말귀를 알아듣고 친해졌다. 그리고 며칠이 지 나지 않아 내 쪽에서 먼저 이 덩치 작은 녀석한테 기가 죽기 시작했는 데 이 수컷 녀석은 아는 게 너무 많은 것이다. 하기야 어릴 때 이후로 평생을 인간들에게 잡혀 불려 지냈으니 네가 아는 것이 다 그 놈들 알 았던 것이 아니겠나!

인도 군은 정말로 이 넓은 천지에 제 혼자 남았다고 한다. 제가 어릴 때만 해도 제 친구들은 여기저기 서커스에 끌려 다니며 재주를 피웠 다고 한다. 그런데 무슨 영문인지 모든 서커스들이 없어지고 이리저리 흩어진 코끼리들은 원인 모를 전염병으로 다투어 죽어 나갔다고 한다. 인도의 민간인들이 부리던 코끼리들도, 이웃나라인 버마, 태국, 라오 스, 그리고 저 멀리 보르네오 수마트라의 사촌들도 최근 삼사십년 사 이에 밀렵에 전염병에 아니면 기근에 다들 멸종했단다. 그뿐인가? 세 월을 거슬러 올라가 보면 중동의 시리아 같은 반사막지대에도, 남중국 에도 꽤 오랫동안 인간들과 더불어 살았단다. 그래서 옛날 중국 사람 들은 그 코끼리를 못 잊고 그리워하여 코끼리란 말이나 생각한다는 말이나 같은 '상'이라는 음으로 불렀단다. 옛날 인도는 어땠고? 오죽했으면 부처님을 밴 태몽으로 마야부인이 상아가 아홉 쌍인 흰 코끼리를 꾸었다고 하지 않나! 힌두교에서도 시바신의 아들 가네샤는 코끼리 머리에 사람 몸이다. 더 올라갈까? 인도네시아의 어느 섬에는 난쟁이 맘모스가 살았단다. 지중해의 말타와 시실리 섬, 크레타 섬에도 살았었지. 우리들 팔촌 아니면 십육촌쯤 되지.

이렇듯 인도 군은 꿈꾸듯 조상과 친족들의 전설을 읊어댔지만 나에겐 그게 다 부질없는 한여름 밤의 꿈, 이제 우리 둘만 남아 저 인간들의 잔재주로 새끼를 낳아 본들 그게 무슨 소용일까 싶었다. 우리가 적어도 이 천지간에 숨 붙이고 살아가는 중생이라면, 저 아름답고도 거친 들판에서 숲에서 물에서, 서로 잡아먹든 잡아먹히든, 적어도 우리 새끼만은 이 몸의 본능대로, 이 마음의 솟음대로 내킴대로 내지르고 말아야 할 뿐이지 남의 손이 웬 말인가! 그건 그렇고 인도야, 너도 제대로 된 젊은 코끼리라면 적어도 볼따귀에서 진물이 제대로 흐르며 평소에 안 하던 엉뚱한 몸짓거리를 해야 내가 몸을 사리든가 내맡기든가 할 게 아니냐! 그런데 비칠 듯 말듯, 네 잔주름도 별로 없고 무슨 비루먹은 짐승처럼 바탕에 불그스름한 빛깔마저 도는 네 몸뚱아리를 이리저리 훔쳐봐도 도무지 그게 그건지 아닌지, 무슨 늦인지 도통 알 수 없는 노릇이구만. 한마디로 너도 짐승이냐, 변변찮은 이놈 인도야!

그런데 희한하게도 나도 몇 십 년 만에 몸에 다름이 왔다. 나는 안다. 새끼가 든 것임을. 귀신이 곡할 노릇이네. 성령이 임하신 거냐, 이천 년 만의 동정녀, 아니 늦과부 제 홀로 수태냐! 내가 잠든 사이 무슨 조화가 있었던 건 알겠는데 하여튼 인간들 잔재주는 알아줘야 한다니깐. 낭패고 모욕이로다. 어느 날 잠깐 엿들은 이들의 말에 의하면 내가 이

432   넷째 가름: 꿈으로

미 인공수정 사개월이란다. 아비는 물론 인도 군이고. 이것들이 보자 보자 하니깐. 암놈이 한을 품으면 오뉴월에도 서리가 내린단 말이 코리아 어디에서 나왔다고 하더구만.

나는 이 날부터 유사 이래 전례가 없는 엉뚱한 한을 품었다. 내 너희들의 모든 선의를, 세상의 모든 정의를, 본능과 자의식을 배반하리라. 내 반드시 희망이란 것의 헛됨을 알려 주리라. 밝음의 자폭을 알려 주리라. 뉘우침의 앙갚음을, 자선의 무모함을, 베풂의 악랄한 뒷감당을 알려 주리라. 언어의 무의미, 아니 반의미를 배반하고 배반의 배반을 뒤엎어 주리라. 그 모든 것을 이 지겨움으로, 우연성으로 마구잡이로 갚으리라. 그러려고 나는 이 순간부터 밝음과 희망과 베풂의 삶을 살리라. 나는 인도 군의 코를 감아 비비며 온 세상을 향해 감사의 눈물을 흘렸다.

아랫배가 불러왔다. 내버려 둔다. 주는 대로 잘 먹는다. 마지막에 깽판 치려면 그때까진 잘 간수해야지. 나는 인도 군을 기대고 어루만지고 다스리고 품고 빨아 넣었다. 그는 이제 내 일부가 되어 움직였다. 그리고 또 두 달이 지났다. 우리는 사파리의 출구를 알아내었다. 어느 아침, 둘은 사파리 철문의 비밀번호까지 코끝으로 눌러 문을 열고 숲을 빠져나갔다. 멀지 않은 곳에 눈에 덮인 높은 산봉우리들이 보였다. 경보장치도 물론 사전에 헝클여 놓았으므로 인간들이 우리의 빠져나감을 알아챈 것은 거의 한 식경이 지나서였다. 우리는 마을로 들어섰다. 그리고 마구 짓밟아대기 시작했다. 이른바 죄 없는 자부터 죽여라. 노점상이 박살나고 주인이 밟혀 배가 터졌다. 자전거도 택시도 밟히고 경찰도 군인도 밟혔다. 웬일인지 그들은 아직은 총을 쏘지 않았다. 이상한 일인데? 무슨 다른 일이 있나? 이러면 안 되는데? 우리 꿈은 사라지는 건가?

우리는 가까운 사원도 짓부수었다. 뱃속의 아기가 그러지 말라고 애원했다. 알았다 아기야, 이 에미는 배반의 여신이란다. 네 소원도 배반하마. 우리는 설산을 향해 걸어가며 보이는 족족 짓뭉갰다. 배가 터지고 머리가 으깨져 죽은 인간들이 아마 수백은 되었을 게다. 우리는 저 설산으로 들어가자. 그러면 애기야, 너는 빛도 못 보고 얼어 죽을 테지. 이것도 내 희망인가? 그러면 그 희망마저 배신해야지.

그렇게 장난처럼 영상 속에서 허우적이는데 그 순간 저 높은 산의 한 모퉁이가 눈 더미와 함께 무너져 내리고 땅바닥과 하늘 전체가 흔들렸다. 그리고 조금 후 세상은 적막 속에 멈추었다. 그다음 몇 초를 두고 붉은 기운과 열기가 온 하늘에 뻗치더니 곧 시들면서 검은 구름이 사방에서 밀려와 천지를 암흑으로 뒤덮었다. 그리고 다시 46억 2,815년이 흐른 어느 날, 어느 외계인이 이 땅에 내려앉아 몇 군데를 세심히 살펴본 후 이렇게 저들의 기기에 기록하였다.

'인간들 중 다수의 기원 따지기로 2059년 9월 7일 오전 아홉시 17분 06초, 인간이란 종들이 일으킨 동시다발 핵 터뜨림으로 지구의 겉이나 속이나, 모든 생명이 끊기고 다시는 이어지지 아니하다.'

9 회오리

덴버가 75마일 남았다. 아니 덴버 대학교가 75마일, 아니 몇 초 전에 찰칵 74마일로 줄어들었다. 속도 제한이 있지만 한 시간 남짓이면 이제 그 대학교의 교정에 다다르리라. 이 53피트짜리 짐칸인 드라이 밴을 달고 가는 550마력의 대형 트럭을 끌고서도 말이다. 그 교정으로 바퀴 열여덟 개가 달린 이 긴 차량을 함부로 몰고 들어가긴 어렵겠지만 정 안 되면 아무데나 차를 세워 놓고서라도 나는 그 졸업식장으로 달려가리라. 이 70번 고속도로를 타고 펜실베이니아 주 피츠버그에서 밤낮으로 서쪽으로 달려오다가 오늘 아침 캔자스 주 토피카를 지날 때 주유소 어귀에서 산 저 붉은 장미 꽃다발을 제니퍼, 아니 내 딸 순영이에게 전해주려면 말이다.

실로 얼마만인가, 순영이의 목소리를 들어 본 것이! 처음에는 무슨 환청인가 했었다. 롱비치에서부터 대륙을 가로질러 달고 온 트레일러를 어제 아침 볼티모어에 떼어 주고 달랑 앞대가리만 남은 밥테일 상태로 날아가듯 달려 피츠버그 교외에 있는 어느 군부대를 찾는데 막상 다 가서 길은 왜 그리 헷갈리는지, 물어물어 찾아가 운송 주문서를 넘기니 줄지어 기다리란다. 달고 갈 트레일러가 준비되기를 적재장 앞마당에서 기다리다 핸들에 이마를 얹고 잠깐 조는데 천장에 설치된 무선통신이 울었다. 무슨 일이지? 비몽사몽간에 손을 올려 뻗어 스위치를 누르는데 문자가 아니고 좀처럼 쓰지 않는 음성 메시지다. 비상사태인가? 뚜~ 뚜~, 쿵쿵, 삑삑, 무슨 소리가 몇 초나 이어지고 별 말이 없기에 잘못됐나 하고 끄려던 찰나, 어떤 여자의 목소리가 울려왔다.

- 대~ㄷ, 아빠! 디스 이즈 …… 뚜뚜뚜.

이게 무슨 소리지? 아빠라니? 한국 여잔가? 잘못 걸려온 통신? 뭐야! 급히 오더가 바뀌었나? 근데 이게 누구야! 화들짝 손을 뻗어 볼륨을 한껏 올렸다.

- 헬로우! 여보세요! 후 이즈 디스?

- 디스 이즈 제니퍼! 아빠~, 나 제니퍼! 나 그래주에잇, 초… 럽? 유니버시티, 투마로우…….

- 홧? 뭐라고? 제니퍼? 순영? 순영아! 그래 아빠다! 졸업한다고? 뭐? 내일이라고?

이때 트럭 옆문을 쿵쿵 치는 소리가 났다. 눈을 돌리니 등판이 떡치는 안반처럼 딱 벌어진 백인 군바리 하나가 어이가 없다는 듯 올려다보며 고개를 절레절레 흔든다.

- 퍼큐! 빨리 네 빌어먹을 달구지를 돌려서 엉덩이를 저기 갖다 대란 말이야! 귀가 먹었나 제기럴! 두 유 언더스탠!?

- 쏘리 쏘리! 원 미니츠 플리~즈. 그래, 순영아 잠깐만 기다려! 웨이더 미닛. 오케 오케이…….

- 갓 댐! 일단 저쪽으로 빼! 일분 내로 문제 해결 안 되면 오더 취소다. 헤이! 다음 차 들여보내!

이리하여 일단 뒤차에 양보하고 내 밥테일을 돌려 옆으로 비켜나는

데 아차! 무선이 끊겼다. 몇 번이나 다이얼을 돌리며 진땀을 빼는데 어느 순간 꿈속에서처럼 다시 연결이 되었다. 순영이였다! 맞아, 내 딸 순영이가 실로 일고여덟 해 만에 전화를 걸어온 것이다. 그리고 한 이삼 분 이어진 순영이와의 통화는 수신 상태도 안 좋았는 데다 거의 영어로, 간혹 서툰 한국말 몇 마디를 버무렸지만 내가 알아들은 이야기의 줄거리는 대강 이랬다. 지금 양부모 몰래 전화하는 거라고, 내일 대학 졸업식을 하는데 가족이 함께 덴버에 와 있다고, 아빠는 나를 볼 수 없겠지만 그래도 생각이 나서 전화하는 거라고, 덴버 대학에서 아트, 뭐라고 해야 하나? 미술? 예술? 아무튼 그런 걸 전공했다고.

  - 그래! 내일 갈게! 거기가 어디지? 덴버?

  - 오심 안 돼요! 사람들이 화내고, 문제…… 커질 거에요. 체포될 수 있어요.

  - 아무튼 갈게. 한 번 보자꾸나! 가 있을 테니까 꼭 다시 연락 줘! 내 전화는 어떻게?

  - 아빠 찍은 사진 봤어요. 사진 공부, 미 투. 날아가는 새. 아빠가 찍은 것, 웹사이트에서. 지평선 위로 줄지어. 기러기 떼, 구석에 트럭 옆 거울 조금 있어, 사진 모서리 글자 조그맣게 챙 리 라고…….

  - 동호회에 출품했던 건데 아직 온라인에 돌아다니나 보다. 이젠 나도 안 한다.

  - 혹시 아직 운전, 룩 라이크 아직 엘에이? 몇 군데 트럭 캄퍼니 텔레폰 했어요, 챙 리 있어요? 거짓말 같이 세 번째 만에 그 여자, 챙 리 알아, 전에 일했다고…… 정말 미러클…….

  - 그래, 고맙다, 순영아! 내가 꼭 갈게. 아빠 한 번만 보자, 응?

  - 안 되는데…… 아빠 보고 싶…, 쉿, 이제 끊어요. 빠이. 뚜

뚜뚜…….

- 헬로! 순영아! 제니퍼! 제니퍼!

더 이상 통화는 되지 않았다. 여기서 덴버가 어디지? 밤낮으로 꼬박 스물네 시간? 천오백 마일? 아무튼 간다. 그런데 순영아, 왜 이제야 목소리를 들려주니?

다시 줄을 서서 물건을 실은 새 트레일러를 기다렸다 연결하고 출발을 하는 데는 거의 한 시간 반이 걸렸다. 이것들은 준비도 안 해 놓고 사람을 불렀나? 민간 트럭이 군용물품을 싣는 일은 드문데 이제야 짐 칸 속으로 짐이 들어가는 걸 보니 위장 페인트를 칠한 무슨 특수 장비들인 것 같다. 뭐가 실리든지 나하고는 상관없는 일이고 정해진 시간 내에 정해진 장소에까지 실어다 주기만 하면 된다. 많이 싣든 적게 싣든 나는 그저 마일당 40센트의 돈을 받으니까, 회사에서 계산한 그 길을 따라 정확히 거리가 나오고 나는 그 길을 탈 없이 시간 내에 달리면 그만이다. 주마다 법령이 조금씩 다르기는 하지만 하루에 몇 시간 이상을 무리해서 달리면 안 된다. 날마다 꼬박꼬박 일지를 적어 제출에 대비해야 한다. 위반하면? 벌금이다. 시간이 돈인데 타지의 법정을 찾아서 기한 안에 출두해야 한다. 사소한 것은 몇 백 불이지만 천 불이 넘기도 한다. 돈보다 점수가 나빠지면 어디 일거리를 잡기도 어렵고 심하면 면허가 취소되어 밥줄이 끊어진다.

왜 이리 가혹하게 다루나? 그만큼 안전이 중요하고 자칫 과로하거나 과속하다 보면 큰 사고로 이어지기 때문이다. 나뿐만이 아니라 여러 사람에게 피해를 주거나 죽일 수도 있다. 그렇지, 다 이유가 있는 거야. 좀 시간이 걸려도 안전하고 확실하게! 그래서 이 오만잡종이 모인 큰 나라가 그나마 제대로 돌아가는 거야. 혼자서 방방 뜀 것 없어! 미국 온 지 해가 쌓이면서 차례로 고개가 끄덕여지는 사항들이었다. 대국이 그저 대국이 된 게 아니란 말씀이야!

그런데 오늘은 다르다. 몇 십 년 전으로 홱 돌아가 서울에서 시내버스를 몰 때처럼 니미럴! 쌍욕이 목구멍까지 올라온다. 나는 일각이 여삼추인데 어찌나 꾸물대는지! 천천히 짐칸으로 밀고 들어가 멈추고, 걸고, 살피고, 하나하나 받치고, 묶고, 엮고, 조이고, 다시 확인하고…, 종이에 서명하고, 다시 훑어보고, 건네받고, 건네주고…, 천천히 걸어가고…, 입안이 다 타들어 간다. 이것들은 애고 어른이고 민간이고 군바리고 도무지 바쁘고 서두르는 게 없어! 저리 느려 터지고 게을러 자빠져도 웬만하면 세계제일로 밥 먹고 사는 것 보면 복도 많은 피플이야. 그런데 지금이 몇 시야? 아침 열 시 오십칠 분, 졸업식이 내일 6월 18일 토요일 오전 열한 시? 좋다, 간다! 기다려라 순영아 아빠가 간다. 다른 아무것도 생각하지 않는다. 시간이 없다. 자지도 먹지도 않으련다. 부대 영내를 휘돌아 차단기를 지나 빠져나오는데 시계가 정확히 오전 열한 시를 가리켰다.

그런데 순영이가 지금 몇 살이야? 우리 나이로 스무 살, 9월생이니까 만 열아홉이구나. 생각난다. 마지막으로 본 것이 칠년 전, 걔가 열두 살 때였구나. 네 살도 되기 전에 포틀랜드의 마음씨 좋은 백인 노부부, 6.25 참전용사 카슨 씨 가정에 입양을 준 뒤 나는 철마다 아이를 방문하였고 심지어는 그 집에서 하루 데리고 잔 적도 있었다. 노부부는 그만큼 너그러웠고 한국과 동양을 알았으며 예외적이었다. 이웃에 마침 한국 사람이 살아서 순영이는 크면서 그 집 사람들과 어울리며 한국말도 곧잘 했고 노부부는 그 점도 흐뭇해하며 부추기고 귀여워 했었다.

그런데 아이가 여덟 살이 되었을 때 갑자기 할머니가 심장마비로 세상을 떠나고 할아버지도 가산을 정리하여 요양시설로 들어갈 준비를 하자 시애틀 근처의 시골에 사는 그 집 조카 내외가 나서서 순영이를 다시 입양하여 가게 되었다. 그리고 그때부터 모든 게 달라졌다. 그 젊은 부부는 내가 아이와 접촉하는 것을 꺼리더니 오래지 않아 대면은 물론 통화마저 막아 버렸다. 들리는 소문에 그 집에서는 입양아들을 수시로 받아서 열 명 가까이나 된다 하고 그중에서도 순영이는 더 심한 학대를 받고 있다는 것이었다. 그래서 내가 안달이 나서 더 자주 연락을 꾀하니까 아예 법으로 걸어 버렸다. 걱정되고 보고 싶어 환장할 노릇이었다. 그리고 땅을 치고 후회를 했다. 굶어 죽더라도 같이 죽는 건데…, 그때 정말 조금만 더 참고 데리고 있어 볼 걸. 아니지, 순영이를 지금이라도 내 눈으로 한 번만 더 보자.

그땐 법도 잘 몰랐을 때지만, 그래서 걔가 다니는 중학교 근처에 무리하게 잠복을 했었다. 이틀 만에 대여섯 명의 애들과 무리지어 나오는 순영이를 미행하였는데 애들은 집으로 가지 않고 근처의 백화점 몰로 가는 것이었다. 깔깔거리며 이곳저곳을 다니는 애들을 멀찌감치 따르며 한참 기회를 엿보다 마침내 순영이가 혼자 화장실을 가는 기회를 잡았다. 화장실로 들어가는 골목 어귀에서 어정거리다 볼일을 마치고 나오는 순영이를 뒤에서 조용히 불렀다.

－순영아, 아빠다.

몇 걸음을 더 떼던 순영이가 멈추었다. 그리고 고개도 돌리지 않고 영어로 말했다.

－나 순영 아냐! 제니퍼야! 가! 미워! 아이 헤이트 유!

- 순영아, 아빠다. 순영아!

그때 다른 아이 몇이 이리로 다가오자 순영이가 갑자기 소리쳤다.

- 헬프 미! 헬프 미! 이 사람이 나를 납치해욧!

이리하여 소동이 나고 경비원이 달려오고 나에게는 바로 수갑이 채워졌다. 적의인지 연민인지 나를 노려보는 순영이의 어린 두 눈엔 핏발이 서고 물기가 번득였다. 지금 지나가고 있는 저 미니애폴리스의 대평원, 지평선 위 검게 덮인 구름의 틈사이로 붉게 내비치는 저녁놀의 빛깔처럼…. 그리고 보니 피츠버그에서부터 정신없이 내쳐 여섯 시간을 달려왔다. 곧바로 인디애나 주를 지나 일리노이 주로 들어선다. 하늘은 검게 덮여 오고 가랑비가 조금 뿌리다 걷히다 한다. 저 멀리에는 땅으로 내리꽂히는 몇 가닥의 가는 번개 줄기와 함께 은은한 우렛소리, 간격을 두고 울리는 그 떨림은 무엇을 경고하는 걸까?

망연자실, 경찰차의 뒤칸에 떠밀려 태워지는 나를 노려보며 그 아이는 두 주먹을 쥔 채 경고를 했었지. 어금니를 앙다물고, 내 깊은 바닥이 시리고 울리도록, 이번엔 예상치 못한 한국말로 또박또박 끊어서 말했었지…….

- 오! 지! 마! 오! 지! 마!

70번 고속도로는 약간 남서쪽, 해지는 방향으로 끝없이 뻗어 있다. 오지마! 오지마! 하지만 나는 저 천둥치는 지평선 끝을 향하여 달려가야 한다. 순리대로 하자면 두 시간 반쯤 더 달려 미주리 주 세인트루이스의 트럭 휴게소에서 쉬고 잠을 자야 한다. 물론 저녁도 먹고. 하지만 그랬다가는 내일 순영이를 볼 수 없다. 기름이 떨어져 가니 할 수 없이 경사로를 돌아 내려 주유소로 갔다. 그 시간도 아깝다. 이런 큰 차는 한꺼번에 200갈론 이상, 무려 천 불어치나 들어간다. 주유가 끝나기를 기다리며 날씨를 체크해 본다. 인터넷이 된다. 밤길을 쌩쌩 달리자면 날씨가 도와줘야지.

그런데 앞길이 별로 좋지는 않다. 캔자스시티를 지나서 덴버까지 서쪽으로 이어지는 거의 전 지역에 오늘밤 구름이 잔뜩 끼고 곳에 따라 비도 간간이 뿌리고 바람이 분단다. 더 남쪽, 아칸소, 오클라호마와 텍사스 북부에 걸쳐 한랭전선과 온난전선이 만나 난기류를 형성하며 요동칠 조짐이 있단다. 아주 좋지도 않지만 적어도 현재까진 아주 나쁘지도 않다. 달리 생각할 것 없다. 쓴 커피 한 컵만 받아서 다시 운전석에 올랐다. 과속하다 짭새에게 걸리거나 무리하다 사고가 나면? 그야 운명이다. 뒷일은 그때 가서 생각하자.

이렇듯 절박하게 뒷일은 그때 가서 생각키로 하고 무조건 찢고 들어간 적이 전에도 있었나? 하기야 내 쉰여섯의 인생이 온통 크고 작은 찢김이요 찢어나감 아니었나! 하지만 엄청나게 크게, 마치 큰 천을 날카로운 가위로 한 칼에 주욱 자르듯, 새로운 국면을 펼치며 위험하고도 미지인 세계를 갈라 나간 것은 내 나이 서른하나, 인천에서 밀항객이 되어 배에 올라탔을 때였지. 어디로 가는 배인지도 모른 채 녹슨 벌크선의 기관실에 숨어들어 귀가 멍멍한 굉음과 탁한 공기 속에 몸을 숨기고는 제발 어서 빨리 이 커다란 물체가 움직이기만을 기다리고 있었지.

왜 그랬냐고? 다시 생각하기도 싫지만 이미 어두워지는 천지, 저 단조로운 길 위에서 졸지 않으려면 옛일을 되살리는 것도 한 가지 방법이로구만. 훌쩍, 쓴 커피를 다시 한 모금 목구멍에 넘기는데 무엇을 잡으러 가는지 경찰차 한 대가 나를 앞질러 쏜살같이 내닫는다. 미국이

넷째 가름: 꿈으로

든 한국이든 저 놈의 백차, 아니 이곳에서는 흑차나 흑백차라고 해야 하나? 아무튼 군대에 있었을 때는 백바가지 쓴 헌병놈, 그리고 사회에 나와서는 저 짭새 경찰놈들만 보이면 기분이 영 좋지 않다. 천적이다. 내가 어쩌다 저 민중의 지팡이들과 척을 지게 되었나? 내가 자란 저 강원도 골짜기의 작은 읍 횡성에서는 쫄따구 순사도 멋있게만 보였는데.

  하지만 가난한 산골 아이인 내게 그보다 더 좋아 뵌 건 가끔 저 가로수 드문드문한 꼬부랑 흙길을 먼지 날리며 지나가던 버스와 트럭들이었다. 그중에서도, 어디서 잔뜩 자갈 같은 것을 싣고 와서는 자기 힘으로 우웅, 우웅, 짐칸 앞쪽을 밀어 올리면 마침내 와르르, 한 차 분의 짐이 한꺼번에 미끄러져 쏟아져 내려 마당에 부려지던 힘 좋은 지엠씨, 여섯 바퀴 육발이 도라꾸의 그 빛깔이며 휘발유 냄새며 검고 싱싱한 타이어의 탄력하며…… 얼마나 믿음직스럽고 멋있고 부럽던지! 나도 저런 굉장하고 멋있는 차를 모는 운전수가 되어 저 아스라한 산모롱이를 넘어 새로운 세계, 드넓은 세상을 쏘다니고 싶다! 그런데 무슨 수로 운전수가 되나? 시외버스 조수부터 하겠다고 무조건 엉겨 붙어야 하나?

  빤한 집안 형편상 대학 진학은 일찌감치 포기하고 가까스로 고등학교 졸업장을 쥐자마자 나는 가족에게 이별을 고하고는 내 밥벌이는 내가 하겠다면서 서울로 튀었다. 먼 친척이 일하는 자동차 정비소에서 시다로 있다가 몇 달 후에 시내버스 조수로 들어갔다. 그리고 운전을 배우고 승용차 면허를 따고 다음엔 용달차 면허를 따서 이삿짐센터에 들어갔다. 버스 면허도 딴다면서 한참 실습을 하는데 영장이 나왔다. 대학물에라도 담그다 왔으면 어찌 연기라도 해 봤을 텐데 방법이 없었다. 하지만 내가 집안 복은 못 타고나고 먹고 자란 것도 시원찮았으나 쳐지지 않는 허우대에다가 그나마 자질구레한 인복은 덤이었나 보다. 아니면 나라가 너무 좁은 건가, 훈련소에서 대기하는 중에 고향 선배를 만났다. 제대 말년을 보내는 행정병이었다. 어디로 보내 줄까? 그 형은 일개 병장 주제에 마치 뭐든 다 해 줄 수 있는 원스타 훈련소장 말투로 내게 물었다. 나 운전하고 싶은데요, 형?

이리하여 나는 곧 여산에 있는 운전병 학교에 보내져 과정을 마치고 통과하자 철원에 있는 수송부대에 배치되어 군용트럭 운전병이 되었다. 수송대, 우리들은 자조적으로 달구지 부대라고 불렀는데 운행이 없을 때는 정비, 정비도 없을 때는 시시콜콜 점검, 그것도 할 게 없으면 시도 때도 없이 얼차려였다. 타이어에 윤이 나도록 구두약을 칠하고 홈의 모래알 하나까지 못으로 파내야 했으며 그래도 트집 잡을 것이 없으면 몽키 스패너를 입에 물려 2.5톤 트럭의 굴대와 쇠불알 밑으로 낮은 포복을 시켰다. 하루라도 뺑뺑이 돌리지 않아 군기가 빠지면 대형사고 낸다면서.

아무튼 이러면서 짬밥이 쌓여 강원도 경기도 전방 일대의 자갈길은 거의 다 익혀 가던 무렵에 병장 계급을 달았는데 무슨 조화인지 하루 아침에 덜컥 그 여단의 별 하나짜리 여단장 1호차를 몰게 되었다. 행사에 나갈 때는 앞뒤 범퍼에 빨간 별판이 달린 장군 찝차다. 나머지 시간에는 발정난 황소처럼 힘이 좋은데다 안락하기는 옥황상제 마누라 꽃 방석 같은 팔기통 검정색 세단이다. 운전병이라면 누구나 선망하는 최고의 자리다. 원님 덕에 나팔 분다고 나도 이제 팔자가 좀 펴려나 보다 했더니 웬걸, 천하에 치사한 자리가 높은 분 운전수 자리였다. 덕분에 서울 구경도 심심찮게 하고 과분한 잡비도 생기고 했으나 스물네 시간 구두끈도 못 풀 만큼 긴장하여 대기해야 하고…… 그것보다 그야말로 따까리 신세라 시키는 일은 무조건 다 해야 하고, 치사하든 대단하든 내가 보고 듣고 안 것은 장군 마누라에게도 입도 뻥긋 해서는 안 될 극비사항이었고……. 내가 운전을 잘해 차출된 게 아니라 입이 무겁고 절대 순종적이라 데려왔지 않나 싶어서 난생 처음으로 내가 이러려고 운전을 배웠나, 우주 끝에서부터 자괴감이 밀려왔다. 어느 날 대문 밖 길가에 세워 둔 차에서 기다리다 기다리다 지겨워 올라가 본 북한산 기슭의 어느 요정. 에이잇, 지금도 그때 본 그 똥별들이랑 말똥 계급장들이 난장판으로 어울리던 그 영상이 떠오르면 퉤! 마른 침을 뱉으며 세차게 머리를 흔드는 버릇이 내게 남아 있다. 잠도 쫓는 이중효과다. 다시 머리를 흔드는데 이 저녁에 회사에서 통신이 온다. 생뚱맞게도 현재 위치를 보고하라는 문자다. 그리고 중남부 일대에 기상이 좋지 않다는 경고와 함께. 귀찮지만 이런 게 다 회사의 배려라고 생각하자.

사실 본래 일정대로 피닉스로 가자면 세인트루이스에서 44번을 타고 남서쪽 스프링필드, 그리고 오클라호마의 털사 쪽으로 빠져야 한다. 그래서 세인트루이스를 지나면서 혹시라도 내 위치를 알아낼세라 내 항법장치를 아예 꺼 버렸다. 나는 덴버로 가야 하니까. 곧장 캔자스시티를 향해 내쳐 70번 위를 달린다. 무슨 대단한 군수품인지는 몰라도 시간 안에만 배달하면 될 거 아냐? 내가 알아서 가는 거지 뭐. 근데 좀 피곤하네. 뒷목도 뻣뻣하고. 이럴 때 손날로 톡톡 목덜미를 쳐 주며 잠을 깨워 주고 말을 시키던 지니가 생각난다. 지니, 공지니 미친 년! 못된 년! 또다시 욕이 나오지만 오늘은 그 생각을 말자. 하늘은 캄캄하고 천지는 적막한데 나홀로 또 그 에미나이를 생각하면 정말로 큰 사고 칠 것 같다. 차라리 아까 그 얘기, 다시 한국으로 돌아가자. 그런데 여기가 어디지? 옳지, 캔자스시티가 20마일 남았구나. 밤 9시.

맞아, 그때도 밤 아홉 시면 나는 꼬박꼬박, 그 세운상가 샹들리에 전구 수입상, 벼락부자 곽사장의 아들을 교수 집에서 태워 평창동 집으로 모셔와야 했다. 집에는 또 다른 과외선생이 기다리고 있었고. 제대하면서 따까리는 다시는 안 하겠노라던 군바리의 맹세도 저버리고 아쉽고 급한 김에 나는 다시 사장 가방모찌 겸 운전수가 되었다. 이번에는 민간인 사장님에다 군인정신으로 주단을 까니 사장님 입이 함지박이 되어 입막음 겸해서 심심찮게 돈봉투도 찔러주고…, 이런 데 물들어 시간을 흘려보내다가 정신이 번쩍 든 게 언젠가? 어느 날부터 사장 마누라까지 내게 선물공세를 한다거나, 그것도 남들에게 감추어 가며, 자기는 우직한 시골 출신이 좋다느니 미스터 리는 신의가 있어 보인다느니 참한 친정 조카딸이 있다느니 하며 괜히 일도 없이 한적한 곳으로 불러내곤 했지만 그때 내가 갓 스물다섯이면서 눈치라면 영관급인데 도대체 할망구 나이가 몇인가! 나는 기회를 보다가 곧 짐 싸들고 빠이빠이, 마침 자리가 난 버스 회사에 취직했다. 배차부 소속이지만 정비도 하고 잡무도 보고 급하면 운전도 하고…, 물론 버스를 몰 수 있는 면허증도 땄다.

마장동에 차부가 있는, 그 당시 서울특별시에서 다섯 손가락 안에 드는 회사였다. 시내버스 80여 대의 대형 회사. 고물 트럭 조수에서부터 시작하여 맨손으로 자수성가한 천국운수 사장 천병우와 마누라 국순실은 웬일인지 별 볼 일 없는 나 피라미 기쁨조 이창기를 마치 칠순 노인 윗방아기 챙기듯 아끼고 좋아하였다. 좋아할 법도 하지, 나는 사장님 내외의 심기까지 경호하며 오로지 성실과 정직으로 일했으니까. 여기가 마치 내 마지막 꿈의 직장이라도 되는 것처럼.

그러던 어느 날 천사장 부부는 나를 저들이 다닌다는 큰 교회에 데리고 갔었지. 거기서 마주친 아이가 영란이, 변영란이다. 영란이도 교회 다니나? 사장이 반가운 건지 의아한 건지 좀 뜨악하게 물었다. 예, 사장님. 마침 비번이라서요. 누굴 좀 뵈러…….

사모님은 내가 궁금해 하지도 않는데 쟤는 우리 회사 고참 차장이야, 눈여겨봐야 해 하고 귀띔해 주었다. 그리고 예배가 끝나자 따로 한적한 자리에서 나를 이리 데려온 본론이 나왔다.

– 알게 되겠지만 직원들 분위기가 뒤숭숭해. 장난치는 애들도 있고 말야. 운전수들은 덜한데 특히 차장애들은 철이 없어! 회사 사정도 나 몰라라 무턱대고 요구만 하면 어찌 버티겠나? 도산인가 뭔가, 그게 들어오면 도산이야! 쟤도 낌새가 이상해. 뭔가 불순세력이 부추기는 것 같아. 이 군, 아니 이 과장! 잘 좀 살펴보라고. 영란이 쟤, 심상찮아. 착실한 애였는데……. 자주 대하게 될 테니까 뭔 일 있으면 알려 주고. 내가 각별히 믿으니까, 하느님 다음으로 말이야, 하하.

나는 그날부로 어영부영 사장의 끄나풀이 되어 200명이 넘는 직원들 사이에 세작으로 심어진 셈이었다. 어떡하나? 꿈의 직장인 줄 알았는데 사표 써 버릴까? 어딜 가나 다 마찬가지일까? 하기야 온 나라가 계엄이다 뭐다 빨갱이 타령인데 숨죽이고 있어야지. 적당히 일러바치는 척 적당히 뭉개면서 시간 보내다 보면 비바람도 지나가고 좋은 시절이 오겠지.

스물두 살의 영란이는 이미 차장들은 물론이고 정비사와 운전사, 잡역부들 사이에서도 믿음 가는 지도자로서 도시산업선교회의 도움을

받아 가며 비밀히 노조를 구축하고 있었다. 맹랑하군. 나도 처음엔 사
장의 시각에서 백안시하며 실상을 살피다 어느 순간 정말 노조가 있
긴 있어야겠다고 스스로 뒤통수를 쳤다. 사장은 자식 돌보듯 알아서
잘 챙겨 주고, 직원들은 부모님같이 모시며 힘껏 일하고…, 이런 세상
은 정말 꿈속에서밖에 없나? 그런 것 같았다. 점잖은 거액 기부자요 신
앙심 깊은 교회 집사인 사장 부부인 줄 알았는데 얘기를 들어 보니 너
무나 자린고비 구두쇠요 악랄한 탄압자에다 위선자, 착취자란다. 나
는 반신반의하면서 진퇴양난에 빠졌다. 그러던 어느 날 저녁, 차부의
사무실에서 영란이와 둘만 남게 되었다. 모른 척 서로 이야기를 나누
다 어느 순간 내가 정말 잘못하고 있구나, 멀쩡한 사내놈이 이렇게 참
하고 올곧은 아이를 감시하는 개가 되다니…… 그리하여 슬그머니
내 본색을 열어 보이다 진정을 토로했다. 알고 있었어요. 영란이가 나
를 바라보았다. 그리고 우리 둘은 그날 이후, 곁을 내어 주는 사랑하는
사이가 되었다. 고적한 이 밤, 내 곁 빈자리 조수석엔 지금 아무도 없
지만…….

그런데 아무래도 저 한 이삼십 마일 앞쪽에 무슨 사단이 벌어졌나
보다. 깜깜한 벌판 한가운데에 가물가물 여러 불빛이 반짝인다. 속도
를 좀 늦추면서 이야기를 이어가자.

나는 별 소용없는 동태만 사장에게 일러바치고는 은밀히 영란이의
노조 결성을 도왔다. 말하자면 이중첩자였다. 노조는 백 명이 넘는 차
장들을 위시하여 일부 잡역부들과 정비사, 운전사들도 가담하고 있었
는데 특히 어린 차장들이 분노하고 있는 점은 일과가 끝날 때마다 당
하는 센타, 곧 살에서 살으로의 알몸 훑기와 거침없는 욕지거리, 게다
가 멍이 남는 꼬집기와 수틀리면 올라가는 손찌검이었다. 그밖의 근로

환경도 물론 지금의 한국이나 미국에 비추면 그야말로 살인적, 몬도가네였다. 한 번은 사장에게 은근히 이런 건 좀 봐 줘도 되지 않아요? 하고 떠봤더니 사장이 한참 도끼눈을 하고 나를 보다가 얼굴을 풀며 얘기했다.

— 니가 몰라서 그러는구나. 사장 한번 돼 봐라. 한여름 각다귀 떼처럼 뜯어먹는 넘이 한둘인가? 세무서에 경찰서에 별 잡스런 기자넘들에, 시청에 구청에 심지어는 동사무소에다가 거지같은 향우회에다가 무슨 상이군경회, 어머니회…… 아이구 동네마다 깡패 새끼들에다가…… 백 원 벌어 십 원 남기기 힘들다. 그런데 애들은 내가 무슨 떼돈 벌어 혼자 먹는 줄 알고! 저그들이 다 누구 덕에 삼시 세끼 입에 풀칠이라도 하고 설 보름 명절에 고향에다가 설탕 한 봉지, 라면 한 박스 생색이라도 내는 줄을 모르구선, 다 때려치우구 싶을 때가 한두 번이 아니다. 못된 기집애들 같으니라구…. 삥땅도 웬만큼 해야지, 두둑넌들!

저도 삥땅한 돈으로 천국운수 시작했으면서…… 하지만 이 말은 내가 목구멍으로 삼켰다.

아이고, 차들이 기어가네. 길게 스무남은 대의 트럭들과 사이사이 끼인 승용차들이다. 무슨 일인가? 마침내 차를 멈추었다. 금방 풀릴 기미가 아니다. 그때도 그랬었다. 차부 근처에서부터 길거리의 차량이 다 멈추어 섰었다. 날짜도 안 잊어버렸네, 1981년 8월 9일 일요일. 영란이를 비롯한 몇몇 핵심 인사들이 아침 6시, 차부 마당에 모여 기습적으로 노조 결성을 선포했다. 사장은 급히 나를 찾았고 수많은 노조원들, 차장들은 벌집 같은 기숙사에서 벌떼처럼 몰려나와 운전사, 잡역부, 정비공들과 함께 여왕벌을 부호하듯 지도부를 둘러싸며 호응하고 곧이어 중무장한 경찰 기동대가 들이닥쳐 다시 이들을 바깥에서 겹겹이 에워쌌다. 나는 어제, 사장이 이 정도는 이미 알고 있으리라 지레짐작하고는 영란이가 주동이 맞은 것 같지만 특별한 움직임은 없다며 엉성한 정보를 제공했었다. 사장은 대수롭지 않게 흘려듣는 듯했다. 그런데 금방 전투경찰 부대가 나타난 걸 보면 그게 아니었나 보다. 역시 나보단 수가 한참 위였다 이 말이지.

들소 떼가 새끼를 에워싸듯, 노조원들은 영란이랑을 가운데에 두고 손뼉 치며 노래를 부르다 옆 사람과 손을 잡고 소용돌이처럼, 겹겹이 팽이처럼 원을 그리며 뛰며 돌았다. 아, 나도 이때 뛰어 내려가 저들과 손잡고 원을 그리며 영란이를 지켰어야 했다. 그리고 이러이러한 건 정말 잘못됐다고 함께 외쳤어야 했다. 무엇이 나를 그 자리에 얼어붙게 했을까? 고향의 어머니? 내가 매달 부쳐 주는 몇 푼의 돈으로 학업을 이어가는 두 동생들? 옆을 지키는 사장의 또 다른 위엄? 아무튼 창 아래의 그림은 그 순간 무성영화처럼 돌아갔다. 다시 소리가 소생하자 아비규환 끝에 소용돌이는 깨어져 짓밟히고 하나하나 뜯어진 발버둥치는 살점들은 닭장차로 실려 들어갔다. 이 모든 과정을 나는 사장과 함께 이층 유리창을 통해 석고상처럼 내려다보았다. 그리고 마침내 영란이가 윗도리가 벗겨지며 복날 개처럼 몽둥이에 맞고 짓밟히며 끌려 나갈 때는 숨이 멎고 눈이 감겨졌다. 그때 사장이 뇌까렸다.

― 고얀 것, 맛 좀 봐야지!

이때 이 석고상은 갑자기 피가 돌아 쾅! 문을 박차고 아래쪽으로 뛰어 내려갔다. 하지만 몸부림과 울부짖음도 허사, 나는 이쪽저쪽에서 다 불신 받는 개밥의 도토리가 되어 비웃음만 샀다. 끌려간 노조원들을 쥐어짜 사태를 파악한 당국이 나를 잡으러 왔다. 내가 중책으로 엮이고 노조원들이 적색분자들에 포섭되었다고 신문에 크게 난 아침, 간발의 차이로 나는 추적자를 따돌리고 아무 시외버스나 잡아탔는데 종점에 내리니 가까이 긴 원목이 가득히 쌓인 인천의 어느 부둣가였다. 두리번거리며 피폐한 골목길을 걷는데 전신주에 내 얼굴을 비롯한 몇몇의 얼굴이 찍힌 수배전단이 펄럭이고 있었다. 잡히면 고스란히 고정간첩이 될 판이었다. 배고픔이고 뭐고 우선 숨어야겠다. 어스름녘에 나는 원목더미 너머에 정박된 커다란 고물 상선에 다가가 옆구리에 비스듬히 드리워진 뜬사다리를 타고 올라 갑판의 아래쪽으로 숨어들었다.

뒤에 알았지만 내가 탄 배는 태평양을 오가며 주로 원목을 실어 나르는 몇 만 톤급의 벌크선이었다. 따라서 사람은 별로 없고 녹이 쓴 괴물 같았다. 그래도 갑판 쪽에는 당직이며 항해사를 비롯한 선원들이 들락거리는데 합해서 여남은 명은 되는 것 같았고 계급이 높은 쪽은 한국 사람, 나머지는 주로 동남아 사람들인 것 같았다. 미로 같은 아래층을 깊숙이 내려가 귀가 얼얼한 기관실 구석에 몸을 숨겼다. 거기도 기관사며 두어 사람이 자리를 지키며 번갈아 잠을 자거나 소리 질러 가끔 말을 하고 있었지만 시끄러워 하나도 들리지 않았다. 하지만 배고픔과 갈증은 견딜 수가 없었는데 밤에 물을 찾으러 조심조심 기어나오다 막다른 골목에서 딱! 한 사람의 선원과 마주쳤다. 다 글렀구나! 그런데 그 선원은 손전등을 내 얼굴에 비추더니 뜻밖에도 나를 알아봤다. 이 병장? 여기 웬일이야?

자대 배치 동기인 그는 장교식당 취사병의 하나였는데 장군을 모셔야 하는 나는 그의 도움이 필요했었다. 장군이 밤중에 갑자기, 이를테면 팥빙수 없어? 하는데도 그는 내가 부탁하면 어떻든 금방 만들어 냈다. 그 행하로 장군이 옛다 너 가져라 하고 내게 던져 주곤 하는 갖가지 진상품 쪼가리들 중에서 내가 또다시 옛다 손 병장 해 하고 보답으로 건네준 게 상당수다. 아무튼 그는 이리저리 흘러들다 여기서 주방장을 하고 있었는데 그가 내 사정을 듣고는 주방 뒤 은밀한 곳에 나를 숨겨 주었다. 뱃사람들이 살롱이라고 부르는 이 주방장은 자기도 여차하면 미국으로 새어서 엘에이나 뉴욕 같은 데서 근사한 식당이나 하고 싶은 게 꿈이란다. 그러면서 그는 거기서 내게 필요한 모든 것을 비집어 갖다 주었다. 숨을 곳, 덮을 것, 먹고 마실 것, 읽을 것, 볼 것, 온갖 정보에다가 포르노 비디오까지. 지금 생각해 보니 무슨 거래를 해서 선장에게만은 은밀하게 보고를 했는지도 모르겠다. 그때는 선장을 비롯한 선원들이 서로 눈감아 주며 한국에는 없는 희한한 물건들을 숨겨 들여오곤 했을 때니까.

아무튼 나는 두 주가 넘는 깜깜이 항해 끝에 어느 이른 아침, 바다같이 큰 강의 어귀에 있는 아스토리아라는 항구에 다다랐다. 잡히면 어쩌나? 잔뜩 긴장하여 숨어 있는데 별표 뱃지를 달고 권총을 찬 거한이 통통배를 타고 다가와 배에 올랐다. 그 이민관이 일을 마치고 그 몸매에도 능숙하게 줄사다리를 타고 내려가자 연거푸 두 사람이 올라왔는데 하나는 작달막하고 똥똥한 인디안 여자이고 하나는 머리칼을 잘 빗어 넘긴 중년의 한국인 남자로 알고 보니 그는 목사였다.

여자는 자질구레한 인디안 기념품을 파는 척하며 실제로는 선원실을 하나 잡아 문을 닫고는 간이 쇠침대에서 차례로 몸을 팔았다. 몸을 사고 나온 선원들에게 목사는 옆방에서 구구절절이 하느님을 팔았다. 그리고 그 사이, 어느 틈을 보아 나는 인디안 여자의 손지갑에서 지폐

넷째 가름: 꿈으로

여남은 장을 물어보지도 않고 외상으로 샀다. 나중에 열 배로 갚으마, 얼마인지는 모르겠지만. 손 병장은 왜 다른 건 다 해 주면서 미국 돈은 한 푼도 안 쥐어 준 거지? 배에서 뭍으로 숨어들 기회는 지금뿐이라면서, 택시비라도 있어야 할 거 아냐? 그런데 다시 긴 차량의 행렬이 조금씩 움직이기 시작하네. 밤 열 시.

그랬었지, 그때도 이런 늦은 밤이었지. 아스토리아에 내려, 진 목사가 남겨 놓은 주보를 보고 어찌어찌 그 개척교회를 찾아 문을 두드렸을 때도, 그리고 그 동네에서 페인트 업을 하는 한국 사람을 몇 달 따라다니다가 마침내 남가주의 엘에이 코리아타운에 스며든 날도.

이제야 좀 컴컴하고도 숨을 곳 많은 큰물에 섞이는구나. 날 잡아내긴 어렵겠지. 한인촌을 근거지로 온갖 잡일을 하며 어느 정도 경계심을 푼 채 살면서 푼돈을 모으다가 아무래도 신분확보부터 해야겠다, 언젠가 영란이도 데려와야 하는데 밀입국 신분으로 어떡하나? 차일피일하다 한 해가 지나서야 건너건너 어찌 소식이 닿았는데 영란이는 쇠창살 안에서 아기가 지워졌고 병보석으로 나왔다가 작년 8.15 특사 때 이름이 들었단다. 하지만 몸을 추스르고 나서는 옛 동료들에게 대놓고 나를 배신자, 밀고자로 저주하며 이제는 부위원장 정비공 방 씨에게로 고무신을 거꾸로 신어 버렸단다. 할 수 없지 뭐. 내가 비겁했어. 그때 허둥지둥 배를 탈 게 아니라 모든 걸 포기하고 너를 보러 동대문 구치소로 걸어 들어갔어야 하는 건데. 잡히면 죽는 줄로 알고서는……. 이젠 다 지나간 일이야! 어쨌거나 이곳에서 살려면, 다시 호적이라도 만들려면 이 방법 저 방법 다 해도 방법이 없는지라 나는 하숙방 동기의 소개로 위장결혼 전문 브로커를 찾았다.

그때 돈 팔천 불, 공지니는 내 피같은 돈으로 산 서류상 내 마누라다.

나보다 세 살 많은 이혼녀란다. 딸린 자식도 없이, 카페에서 돈도 벌면서. 이러는 건 어디까지나 해 본 부업이고 동포끼리 구제 차원이니깐 더 이상은 꿈도 꾸지 말라고.

선수들끼리 왜 이래? 이래뵈도 나도 태평양을 혼자 헤엄쳐 오며 산전수전 다 겪었다니깐? 코웃음을 치고 쿨하게 거래한 결과가 일 년 반 만에 나왔다. 이날만은 딜리버리고 뭐고 내 다 내려놓고 한 턱 쏘지! 오전에 한 탕 이삿짐 뛰다 마침 타운을 지나는 길이라 점심때 숙소에 들렀는데, 맙소사! 광고 나부랭이에 섞여 우편함에서 내 그린카드가 나왔다! 세상에! 이렇게 향기롭고 값진 증표딱지가 다 있다냐? 눈물이 핑 돈다. 남들 쳐다보는 줄도 모르고 명함 만한 그 영주권을 쓰다듬고 또 쓰다듬었다. 그래, 한 잔 해야지. 오후 일거리는 몽땅 취소를 하고 멕시칸이며 일꾼들 너댓이 저녁까지 거나하게 부어라 마셔라. 이창기니 고생했다, 하고 싶은 대로 다 해라, 꺼이꺼이 울어삐라 마! 이윽고 이들을 보내고 쓸쓸히 숙소로 걸어가다 문득 공중전화가 보였다. 미친 놈! 그냥 가지 공지니는 왜 불렀니? 오늘 뭐 줄 게 있는데 그리 가도 되겠어요? 하고 없는 핑계도 만들면서. 동전은 왜 하필 똑 떨어지게 오른쪽 주머니에 남아 있었다냐!

이 밤중 통신망에 문자가 뜬다. 조금 남쪽에 기상이변의 조짐이 있나 보다. 폐색전선이 요동치니 돌풍에 각별 주의. 알았다. 알았고말고. 하지만 마음 한 구석이 조금 찜찜하고 떨린다. 폐색전선이라……. 반갑고도 좀 찜찜하다. 공지니는 왜 오지 말란 소릴 안 하지? 아무튼 그 밤을 나는 지니의 집에서 보냈다. 그리고 그다음부터는 버릇처럼 더 자주, 헤어나지 못한 본능으로 서로 간에 얽혀 버린 애착이었다. 그리고 한 해쯤 뒤, 내가 롱비치의 트럭 운송회사에 취직이 되었을 무렵 해서는 아예 둘이서 새 아파트를 구해 함께 살았다. 다시 몇 해 후, 나는 이때까지의 모든 것, 한국에서건 이곳 미국에서건 지나온 땟국을 모두 씻고 거듭나고자 독수리 날개 달린 미국 시민권을 받았다. 그리고 시간을 맞추기가 쉽지는 않았지만 다시금 갈 만한 교회를 찾아보았다. 아내는 이제는 피임을 풀었는지 비로소 배가 불러 오기 시작했다.

이즈음 나는 뱃속의 아이와 우리의 앞날을 위해 수입이 나은 장거리 트럭 운전수가 되었다. 시내 배달을 하면 한 달에 기껏 사오천 불쯤 번다. 그런데 엘에이에서 뉴욕을 한 탕 뛰면 적어도 삼사천 불은 떨어진다. 한 달에 두 번이면? 세 번이면? 아, 욕심이 비극의 자궁임을 그때야 어찌 알 수가 있었으랴? 더군다나 그 욕심이란 것이 시치미를 떼고는 건전과 상식, 성실과 의무라는 포장지를 겹으로 덮고 있었음을!

이 넓은 대륙, 갓난 순영이를 키우는 아내를 위해 나는 트럭 스탑마다에서 장거리 전화를 돌렸다. 그리고 외롭거나 졸릴 때마다 아내와 아기의 사진을 보며 고비를 넘겼다. 그리고 이곳저곳 광활한 풍경을 사진기에 담아 집에 갔을 때마다 내 기나긴 여정 얘기에 곁들여 아내에게 보여주었다. 새끈새끈 자는 순영이를 옆에 뉘어 놓고는. 그리고 이제 얼추 두 해만 더 뛰면 힘 좋고 쓸 만한 새 트럭을 사서 차주 운전사가 될 수 있을 거라며 어느 쉬는 날, 순영이를 유모차에 태워 아내와 함께 파운틴밸리에 있는 중고 트럭 딜러에게 갔다. 8만 불짜리. 꼭 마음에 드는 새차 같은 중고차, 600 마력짜리 18단 기어의 트럭을 점찍었다. 이 정도 수준이라면! 그런데 금고에 쟁여 둔 현금이 아직 조금 모자라는구나. 이 내 분신과 같은 트럭만은 융자로 사기 싫다. 조금 넉넉하게 잡아 일 년만 더 모으자. 그런데 그 일 년이 영원이 되어 버렸다.

언제부턴가, 아마 순영이를 낳고 나서 몇 주 후부터였겠지. 아내는 부쩍 짜증이 늘었었다. 출산 후유증이겠지. 한 번은 집에 왔더니 아기는 클립 속에서 울고 있고 아내가 없어졌다. 아무리 찾아도 없더니 슬그머니 옷칸 속에서 걸어 나왔다. 우울증인가? 실성을 했나? 하지만 그런 증세는 얼마 뒤 사라지고 이젠 한껏 명랑부인, 명랑 공여사였다. 만사가 황금빛, 새벽종이 울렸네 새아침이 밝았네였다. 그리고 내가 너무 안됐다며 한사코 말리는데도 순영이를 군이 돈까지 줘 가며 이웃에 맡겨 놓고는 내 장거리 트럭 옆칸에 올라탔다. 그리고 엘에이를 출발하여 마이애미를 다녀오는 긴 여정 동안, 곰살맞게 나를 보살피며 말벗이 되어 주었다. 먹을 것을 입에 넣어 주고 가녀린 손날로 목덜미를 두드려 주고, 귓바퀴를 당겨 주고 틈틈이 내 엄지를 바늘로 따서 혈당치를 재어 주고, 휴게소에서는 미리 내려 후진하는 긴 내 차를 손짓 몸짓으로 인도해 주었다. 그리고 운전석의 여러 장치들에 대해서도 꼬치꼬치 묻고 실제로 작동을 해 보았다. 자격증만 없었지 반은 운전수였다. 이런 동서남북 장거리 동승을 아내는 자청하여 한 해에 대여섯 차례나 했다. 그러면서 우리 순영이 좀 더 키워 놓고는 내가 운전해 줄게요. 당신 너무 불쌍해! 이렇게 몇 십 년 땡볕에 다니다 보니 당신 몸 왼편 반쪽이 햇볕에 다 타서 쭈글쭈글해져 버렸잖아, 이 반쪽은 멀쩡한데! 내 팔뚝을 쓰다듬으며 안쓰러워했다.

세상에 이렇게 사랑스러운 여자가 있을까? 운전수 뒤편, 굵은 그물로 안전장치가 된 간이침대 선반 위에 잠든 아내의 얼굴을 가끔 카메라에 담는 외에 나는 바깥 경치나 새떼의 날아오름에도 눈이 안 가 사진 찍기 취미마저 놓아 버렸다. 대신 이제 석 달만 더 기다리면 새 차를 사리라, 아내를 위해 그 차 안에는 더 좋은 음향시설, 더 편안한 잠자리를 꾸려 주리라 마음먹었었다.

그런데 지금 이 순간, 갑자기 이러한 달콤한 회상의 장막은 닫히고 내 잠은 달아났다. 조금 전 갑자기 길이 막혔었다. 가보니 앞쪽에 40피트짜리 냉동 트럭 하나가 물가에 버려진 잉어처럼 돌풍에 배를 옆으로 누이며 쓰러져 있다. 그 끄트머리에는 빨간 승용차 하나가 밟아 놓은 코카콜라 캔처럼 바닥에 끼어 있다. 내일 아침까지 더 이상 앞 구간은 진입금지란다. 되돌아가든지 이 자리에서 머물든지 하란다. 밤 열한 시, 뒤따라온 차량들 때문에 차 돌리기도 힘들지만 아무튼 나는 덴버를 향해 앞으로 가야 하니까 우선 갓길에 차를 바짝 붙이고 뚫릴 때까지 기다리며 잠을 청하기로 했다. 그런데 눈은 화경같이 밝아오고 잠은 사라졌다. 그러다 어느 순간, 마치 세상이 멈추어 선 듯 소스라치게 적막에 휩싸였다. 마치 그날, 내가 저녁 늦게 다우니의 우리 집 현관에 들어섰을 때처럼.

그 항차는 유난히 길고 지그재그였다. 아내는 순영이 병원에도 데려가야 한다며 이번에는 쉬겠다고 했다. 첫 목적지는 시카고였는데 거기 가니 오더가 오기를 다시 애틀랜타로 가란다. 열나게 달려 애틀랜타를 찍었더니 다시 서북쪽으로 시애틀, 그리곤 아스토리아, 포틀랜드 ― 아, 얼마나 추억 어린 곳들인가! 그리고 웬걸 다시 유타의 솔트레이크 시티, 멕시코 국경의 라레도, 달라스, 엘파소, 라스베가스, 새크라멘토, 다시 라스베가스를 거쳐 거의 한 달 만에 롱비치에 트럭을 대고 혼자서 승용차로 집으로 왔다. 이번에는 일주일쯤 쉬어야겠다.

엘파소에서부터 아내가 전화를 받지 않았다. 전에도 가끔 전화 불통이 있었던지라 대수롭지 않게 여겼는데 캘리포니아에 들어와서도 마찬가지였다. 이웃집에 전화했더니 그저께 봤는데요? 한 열흘 뒤쯤 오신다면서요? 했다. 회사에 알아봤나? 아내가 내 일정까지 정확히 꿰고 있구나. 아무튼 그때는 그렇게 여겼다. 그런데 왜 전화를 안 받는 거야!

마른하늘에 날벼락! 한문으로는 청천벽력이라던가? 집에 오니 아무도 없고, 여기저기 밤늦게 다 연락할 수도 없고…, 한참 후 설마 하고 지하실에 있는 금고를 열다 얼어붙어 버렸다. 텅 비어 버렸다! 정신이 아뜩했다. 정신없이 뛰어올라가 이층 아내의 옷장을 여니 여기도 텅텅, 방도 벽도 액자도 겉은 멀쩡한데 웬만한 귀중품은 다 텅텅. 이게 뭐야? 집털이 납치를 당했나? 119? 114? 망연자실 주저앉았는데 자동응답기에 불이 들어와 있다. 아내였다. 그리고 장난치듯, 로버트처럼 기계적으로 또박또박 끊어서 말했다.

- 우! 리! 이! 혼! 해! 요! 순! 영! 이! 옆! 집! 에! 있! 어! 요!

찰칵, 그리고 끝이었다. 장난도 이거 너무 심하잖아?

그런데 장난이 아니었다. 도대체가 갈피를 잡을 수 없는 데다가 믿기지도 않을 뿐더러 무슨 전에 없던 병이 갑자기 도지기나 한 것일까? 도대체 왜 그래? 그건 그렇고 돈은 다 어디 갔어? 응? 나는 좁은 우리 안을 밤새도록 서성이는 표범이 되었다.

그날 밤을 안절부절 뜬눈으로 지새웠듯이 지금 다시 이 허허벌판 일직선으로 뻗은 90번 고속도로의 갓길에서 보조 엔진을 공회전시켜 놓은 채 나는 뜬눈으로 지새운다. 왜 그랬니? 왜 그랬니? 수천 번을 되뇌는데 다시 길이 뚫린다. 새벽 네 시다. 어쨌든 우리 달구지들은 거북이처럼 천천히든 다람쥐처럼 재빠르든 일단 움직여야 존재 가치가 있다

　　　　　　　　　　　　　　　넷째 가름: 꿈으로

니깐? 그렇지, 아무리 억장이 무너져도 시간이 좀 지나면 그 무너진 기와 더미를 비집고 살아가려는 새싹이 고개를 내밀듯이 빛을 향해 길은 트이는 거야.

사연은 이랬다. 괴롭지만 복기를 하자. 역시 세월이 약이로구나. 아내는 조울증의 후유증 때문인지 운명의 장난에 얽혀든 건지, 아니면 괜히 내가 어느 늦은 밤 실없이, 트럭 주차장에서 생일 축하해 준답시고, 아아 세상만사 가운뎃길이 좋은데 내가 선을 넘었던 걸까? 우리 달밤에 운동 삼아 춤 한 번 출까나? 생뚱맞게 춤은 무슨? 처음엔 빼던 아내가 서투른 나를 잡고 몇 스텝을 밟더니 지루박에다 차차차, 도롯또 탱고에서 부루스 살사까지. 아이, 이러다 발 밟겠네, 나 내버려 둬. 그리곤 제 그림자와 어울려 한참 무아지경에 빠지는 모습을 비켜서 지켜보다 뭔가 야릇한 느낌이 오긴 했었다. 이러다 춤바람의 뇌관이 건드려졌는지 아내는 집에서 다시 밤마실을 되살리다 오래 전에 카페에서 알던 놈팡이 재칼과 나 없는 틈틈이 바람이 난 거다. 난 아직 이해가 안 가는 게, 저렇게 귀여운 아기를 낳아 놓고도 그럴 수가 있는가!

알고 보니 커뮤니티에서는 꽤 힘깨나 주는 사업가이면서 실은 조폭 두목인 그놈에게 내 돈도 홀라당 갖다 주고 미리 변호사 사서 날 꼼짝 못하게 묶어 놓았다. 이혼사유라고는 내가 도리어 회사의 미국 여직원과 바람이 나서 가정을 안 돌보고 수입을 빼돌렸으며 자기가 거의 매번 아기까지 맡겨 놓고 내 조수가 되어 함께 모은 돈을 내가 다 탕진했다는 둥…….

아하, 그러니까 언제부턴가, 아마 내가 처음으로 지니의 침대에서 잤던 그날 밤부터? 모든 것을 의도적으로 차곡차곡 연출하고 챙겨 놓았던 건 아니고? 스무 명도 더 되게 좋은 조수를 운전수로 길러 준 나를 미덥게 봐서, 그중 나은 일거리를 챙겨 주곤 했던 회사의 로라가 아 닌가. 회사의 카운터에서 어깨동무하며 브이 자를 그리고 활짝 웃는 사진은 지난 봄 아내와 들렀을 때 아내가 찍어 준 건데 아내는 그걸 포 토샵 하여 온갖 추잡한 사진으로 생산해 내었다. 그 모두가 내 못 말리 는 외도의 결정적인 증거랍신다.

아무튼 허둥지둥하다 정신을 가다듬고 현실 타개에 착수했지만 결 과는? 내가 졌다. 참패였다. 살해 위협까지 받았다. 빳빳한 백 불짜리 로 모아 두었던 현금 8만 불은 세금 보고가 안 된 지하경제의 자산이 었기에 제대로 소명도 못하고 넘어갔다. 남은 것은 순영이와 내 옷 몇 벌. 나는 세상이 허무하여 몇 달을 폐인처럼 방구석에 처박혔었지만 순영이 때문에 매양 그럴 수도 없었다. 떨치고 일어나 아는 집 이 집 저 집, 교회를 찾아다니며 아이를 맡기고 다시 운전대를 잡았다. 빌어 먹을 년! 두고 봐라, 순영이는 내가 번듯하게 키운다!

하지만 그것도 하루이틀이었다. 마흔이 다 된 빈털터리 남자가 혼자 서 직장과 육아를 겸하기는 참으로 어려웠다. 요즘처럼 무슨 온라인 재택근무가 성했던 때도 아니었고. 그리하여 아무리 달래도 엄마를 찾 으며 우는 순영이를 붙잡고 함께 운 어느 날, 눈물을 머금고 순영이를 남의 가정에 입양시키기로 했다. 그때가 세살 반, 아빠가 까까 사 가지 고 금방 올께~ 하고 속이고선 백인 노부부에게 아이를 넘기고 나는 주 차장으로 달려갔다.

그렇게 지금도 허둥지둥 달린다. 이제 덴버가 150마일 남았다. 아침 아홉시다. 식사도 물론 거르고 달려온 지 네 시간이 넘었다. 아침부터 비바람이 들이치다 볕이 나다 갑자기 도토리 만한 누리가, 우다다닥

우박이 쏟아지는 등 변화무쌍이었다. 그런 속에서 한 시간 전쯤 오줌이 마려워 잠시 들른 휴게소에서 다시 전화가 울렸다. 순영이였다.

- 아빠~, 와~?

- 순영아! 순영아! 뚜뚜뚜……

그리곤 무슨 영어 경고가 내 통신을 가로챘다.

- 경고! 토네이도! 경고! 남서쪽 75마일 전방!! 올 스톱! 대피소로 피할 것! 올 스톱!! 올 스톱!!

젠장, 이 허허벌판에서 피할 데가 어디람!

반대 차선에서 앰뷸런스 한 대가 경고등을 번득이고 사이렌을 울리며 다가와 지나쳤다. 몇 대의 차량이 멈추더니 유턴을 하거나 나들목을 찾아 곧장 전진한다. 나도 천천히 따라간다. 저 앞쪽 낮은 하늘이 검은 파도의 무리처럼, 내달리는 말떼의 등처럼 넘실거린다. 다행히 머지않아 남북으로 뻗은 지방도로에 내릴 수 있었다. 이십 분쯤 북쪽으로 달리는데 경찰이 막아선다. 대피 안내인가 했더니 아니었다. 그 사이 경고 해제가 되었는지 통과시킨다. 조금 가다 동서로 난 길을 서쪽으로 달렸다. 아, 이젠 혼자다. 아무도 없는 들판이다.

- 기다려라 순영아, 아빠가 간다!

이제 토네이도 전선은 조금 더 남쪽으로 물러선 모양이다. 조금 여유가 생겨 옆자리를 훔쳐보았다. 금빛 포장지에 싸인 장미 꽃다발은 아직 그대로다. 다시 길을 돌아 고속도로에 올라섰다. 90마일이 남았다. 대지가 아까보단 덜 평평하고 조금 높아진 것 같다. 토네이도도 산간지역에서는 맥을 못 쓴다지? 그런데 갑자기 또 우박이다. 이번에는 조금 더 크다. 대추알만큼. 앞유리에 작은 금이 갔다. 제기럴!

그때도 그랬었지. 앞유리를 깨어 먹은 것이. 생각해 보면 새록새록,

너무 억울하고 죽고 싶어 주먹으로 앞유리를 쳤었지. 그렇게 내 손으로 내 유리를 깨어 먹은 것이 세 번째, 그리고 나는 결심했었지. 그만하자. 이럴수록 그 연놈들은 더욱 고소해하겠지. 잊어 주자. 다시 시작하자. 순영이만 잘 크도록. 다행히 하느님이 보우하사 맘씨 좋은 노부부에게 맡겨졌다. 그나마 얼마나 큰 복인가! 그런데, 그랬던 그 아이가 조금 크더니 나를 노려보며 오지 말라고 했을 때는 또 얼마나 한 번 더 억장이 무너졌던가! 하지만 그것도 옛일, 이제 나는 넉넉잡아 두 시간 후면 순영이를 본다. 저 꽃다발을 어느 손에 쥐어 줄까? 선 채로 내 딸을 품에 한 번 안아 볼 수는 있을까? 애기 때처럼, 양 겨드랑이를 받쳐서 우리 딸 장하다! 둥개둥개 추어줄 수 있다면!

– 우리 순영이~ 이쁜 순영이~

– 응

– 말도 잘 듣고~ 밥도 잘 먹고~ 잠도 잘 자고~

– 응, 응

남의 밥을 얻어먹이고도 저녁에 찾아와 아빠와 잘 때면 나는 깜깜한 방, 침대에 누워 이렇게 순영이를 들어 올리며 추어주었었다. 순영이는 금방 하품을 하며 잠에 겨워 꼬박이면서도 응, 응, 대꾸를 하다 내 가슴에 뺨을 대고서 잠들었었지.

긴장이 조금 풀렸는지 나도 하품이 나온다. 어느덧 덴버에 거의 다 왔는데 주위가 이상하리만치 컴컴하다. 개기일식이 이런가? 덴버 대학이 30마일 남았다. 돌풍에 차체가 부르르 떨며 흔들린다. 이제 20마일, 혹시 저 산기슭에 보이는 희고 긴 건물이 그 캠퍼스? 조금 섬뜩하게도 아무 차량도 다니는 게 없다. 웬일이지? 나 혼자 길을 잘못 들었나? 물속 같다. 하늘 한 귀퉁이가 금방 터져 햇살이 잠깐 비치다 들킨 것처럼 자락을 감춘다. 이제 2마일만 가면 지방도로로 내릴 참이다. 그때 갑자기 번쩍! 어디선가 번개가 가까운 곳에서 치더니 주위가 적막해졌다. 모든 통신이 한꺼번에 꺼졌다.

얼랄라? 피식피식 시동도 꺼진다. 가던 관성을 제어하여 가까스로 차를 멈추었다. 한길 한복판이다. 차에서 내려야 하나? 어깨로 밀어도 문짝이 열리지 않는다. 그리고 금방 사방에 쐐앵~ 우두두두, 뭔가가 벽을 치며 칠흑같이 어두워지고 왼쪽 언덕 너머에 피어나 말려 올라가는 한 줄기 기다란 구름기둥이 원폭 실험의 버섯기둥으로 부풀더니 거대한 공작기계의 꽈배기 날처럼 얕은 땅거죽을 짓씹어 돌리며 다가온다. 사오 마일도 되지 않는 것 같다. 위기다!

옆 창문을 깨트리려도 안 되고 시동을 다시 걸어도 안 되고…… 그 몇 초간, 슬로우 비디오 속에서 넘실넘실 허둥대던 나는 이윽고 참형을 기다리는 죄수처럼 운전대를 두 손으로 부여잡고 고개를 숙였다. 바로 눈앞에 수평으로 떠돌며 감겨 올라가는 큰 간판 부스러기며 문짝이며 타이어며 나무둥치며를 더 이상 보지 않으려고 고개를 파묻고 눈을 감았다. 트럭이 움찔거린다. 앞머리가 들렸다 놓였다 하더니 이제 이륙하는 비행기처럼 내 트럭이 통째로 공중으로 떠오른다. 비스듬히 저 아래 대학 교정이 스치는가 싶더니 세차게 그 검은 소용돌이 속에 이내 빨려 들어갔다.

잠시 꿈속에서 꿈을 깬 양 정신을 차리고 눈을 뜨니 나는 이미 터져나간 앞유리로 트럭을 벗어나 큰 소용돌이의 안쪽 벽에 붙어 공중을 돌고 있었다. 물레틀 위에 돌아가는 질그릇 사래처럼 세차게 돌아가는 그 벽에 붙어 있는 꼴이 무슨 유원지의 회전그네 같기도 하다. 점점 더 위로 올라가며 조금씩 도는 속도가 주는가 싶더니 내 주위가 조금씩 밝아지며 모습들이 드러났다. 그런데 이게 누구야? 마치 고공에서 뛰어내린 낙하산 대원들이 낙하산을 펼치기 전 한참 동안 손에 손을 잡고 커다란 동그라미를 만들 듯이 많은 사람들이 그 안쪽 벽에 붙어 그렇게 손을 잡고 있었다. 누구지? 그때 그 옷차림 그대로, 맞은편에는 영란이다! 영란이는 나를 보고 웃더니 빙 돌아 헤엄쳐 와서는 내 손을 잡았다가는 오지마! 배신자! 하고는 샐쭉거리며 멀어져 갔다. 그리곤 지경이, 소망이, 칠순이, 구희, 양옥이, 말숙이, 끝분이, 군자, 박기사, 최기사, 용씨 아저씨, 천병우, 국순실…… 그때 그 차부에서처럼 금방 이름이 떠오르네.

그들이 한 바퀴 순례를 마치자 이번엔 다른 바퀴가 돌면서 떠올랐다. 그 사이 아래를 힐끗 보니 흰 구름 사이로 눈 덮인 산꼭대기가 지나간다. 이번엔 손 병장이다. 그리고 권 장군이 손을 내밀어 악수를 청한다. 그동안 수고했네……. 장군 마누라까지 나온다. 고생했어요, 너무 잡일을 많이 시켜서……. 이건 뭐야? 히히 웃으며 인디안 여자가 나온다. 내 돈 안 줘? 오케이 이젠 됐어. 염려 마! 진 목사? 곽 사장? 로라? 카슨 씨? 순영이인가? 잠깐 보이는가 싶더니 등을 돌려 숨어 버린다. 공지니와 조폭 재칼은 끝내 안 보인다. 쟤들인가? 조금 아쉬우면서 뒤죽박죽이다. 빙글빙글 돌던 파노라마 여기저기서 방앗간의 묽은 떡 가래처럼 내가 알던 많은 사람들이 또 비직비직 밀려 나온다. 학교 친구들? 동네 아이들? 그리고 저 멀리서 어머니가 손을 흔든다. 어머니~~. 불러도 목소리가 나오지 않는다. 동생들도 물끄러미 보고 있다. 그 사이에 이 거대한 회오리는 남쪽으로 많이 미끄러져 간 것 같다. 평평한 벌판이 내려다보인다. 평화롭다. 백사장이 보인다. 그때 머리 위에서 가만한 목소리가 들렸다.

– 아빠~

순영이였다. 그런데 대학생 같아 보이지를 않고 앳된 모습이 마치 고등학생 같다.

– 학교에 안 있고? 졸업식 안 하고?

내가 걱정스레 물었다.

– 안 와도 됐는데, 아빠 보구 싶어서. 나 대학 못 갔어…… 지금 시애틀에서 오는 거야. 아빠 데리러…….

– 그래? 난 졸업하는 줄 알구…… 이거 받아라.

생각이 나서 내 손을 보니 아까 그 꽃다발이 쥐어져 있다. 순영이는 그것을 받아 입으로 불었다. 붉은 꽃잎들이 한꺼번에 나비가 되어 흩어져 날아갔다.

– 우리 순영이~ 말도 잘 듣고~

– 응

– 착한 순영이~ 고운 순영이~

– 응

이제 우리 둘은 서로 한 손을 잡고 나란히 구름을 기대고 누웠다. 그리고 비스듬히, 천천히 아래로 미끄러져 갔다. 똬리를 틀던 겹겹의 회오리는 풀리어 어디론가 사라지고 그 새 눈부시게 반짝이는 푸른 바다가 양탄자처럼 눈 아래 펼쳐졌다.

이원익

경북 포항에서 태어나 경남고, 서울대 문리대를 졸업했다.

일찍이 회사 주재원으로 미국으로 건너가 현재까지 로스앤젤레스 지역
에 살고 있다.

무량 스님이 태고사를 짓는 일을 도왔으며, 한국불교의 해외포교와 대중
화에 힘을 보태고자 불교 신행단체, 재가불자 운동에 참여하고 있다.

현지 언론, 잡지 등에 불교 관련 글을 쓰고 있으며, 팬데믹 시대를 맞아 인
문학 영상강좌와 토론에도 동참하고 있다.

■ E-mail. leewonik@hotmail.com

석가와 예수는 백인인가?

초판 1쇄 인쇄 2022년 1월 20일 | 초판 1쇄 발행 2022년 1월 27일
글쓴이 이원익 | 펴낸이 김시열
펴낸곳 도서출판 운주사

　　　(02832) 서울시 성북구 동소문로 67-1 성심빌딩 3층
　　　전화 (02) 926-8361 | 팩스 0505-115-8361
ISBN 978-89-5746-671-1 03220 　값 23,000원
http://cafe.daum.net/unjubooks 〈다음카페: 도서출판 운주사〉